THE HANDBOOK OF THE BELT AND ROAD

“一带一路”手册

2022

主　编　蔡　昉　[英] 彼得·诺兰（Peter Nolan）　王灵桂

执行主编　赵江林　[马来西亚] 翁诗杰（ONG Tee Keat）

中国社会科学出版社

图书在版编目(CIP)数据

“一带一路”手册.2022／蔡昉等主编.—北京：中国社会科学出版社，2022.10

ISBN 978-7-5227-0881-2

Ⅰ.①一…　Ⅱ.①蔡…　Ⅲ.①“一带一路”—国际合作—手册
Ⅳ.①F125-62

中国版本图书馆 CIP 数据核字(2022)第 178905 号

出 版 人　赵剑英
责任编辑　喻　苗
责任校对　季　静
责任印制　王　超

出　　版　中国社会科学出版社
社　　址　北京鼓楼西大街甲 158 号
邮　　编　100720
网　　址　http://www.csspw.cn
发 行 部　010-84083685
门 市 部　010-84029450
经　　销　新华书店及其他书店

印刷装订　北京君升印刷有限公司
版　　次　2022 年 10 月第 1 版
印　　次　2022 年 10 月第 1 次印刷

开　　本　787×1092　1/16
印　　张　19.75
字　　数　362 千字
定　　价　139.00 元

主编简介

主　　编：

蔡　昉　第十三届全国人民代表大会农业与农村委员会副主任委员，中国人民银行货币政策委员会委员，中国社会科学院国家高端智库理事会副理事长、首席专家，中国社会科学院学部委员。

彼得·诺兰（Peter Nolan）　经济学家，英国剑桥大学耶稣学院中国中心主任。

王灵桂　中国社会科学院研究员，中国社会科学院大学教授，曾任中国社会科学院副院长、中国社会科学院国家高端智库副理事长兼秘书长，中国非洲研究院院长。

执行主编：

赵江林　中国社会科学院国家高端智库研究员。

翁诗杰　（ONG Tee Keat）丹斯里勋爵，马来西亚联邦国会下议院原副议长、联邦交通部原部长、马来西亚新亚洲战略研究中心主席。

作者名单（按拼音排序）

陈思杨　陈逸豪　冯维江　付睿迪　高海红　黄宇韬
贾中正　鞠　豪　郎　平　李　冰　李国学　李清如
李少康　李天国　刘　冬　刘均胜　刘犇昊　刘作奎
栾晓丽　秦　升　任　琳　沈　陈　沈铭辉　孙静波
田慧芳　王永中　吴佳钧　席寒婷　肖　宇　谢来辉
徐秀军　薛　力　杨宝荣　杨　超　姚桂梅　张　超
张　琳　张　松　张希颖　张誉馨　张中元　赵继周
赵江林　赵永超　只霄北

序　一
共建“一带一路”成为深受欢迎的国际公共产品和国际合作平台

习近平总书记在中国共产党第二十次全国代表大会报告中指出，共建“一带一路”成为深受欢迎的国际公共产品和国际合作平台。2022 年是“一带一路”倡议提出九周年，从酝酿至今历时五个年头的《“一带一路”手册》，也将推出第三个中文版本。由于“一带一路”的实践发展日新月异，我们力争每隔一年就推出一个新的手册版本，由中国社会科学出版社和英国泰勒·弗朗西斯出版集团同步出版中英文版本。在每一个版本中，我们都力图保持几个“初心”。

首先，我们力求全面、系统反映“一带一路”倡议的最新进展和最新成果。2018 年版共计 117 个词条，反映的是 2016—2017 年涉及“一带一路”倡议的进展和成果；2020 年版共计 155 个词条，反映的是 2018—2019 年的进展和成果；即将出版的 2022 年版共计 102 个词条，反映 2020—2021 年的进展和成果。这样做，既保持每个版本的相对独立性，也保持了手册的开放性和版本之间的连续性。需要说明的是，由于词条内容主要以反映最新进展和最新成果为主，有少部分条目名称看似未变，但是内容仍会有较大的不同，这样可以最大限度上减少不同版本之间的重复。

其次，我们保持了最初的设计理念、框架和风格。手册以“条目模式”为编撰体例，对“一带一路”倡议的初衷与原则、历史与现状、基本知识及相关研究成果进行了集中展示。同时，手册也并没有局限于“一带一路”倡议本身，而是以开放的态度，对国际社会提出的类似倡议也进行了梳理和总结，特别是强调这些倡议与“一带一路”倡议的合作、对接与共同发展。

再次，我们坚持以国际合作的方式编撰和出版本手册。作为一个全球性倡议，“一带一路”倡议的最新进展和成果都迫切需要为世界所了解和认知。与此同时，国内外均有迫切的需求，希望有这样一本书，既能够全面系统展示“一带一路”倡议的来龙去脉，也能够对最新的理论、政策和实践进展予以更新。因此，分别作为国内国际的顶级专业出版机构，中国社会科学出版社和英国泰勒·弗朗西斯出版集团合作推动《“一带一路”手册》的问世。泰勒·弗朗西斯出版集团全球图书业务总裁贝谨立（Jeremy North）先生表示，该手册的成功是中英双方多年合作历史上一个闪耀的里程碑，是“中西方学者对话与合作的典范之作，是传播知识，促进人心相通的典范之作”。我们还特别邀请了英国著名的中国问题专家、经济学家彼得·诺（Peter Nolan）兰教授担任联合主编，不同版本也酌情邀请其他著名学者担任联合执行主编。

最后，我们始终将其作为集体项目和集体成果来进行组织。为做好手册的撰写工作，我们多次举办小型研讨会，征求中外各方专家的意见和建议，同时就条目的增删选择进行研讨。迄今为止，直接参与手册词条撰写的作者队伍，规模已达92位。

《“一带一路”手册》出版以来，逐步为国内、国际社会了解和认同。2023年是“一带一路”倡议提出十周年。我们坚信“一带一路”倡议必将给世界发展带来全新的面貌。一位外国人士描述中国梦的话，我认为放在“一带一路”这儿也非常合适，“一带一路”倡议就像一朵花，花开后，其他人都可以闻到花香。《“一带一路”手册》也将伴随“一带一路”倡议的花开而清香四溢。在此，特别感谢为《“一带一路”手册》问世做出过贡献的每一位同行。

蔡　昉
中国社会科学院学部委员
中国社会科学院国家高端智库副理事长、首席专家
2022年10月17日

序　　二

中国高质量共建“一带一路”的核心是实现参与共建各个基础设施的互联互通。一方面，基础设施建设对国家的发展至关重要，与贸易和投资也密切相关；另一方面，基础设施建设是必要的，不仅能够释放企业家的创造性精神，而且为实现人类自我发展提供了基础。无论一国处于何种发展阶段，市场总是无法提供必要水平的基础设施供给。在不同规模和传统的国家之间，以及在不同的历史时期，国家参与基础设施建设的程度和性质可能有所不同。亚当·斯密（1776）关于政府提供基础设施建设与社会发展之间复杂关系的讨论如下，“君主或联邦的第三项也是最后一项责任，建立和维护那些公共机构和公共工程。尽管它们在极大程度上有利于社会发展，但由于它们的公共品属性——其利润永远无法偿还任何个人或少数人的成本。因此，不能指望任何个人或少数人建立或维护这些公共机构和公共工程”。

为了促进市场机制有效地运作，近代中国政府起到了至关重要的作用，其中包括构建法律体系框架、预防饥荒、稳定商品价格以及调节货币供给量。然而，无论是地方或是中央政府层面，最重要的职能是对公共品——水资源的管理，包括大规模地推进中央管理计划的实施，如对黄河的管理以及大运河的维护，还包括无数地方水资源管理计划的出台。可以说，近代中国政府的管理行为，是以道德价值为导向的“看得见的手”为以市场机制为导向的“看不见的手”提供了基础。从罗马帝国灭亡到 18 世纪，近代中国的商业化、城市化以及科技文化水平都遥遥领先于欧洲各国，这一差距直到 16 世纪之后才逐渐缩小。近代中国与中亚、东南亚的贸易和文化往来，促使中华文明长期流向欧洲，这有助于欧洲在短短半个世纪的时间里就率先完成工业革命并赶超了中国。而且，通过这场工业革命，西方国家迅速崛起，主导了包括中亚、东南亚在内的全球政治经济命脉，然而，欧洲工业革命至今却还不到 200 年。

西方国家与中国的交往互动由来已久，可以追溯到 2000 多年前。中国共建“一带一路”的倡议是建立在中国与中亚、东南亚之间的贸易往来和文化传播的历史基础上。19 世纪前，中欧之间的互动大多是间接的，主要通过中间贸易体系进行，而这一体系不仅涉及到中国人，还涉及到中国和西方国家之间各地区的大量民众。与中国庞大的人口数量相比，这些民众的数量微不足道，但是，他们是来自中亚、东南亚的贸易群体，包含佛教徒和穆斯林，有印度人、阿拉伯人和波斯人。虽然，中国传统的国际贸易与规模巨大的国内贸易相比微不足道，然而，这一时期的贸易往来使得中国与中亚、东南亚间的贸易体系产生了更为深层次的共生、双向的文化流动，有助于他们汇集在一幅美好的文化织锦中。

改革开放以来，基础设施建设成为中国现代化建设的重要组成部分。一方面，基础设施的增长对于创造一个国内和国际资本都能投资的环境至关重要；另一方面，基础设施的增长也提供了一个“笼子”，“笼子”里市场力量的“鸟”可以随着笼子的扩张展开翅膀。纵观中国的历史长河，政府的职责一直是确保“天下为公”，这一由孔子阐述的儒家哲学思想，至今仍是中国寻求“共同富裕”的基础。为了实现这一目标，近年来，中国加快了基础设施建设的步伐，政府作为协调主体，汇集来自不同渠道的资金来源，建设发展所需的基础设施。

2008—2019 年，全国发电装机容量翻了一番，中国拥有全球最可靠的电网并已成为可再生能源发电的世界领导者。截至 2019 年年底，中国超过 1/5 的电力来自清洁能源，主要是风能和太阳能。1978—2018 年，中国城镇常住人口从 1.72 亿增加到 8.31 亿。与此同时，城市人均建筑面积从不足 7 平方米增加到 38 平方米。2008—2019 年，中国港口集装箱运输量增加了一倍多，飞机乘客数量增加了两倍多，中国的港口和空中交通系统均处于全球技术前沿。2008—2019 年，全国乘用车保有量增长了近六倍，这就需要大规模扩展中国的道路运输系统。目前，中国超过 3/5 的铁路出行是由高铁完成的，票价定在大部分民众能够负担得起的水平。中国的高铁系统，不仅具有最先进的车站、数字售票系统，还能提供安全、快速、文明的运输方式。截至 2019 年年底，中国共有 35 个城市开通城市轨道交通，运营线路 185 条，中国的地铁线路总长从 1990 年占全球地铁网络的 10% 增长到 28%，票价远低于全球平均水平。截至 2019 年年底，中国 4G 基站数量约为全球的一半，截至 2021 年 5 月，中国已安装 81.9 万个 5G 基站，5G 手机终端用户连接数达 2.8 亿，约占全球总数的 80%，同时，中国将在 2025 年实现 5G 网络全覆盖。2021 年，中国移动用户月均话费为 5.94 美元，而全球平均话费为 11.36 美元。中国 5G 网络快速发展深刻地影响了人们的日常生活、工作方式、个人消费以及社会交往，包括娱乐、医疗和城市治理。

中国有着发展公共事业的优良传统——“天下为公”，旨在建设推动市场有效运作所需的基础设施，而这一优良传统延续至今，成为中国现代化建设的基础。这一中国经验——务实的国家宏观调控行为参与到市场失灵的领域——会为“一带一路”倡议中海上和陆上丝绸之路沿线的国家和地区的经济发展作出深刻的贡献。

彼得·诺兰
英国剑桥大学耶稣学院
中国中心主任

序　　三
记录共建“一带一路”高质量发展的共同繁荣

2013 年金秋，习近平主席提出共建“一带一路”倡议。2022 年，“一带一路”倡议已经进入第九个年头，即将迎来十周年。2022 年 10 月 16 日，习近平总书记在中国共产党第二十次全国代表大会上指出，“共建‘一带一路’成为深受欢迎的国际公共产品和国际合作平台”，强调要继续“推动共建‘一带一路’高质量发展”。

一个时期以来，在治理赤字、信任赤字、和平赤字、发展赤字有增无减，人类社会面临严峻挑战的背景下，共建“一带一路”所展现的天下情怀、开放气度、共赢精神，更加凸显其时代价值。作为中国的国家级高端智库，负责任地记录共建“一带一路”的时代之声、坚实步伐，亦是我们对国家、对世界义不容辞的学者责任。自 2016 年初始，我和赵江林教授在蔡昉教授的指导下，按照中央有关部门的要求和部署，开始酝酿通过科研形式记录伟大时代共建“一带一路”前进的铿锵足音。在中国社会科学出版社赵剑英社长和王茵副总编辑、喻苗等编辑的督促下，这项工作得到了英国罗德里奇出版集团的鼎力支持，由此也就有了《“一带一路”手册（2018）》《“一带一路”手册（2020）》的面世，并得到了学界和国际社会的普遍鼓励。今天，我很高兴地写下的序言，既是《“一带一路”手册（2022）》“的出生证”，更是我们见证和记录共建“一带一路”促进共同发展繁荣的又一呕心沥血之作，也是我们团队对读者们殷切期望的回馈。在这个过程里，我欣喜地看到我们的团队在参与工作中不断迸发的饱满热情、不断增强的家国情怀，也更欣喜地看到，在漫长艰苦的研究工作中，许多人已经成为了研究“一带一路”的知名专家。在此，我十分愿意向大家分享对共建“一带一路”高质量发展的感受。

九年多来，世界日益清晰地看到，“一带一路”是大家携手前进的阳光大道，共建“一带一路”倡议源于中国，机会和成果属于世界。2016 年 9 月 3 日，习近平主席在二十国集团工商峰会开幕式上的主旨演讲中指出：“中国的发展得益于国际社会，也愿为国际社会提供更多公共产品。我提出‘一带一路’倡议，旨在同沿线各国分享中国发展机遇，实现共同繁荣。”我们的工作得益于九年多来“一带一路”的繁荣发展。“一带一路”倡议诞生后，从大写意阶段走进了工笔画阶段，共建“一带一路”从夯基垒台、立梁架柱到落地生根、跨越高山深壑、海洋沙漠，持久发展，取得了实打实、沉甸甸的成就，波澜壮阔的壮美画卷徐徐铺展，老挝人民的铁路梦成为现实，柬埔寨进入“高速公路时代”，马尔代夫有了跨海大桥，白俄罗斯有了自己的轿车制造业，非洲有了电气化铁路和轻轨……一个个互利共赢的故事，正是共建“一带一路”促进共同发展繁荣的生动写照，共商共建共享的“丝路精神”更加深入人心。

九年多来，世界日益清晰地看到，共建“一带一路”是促进全球开放合作、完善全球经济治理、为世界经济提供发展新机遇的中国方案，标注了国际经济合作和新一轮全球化的新高度。2022 年 5 月 18 日，习近平主席在庆祝中国国际贸易促进委员会建会 70 周年大会暨全球贸易投资促进峰会上发表的视频致辞中指出：中国扩大高水平开放的决心不会变，中国开放的大门只会越开越大，推动高质量共建“一带一路”，为全球工商界提供更多市场机遇、投资机遇、增长机遇。回顾过去九年多来的实践，世界也更加清楚地认识到，共建“一带一路”坚持“拉手”而不是“松手”，坚持“拆墙”而不是“筑墙”，不断推进政策沟通、设施联通、贸易畅通、资金融通和民心相通，主动扩大对外开放，携手各方共建“一带一路”，持续为构建开放型世界经济注入不竭动力，充分展现出中国引领国际开放合作的大国格局和担当。

九年多来，世界日益清晰地看到，共建“一带一路”是促进共同发展繁荣、推动构建人类命运共同体的重要实践，书写了全球发展史的新篇章。人类社会越来越朝着安危与共、荣损相依的命运共同体迈进。共建“一带一路”顺应这一历史大势，秉持共商共建共享原则，摒弃制度模式偏见，超越意识形态藩篱；想的是自己要过好、也要让别人过好，信的是众人拾柴火焰高、互帮互助走得远。新冠肺炎疫情发生后，中国与各方守望相助，共克时艰，体现负责任大国担当，不仅推动共建“一带一路”继续前行，也向国际社会传递了信心和力量，为全球抗疫合作和经济复苏作出了重要贡献。如今，共建“一带一路”倡议核心理念已被写入联合国、二十国集团（G20）、亚太经济合作组织（APEC）、上海合作组织（SCO）等国际组织和多边机构重要文件，充分说明这是一个凝聚广泛合作共识的国际公共产品。

九年多来，世界日益清晰地看到，共建“一带一路”跨越不同地域、不同发展阶段、不同文明，“朋友圈”越来越大，发展规划对接日益深化，合作质量越来越高，已经成为当今世界范围最广、规模最大的国际合作平台。截至

2022年7月底，中国已与149个国家、32个国际组织签署200多份共建“一带一路”合作文件。仅2022年以来，中国就与非洲联盟（AV）、摩洛哥、古巴签署共建“一带一路”合作规划，与俄罗斯、蒙古国确认《建设中蒙俄经济走廊规划纲要》延期，与基里巴斯共和国签署共建“一带一路”实施方案。中国和共建国家启动50多家“一带一路”联合实验室，许多发展中国家实现了“自己制造”的夙愿。连续举办四届的中国国际进口博览会，累计成交额高达2722.7亿美元，与广交会、消博会等一系列国际经贸盛会，不断展现出中国超大规模市场的惊人魅力。中埃·泰达苏伊士经贸合作区、柬埔寨西哈努克港经济特区、中国白俄罗斯工业园等经贸合作园区开辟了经贸合作互惠共赢的新局面，截至2021年年底，中国企业在境外经贸合作园区投资超过430.8亿美元，为园区落地国累计创造就业岗位超过34.6万个。

九年多来，世界日益清晰地看到，共建“一带一路”从数字丝绸之路、创新丝绸之路到绿色丝绸之路、健康丝绸之路、法治丝绸之路，内涵不断丰富、活力不断释放，越来越多的共建国家人民从中受益，靠自己的双手改变自己和家人的命运。共建“一带一路”合作项目成效显著，设施联通成果累累，一大批务实合作项目加速落地，为当地经济发展、民生改善作出了实实在在的贡献。截至2022年9月，中欧班列累计开行近6万列，货值累计近3000亿美元，铺画的82条运输线路通达欧洲24个国家200余个城市。丝路海运持续密织，联盟成员单位超过250家，截至2022年9月，以“丝路航运”命名的航线已达94条，通达31个国家的108座港口，累计开行9000艘次，完成集装箱吞吐量超1000万标箱。蒙内铁路开通运营五年来，累计发送旅客794.5万人次，发送集装箱181.7万标箱，发送货物2029.3万吨。面对新冠肺炎疫情在全球肆虐的冲击，“一带一路”设施联通成果捷报频传。2021年12月3日，中老昆万铁路全线通车运营，截至2022年9月，已累计发送旅客671万人次，累计运输货物717万吨，国际货运总值超过100亿元。作为中国与中东欧国家共建“一带一路”重点项目的匈塞高速铁路，其贝诺段自2022年3月19日通车运营至9月，每天开行动车组列车64列，累计发送旅客80万人次。佩列沙茨跨海大桥首次实现了克罗地亚人民连接南北领土的夙愿，自2022年7月开通至9月，车流量超过50万车次。巴基斯坦瓜达尔港已经建成一个拥有3个两万吨级泊位的多用途码头，瓜达尔自由区已有40多家企业入驻，投资额超过30亿元。

九年多来，世界日益清晰地看到，共建“一带一路”贸易畅通质效双增，贸易投资规模稳步提升，贸易自由化便利化水平持续提升。截至2022年6月，中国与“一带一路”沿线国家货物贸易额累计约12万亿美元，对沿线国家非金融类直接投资超过1400亿美元。辐射“一带一路”的自由贸易区网络得到加快建设，中国与13个共建国家签署了7个自贸协定。中国已累计与32个共建国家和地区签署“经认证的经营者”（AEO）互认协议，贸易安全与通关便利化合作持续推进。丝路电商成为“一带一路”新的亮点和增长点，贸易新业态得到快速发展。资金融通步伐稳步推进，人民币国际化水平不断提升。截至2022年7月，中国累计与20多个共建国家建立了双边本币互换安排，在十多个共建国家建立了人民币清算安排，人民币跨境支付系统（CIPS）业务量、影响力稳步提升。截至2022年7月，亚洲基础设施投资银行（AIIB）成员扩容至105个，累计批准项目181个，融资额达357亿美元，惠及33个亚洲与域外成员。丝路基金与欧洲投资基金设立的中欧共同投资基金，已经在近20个国家开展投资。多边开发融资合作中心（MCDF）成立后，吸引了十家国际金融机构积极参与其业务。

九年多来，世界日益清晰地看到，共建“一带一路”民心相通持续深入。在第三次“一带一路”建设座谈会上，习近平总书记回忆起20多年前的一件往事，在福建工作期间，习近平同志接待了来访的巴布亚新几内亚东高地省省长拉法纳玛，“我向他介绍了菌草技术，这位省长一听很感兴趣。我就派《山海情》里的那个林占熺去了”“我当国家副主席以后，到南太，到非洲，到南美洲继续推广菌草。现在这个技术已经在100多个国家落地生根，给当地创造了数十万个就业机会”。以菌草项目为代表的一大批直接体现民生需求的项目落地生根，以其“小而美、见效快、惠民生”的特点，有效增进了共建国家民众的获得感。以埃及艾因夏姆斯大学鲁班工坊为代表的十余个教育合作和文化交流品牌逐步形成。截至2022年9月，“丝路一家亲”行动在共建国家开展民生合作项目300多个，推动中外社会组织建立600余对合作伙伴关系。丝绸之路国际剧院、博物馆、艺术节、图书馆、美术馆联盟成员达到539家。中国同31个合作伙伴共同发起“一带一路”疫苗合作伙伴关系倡议，迄今已向153个国家和15个国际组织提供了数千亿件抗疫物资，向120多个国家和国际组织提供了超过22亿剂疫苗。

共建“一带一路”承载着人们对文明交流的渴望、对和平安宁的期盼、对共同发展的追求、对美好生活的向往。记录走过的筚路蓝缕，见证取得的辉煌成绩，是为了更好地走进明天。历经九年多的携手同行，共建“一带一路”已成为广受欢迎的国际公共产品和规模最大的国际合作平台，为全球经济复苏作出了持续的、进阶的、实质性的贡献。面对百年未有之大变局和新冠肺炎疫情全球大流行，中国将继续坚定秉持人类命运共同体理念，始终将基础设施互联互通作为“一带一路”建设的优先领域，深化经贸合作，推动共建国家绿色低碳、数字化转型，保障全球产业链供应链稳定，为共建国家发展注入新动力。中国将继续担当文明沟通的使者，成为拉近国家间关系的纽带，帮助各国共享发展成果，打造甘苦与共、命运相连的发展共同体。中国将继续与各方一道，推动共建"一带一路"高质量发展，打造造福各国人民的世纪工程，为构建人类命运共同体作出新的更大贡献。

在"一带一路"倡议砥砺前行、勇毅前行的九年多时间里，中国学术界积极跟进，从不同角度展开"一带一路"研究，取得了一系列重要研究成果，具有学理性的新观点和新论述不断涌现，推动"一带一路"建设日益成为构建人类命运共同体理论大厦不可或缺的重要支柱，为深入推进"一带一路"建设了贡献学术力量。九年多来，我国学术界围绕"一带一路"倡议的研究成果，走过了从个案专题研究到系统制度论证、从对接各国发展战略到分享中国发展经验、从现象介绍到学理体系构建、从开展国际传播到主动构建中国话语体系、从单一研究视角到跨学科综合研究的发展历程，学者们开始尝试运用经济学、政治学、社会学、地理学、管理学、文化学、历史学、传播学等学科的理论和方法，对"一带一路"进行多维度、多视角、多学科的交叉研究。如，有的学者从世界市场失灵角度探讨了"一带一路"国际合作的基础，有的从重塑全球价值链角度为共建"一带一路"提供经济学阐释，还有人从以新兴市场经济体为枢纽的全球分工网络角度，提出了中国开放型经济"共轭环流"理论等。中国社会科学院学者也围绕"一带一路"相关理论和实践进行了大量探索，其中作为中国社会科学院年度创新工程重大科研成果陆续推出的多版《"一带一路"手册》，就是例证之一。可以说，我国"一带一路"建设取得的广泛成果，受到国际社会越来越多的理解和认同，与学界提供的良好学术供给和智力支持密不可分。

截至目前，《"一带一路"手册》已出版两版中文版（2018、2020）和两版英文版（2018 及 2018 修订版），其中涉及不重复词条 339 个，撰写词条的作者人数达 92 人。《"一带一路"手册》从酝酿之初，就秉持如实记录"一带一路"倡议前行轨迹的理念。几年来，这项工作得到了国内外诸多机构和朋友的支持与鼓励。2018 年，手册编撰工作得到国家社科基金大力支持，设立了特别委托课题"《'一带一路'手册》编辑出版"（项目编号 18@ ZH009）。2019 年 9 月，《"一带一路"手册》被"一带一路"百人论坛推荐为中国企业共建"一带一路"必读的 10 本书之一，被认为"为促进国际社会深刻理解'一带一路'伟大战略构想提供了学术引导价值，对中国企业管理者全面了解'一带一路'倡议的主要内容有重要的参考价值"。2021 年 9 月，在《"一带一路"手册（2020）》新书发布的同时，中国社会科学院隆重举行了新书发布会暨推动共建“一带一路”高质量发展国际研讨会。目前，手册已有多个语种受到国家社科基金中华学术外译项目、中国图书对外推广计划、丝路书香工程重点翻译资助项目、经典中国国际出版工程等国家级外译资助项目支持。

自第一版发行以来，国际社会也对手册给予高度关注和认同。2019 年 6 月，在《“一带一路”手册（英文版）》（The Routledge Handbook of Belt and Road）正式面向全球出版发行之际，英国剑桥大学专门举办了《“一带一路”手册》英文版全球首发暨学术研讨会。2019 年，《“一带一路”手册》在泰勒·弗朗西斯集团（Taylor & Francis Group）7000 余种新书中入围好书名单。泰勒·弗朗西斯集团全球图书业务总裁贝谨立（Jeremy North）先生表示，该手册的成功是中英双方多年合作历史上一个闪耀的里程碑，是“中西方学者对话与合作的典范之作，是传播知识、促进人心相通的典范之作”。英国电子书平台 Perlego、Vital Sources Bookshelf（在线观看电子书的提供商）、英国网络书商 Book Depository、世界图书集团 World of Books（英国最大的二手书零售商）、英国在线书店 Wordery、英国书店 Foyles、美国亚马逊、荷兰电商平台 BOL、挪威 bokklubben 等多个国外购书平台发布《“一带一路”手册》信息。有的认为，《“一带一路”手册》在保留“一带一路”知识与信息的完整性方面，具有不可替代性。有的认为，手册是参与“一带一路”的研究人员、实践人员和观察员的必备指南，全球智库、媒体从业者和大学会发现这本书是一本有用的参考书。有的认为，手册在“一带一路”基础设施建设的关键时期出版，揭示了“一带一路”对未来全球经济发展的影响，并以创新的全球视角为政治学学者和学生提供了前沿视角，手册显示出的可靠见解和广泛实证分析也将有利于在该领域工作的政策制定者和智库分析师。截至目前，《“一带一路”手册》已签约 14 个语种，包括英文、德文、西班牙文、俄文、匈牙利文、韩文、波兰文、印地文、土耳其文、波斯文、罗马尼亚文、孟加拉文、希伯来文、哈萨克文等。《“一带一路”手册》正踏着“一带一路”倡议高质量发展的铿锵脚步，并伴随着其实践的日益丰富和理念的日臻完善，一步一个脚印向全世界传递中国全新的发展理念。

同时，作为一名“一带一路”高质量发展的建设参与者和研究者，我们也深感工作的艰巨性和挑战性。面对该系列出版以来国内外各界的褒扬与赞美，我们也知道自己工作的局限性和有待加强之处，也无法忽视其中还存在的一些亟待突破之处，特别是理论供给与实际需求不相匹配的窘态、学术创新力与“一带一路”蓬勃生机相比之下的缺位、囿于既往概念范式的汗颜等等。在本版手册和今后工作中，我们将继续在进一步强化战略思维、构建“一带一路”知识体系上着力，在加快建设多学科交叉融合、建立“一带一路”研究的全方位综合性上着墨，在“一带一路”高质量发展的长时段、全局性、基础性问题上着眼，在重大项目、金融支撑、投资环境、风险管控、安全保障、气候变化等实际问题上投入。

2022 年 10 月 16 日，习近平总书记在中国共产党第二十次全国代表大会上向世界郑重宣告，中国将继续“推进高水平对外开放，稳步扩大规则、规制、管理、标准等制度型开放，加快建设贸易强国，推动共建‘一带一路’高质量发展，维护多元稳定的国际经济格局和经贸关系”。共建“一带一路”高质量发展的征程无涯，我们的团队也将继续把记录见证工作扛在肩上，勇毅前行、踔厉奋进，以不辍之笔按期续写更新《“一带一路”手册》新篇章，不负韶华、不负使命、不负初心。

信笔至此，言不及义、诸理在文，以此衷心感谢中国社会科学出版社和罗德里奇出版社的一贯支持，衷心感谢工作团队每一位成员的不懈付出，衷心感谢各界对手册撰写工作的鼓励与支持。是为序，

王灵桂
中国社会科学院研究员
中国社会科学院大学教授
2022 年 10 月 16 日

序　　四
后疫情时代共建“一带一路”倡议的未来之路

自新冠肺炎疫情暴发以来：一方面，疫情在全世界范围内造成了严重的疾病传播并且严重影响国际贸易往来，全球经济逐渐衰退；另一方面，中国以开放的姿态面向全世界所有国家，在“一带一路”倡议框架下加强与各国的抗疫合作，共克时艰、守望相助，增进了中国与“一带一路”沿线国家的友谊，为全球抗疫进程提供了一丝光亮，向国际社会传递出信心和力量。新冠肺炎疫情暴发初期，中国在控制国内疫情蔓延、对病毒进行追踪溯源的同时，也积极地帮助许多没有健全医疗系统的发展中国家抗疫，不仅派出专机运送大量的医疗援助物资，而且也派出具有第一线抗疫经验的医疗专家组，世界各国也自发地向中国捐赠个人防护装备。

2020 年 5 月 18 日，习近平主席在第 73 届世界卫生大会（WHA）视频会议开幕式上承诺，中国将毫无保留同各方分享防控和救治经验，中国新冠疫苗研发完投入使用后，将作为全球公共产品，为实现疫苗在发展中国家的可及性和可负担性作出中国贡献。与此同时，在疫情最严重时，中国与“一带一路”沿线国家相互支持所播下的“善意种子”，为各国在未来可能发生的公共卫生危机中的合作铺平了道路。而“一带一路”倡议的新内涵——共建“健康丝绸之路”，将可能成为未来全球合作抗疫的成功模版。

受新冠肺炎疫情的持续影响，遭受重创的全球经济亟需复苏，需要更多国际活力来激发经济潜能，而不是西方国家在自诩民主的名义下，使用政治口号“大力发展自由的价值驱动型经济模式”来挽救危机局面。无论是发展中国家还是发达国家，都在为恢复经济发展的问题而挣扎不已。许多国家承受的政府债务负担越来越重，低收入和中低收入国家消除极端贫困的目标与任何时期相比都更显得遥遥无期。

在如此悲观、低迷的经济形势下，“一带一路”倡议的新领域——共建“数字丝绸之路”席卷全球，保持社交距离的必要性成为人类沟通交往的新常态，进一步推动了数字经济合作在全球的推广。共建数字经济合作不仅避免了经济的全面崩溃（疫情导致一些生产线全面停滞），而且为复苏经济的传统举措——财政政策、货币政策措施提供了可替代性方案。中国是2020年世界主要经济体中唯一保持GDP正增长的国家，国内国际“双循环”新格局为中国在后疫情时代经济的高质量发展持续提供动力，也将为“一带一路”沿线国家的经济发展提供巨大市场。2022年1月1日，《区域全面经济伙伴关系协定》（RCEP）正式生效，将为经济复苏注入“强心剂”。

然而，共建”数字丝绸之路”并非没有挑战，社会对数字经济合作的接受程度和参与程度“因国而异”，数字经济基础设施的可用性是“数字丝绸之路”建设的先决条件，也是建设“数字丝绸之路”的一项巨大挑战。中国在发展数字经济方面起步较早，被视为一个成功的典型案例。国际社会普遍认为，数字经济合作将成为经济全球化发展的下一个主要推动力。后疫情时代，世界各国完全有理由期待中国高质量共建“一带一路”倡议发挥更大的作用。

翁诗杰

马来西亚新亚洲战略研究中心主席

2022年10月27日

第一版
序　一

世界各国分别处于不同的发展阶段，有各自不同的历史和文化，但是，各国人民对于和平与发展有着共同的愿望。以摆脱贫困和改善人民生活质量为基本标志，提高国家的经济社会发展水平，也是各国执政者的目标和不断做出的承诺。与此同时，人们也倾向于同意，任何国家在谋求自身发展时也应兼顾他国，各国共同发展才是一国发展的可持续性所在。习近平同志于2013年担任中国国家主席以来，一贯倡导并做出深刻阐释的构建人类命运共同体理念，迅速得到了国际社会的广泛认同，这个概念本身也被载入一系列联合国决议。

共同的发展愿望并不意味着唯一道路，也不要求单一模式，而是提倡发展途径的多样化、本土化和与时俱进。不过，各国发展的道路上也面临着一些共同的障碍，如资本积累的瓶颈、国际经贸关系中的不平等、基础设施能力的不足、人力资本培养的难点、劳动力等资源动员能力的缺乏和配置的无效率，等等。因此，在承认和鼓励模式多样性的同时，世界各国特别是发展中国家也在探讨促进发展的基本条件，寻找创造这些条件的途径，以便能够打破关键领域的瓶颈制约。此外，各国的发展也需要相互借鉴成功经验、汲取失败教训，也有必要形成一种各国紧密合作、充分协商、携手互动，同时又给每个国家以充分选择空间的发展战略框架。中国国家主席习近平2013年提出的“一带一路”倡议，就是这样一个开放性的框架。

首先，“一带一路”倡议的基本理念和主体思路，已经为中国改革开放时期的发展和分享的经验所验证。中国在过去40余年的发展历程，为经济史提供了一个同时做大蛋糕和分好蛋糕的成功案例。1978—2019年期间，在实际GDP总量增长38倍、实际人均GDP增长26倍左右的同时，得益于就业的扩大，实际城乡居民可支配收入与人均GDP保持了相同的增长速度。同一时期劳动生产率（劳均GDP）提高了19.4倍，其中劳动力在区域间和产业间的重新配置做出了重要的贡献。

进入21世纪以来，实施西部大开发战略、东北等老工业基地振兴战略和中部崛起战略等区域均衡发展战略，通过财政转移支付、项目建设投资和基础设施建设等措施，明显改善了中国的中西部地区的营商环境、对外开放水平、交通通讯等基础设施条件、基本公共服务保障能力和人力资本水平。随着投资环境和发展条件的显著改善，中西部地区的工业化实现了赶超式的发展。随着沿海地区劳动力和土地等要素成本的提高，劳动密集型制造业在这些地区逐渐丧失比较优势，与此同时，中西部地区通过能力建设做好了充分的准备，得以成功地接受更多的国内跨地区投资和外商直接投资，承接了从沿海地区转移的制造业产业。

其次，“一带一路”倡议坚持共商共建共享的原则。这一倡议并非简单地借用古老的陆地和海上丝绸之路这个符号，还有更深的历史涵义和现实启迪。从历史深度上，这个符号隐含着对于传统的西方中心论的否定，更强调东西方文明相互交通、互学互鉴在人类发展历史上的作用。以当代国际视野来看，这个符号也蕴含着如何打破传统的全球公共品供给的内容及模式，特别是破除单一或少数国家主导国际规则话语权的过时做法，更加注重在联合国宪章原则基础上，通过所有国家的参与，治理全球化和消除全球贫困的新理念。

第三，“一带一路”倡议抓住了基础设施建设这一各国普遍面临的关键性制约。在几乎所有的“一带一路”沿线和相关国家，都存在着交通、通讯、能源等基础设施薄弱的瓶颈问题，构成对投资环境、投资效率和产业发展的长期制约，也使许多国家不能充分享受经济全球化的红利。中国发起并率先投资，借助亚洲基础设施投资银行、金砖国家开发银行、丝路基金等融资机构，与相关国家和地区进行基础设施建设能力的合作，可以像中国自身曾经实施过的西部大开发战略所显示的那样，预期大幅度改善“一带一路”沿线和相关国家的基础设施条件，创造经济发展必要条件。

最后，“一带一路”倡议为各国根据国情探索适合自身发展道路的模式提供了充分的空间。发展中国家要摆脱贫困、实现联合国2030年可持续发展目标、走向现代化，终究需要立足于自身的国情，依靠内在的决心和努力，消除在发展动力和制度环境等方面现存的各种障碍。如果说外部人能够做什么有意义的事情的话（无论是否称其为国际公共品），那无疑就是提供有益的知识，包括曾经在其他环境下取得过成功的经验和需要汲取的教训、软件和硬件基础设施建设资金、人力资本培训等方面的必要帮助，以及容易入手和迅速见效的市场投资机会。理论和实践都表明，“一带一路”就是这样一种可以同各国自身需要和努力并行不悖的共建共享倡议。

自2013年习近平主席首倡以来，“一带一路”倡议已经迅速转变为各国的合作行动，体现在一系列国际合作机制的建立、合作项目的落地，以及一部分早期成果的收获上面。然而，在不同国家，人们对这个倡议和相关行动的理解尚不尽一致，也存在着疑惑、误解甚至有意歪曲。这种情况也并不令人感到过分意外。毕竟，正如人类社会任何活动都必然经历不断探索和认识的过程，任何合作事业都需要参与各方不断磨合一样，“一带一路”倡议本来就具有开放的性质，也需要在实施中积累经验、完善理念、增进共识。因此，在该倡议的每一个实践阶段，都有必要对已经取得的进展做出总结，对已有的经验进行评估，对已经形成的共识予以确认，甚至在理论上进行提炼和抽象。

出于以上考虑，我们编辑撰写了这本《“一带一路”手册》，于2018年和2019年分别出版了中文版和英文版，作为截止到当时关于“一带一路”理论、实务和实践成果的一个阶段性汇总，也受到了读者的欢迎。鉴于“一带一路”理论和实践的发展日新月异，编者、作者（我相信读者也是如此）都感到这本手册有更新、修订和再版的需要。经过编者和作者一段时间的工作努力，现在，我们把本书的2020版奉献给国内外广大读者。我们希望这本手册能够满足高质量共建“一带一路”任务的需要，特别是在新冠肺炎疫情之后的实践需要。

参加“手册”写作的作者包括了相关领域的研究人员，通过条目的选择和内容的介绍，我们力图反映与“一带一路”的理念、实务和实践相关的内容，包括倡议的理念与原则，历史与现状，相关的国际和国家经验，合作的内容与实践，机制、平台和项目建设，可能对接的相关地区机制和国家行动计划，以及与“一带一路”有关的基本知识，等等。编者和作者并无意让这本手册充当理论和实务的指南，但希望它能成为一个有参考价值的读本，对参与“一带一路”建设的研究者、实际工作者和观察者及至感兴趣的一般读者有所裨益。文本中的内容或许未能体现最新进展，错误和遗漏之处也在所难免，作者和主编诚挚地期待读者提出批评。

蔡　昉

中国社会科学院副院长、学部委员

中国社会科学院国家全球战略智库理事长

2018年4月25日

第一版
序　二*

> “1987 年，在中国陕西的法门寺，地宫中出土了 20 件美轮美奂的琉璃器，这是唐代传入中国的东罗马和伊斯兰的琉璃器。我在欣赏这些域外文物时，一直在思考一个问题，就是对待不同文明，不能只满足于欣赏它们产生的精美物件，更应该去领略其中包含的人文精神；不能只满足于领略它们对以往人们生活的艺术表现，更应该让其中蕴藏的精神鲜活起来。”
>
> ——习近平主席在联合国教科文组织总部的演讲（2014 年 3 月 28 日）

2011—2012 年，美国宣布对战略方向进行重大调整，将重点转向亚太地区：“美国的经济和安全利益与从西太平洋和东亚延伸至印度洋地区和南亚的弧型地带的发展息息相关，这对美国既是挑战也是机遇，两者都不断演化。因此，尽管美国军队将继续为全球安全做出贡献，但势必要重新进行战略平衡，转向亚太地区。”时任美国国务卿希拉里・克林顿公开确认：“21 世纪将是美国的太平洋世纪，就像以前的各个世纪一样。”她进一步阐述了美国战略方向的转变：“世界政治的未来将决定于亚洲，而非阿富汗或伊拉克。美国将处在行动的正中心……因此，美国未来十年治国方略中最重要的任务之一是确保大幅增加在亚太地区的投入，包括外交、经济、战略及其他投入。”

未来几十年，美国国际关系战略布局中打造亚洲政治和军事同盟网络将是至关重要的一部分，在其看来重新回归亚洲对该地区的未来极为重要：“该地区也许比世界近代史上任何时期都更渴望我们的领导和参与。我们是唯一一个在该地区拥有强大同盟网络却没有领土野心、存在共同利益并持续提供支持的强国……我们现在的挑战是在整个太平洋打造一个符合美国利益和价值观的、持久的关系网，正如我们在大西洋所打造的一样。”

约 200 年前，欧洲对中亚、东南亚以及中国本身的了解都极为有限，主要途径也只是从通过海陆丝绸之路与东亚交易的中间商那里获得二手信息。库克

* 本文摘自 Peter Nolan, *Understanding China-The Silk Road and the Communist Manifesto*, Taylor and Francis; October 2015。现将引言部分作为本书代序。

船长在1768—1779年进行了著名的探索航行，此时欧洲人对亚太地区的了解几乎为零。1776年北美殖民地宣布脱离英国独立时，美国还仅仅由一小群聚居在辽阔北美大陆东部边缘的殖民地居民组成，远眺太平洋的西海岸加利福尼亚州直到1850年才成为“美国”的一部分。

中国国家主席习近平将连接中西方的“一带一路”倡议作为中国对外关系顶层设计的关键部分。2013年9月7日，习近平主席在哈萨克斯坦的纳扎尔巴耶夫大学的演讲中提出建设“丝绸之路经济带”；2013年10月3日，他在印度尼西亚国会的演讲中提出建设“21世纪海上丝绸之路”。中国两千多年来与其周边地区有着深厚的友好往来，通过新疆与中亚、通过南海地区与东南亚保持着深厚长期的贸易和文化交流，新疆和南海地区因而分别构成中国进入中亚和东南亚的“门户”。

2013年，习近平主席访问了中亚四国，包括乌兹别克斯坦、土库曼斯坦、吉尔吉斯斯坦和哈萨克斯坦。习近平主席还访问了东南亚，包括马来西亚和印度尼西亚，并于2014年春出访欧洲。他在这些出访的一系列讲话中清晰阐述了在新的“一带一路”上建设中欧桥梁的中国构想，特别重视港口、机场、公路、铁路、水电和通信等基础设施的发展。基础设施建设对于带动经济关系极为重要，而经济关系是增进相互了解的基础。

习近平主席每次出访都强调理解历史对相互了解的重要性：“历史是现实的根源，任何一个国家的今天都来自昨天。只有了解一个国家从哪里来，才能弄懂这个国家今天怎么会是这样而不是那样，也才能搞清楚这个国家未来会往哪里去和不会往哪里去。”他一再指出增进彼此文化了解对和平发展的重要性：“历史告诉我们，只有交流互鉴，一种文明才能充满生命力。只要秉持包容精神，就不存在什么‘文明冲突’，就可以实现文明和谐。”

中国和欧洲处于新丝绸之路的两端，习近平主席的演讲指出中欧之间自古以来沿着水陆交通建立了长期联系：“我们要建设文明共荣之桥，把中欧两大文明连接起来。中国是东方文明的重要代表，欧洲则是西方文明的发祥地。”他也强调了中国思想沿着丝绸之路传播对欧洲发展做出的贡献：“中国的造纸术、火药、印刷术、指南针四大发明带动了世界变革，推动了欧洲文艺复兴。中国哲学、文学、医药、丝绸、瓷器、茶叶等传入西方，渗入西方民众日常生活之中。《马可·波罗游记》令无数人对中国心向往之。”

习近平主席还强调了中亚和东南亚作为连接中欧两地桥梁的重要性：“桥不仅方便了大家的生活，同时也是沟通、理解、友谊的象征。我这次欧洲之行，就是希望同欧洲朋友一道，在亚欧大陆架起一座友谊和合作之桥。”

中国政府“一带一路”倡议的核心，是发展基础设施和商业关系。为扶持商业、促进社会稳定而建设基础设施，是中国长期繁荣的基石。中国过去的国际贸易与数量庞大的内部贸易比起来微不足道，中国通过“一带一路”，不仅能加强与这些地区的国际贸易，还能在文化上长期相互深入共存、双向交流，促使世界各国在这幅千丝万缕的历史织锦中融汇交织。

彼得·诺兰
英帝国高级勋位获得者
剑桥大学发展研究中心创始主任
剑桥大学耶稣学院中国中心主任
2018 年 8 月 8 日

第二版
序　一

自从习近平主席在2013年提出“一带一路”倡议之后，这个倡议得到众多国家和国际组织的积极响应和参与，建设“一带一路”的朋友圈越来越广，合作伙伴越来越多。从那时以来，“一带一路”倡议历经了从总体布局到实施落地的过程，合作建设实践也逐步走向更深的层次，实务空间得到进一步拓展，发展质量得到不断提高。如今，我们可以丝毫不夸大地说，“一带一路”倡议和建设实践，日益成为一个世界级话题和现象。

首先，实务上取得了良好进展。截至2021年1月，中国与140个国家和31个国际组织，签署了205份共建“一带一路”合作文件。2013年至2019年，中国与沿线国家的货物贸易累计总额超过了7.8万亿美元，对沿线国家直接投资超过了1100亿美元。

其次，引起全球范围内的关注，成为国际舆论和讲坛上的讨论热点。2017年5月召开的首届“一带一路”国际合作高峰论坛，有29个国家的元首和政府首脑，140多个国家、80多个国际组织的1600多名代表参与。此后，2019年4月，第二届“一带一路”国际合作高峰论坛再次举行。2020年6月，“一带一路”国际合作高级别视频会议在北京举行。

在过去这些年里，首倡于中国的“一带一路”建设跨越了国家和地域界限、不同经济社会发展阶段、多样的文明，日益成为一个开放包容的合作平台，各方共同打造的全球公共产品。联合国大会、联合国安理会通过的重要决议也纳入了“一带一路”建设的内容。

第三，引起学术界舆论界热切的研究和传播，有关理论成果不断涌现。既有各国学者围绕“一带一路”相关的历史、地理、经济、文化等等话题展开的讨论，也有政策研究者围绕共商、共建、共享实践中的问题进行的决策研究，在政策沟通、设施联通、贸易畅通、资金融通、民心相通等各实务领域的研究形成丰硕成果。

世界越来越紧密地连接在一起，人类越来越成为一个休戚与共的命运共同体。正如任何一个国家和地区都要寻求自身的经济社会发展一样，无论哪一个国家和地区都不能在彼此分割的状态中独立发展，因而也注定离不开全球化。然而，全球化并不是自然而然产生的，也不会是一个不受羁绊的过程；全球化也不会自然而然地惠及所有国家和所有人群。全球化需要呵护、修补、改进和维护。

2008—2009 年国际金融危机发生后，虽然产生了一股逆全球化潮流，但并未能够阻止全球化的继续发展。一些国家奉行民粹主义、保护主义、单边主义的政策和行为，也没有成为各国普遍认同和模仿的做法。制造贸易摩擦甚至打贸易战的做法更是害人害己，也引起诟病和抵制。2020 年以来在全球和各国肆虐的新冠肺炎疫情大流行，虽然助长了一些国家的内顾发展倾向，却依然不能终止全球化进程。疫情期间出现的供应链断裂也好，苏伊士运河堵塞造成的混乱和损失也好，从反面证明全球化不能逆转，同时证明全球化仍然是脆弱的。这种脆弱性的表现既表现在合作意愿尚未充分沟通，也表现在连接世界的基础设施仍有巨大的缺口。

既然全球化不能走回头路，就只能勇往直前；既然国与国之间的合作与交流承受不起再次被断开，就必然需要加强连接性和连接能力。连接性是全球化的核心，也是全球价值链的短板，需要通过跨地域基础设施建设提高连通性。建设“一带一路”倡议之所以得到积极而广泛的响应，就是因为这一倡议本身及其实施，回应了全球化和相关国家发展的现实需要。

“一带一路”建设涉及众多沿线国家和第三方，涉及大量在建和预期实施的项目，需要克服诸如经济体制、政策理念、文化传统、要素禀赋等诸多问题造成的难点和堵点。因此，“一带一路”不仅是一个基础设施项目建设的问题，还面临着诸多其他领域相通的任务。

好消息是，各国之间的广泛磋商、建设项目的早期成果、学术界和舆论界的充分交流，都给我们提供了丰富的新事物和新经验，无疑有助于我们求同存异，形成新的认识，达成新的共识。《“一带一路”手册》的作者，在此前版本的基础上，广泛吸纳和反映了这些新的发展，内容更加完整、丰富和准确，可以说形成了一个全新的版本。我衷心地希望这个手册的新版本能够有助于各界读者增进对“一带一路”相关问题的理解，进而有助于建设实务的推进。

蔡　昉

中国社会科学院国家高端智库首席专家

2021 年 5 月 7 日

第二版
序　二

在中国过去十年采取的所有举措中最引人注目的是“一带一路”倡议，它雄心勃勃、极具原创性和有着历史性的意义。即使是现在，在它第一次宣布的七年后，它的规模之大和可能性之多，仍然让人难以综合和总结。“一带一路”简直是太大了，太新颖了，太开放了。这项工作仍在进行中，并将在今后许多年继续如此。众所周知，“一带一路”将改变世界。

“一带一路”的既定目标是改造欧亚大陆的基础设施，从而为其所包含的众多经济体开辟全新的前景。在现代，没有什么能比“一带一路”更好了。“一带一路”倡议惠及的欧亚大陆，人口数占世界的一半以上，其中绝大多数生活在发展中国家。

最初提出“一带一路”的时候，它意味着什么？必然会怎样？大家并不是很清楚。甚至它的名字，在它发展的早期似乎一直在变化，也不说明什么。最初，至少在翻译中，它造成了一些混乱。“一带一路”是什么意思？是关于什么的？世界各地都有人问这样的问题。人们对此很感兴趣。然而，没过多久，它就开始俘获大众的想象力，当然是在发展中国家。实际上，“一带一路”是从一个想法开始产生的。这就是为什么有人问了这么多问题。人们希望有实质性的解释，这样他们才能理解。毕竟，在他们遇到重大的新倡议时通常都会这样。但是“一带一路”不像以前的任何倡议，它是全新的。还有什么倡议像这样？以一个想法开始产生，孕育着可能性，却没有计划、制度框架或明确的既定目标？当然，在现实中，我们可以称这些计划、框架、目标等为具体细节，只有当这个想法开始被讨论，并从潜在的伙伴国家得到回应时这些细节才可能实现。这个过程是一个从想法开始，逐渐获得吸引力、动力和最后成形的过程。它不是从一个完全成形的计划开始的，没有建筑师的画，而是有机地发展起来的，就像一棵树逐渐长出大大小小的树枝，见证了自然过程的复杂性、不规则性和新颖性。

然而，人们习惯于以更可预测和传统的方式来思考这些问题。一个经常被问到的问题是，一个国家或国际组织能否加入“一带一路”？这并不奇怪。大多数国际组织对成员开放：联合国、欧盟、亚投行、上海合作组织、东盟和北约就是明显的例子。答案是否定的：“一带一路”不是一个成员组织。一个国家可以是“一带一路”的一部分，但不能是其成员。一个国家与“一带一路”的关系是由他们签署的项目决定的。“一带一路”不是一个中央集权的机构，而是其各个部分的总和，这些部分由各种双边和多边协议和项目组成的。因此，它的形状、内容和范围不断增长和变化：它是一个活的、不断进化的有机体。在现代世界的经济机构、政治项目和外交举措中，很难想到类似或等同的多边结构。“一带一路”是一个完整的一次性的，真正的原创，一种新的发明。这是它天才的一部分。这个概念是全新的，也是陌生的。最相似的地方是在自然界，而不是在人造的国际机构中。正是这种灵活性给了它同时以多种不同方式成长和进化的自由。这也使得我们很难预测十年后“一带一路”将会是什么样子？或者说的确会是什么样子？然而，这也是它力量的主要来源。“一带一路”能够以各国需要的方式发展，这种方式是开放、能够满足它们需求的，而不是要求它们适应预先设想的模式。虽然这个想法最初是在欧亚大陆的背景下产生的，但它已经远远超出了这些地理限制，扩展到了非洲、拉丁美洲和北极。然而，无论地理位置如何，“一带一路”仍有一个基本的总体概念，即核心是中国与发展中国家的关系。

“一带一路”的可能性和力量的另一个证明是发达世界的反应和对发达世界的影响。起初，美国并没有注意到这一点，试图通过沉默来谴责它，认为这不会有什么影响，从而大大低估了它的潜在重要性。直到特朗普担任总统期间这种情况才开始改变，美国对“一带一路”的批评越来越多，指责中国参与债务外交并寻求利用发展中国家。相比之下，欧洲的反应则更加好奇和开放。一个关键的原因是，位于欧亚大陆西端的欧洲，在地理上与美国相比与“一带一路”的距离没有那么遥远。就中国而言，中国已经非常认真地尝试让欧洲国家参与这个项目。现在，超过一半的欧盟成员国支持“一带一路”。最明显的支持来自中欧和东欧国家。但“一带一路”也获得了南欧国家越来越多的支持，尤其是希腊、葡萄牙和意大利，后者是七国集团中第一个支持“一带一路”的国家。尽管欧洲其他地方的支持不那么明显，但总的来说，欧洲大陆的态度可以描述为感兴趣和开明，而不是像美国那样充满敌意。德国是欧洲的关键国家，尤其是在经济方面。尽管德国至少目前为止没有特别参与“一带一路”事务，但德国与中国的经济关系却是欧洲国家中最为密切的。

美国和欧洲对“一带一路”的截然不同的反应具有更广泛的重要性。欧洲和美国在对待中国的态度上逐渐但肯定地出现了差距。可以说，这一点最重要的表现是他们在“一带一路”问题上的对立立场。两个多世纪以来，欧洲一直向西望大西洋，而不是向东望欧亚大陆。随着亚洲的崛起和美国的衰落，欧洲的重点开始转移。

西方曾有过各种三心二意的尝试，试图组织自己的竞争对手来替代“一带一路”，但这些尝试似乎不太可能取得很大进展。“一带一路”理念十分先进，得到了来自 150 多个国家和国际组织的支持和呼吁。西方对发展优先的兴趣和参与长期以来远远落后于中国，特别是在东亚和非洲，甚至是在所有发展中国家。这使得此类替代方案获得巨大吸引力的空间微乎其微。它们很可能仍然处于边缘地位。一种可能的情况是，随着时间的推移，它们实际上将成为“一带一路”的一部分，并被“一带一路”所包容。

最后，我们应该在更广阔的地缘经济和地缘政治背景下看待“一带一路”。“一带一路”寻求促进和转变发展中国家的经济，从而加快它们的崛起，并在此过程中将全球经济的重心转移到发展中世界。从某种程度上说，“一带一路”的成功将导致全球经济的重组，欧亚大陆，尤其是亚洲，将发挥越来越大的作用。欧洲在这个方向上的缓慢漂移很好地说明了这一趋势。

《“一带一路”手册》记录了该项目在其短暂的发展过程中取得的进展，并对“一带一路”的巨大的影响和复杂性提供了许多见解。对于那些想了解 21 世纪最重要和最新颖的国际倡议之一，及其最新动态的人来说，这是一本重要的读物。

马丁·雅克
英国剑桥大学政治与国际研究系
前高级研究员
2021 年 5 月 3 日

第二版
序　三

共建“一带一路”，通天下，顺大势。随着经济全球化的深入发展，区域经济一体化的加快推进，全球增长和贸易、投资格局正处于深刻调整的关键阶段，需要思路创新以激发发展活力与合作潜力。进入新时代的中国，迫切需要打造高质量对外开放的新范式，以更宽领域、更深层次开放适应经济社会更好发展的新需要。党的十八大以来，以习近平同志为核心的党中央把中国发展和世界共同发展有机结合，从古代丝绸之路汲取营养，创造性提出共建“一带一路”倡议，对中国开放发展和世界经济未来作出了具有重大历史性变革的开放设计和部署，为世界共享中国发展机遇创建了新平台，为国际合作开辟了新途径。“一带一路”倡议提出近 8 年来，就像一对腾飞的翅膀，将中国和众多合作共建方带向了和平、发展、合作、共赢的远方①，成为国际社会广泛关注的参与全球开放合作、改善全球经济治理体系、促进全球共同发展繁荣、推动构建人类命运共同体的中国方案。

2013 年 9 月 7 日，习近平总书记在哈萨克斯坦纳扎尔巴耶夫大学发表演讲，首次提出共同建设“丝绸之路经济带”的合作倡议。这个充满东方智慧的为实现共同繁荣发展的倡议强调，“为了使我们欧亚各国经济联系更加紧密、相互合作更加深入、发展空间更加广阔，我们可以用创新的合作模式，共同建设‘丝绸之路经济带’”。10 月 3 日，习近平总书记在印度尼西亚国会发表演讲时，提出共同建设“21 世纪海上丝绸之路”、倡议筹建亚洲基础设施投资银行，向国际社会进一步传递出中国实实在在推进新开放的明确信号。

2013 年 11 月 12 日，党的十八届三中全会审议通过了《中共中央关于全面深化改革若干重大问题的决定》，将“推进丝绸之路经济带、海上丝绸之路建设，形成全方位开放新格局”②，作为全面深化改革的重大决策部署。12 月，

---

① 习近平：《开辟合作新起点 谋求发展新动力——在“一带一路”国际合作高峰论坛圆桌峰会上的开幕辞》，《人民日报》2017 年 5 月 16 日。

② 《十八大以来重要文献选编》（上），中央文献出版社 2014 年版，第 526 页。

习近平总书记在中央经济工作会议上指出，建设“丝绸之路经济带”和“21世纪海上丝绸之路”，“是党中央统揽政治、外交、经济社会发展全局作出的重大战略决策，是实施新一轮扩大开放的重要举措，也是营造有利周边环境的重要举措”①。

2014 年 6 月，在北京召开的中国—阿拉伯国家合作论坛第六届部长级会议上，习近平总书记首次正式使用了“一带一路”的提法，并首次对丝绸之路精神和“一带一路”建设应该坚持的原则作出了系统阐述，赋予了古代丝路精神以全新的时代内涵。以和平合作、开放包容、互学互鉴、互利共赢为特征的丝绸之路精神，唤起了沿线国家对古老丝绸之路的回忆，契合他们的共同需求，为共同实现优势互补、开放发展开启了新的机遇之窗。

合作共建“一带一路”跨越不同地域、不同发展阶段、不同文明国家和地区，要付诸实施，须获得各方认同，达成广泛共识。倡议提出后，习近平总书记利用各种场合和机会，同有关各方坦诚深入地对话沟通、增进战略互信、广泛凝聚共识。“一带一路”在探索中前进、在发展中完善、在合作中成长。2014 年 11 月，习近平总书记在中央财经领导小组第八次会议上强调，要集中力量办好这件大事，做好“一带一路”总体布局，尽早确定时间表、路线图。同年，中共中央、国务院印发《丝绸之路经济带和 21 世纪海上丝绸之路建设战略规划》，对推进“一带一路”建设工作作出全面部署。同年，在“加强互联互通伙伴关系”东道主伙伴对话会上，习近平总书记提出以亚洲国家为重点方向、以经济走廊为依托、以交通基础设施为突破、以建设融资平台为抓手、以人文交流为纽带的合作建议，指明了“一带一路”建设的方向和路径，推动“一带一路”建设进入务实合作新阶段。

在 2016 年召开的推进“一带一路”建设工作座谈会上，习近平总书记对推进思想统一、规划落实、统筹协调、关键项目落地、金融创新、民心相通、舆论宣传、安全保障等推进“一带一路”建设的重要问题和重点工作作出具体部署。在 2018 年召开的推进“一带一路”建设工作 5 周年座谈会上，习近平总书记在重要讲话中用“夯基垒台、立柱架梁”对“一带一路”建设 5 年来的成就作出了精辟总结，强调促进政策沟通、设施联通、贸易畅通、资金融通、民心相通是推动“一带一路”建设的重要内容，实现互利共赢是“一带一路”倡议的初衷。座谈会上，习近平总书记提出了“推动共建‘一带一路’向高质量发展转变”的基本要求，明确了“基础设施等重大项目建设和产能合作”这一重点，以及“重大项目、金融支撑、投资环境、风险管控、安全保

① 《习近平关于社会主义经济建设论述摘编》，中央文献出版社 2017 年版，第 247 页。

障”等关键问题。他以共绘“工笔画”为喻，从项目建设、开拓市场、金融保障等方面对推进“一带一路”建设提出系列更高要求，强调“一步一个脚印推进实施，一点一滴抓出成果”，推动共建“一带一路”走深走实，造福沿线国家人民，推动构建人类命运共同体。

2017 年 5 月 14 日至 15 日，首届“一带一路”国际合作高峰论坛在北京召开，29 位外国元首和政府首脑，140 多个国家、80 多个国际组织的 1600 多名代表与会，达成共 5 大类、76 大项、270 多项成果。首届“一带一路”国际合作高峰论坛进一步明确、规划、确定了未来“一带一路”合作方向、具体路线图、重点项目。习近平总书记在开幕式的主旨演讲中强调，要将“一带一路”建成和平之路、繁荣之路、开放之路、创新之路、文明之路。2019 年 4 月 25 日至 27 日，第二届“一带一路”国际合作高峰论坛在北京成功举行。论坛期间举行高峰论坛开幕式、领导人圆桌峰会、高级别会议、12 场分论坛和 1 场企业家大会。包括中国在内，38 个国家的元首和政府首脑等领导人以及联合国秘书长和国际货币基金组织总裁共 40 位领导人出席圆桌峰会。来自 150 个国家、92 个国际组织的 6000 余名外宾参加了论坛。习近平总书记在高峰论坛开幕式上的主旨演讲中指出，面向未来，要聚焦重点、深耕细作，共同绘制精谨细腻的“工笔画”，推动共建“一带一路”沿着高质量发展方向不断前进。推动共建“一带一路”实现高质量发展是中国面向世界提出的重要理念，反映了参与共建“一带一路”国家的普遍愿望，树立起大家共同努力的目标。中方牵头汇总了论坛期间各方达成的具体成果，共六大类 283 项。

2015 年，习近平总书记在博鳌亚洲论坛、在访问美国和英国期间的演讲中，反复阐述“一带一路”的开放包容性，加深了国际社会对“一带一路”建设的理解。3 月，国务院授权发布《推动共建丝绸之路经济带和 21 世纪海上丝绸之路的愿景与行动》。共建“一带一路”倡议及其核心理念写入联合国、二十国集团、亚太经合组织以及其他区域组织等有关文件中。7 月，上海合作组织发表《上海合作组织成员国元首乌法宣言》，支持关于建设“丝绸之路经济带”的倡议。2016 年 11 月，联合国 193 个会员国协商一致通过决议，欢迎共建“一带一路”等经济合作倡议，呼吁国际社会为“一带一路”建设提供安全保障。2017 年 3 月，联合国安理会一致通过第 2344 号决议，呼吁国际社会通过“一带一路”建设加强区域经济合作。2018 年，中拉论坛第二届部长级会议、中国—阿拉伯国家合作论坛第八届部长级会议、中非合作论坛北京峰会先后召开，分别形成中拉《关于“一带一路”倡议的特别声明》《中国和阿拉伯国家合作共建“一带一路”行动宣言》《关于构建更加紧密的中非命运共同体的北京宣言》等重要成果文件。

在习近平总书记倡议下，为推动亚洲地区互联互通，深化区域合作，实现共同发展，亚洲基础设施投资银行（以下简称亚投行）于2015年12月25日成立。亚投行按照多边开发银行模式和原则运作，坚持国际性、规范性、高标准，实现良好开局，“朋友圈”越来越大、好伙伴越来越多、合作质量越来越高，得到国际社会广泛认可，成员数量从开业时的57个扩至2020年11月底的103个。截至2020年7月29日，亚投行共批准87个项目，覆盖24个经济体，投资总额超过196亿美元；亚投行成立以来，与世界银行、亚洲开发银行等多边开发银行保持良好合作，约53%的项目为联合融资。新冠肺炎疫情暴发以后，亚投行迅速设立50亿美元的危机恢复基金，为成员紧急公共卫生需求提供资金支持。后根据需要，该基金又追加至130亿美元。

为更好推动共建“一带一路”，中国政府倡议设立了丝路基金。该基金是按照《公司法》设立的中长期开发投资基金，其定位为通过股权、债权、贷款、基金等多元化投融资方式为“一带一路”多边、双边互联互通提供投融资支持。2014年11月4日，习近平总书记主持召开中央财经领导小组第八次会议，批准设立丝路基金。11月8日，习近平总书记在“加强互联互通伙伴关系”东道主伙伴对话会上宣布，中国将出资400亿美元成立丝路基金。11月9日，他在亚太经合组织工商领导人峰会上明确，丝路基金是开放的，可以根据地区、行业或者项目类型设立子基金，并欢迎亚洲域内外的投资者积极参与。12月29日，丝路基金有限责任公司正式成立并开始运行。截至2019年11月，丝路基金通过股权、债权等方式实现多元化融资，签约34个项目，承诺投资金额约123亿美元，投资领域覆盖东南亚、南亚、中亚、西亚、北非、欧洲、北美以及南美等区域。

“一带一路”倡议提出以来，成绩斐然、硕果累累，成为当今世界广泛参与的国际合作平台和普受欢迎的国际公共产品。共建“一带一路”倡议的实施，在促进政策沟通、设施联通、贸易畅通、资金融通、民心相通方面取得显著进展。2020年12月，中国政府同非洲联盟委员会签署《关于共同推进“一带一路”建设的合作规划》。至此，中国政府与138个国家、31个国际和区域组织签署了203份共建“一带一路”合作文件。

服务“一带一路“倡议和”一带一路“倡议各共建方，是智库义不容辞的使命和义务。2018年，为给有志于“一带一路”倡议的中外研究者、实践者和观察者提供一个指南性的读本，中国社会科学院国家高端智库组织研究人员编写了《“一带一路”手册》第一版，力图从“一带一路”理论和实践初步成果的角度，对其初衷与原则、历史与现状、基本知识及相关研究成果进行集中展示。其后，我们又与英国罗德里奇出版社在剑桥大学联合举办了《“一带一路”手册》英文版的首发式。该书发布后，得到了国际国内学界和政界的赞赏。许多读者希望我们能不断续写该手册，为他们提供最新的资讯和研究帮助。对此，我们既感到高兴，也感到很有压力。

蔡昉教授在《“一带一路”手册》第一版的序言中指出，“一带一路”倡议是一个给每个国家以充分选择空间的开放型发展框架。他认为，“一带一路”倡议的基本理念和主体思路已经为中国改革开放时期的发展和分享的经验所验证，其共商共建共享的原则蕴含着打破以传统霸主国家为中心的全球公共产品供给的内容与范式，抓住了基础设施建设这一各国普遍面临的关键性制约因素，为各国根据国情探索适合自身的发展模式提供了充分的空间，是一种同各国自身需要和努力并行不悖的有益知识和共建共享倡议。彼得·诺兰教授在序言中也强调，“一带一路”不仅能加强与这些地区的国际贸易，还能在文化上长期想呵护深入共存、双向交流，促使世界各国在这副千丝万缕的历史织锦中融汇交织。

直至今天，蔡昉教授和彼得·诺兰教授的研究和判断仍具相当的前瞻性和预见性，体现了两位学者的深刻洞察力。但是，由于《“一带一路”手册》第一版的材料使用是截至2017年年底的，之后“一带一路”倡议的理论研究和实践探索又有了许多新的进展。同时，中国政府提出的进入新发展阶段、贯彻新发展理念、构建新发展格局的发展战略，又与“一带一路”倡议相融相长、水涨船高。“一带一路”的不断成长和发展，广大读者的新要求，使我们下决心尽快推出《“一带一路”手册》（2020版）。

《“一带一路”手册》（2020版），并不是第一版的补充，而是续写的“故事”。反映的是2017年年底以来“一带一路”倡议理论发展和实践探索、经验总结的最新成果。今后我们还将按照这种思路，继续续写新的版本。

当然，由于水平和能力所限，我们历来和从来不能奢想本书以及今后的版本，能成为一部指导性的文献。如果本书能让各位读者有所裨益，则我们也就感到无上荣耀了。同时，我们今天和今后的工作，也取决于广大读者的意见和建议。在此，我们诚挚希望读者能不断地给我们提出意见建议和工作努力方向。

王灵桂　研究员
中国社会科学院国家高端智库副理事长
2021年3月25日

目　录

一　共建“一带一路”的国内新起点

1. 以人民为中心的发展思想

以人民为中心的发展思想，是党的十八大以来以习近平同志为核心的党中央基于对马克思主义群众史观的创造性运用和发展，并将其与中国具体实践结合而产生的理论结晶。中国坚持以人民为中心的发展思想，聚焦消除贫困、增加就业、改善民生，让共建“一带一路”成果更好惠及全体人民，为各国经济社会发展作出实实在在的贡献，获得国际社会高度评价。

——背景

2012年11月15日，习近平同志在当选中共中央总书记后首次与中外媒体的见面会上庄严宣告，“人民对美好生活的向往，就是我们的奋斗目标”①。其后，“中国梦归根到底是人民的梦”②“让老百姓过上好日子是我们一切工作的出发点和落脚点”③“把人民放在心中最高位置”④“坚持以人民为中心的创作导向”⑤“江山就是人民、人民就是江山，打江山、守江山，守的是人民的心。中国共产党根基在人民、血脉在人民、力量在人民”，⑥这些掷地有声的话语，体现出“以人民为中心的发展思想”始终贯穿着党的十八大以来的治国理政理论和实践。

2015年10月，党的十八届五中全会审议通过了《中共中央关于制定国民经济和社会发展第十三个五年规划的建议》，首次明确提出“必须坚持以人民为中心的发展思想”，反映了坚持人民主体地位的内在要求，彰显了人民至上的价值取向，确定了新发展理念必须始终坚持的基本原则。要着力践行以人民

① 《习近平谈治国理政》第1卷，外文出版社2018年版，第4页。
② 《习近平谈治国理政》第1卷，外文出版社2018年版，第40页。
③ 《习近平谈治国理政》第3卷，外文出版社2020年版，第173页。
④ 《习近平谈治国理政》第3卷，外文出版社2020年版，第139页。
⑤ 《习近平谈治国理政》第2卷，外文出版社2017年版，第314页。
⑥ 习近平：《在庆祝中国共产党成立100周年大会上的讲话》，人民出版社2021年版，第11页。

为中心的发展思想，把实现人民幸福作为发展的目的和归宿，做到发展为了人民、发展依靠人民、发展成果由人民共享。

2017 年 10 月，党的十九大报告进一步将坚持以人民为中心的发展思想确立为新时代中国特色社会主义基本方略之一，指出“明确新时代中国社会主要矛盾是人民日益增长的美好生活需要和不平衡不充分的发展之间的矛盾，必须坚持以人民为中心的发展思想，不断促进人的全面发展、全体人民共同富裕”。①

2021 年 11 月，党的十九届六中全会通过《中共中央关于党的百年奋斗重大成就和历史经验的决议》，以“十个明确”对习近平新时代中国特色社会主义思想的核心内容进行了系统概括，其中一个重要方面是“明确新时代中国社会主要矛盾是人民日益增长的美好生活需要和不平衡不充分的发展之间的矛盾，必须坚持以人民为中心的发展思想，发展全过程人民民主，推动人的全面发展、全体人民共同富裕取得更为明显的实质性进展”。

——内容

以人民为中心的发展思想，体现了中国共产党全心全意为人民服务的根本宗旨。“治国有常，而利民为本。”党来自人民、服务人民，党的一切工作，必须以最广大人民根本利益为最高标准。人民群众是发展的主体，也是发展的最大受益者。坚持以人民为中心的发展思想，就要把增进人民福祉、促进人的全面发展作为发展的出发点和落脚点，发展人民民主，维护社会公平正义，保障人民平等参与、平等发展权利。

以人民为中心的发展思想，体现了人民是推动发展的根本力量的唯物史观。习近平总书记指出：“人民是创造历史的动力，我们共产党人任何时候都不要忘记这个历史唯物主义最基本的道理。”② 只有坚持这一基本原理，才能把握历史前进的基本规律；只有按历史规律办事，才能无往而不胜。坚持以人民为中心的发展思想，就要坚持人民主体地位，充分尊重人民所表达的意愿、所创造的经验、所拥有的权利、所发挥的作用。尊重人民首创精神，自觉拜人民为师，向能者求教，向智者问策，从群众中汲取无穷的智慧和力量。紧紧依靠人民，广泛动员和组织人民投身到党领导的伟大事业中来。

以人民为中心的发展思想，体现了逐步实现共同富裕的目标要求。共同富裕，是马克思主义的一个基本目标，也是自古以来中国人民的一个基本理想。按照马克思、恩格斯的构想，共产主义社会将彻底消除阶级之间、城乡之间、

① 《习近平谈治国理政》第 3 卷，外文出版社 2020 年版，第 15 页。

② 中共中央宣传部编：《习近平总书记系列重要讲话读本（2016 年版）》，学习出版社、人民出版社 2016 年版，第 128 页。

脑力劳动和体力劳动之间的对立和差别，实行各尽所能、按需分配，真正实现社会共享，实现每个人自由而全面的发展。实现这个目标需要一个漫长的历史过程。中国正处于并将长期处于社会主义初级阶段，不能做超越阶段的事情，但也不是说在逐步实现共同富裕方面就无所作为，而是要根据现有条件把能做的事情尽量做起来，一步步落实好以人民为中心的发展，积小胜为大胜，不断朝着全体人民共同富裕的目标前进。

以人民为中心的发展思想，不能只停留在口头上、止步于思想环节，而要体现在经济社会发展各个环节。要顺应人民群众对美好生活的向往，不断实现好、维护好、发展好最广大人民根本利益。通过深化改革、创新驱动，提高经济发展质量和效益，生产出更多更好的物质精神产品，不断满足人民日益增长的物质文化需要。提供各种有利条件，为各行业各方面的劳动者、企业家、创新人才、各级干部创造发挥作用的舞台和环境。坚持社会主义基本经济制度和分配制度，调整收入分配格局，完善以税收、社会保障、转移支付等为主要手段的再分配调节机制，维护社会公平正义，解决好收入差距问题，使发展成果更多更公平惠及全体人民。①

——意义

党的十八大以来，以习近平同志为核心的党中央坚持以人民为中心的发展思想，围绕使人民获得感、幸福感、安全感更加充实、更有保障、更可持续，提出一系列新理念新部署新要求。在幼有所育、学有所教、劳有所得、病有所医、老有所养、住有所居、弱有所扶上持续用力，提高保障和改善民生水平；锚定全面建成小康社会目标，组织实施人类历史上规模最大、力度最强的脱贫攻坚战；坚持人民至上、生命至上，取得抗击新冠肺炎疫情重大战略成果。中国共产党还将全体人民共同富裕作为矢志不渝的奋斗目标，把促进全体人民共同富裕作为为人民谋幸福的着力点，致力于通过全国人民共同奋斗把“蛋糕”做大做好，通过合理的制度安排把“蛋糕”切好分好，坚持以实绩推动人的全面发展、全体人民共同富裕取得更为明显的实质性进展。

中国共产党以人民为中心的发展思想获得国际社会高度评价。波兰新左翼党副主席安杰伊·舍伊纳表示“中国共产党和中国政府总是在不断思考如何提高人民生活水平”。中国共产党坚持人民至上的执政理念，在发展中注重兼顾效率与公平，努力实现公平正义，这是中国经济充满活力、国家快速发展的重要原因。美国库恩基金会主席罗伯特·库恩认为，坚持以人民为中心的发展思想体现了中国共产党一以贯之的执政理念。“研究中国政府制定的具体政策，

① 中共中央宣传部编：《习近平总书记系列重要讲话读本（2016年版）》，学习出版社、人民出版社2016年版，第128—130页。

人们会发现以人民为中心的内涵。”肯尼亚南南合作智库负责人斯蒂芬·恩德格瓦表示，面对新冠肺炎疫情挑战，中国共产党和中国政府坚持人民至上、生命至上，尽全力保障人民生命安全和身体健康，保证经济正常运转，人民生活迅速恢复。这是中国共产党坚持以人民为中心的发展思想的生动诠释。西班牙东亚问题专家圣地亚哥·卡斯蒂约表示，“中国共产党把脱贫攻坚摆在治国理政突出位置，汇聚各方力量，取得显著成就，充分体现了中国特色社会主义制度的优越性”。秘鲁国立圣马尔科斯大学教授路易斯·瓦斯奎兹·麦地那表示，共建“一带一路”展示了通往基于平等合作、互利共赢的可行之路，这正是应对当前全球性挑战所需要的。巴基斯坦参议院国防委员会主席穆沙希德·侯赛因表示，中国共产党和中国政府带领人民推动国家经济社会发展，并让发展成果惠及人民，形成了良性循环。发展的中国又成为全球经济增长的重要引擎，也为巴基斯坦等“一带一路”参与国提供了值得借鉴的经验。① （本条执笔：冯维江）

2．推进“五位一体”总体布局

——背景

面对不断变化的世情国情，中国共产党对建设什么样的社会主义、怎样建设社会主义的思考和探索从未止步。在此背景下，“五位一体”总体布局作为一个高度开放的复杂大系统应运而成。“五位一体”总体布局是中国特色社会主义建设进入新时代背景下的一项重大社会系统工程，是中国不断扩大对外开放的坚实基础。在庆祝改革开放 40 周年大会上，习近平总书记强调，“开放带来进步，封闭必然落后。中国的发展离不开世界，世界的繁荣也需要中国。我们统筹国内国际两个大局，坚持对外开放的基本国策，实行积极主动的开放政策，形成全方位、多层次、宽领域的全面开放新格局，为中国创造了良好国际环境、开拓了广阔发展空间”②。

——内容

“五位一体”总体布局下的对外开放以共建“一带一路”为重点，同各方一道打造国际合作新平台，为世界共同发展增添新动力，向世界表明，中国扩大开放的目标和宗旨包括参与全球经济治理、共担全球公共产品供给，谋求和各国共同发展、联动式发展，与全世界共享繁荣。走进新时代的中国，正在努

---

① 《国际社会高度评价中国共产党以人民为中心的发展思想》，《人民日报》2022 年 3 月 17 日第 3 版。

② 《习近平谈治国理政》第 3 卷，外文出版社 2020 年版，第 187 页。

力倡导新的开放与合作理念，为世界经济的未来发展注入新的智慧，提供新的思路。

2012 年 11 月，党的十八大站在历史和全局的战略高度，对推进新时代“五位一体”总体布局作了全面部署。从经济、政治、文化、社会、生态文明五个方面，制定了新时代统筹推进“五位一体”总体布局的战略目标。十八大报告指出，“建设中国特色社会主义，总依据是社会主义初级阶段，总布局是五位一体，总任务是实现社会主义现代化和中华民族伟大复兴”，“必须更加自觉地把全面协调可持续作为深入贯彻落实科学发展观的基本要求，全面落实经济建设、政治建设、文化建设、社会建设、生态文明建设五位一体总体布局，促进现代化建设各方面相协调，促进生产关系与生产力、上层建筑与经济基础相协调，不断开拓生产发展、生活富裕、生态良好的文明发展道路”。[①]习近平总书记在十八届中共中央政治局第一次集体学习时的讲话指出，“深刻领会建设中国特色社会主义的总依据、总布局、总任务。党的十八大强调，建设中国特色社会主义，总依据是社会主义初级阶段，总布局是五位一体，总任务是实现社会主义现代化和中华民族伟大复兴。这‘三个总’的概括，高屋建瓴，提纲挈领，言简意赅。深刻领会和把握这个新概括，有助于我们深刻领会和把握中国特色社会主义的真谛和要义”[②]。2017 年 10 月，党的十九大在全面总结经验、深入分析形势的基础上，从经济、政治、文化、社会、生态文明五个方面，制定了新时代统筹推进“五位一体”总体布局的战略目标，做出了战略部署。报告指出，“明确中国特色社会主义事业总体布局是‘五位一体’、战略布局是‘四个全面’，强调坚定道路自信、理论自信、制度自信、文化自信”。[③]

——意义

这些部署，既有理论分析，又有实践举措，是新时代推进中国特色社会主义事业的路线图，是更好推动人的全面发展、社会全面进步的任务书。“五位一体”总体布局是一个有机整体，经济建设是根本，政治建设是保障，文化建设是灵魂，社会建设是条件，生态文明建设是基础，统一于把中国建成富强民主文明和谐美丽的社会主义现代化强国的新目标。正如习近平总书记所指出：“党的十八大以来，我们在前人长期奋斗的基础上统筹推进‘五位一体’总体布局、协调推进‘四个全面’战略布局，推动党和国家事业取得历史性成就、发生历史性变革，推动中国特色社会主

① 《胡锦涛文选》第 3 卷，人民出版社 2016 年版，第 618、622 页。

② 《习近平谈治国理政》第 1 卷，外文出版社 2018 年版，第 10 页。

③ 《习近平谈治国理政》第 3 卷，外文出版社 2020 年版，第 15 页。

义进入了新时代。”①

“五位一体”总体布局提出后，习近平主席在出访中亚和东南亚国家期间，先后提出共建“丝绸之路经济带”和“21 世纪海上丝绸之路”（以下简称“一带一路”）的重大倡议，得到国际社会高度关注。倡议提出以来，中国统筹国内国际两个大局，实行积极主动的开放政策，推动陆海内外联动、东西双向互济，形成全方位、多层次、宽领域的全面开放新格局，创造了良好国际环境、开拓了广阔发展空间，将“一带一路”从倡议推进为战略、规划对接，共同行动，最终打造成为全球公共产品。

当前世界政治经济发展正处于紧要关头，大国竞争日益突出，国际安全风险上升，地区问题愈演愈烈；疫情冲击下的世界经济恢复缓慢，“逆全球化”浪潮席卷全球，不确定性风险加剧。中国将继续坚定推进“五位一体”整体布局，必须充分发挥国内超大规模市场优势，逐步形成以国内大循环为主体、国内国际双循环相互促进的新发展格局，以“一带一路”联通中国与世界，带动世界经济复苏，实现更加强劲可持续的发展。（本条执笔：任琳）

3．协调推进“四个全面”战略布局

——背景

发展中国特色社会主义是一项长期的艰巨的历史任务，必须准备进行具有许多新的历史特点的伟大斗争。党的十八届五中全会审议通过的《中共中央关于制定国民经济和社会发展第十三个五年规划的建议》②，把农村贫困人口脱贫作为全面建成小康社会的基本标志。2020 年我国已在现行标准下农村贫困人口实现脱贫、贫困县全部摘帽、解决区域性整体贫困。党的十九届五中全会提出，全面建成小康社会、实现第一个百年奋斗目标之后，我们要乘势而上开启全面建设社会主义现代化国家新征程、向第二个百年奋斗目标进军。③ 进入新发展阶段，“四个全面”的战略目标是协调推进全面建设社会主义现代化国家，战略举措是全面深化改革、全面依法治国、全面从严治党。

——内容

“四个全面”战略布局是对新发展阶段的准确把握。习近平总书记提出，“正确认识党和人民事业所处的历史方位和发展阶段，是我们党明确阶段性中

① 习近平：《把握新发展阶段，贯彻新发展理念，构建新发展格局》，《求是》2021 年第 9 期。

② 《中共中央关于制定国民经济和社会发展第十三个五年规划的建议》，《光明日报》2015 年 11 月 4 日。

③ 《中共中央关于制定国民经济和社会发展第十四个五年规划和二〇三五年远景目标的建议》，《光明日报》2020 年 11 月 4 日。

心任务、制定路线方针政策的根本依据，也是我们党领导革命、建设、改革不断取得胜利的重要经验”[①]。经过中华人民共和国成立以来特别是改革开放40多年的不懈奋斗，我国已经为建设社会主义现代化国家奠定了坚实基础，未来力争到2035年实现社会主义现代化，到本世纪中叶把我国建成富强民主文明和谐美丽的社会主义现代化强国。我国现代化是人口规模巨大的现代化，是全体人民共同富裕的现代化，是物质文明和精神文明相协调的现代化，是人与自然和谐共生的现代化，是走和平发展道路的现代化。这既是我国现代化建设必须坚持的方向，也是我国社会主义从初级阶段向更高阶段迈进的要求。

“四个全面”的战略举措是全面深化改革、全面依法治国、全面从严治党。[②] 全面深化改革总目标是完善和发展中国特色社会主义制度、推进国家治理体系和治理能力现代化。2021年11月11日，党的十九届中央委员会第六次全体会议通过的《中共中央关于党的百年奋斗重大成就和历史经验的决议》[③]，提出经过持续推进改革开放，我国实现了从高度集中的计划经济体制到充满活力的社会主义市场经济体制、从封闭半封闭到全方位开放的历史性转变。党的十八届三中全会站在中国特色社会主义事业发展全局的战略高度，对全面深化改革做出顶层设计和总体规划。全会明确全面深化改革的总目标是完善和发展中国特色社会主义制度，推进国家治理体系和治理能力现代化，在重大理论和政策问题上取得一系列新突破，提出“使市场在资源配置中起决定性作用和更好发挥政府作用”“推进协商民主广泛多层制度化发展”等新观点新论断。《中央有关部门贯彻实施党的十九大〈报告〉重要改革举措分工方案》[④] 列明牵头单位、改革起止时间、改革目标路径、成果形式等要素，形成了未来5年全面深化改革的“大施工图”，立下“确保到2022年全面完成党的十九大提出的目标任务”的军令状。

全面推进依法治国总目标是建设中国特色社会主义法治体系、建设社会主义法治国家。2014年10月，党的十八届四中全会通过《中共中央关于全面推进依法治国若干重大问题的决定》[⑤]，明确全面推进依法治国的总目标是建设中国特色社会主义法治体系，建设社会主义法治国家。这个总目标既明确了全面推进依法治国的性质和方向，又突出了工作重点和总抓手，具有纲举目张的意义。围绕这一总目标，全会提出了180多项重大改革举措，涵盖了依法治国

① 习近平：《把握新发展阶段，贯彻新发展理念，构建新发展格局》，《求是》2021年第9期。

② 习近平：《决胜全面建成小康社会　夺取新时代中国特色社会主义伟大胜利——在中国共产党第十九次全国代表大会上的报告》，人民出版社2017年版。

③ 《中共中央关于党的百年奋斗重大成就和历史经验的决议》，《光明日报》2031年11月17日。

④ 《中央有关部门贯彻实施党的十九大〈报告〉重要改革举措分工方案》，2018年1月23日。

⑤ 《中共中央关于全面推进依法治国若干重大问题的决定》，《光明日报》2014年10月29日。

各个方面。2015 年 4 月，中央全面深化改革领导小组第十一次会议审议通过《党的十八届四中全会重要举措实施规划（2015—2020 年）》[①]，为此后一个时期推进全面依法治国提供了总施工图和总台账。在全面依法治国的实践中，党中央高度重视宪法在治国理政中的重要地位和作用，明确坚持依法治国首先要坚持依宪治国。2019 年 1 月，中央全面深化改革委员会第六次会议审议通过了《关于政法领域全面深化改革的实施意见》，提出在坚持党的绝对领导下推进政法领域改革，加强统筹谋划和协调推进，加快构建优化协同高效的政法机构职能体系，优化政法机关职权配置，深化司法体制综合配套改革。[②]

全面从严治党是“四个全面”战略布局的根本保证，是坚持党要管党、全面从严治党，以加强党的长期执政能力建设、先进性和纯洁性建设。2016 年 10 月，党的十八届六中全会审议通过《关于新形势下党内政治生活的若干准则》。[③]《准则》强调，“坚决维护党中央权威、保证全党令行禁止，是党和国家前途命运所系，是全国各族人民根本利益所在”。2018 年 2 月 28 日，党的十九届中央委员会第三次全体会议通过《中共中央关于深化党和国家机构改革的决定》。[④]《决定》提出提高党的执政能力和领导水平，广泛调动各方面积极性、主动性、创造性，有效治理国家和社会，推动党和国家事业发展，必须适应新时代中国特色社会主义发展要求，深化党和国家机构改革。

——意义

“四个全面”战略布局，确立了新形势下党和国家各项工作的战略目标和战略举措，为实现“两个一百年”奋斗目标、实现中华民族伟大复兴的中国梦提供了理论指导和实践指南。[⑤]“四个全面”战略布局，既有战略目标，也有战略举措，每一个“全面”都具有重大战略意义。习近平总书记指出，“四个全面”战略布局是中国在新的历史条件下治国理政方略。这个战略布局，既有战略目标，也有战略举措，每一个“全面”都具有重大战略意义。“四个全面”战略布局，是党在新时代把握我国发展新特征确定的治国理政新方略，抓住了党和国家事业发展中根本性、全局性、紧迫性的重大问题，擘画了推进改革开放和现代化建设的顶层设计，集中体现了党和国家事业长远发展的战略目标和举措。推进“十四五”时期经济社会发展，一定要紧紧扭住全面建设社会主义现代化国家这个战略目标不动摇，紧紧扭住全面深化改革、全面依法治国、全面从严治党三个战略举措不放松，努力做到“四个全面”相辅相成、相

① 《党的十八届四中全会重要举措实施规划（2015—2020 年）》，2015 年 4 月 1 日。

② 《关于政法领域全面深化改革的实施意见》，2019 年 1 月 23 日。

③ 《关于新形势下党内政治生活的若干准则》，《光明日报》2016 年 11 月 3 日。

④ 《中共中央关于深化党和国家机构改革的决定》，《光明日报》2018 年 3 月 5 日。

⑤ 《“四个全面”战略布局：新的历史条件下治国理政总方略》，《光明日报》2021 年 4 月 22 日。

互促进、相得益彰。（本条执笔：黄宇韬）

4. 新发展阶段

新发展阶段是中国特色社会主义进入新时代之后，中国进入以“全面建成小康社会、实现第一个百年奋斗目标之后，乘势而上开启全面建设社会主义现代化国家新征程、向第二个百年奋斗目标进军”为标志的一个发展阶段。中国进入新发展阶段，提出了高质量共建“一带一路”的要求。

——背景

党的十九届五中全会提出，全面建成小康社会、实现第一个百年奋斗目标之后，中国要乘势而上开启全面建设社会主义现代化国家新征程、向第二个百年奋斗目标进军，这标志着中国进入了一个新发展阶段。作出这样的战略判断，有着深刻的依据。

新发展阶段的理论依据是马克思主义对人类社会发展的阶段性划分。马克思主义是远大理想和现实目标相结合、历史必然性和发展阶段性相统一的统一论者，坚信人类社会必然走向共产主义，但实现这一崇高目标必然经历若干历史阶段。中国共产党在运用马克思主义基本原理解决中国实际问题的实践中逐步认识到，发展社会主义不仅是一个长期历史过程，而且是需要划分为不同历史阶段的过程。1959 年年底至 1960 年年初，毛泽东在读苏联《政治经济学教科书》时就提出：“社会主义这个阶段，又可能分为两个阶段，第一个阶段是不发达的社会主义，第二个阶段是比较发达的社会主义。后一阶段可能比前一阶段需要更长的时间。”① 1987 年，邓小平讲：“社会主义本身是共产主义的初级阶段，而我们中国又处在社会主义的初级阶段，就是不发达的阶段。一切都要从这个实际出发，根据这个实际来制订规划。”② 今天中国所处的新发展阶段，就是社会主义初级阶段中的一个阶段，同时是其中经过几十年积累、站到了新的起点上的一个阶段。

新发展阶段的历史依据是中国共产党带领人民实现历史性跨越的进程。党带领人民迈过了“站起来”“富起来”阶段，迎来了“强起来”的新阶段。中国共产党成立后，团结带领人民经过 28 年浴血奋战和顽强奋斗，成立了中华人民共和国，实现了从新民主主义革命到社会主义革命的历史性跨越。中华人民共和国成立后，中国共产党团结带领人民创造性完成社会主义改造，确立社会主义基本制度，大规模开展社会主义经济文化建设，中国人民不仅站起来

① 《毛泽东文集》第 8 卷，人民出版社 1999 年版，第 116 页。

② 《邓小平文选》第 3 卷，人民出版社 1993 年版，第 252 页。

了，而且站住了、站稳了，实现了从社会主义革命到社会主义建设的历史性跨越。进入历史新时期，中国共产党带领人民进行改革开放新的伟大革命，极大激发广大人民群众的积极性、主动性、创造性，成功开辟了中国特色社会主义道路，使中国大踏步赶上时代，实现了社会主义现代化进程中新的历史性跨越，迎来了中华民族伟大复兴的光明前景。今天，中国人民正在此前发展的基础上续写全面建设社会主义现代化国家新的历史。

新发展阶段的现实依据是中国已经拥有开启新征程、实现新的更高目标的雄厚物质基础。经过中华人民共和国成立以来特别是改革开放 40 多年的不懈奋斗，到“十三五”规划收官之时，中国经济实力、科技实力、综合国力和人民生活水平跃上了新的大台阶，成为世界第二大经济体、第一大工业国、第一大货物贸易国、第一大外汇储备国，国内生产总值超过 100 万亿元，人均国内生产总值超过 1 万美元，城镇化率超过 60%，中等收入群体超过 4 亿人。特别是全面建成小康社会取得伟大历史成果，解决困扰中华民族几千年的绝对贫困问题取得历史性成就。这在中国社会主义现代化建设进程中具有里程碑意义，为中国进入新发展阶段、朝着第二个百年奋斗目标进军奠定了坚实基础。①

——新机遇新挑战

中国在新发展阶段既面临机遇也面临挑战，应当以辩证思维看待。当今世界正经历百年未有之大变局。当前，新冠肺炎疫情全球大流行使这个大变局加速变化，保护主义、单边主义上升，世界经济低迷，全球产业链供应链因非经济因素而面临冲击，国际经济、科技、文化、安全、政治等格局都在发生深刻调整，世界进入动荡变革期。今后一个时期，中国可能面对更多逆风逆水的外部环境，必须做好应对一系列新的风险挑战的准备。

中国的国内发展环境也经历着深刻变化。中国已进入高质量发展阶段，社会主要矛盾已经转化为人民日益增长的美好生活需要和不平衡不充分的发展之间的矛盾，人民对美好生活的要求不断提高。中国制度优势显著，治理效能提升，经济长期向好，物质基础雄厚，人力资源丰厚，市场空间广阔，发展韧性强大，社会大局稳定，继续发展具有多方面优势和条件。同时，中国发展不平衡不充分问题仍然突出，创新能力不适应高质量发展要求，农业基础还不稳固，城乡区域发展和收入分配差距较大，生态环保任重道远，民生保障存在短板，社会治理还有弱项。

进入新发展阶段，中国的国内外环境的深刻变化既带来一系列新机遇，也带来一系列新挑战，是危机并存、危中有机、危可转机。习近平总书记指出，

---

① 习近平：《把握新发展阶段，贯彻新发展理念，构建新发展格局》，《求是》2021 年第 9 期。

要辩证认识和把握国内外大势，统筹中华民族伟大复兴战略全局和世界百年未有之大变局，深刻认识中国社会主要矛盾发展变化带来的新特征新要求，深刻认识错综复杂的国际环境带来的新矛盾新挑战，增强机遇意识和风险意识，准确识变、科学应变、主动求变，勇于开顶风船，善于转危为机，努力实现更高质量、更有效率、更加公平、更可持续、更为安全的发展。①

——发展要求

新发展阶段是中国社会主义发展进程中的一个重要阶段。社会主义初级阶段不是一个静态、一成不变、停滞不前的阶段，也不是一个自发、被动、不用费多大气力自然而然就可以跨过的阶段，而是一个动态、积极有为、始终洋溢着蓬勃生机活力的过程，是一个阶梯式递进、不断发展进步、日益接近质的飞跃的量的积累和发展变化的过程。全面建设社会主义现代化国家、基本实现社会主义现代化，既是社会主义初级阶段中国发展的要求，也是中国社会主义从初级阶段向更高阶段迈进的要求。

更高阶段要按照新的要求，完成全面建设社会主义现代化国家的新的任务。中国要建设的现代化是具有中国特色、符合中国实际的中国式现代化，即人口规模巨大的现代化、全体人民共同富裕的现代化、物质文明和精神文明相协调的现代化、人与自然和谐共生的现代化、走和平发展道路的现代化。推进中国式现代化，要求中国在新发展阶段实现高质量发展。“一带一路”建设是中国在新的历史条件下实行高水平对外开放的重大举措，是推动构建人类命运共同体的重要实践平台。共建“一带一路”也需要适应新发展阶段的要求，走高质量发展之路，以“工笔画”的手法，打造符合创新、协调、绿色、开放、共享要求，以中国式现代化带动参与国实现共同现代化的“一带一路”。（本条执笔：冯维江）

5. 新发展理念

——背景

2015 年 10 月，党的十八届五中全会审议通过了《中共中央关于制定国民经济和社会发展第十三个五年规划的建议》并明确提出了创新、协调、绿色、开放、共享的新发展理念。习近平总书记在关于《中共中央关于制定国民经济和社会发展第十三个五年规划的建议》的说明中指出：“发展理念是发展行动的先导，是管全局、管根本、管方向、管长远的东西，是发展思路、发展方向、

① 习近平：《正确认识和把握中长期经济社会发展重大问题》，《求是》2021 年第 2 期。

发展着力点的集中体现。”①

2016 年 1 月 29 日，习近平总书记在中共中央政治局第三十次集体学习时强调，新发展理念就是指挥棒、红绿灯。全党要把思想和行动统一到新发展理念上来，努力提高统筹贯彻新发展理念的能力和水平，对不适应、不适合甚至违背新发展理念的认识要立即调整，对不适应、不适合甚至违背新发展理念的行为要坚决纠正，对不适应、不适合甚至违背新发展理念的做法要彻底摒弃。

2017 年 10 月 18 日，习近平总书记在党的十九大报告中指出，发展是解决中国一切问题的基础和关键，发展必须是科学发展，必须坚定不移贯彻创新、协调、绿色、开放、共享的发展理念。② 坚持新发展理念成为新时代坚持和发展中国特色社会主义的基本方略的重要构成部分之一。

2018 年 3 月 11 日，第十三届全国人民代表大会第一次会议通过中华人民共和国宪法修正案，“贯彻新发展理念”写入国家根本法。贯彻新发展理念由此上升为国家意志。2021 年 1 月 28 日，习近平总书记主持中央政治局集体学习时强调，全党必须完整、准确、全面贯彻新发展理念，确保“十四五”时期中国发展开好局、起好步。

——内容

新发展理念是一个系统的理论体系，回答了关于发展的目的、动力、方式、路径等一系列理论和实践问题，阐明了我们党关于发展的政治立场、价值导向、发展模式、发展道路等重大政治问题。

科技创新是提高社会生产力和综合国力的战略支撑，必须摆在国家发展全局的核心位置。党的十八大提出的创新驱动发展战略是中央在新的发展阶段确立的立足全局、面向全球、聚焦关键、带动整体的国家重大发展战略。在创新发展理念下，中国正在把握新一轮科技和产业革命带来的机遇，并利用新技术创造经济发展的新动能，继续培育新产业、新模式、新业态，极大地激发了社会创造力和市场活力。

协调是持续健康发展的内在要求。协调发展重点在于促进城乡区域协调发展，促进经济社会协调发展，促进新型工业化、信息化、城镇化、农业现代化同步发展，在增强国家硬实力的同时注重提升国家软实力，不断增强发展整体性。

绿色发展，就是要解决好人与自然和谐共生问题。人类活动和经济发展必

① 习近平：《关于〈中共中央关于制定国民经济和社会发展第十三个五年规划的建议〉的说明》，《人民日报》2015 年 11 月 4 日。

② 《习近平谈治国理政》第 3 卷，外文出版社 2020 年版，第 17 页。

须尊重自然规律，顺应自然发展趋势，否则就会遭到大自然的惩罚。从本质上看，作为自然的一部分，人与自然是一种共生关系。因此，强调绿色发展，就是要在发展过程中既要利用自然、改造自然，更要保护好自然，走可持续发展道路。

开放是国家繁荣发展的必由之路。坚持开放发展必须顺应中国经济深度融入世界经济的趋势，奉行互利共赢的开放战略，坚持内外需协调、进出口平衡、“引进来”和“走出去”并重、引资和引技引智并举，发展更高层次的开放型经济，积极参与全球经济治理和公共产品供给，提高中国在全球经济治理中的制度性话语权，构建广泛的利益共同体。

共享发展注重的是解决社会公平正义问题。共享是中国特色社会主义的本质要求。共享发展必须坚持发展为了人民、发展依靠人民、发展成果由人民共享，作出更有效的制度安排，使全体人民在共建共享发展中有更多获得感，增强发展动力，增进人民团结，朝着共同富裕方向稳步前进。

——意义

新发展理念是中华人民共和国成立尤其是改革开放以来中国发展经验的集中体现，是当前以及未来更长时期中国的发展思路、发展方向、发展着力点，是管全局、管根本、管长远的导向。坚持创新发展理念是关系中国发展全局的一场深刻的思想和实践变革。

首先，新发展理念是全面深化改革的根本遵循。全面深化改革要以新发展理念为指导，并不断为完整、准确、全面贯彻新发展理念提供体制机制保障。党的十八届三中全会以来，中国主要领域改革主体框架基本确立，现在要把着力点放到围绕完整、准确、全面贯彻新发展理念，加强系统集成、精准施策上来。

其次，新发展理念是实现共同富裕的必然选择。共同富裕是社会主义现代化的一个重要目标。党的十九届五中全会向着更远的目标谋划共同富裕，提出了“全体人民共同富裕取得更为明显的实质性进展”的目标。实现共同富裕，必须完整、准确、全面贯彻新发展理念。

最后，新发展理念是引领经济社会发展的动力之源。新发展理念是一个有机整体，能够产生推动经济社会各领域向前发展的强大合力。只有完整、准确、全面贯彻新发展理念，才能做到统一思想、协调行动、开拓前进，才能更好地统筹国内国际两个大局、统筹“五位一体”总体布局和“四个全面”战略布局，不断推动经济社会发展迈向更高阶段。（本条执笔：徐秀军）

6. 新发展格局

——背景

近年来，全球政治经济环境正在发生深刻变化，经济全球化经历前所未有的挑战。有的国家大搞单边主义、保护主义和霸权主义，显著推升了国际经贸环境的动荡性、竞争性和对抗性。这导致国际循环障碍增加，中国与世界经济良性互动的基础和动力也随之遭到严重侵蚀。

与此同时，中国国内循环的带动作用日益提升。自 2006 年以来，中国对世界经济增长贡献率稳居世界第 1 位，是世界经济当之无愧的“火车头”。尽管受到疫情冲击，中国经济仍表现出较强的韧性。随着经济实力的持续增强，中国对外部环境的塑造力也在持续提升。外部环境不再主要取决于外部已有的基础或条件，而是更多取决于中国自身的选择和行动。集中精力办好自己的事情，就能对外部世界创造强大的正面“溢出效应”。

在此背景下，中国要创造和把握未来发展的战略机遇期，必须充分发挥国内大循环的主体作用，并为国际循环输入持续动力。2020 年 5 月 14 日，中共中央政治局常务委员会会议指出，要深化供给侧结构性改革，充分发挥中国超大规模市场优势和内需潜力，构建国内国际双循环相互促进的新发展格局。① 7 月 21 日，习近平总书记在京主持召开企业家座谈会并发表重要讲话再次强调，要逐步形成以国内大循环为主体、国内国际双循环相互促进的新发展格局。② 10 月 29 日，党的十九届五中全会审议通过《中共中央关于制定国民经济和社会发展第十四个五年规划和二〇三五年远景目标的建议》，并提出开启全面建设社会主义现代化国家新征程和贯彻新发展理念、构建新发展格局的实践要求。③ 在中国进入新的发展阶段之时，正值世界面临百年未有之大变局。为应对变局、开辟新局，习近平总书记在不同场合多次强调，要推动形成以国内大循环为主体、国内国际双循环相互促进的新发展格局。

——内容

新发展格局绝不是封闭的国内循环，而是开放的国内国际双循环。新发展格局是国内国际市场更加深度对接的发展格局。从一定意义上讲，中国的国内大循环就是带动世界经济高质量发展的国内国际双循环。

---

① 《中共中央政治局常务委员会召开会议》，《人民日报》2020 年 5 月 15 日。

② 习近平：《在企业家座谈会上的讲话（2020 年 7 月 21 日）》，《人民日报》2020 年 7 月 22 日。

③ 《中共中央关于制定国民经济和社会发展第十四个五年规划和二〇三五年远景目标的建议》，《人民日报》2020 年 11 月 4 日。

首先，构建新发展格局要打通国内经济循环堵点。国内大循环的畅通关键在于找准并打通国民经济各个系统、各个环节的堵点，从根本上消除内需不足的障碍因素。在宏观方面，针对生产、分配、流通、消费等各个节点存在的连接不畅问题要精准施策、逐个突破，从而形成相互衔接、有机联系、全面畅通的循环链条。在微观方面，针对企业产品设计、生产、运输、销售、存储等环节存在的各种限制和障碍要依法放松、全面清理，从而创造更加公平透明的营商环境。

其次，构建新发展格局要夯实国际互联互通基础。国内国际双循环的畅通关键在于全球互联互通。互联互通，既包括硬件基础设施的互联互通，也包括规则、机制和平台等软件和人员交流互联互通。要实现国内国际双循环相互促进，必须依托高水平的全球共同开放，推动全方位的全球互联互通，帮助有关国家打破发展瓶颈、破除互联互通的障碍，不断为世界经济增长和构建开放型世界经济创造新的条件。

最后，构建新发展格局要注重规则等制度型开放。制度型开放是对接现有国际通行规则、不断推动构建以规则为导向的开放型世界经济的开放。它是适应经济全球化发展新阶段要求的必然选择。经济全球化深入发展的重要特征之一是国际规则的普遍适用性提高，国际规则日益成为决定经济全球化发展方向的重要影响因素。为此，中国要不断夯实适应国际新规则的国内基础，化挑战为机遇，推动将自身实力转化为制度性话语权，不断推动经济全球化朝着更加开放、包容、普惠、平衡、共赢的方向发展。

——意义

构建新发展格局是新的历史背景下促进中国与世界经济良性互动的重大战略选择。作为一个正致力于推动更高水平开放的大国，中国构建新发展格局将推动经济向高质量发展迈出更大步伐，并为中国经济高质量发展以及各国共享中国发展成果创造更多机遇。

首先，构建新发展格局有利于更好吸引全球资源要素。经济全球化使资源配置从国家内部扩大到全球范围。在此过程中，全球资源配置的效率不断提升，并推动世界经济持续增长。中国改革开放40多年历程，也是资源配置效率逐步提升的过程。中国经济的长期高速增长，充分反映了中国市场较高的资源配置效率。因此，通过开放的国内国际双循环将全球资源要素吸引到中国，本身就是促进世界经济增长的最直接、最有效的途径之一。

其次，构建新发展格局有利于更好分享中国发展机遇。新发展格局不是追求中国发展的“一花独放”，而中国与世界发展的“百花齐放”。一方面，中国向世界大开开放之门，欢迎世界各国搭乘中国发展的快车、顺风车。中国积极主动扩大进口，搭建中国国际进口博览会等进口平台，不断提高进口便利化水平。另一方面，中国积极落实联合国《2030 年可持续发展议程》，引导应对气候变化国际合作，促进更加包容、更可持续的全球发展。

最后，构建新发展格局有利于更好促进世界经济良性循环。新发展格局要求发挥内需潜力，但目的在于更好利用国际国内两个市场、两种资源，在促进世界经济的良性循环中实现更加强劲可持续的发展。在贸易方面，中国稳居全球最大贸易国和第二大进口市场。中国已经成为 120 多个国家和地区主要贸易伙伴。在投资方面，中国对外直接投资和外资流入均居全球第二，双向良性互动效应日益增强。新发展格局的构建将进一步促进中国经济与世界经济融合，优化全球供应链、产业链、价值链，为世界经济发展提供更加有力支撑。（本条执笔：徐秀军）

7. 实施创新驱动发展战略

——背景

创新是一个民族进步的灵魂，是一个国家兴旺发达的不竭动力。习近平总书记高度重视科技创新工作，2013 年 9 月 30 日，在主持十八届中央政治局第九次集体学习时，习近平总书记就曾明确指出，创新驱动是形势所迫。中国经济总量已跃居世界第二位，社会生产力、综合国力、科技实力迈上了一个新的大台阶。同时，中国发展中不平衡、不协调、不可持续问题依然突出，人口、资源、环境压力越来越大。老路难以为继。物质资源必然越用越少，而科技和人才却会越用越多，因此我们必须及早转入创新驱动发展轨道，把科技创新潜力更好释放出来。①

从历史维度来看，在 20 世纪中后期开始的此次经济全球化进程中，中国依托生产要素成本优势切入全球分工，迅速成为全球工厂。当前，中国已是全球第二大经济体和最大的货物贸易出口国，取得了世人瞩目的发展成绩。但是，由于关键核心技术匮乏，中国在全球生产分工中还处于较为不利的地位。突出表现在，在这种分工模式下，发达国家设计产品，交由中国生产，再从中国购买，继而在全球市场销售。由于制造业较低的利润率，使得这种生产组织方式会带来严重的收益不对称问题，经济全球化的蛋糕大部分都被发达国家所瓜分。而中国却要承担生态环境污染、生产要素消耗和贸易纠纷等代价。尤其

① 《敏锐把握世界科技创新发展趋势　切实把创新驱动发展战略实施好》，《光明日报》2013 年 10 月 2 日。

是在经济全球化遭遇“逆风”之际，中国作为世界工厂，中国出口中包含了大量他国或地区的转移价值的事实被视而不见。在多种因素的综合作用下，传统的生产组织方式走到了不得不变革的十字路口。此外，经过改革开放四十余年的飞速发展，中国的生产要素价格已经发生了根本性改变，粗放式发展造成资源环境承载力也几乎达到了极限，中国迫切需要找到一条可持续发展的新路子。

创新是引领人类社会发展的第一动力，面对经济和社会发展的新形势，党的十八大报告提出，实施创新驱动发展战略，这是在对国际发展形势和中国自身的发展需求进行科学研判上的战略决策，不仅是有效解决中国发展瓶颈的有力抓手，也能为国际社会提供更好的公共产品，同时也是为人类社会可持续发展贡献的中国智慧和中国方案。

——内容

就主要内容而言，党的十八大报告对实施创新驱动战略作出了明确的要求，指出科技创新是提高社会生产力和综合国力的战略支撑，必须摆在国家发展全局的核心位置。要坚持走中国特色自主创新道路，以全球视野谋划和推动创新，提高原始创新、集成创新和引进消化吸收再创新能力，更加注重协同创新。深化科技体制改革，推动科技和经济紧密结合，加快建设国家创新体系，着力构建以企业为主体、市场为导向、产学研相结合的技术创新体系。完善知识创新体系，强化基础研究、前沿技术研究、社会公益技术研究，提高科学研究水平和成果转化能力，抢占科技发展战略制高点。实施国家科技重大专项，突破重大技术瓶颈。加快新技术新产品新工艺研发应用，加强技术集成和商业模式创新。完善科技创新评价标准、激励机制、转化机制。实施知识产权战略，加强知识产权保护。促进创新资源高效配置和综合集成，把全社会智慧和力量凝聚到创新发展上来。

——意义

当前，中国正在构建以内循环为主体，内外双循环相互促进的新发展格局。构建新发展格局，需要深入实施创新驱动战略，这不仅是构建新发展格局的重要支撑，也是推动实现联合国于2015年提出的全球可持续发展目标的中国行动，具有重大的理论和现实意义。

首先，有利于对冲中国生产要素成本上升的压力。在改革开放初期，中国依托廉价的劳动力、生产资料以及广袤的国内市场，通过生产要素的成本优势切入全球分工，一跃成为全球第一的制造业出口大国。但经过改革开放四十余年的发展，这种发展模式已不具有可持续性，主要原因在于中国的生产要素市场发生了巨大的变化，过去赖以依存的价格优势逐渐丧失。中国迫切需要通过实施创新驱动战略，挖掘自身发展潜力，找到更好参与国际分工、推动国际经济合作新路子。

其次，能够为中国经济创新增长营造更为有利的国际环境。在过去的全球价值链生产模式下，发达国家从事设计研发、市场销售和品牌管理，中国主要从事生产制造。中国从事的环节不仅附加值较低，而且大量他国或地区的转移价值都被统计到了中国名下，很容易为中国招致贸易摩擦。实施创新驱动战略，有助于逐渐改变中国在全球价值链中低端锁定的发展格局，通过全球价值链的深度重塑，为全球生产要素到中国聚集创造条件，在坚持自力更生确保产业链供应链安全稳定和自主可控的同时，也进一步增强国内市场对全球生产要素的吸引力，最终形成新发展格局下的中国经济增长新动能。

最后，实施创新驱动发展战略是推动实现全球可持续发展目标的中国行动和中国方案。推动实现全球可持续发展，需要实现增长方式从粗放到集约的整体转型。作为全球第二大经济体和全球最大的发展中国家以及全球制造工厂，中国经济的可持续发展，对全球可持续发展具有极大的正向溢出效应。通过深入实施创新驱动战略，中国一方面可以为发展中国家可持续发展战略的实施进行试错，从而提供宝贵的发展经验；另一方面，通过创新驱动，有助于中国率先达成“双碳”目标，借助更加绿色低碳的生产方式，推动全球可持续发展目标的全面实现。（本条执笔：肖宇）

8. 创新链产业链融合发展体制机制

——背景

20 世纪 90 年代以来，在各种优惠政策推动下，中国融入到了以跨国公司为主导的全球生产网络。在全球生产网络下，虽然中国已是“世界工厂”，但还不是制造业强国，在一些关键核心技术环节仍然受制于人，与先进国家相比，面临着“低端锁定”的困境。[①] 近十年来，随着中国要素成本上涨和人口红利日渐消失，以及贸易投资保护主义兴起和国家安全概念泛化，国际生产开始向越南、印度等要素成本更低的东南亚和南亚国家（地区）转移，一些发达国家或地区也相继推出了“制造业回归”政策，中国在全球生产链上面临着“脱钩”风险和“卡脖子”问题。

为了摆脱全球生产链“低端锁定”和确保供应链安全，2018 年 5 月习近平总书记在中国科学院第十九次院士大会、中国工程院第十四次院士大会

① 李国学：《跨境制度匹配、对外投资与中国价值链升级》，中国社会科学出版社 2021 年版。

上的讲话中提出：“促进创新链和产业链精准对接，加快科研成果从样品到产品再到商品的转化，把科技成果充分应用到现代化事业中去。”[①] 2020 年 4 月 20—23 日习近平总书记在陕西考察时进一步指出，围绕产业链部署创新链、围绕创新链布局产业链，推动经济高质量发展迈出更大步伐。[②]

——内涵

创新链和产业链融合发展就是要围绕产业链部署创新链，围绕创新链布局产业链。创新链是产业链升级的驱动力量和价值增值的基础；产业链是创新链实现经济和社会价值的载体，同时也反过来推动创新链升级并催生新的创新链。从经济学理论上说，二者应当相互依存、相互促进、协同联动、同向发力。但是，在国民经济实践中，由于制度障碍，二者之间存在着“两张皮”现象，即产业链上缺少关键性核心技术，创新链上存在“创新孤岛”，科技创新对产业发展引领作用不足。围绕产业链部署创新链，就是要运用创新链攻克产业链缺失的关键核心技术，通过补链、稳链、强链提升产业链控制力。围绕创新链布局产业链，就是要畅通科技成果产业转化渠道，发挥科技创新对产业发展的引领作用，将科技成果转化为经济社会发展的现实动力。特别要在事关发展全局和国家安全的基础核心领域进行技术研发项目前瞻布局，打造具有竞争力的产业链创新高地。[③]

——融合发展体制

在市场经济环境下，劳动者是创新链和产业链上最积极、最活跃的因素，企业是把创新和创意转化为产品或服务的组织者，政府是制度公共产品提供者。创新链和产业链融合发展体系要突出企业主体地位，强化政府政策支持，以及激发人才在融合发展中的能动作用。

突出企业在融合发展中的主体地位。在市场经济环境下，产业链和创新链构建都以产品生产或服务提供为基础。企业直接参与市场竞争，其创新活动和生产链布局的出发点和落脚点都是以更好的产品或服务满足市场需求。创新链与产业链精准对接就是创新主体紧紧围绕区域产业布局，以企业为依托，以产品为基础，多主体协同发力，形成创新供给与创新需求互动对接的网络系统。[④] 因此，要消除产业链和创新链之间“两张皮”现象，关键是要强

① 习近平：《在中国科学院第十九次院士大会、中国工程院第十四次院士大会上的讲话》，人民出版社 2018 年版，第 12 页。

② 《扎实做好“六稳”工作落实“六保”任务 奋力谱写陕西新时代追赶超越新篇章》，《光明日报》2020 年 4 月 24 日。

③ 史丹、许明、李晓华：《推动产业链与创新链深度融合》，《经济日报》2021 年 12 月 1 日第 11 版。

④ 陈爱祖、惠红旗：《促进创新链与产业链精准对接》，《河北日报》2018 年 7 月 18 日第 7 版。

化企业主体地位，促进各类创新要素向企业集聚，形成以企业为主体、市场为导向、产学研用深度融合的技术创新体系。①

强化政府在融合发展中的政策支持。由于产业链和创新链具有较强的制度依赖性，二者融合发展需要一系列制度保障。在融合发展所要求的市场制度建设方面，健全供应链金融、知识产权抵押制度以及风险投资等投融资体系，改革人才流动相配套的户籍、教育、人事、住房、医疗和养老制度，建设国内大市场，奠定创新链和创业链融合发展的物质基础。在融合发展所要求的争端解决机制方面，健全法律和法规体系，加快新领域新业态知识产权立法，加强伦理道德和社会诚信体系建设，构建包括仲裁、调解、公证、舆论、失信惩戒和维权援助等在内的争端解决体系，抑制产业链和创新链融合发展过程中的机会主义行为。在融合发展所要求的政府管理模式创新方面，以“准入前国民待遇＋负面清单”为抓手，消减行政垄断，推进国有企业改革；以普惠政策促进市场竞争，促进各部门政策监管一致性，减少政府对产业链和创新链融合发展的不当干预。②

激发人才在融合发展中的能动作用。人才是产业链和创新链融合发展最根本的推动力量。要加强创新型、应用型、技能型人才培养，实行更加开放的人才政策，构筑集聚国内外优秀人才创新和创业高地。完善人才评价和激励机制，健全以创新能力、质量、实效、贡献为导向的科技人才评价体系，构建充分体现知识、技术等创新要素价值的收益分配机制。发挥企业家在把握创新方向、凝聚人才、筹措资金、组织产业链等方面重要作用；支持做出原始创新或关键核心技术突破的科研团队快速地转换为创业团队，开拓一个新产业领域。

——融合发展机制

在不同研发阶段，知识中间品公共产品属性和市场不完全程度不同，产业链和创新链融合发展机制也有所差异。作为产业链和创新链融合发展的重要载体，创新平台参与主体和合作内容也有所差异。

原始性创新平台。在创新链上，由于理论突破和颠覆性技术开发不确定性很高，这一阶段产业链和创新链融合的主要机制是搭建相对松散的原始性创新平台，把工业界的问题和世界级难题、学术界的思想、风险资本的信念整合起来，实现能力共享和成果分享。

具体来说，在类脑智能、量子信息、基因技术、未来网络、深海空天开

① 《中华人民共和国国民经济和社会发展第十四个五年规划和2035年远景目标纲要》，人民出版社2021年版，第17页。

② 李国学、东艳：《国际生产方式变革、国际经济规则重塑与制度型开放高地建设》，《学海》2020年第5期。

发、氢能与储能等前沿领域，产业链龙头企业基于技术投资信念，政府基于对知识公共产品支持，向国际一流大学和科研机构提供经费支持，共同推动理论突破和基础技术发明，让基础研究的灯塔在照亮世界的同时，也为产业链未来发展指明方向。①

关键共性技术平台。共性技术平台是由政府和各类产学研主体协同共建、服务产业企业的管理服务机构或研发组织，旨在解决跨行业、跨领域的关键共性技术问题或者促进新的科学理念、方法和标准统一。② 共性技术平台运作可以参考日本的“技术研究组合”模式。“技术研究组合”实质上是会员制创新联合体，非公益法人，其经费来源主要是会员费、社会资助和政府补贴，目标是迅速突破周期长、风险大或者研发投入规模大的某一新技术或新技术群。

根据服务对象或目的不同，共性技术平台可以进一步划分为国家战略性共性技术平台，区域、行业产业共性技术平台，以及企业竞争前共性技术平台等类型。针对当前产业链上基础材料、核心零部件、重大装备、先进科学仪器和检验检测设备、工业软件等方面的短板和痛点，尤其是事关产业链安全和“卡脖子”的技术，共性技术平台可以在充分吸收原始性创新平台科学思想和技术发明基础上，组建适应不同需求的“技术研究组合”，集中各家企业优势，联合攻关，并转化为产品占领国际市场。③

供应链创新联合体。与共性技术平台不同的是，供应链创新联合体主要通过各生产环节之间的产业关联效应促进链条升级。在通过共性技术平台获得关键核心技术以后，产业链龙头企业或高层级供应商可以运用供应链研发、供应链金融和区块链技术，带动上下游产业原有技术结构变化，在产业链重要节点形成一批“专精特新”的“隐形冠军”。此外，产业链也可以为新技术的应用和升级提供需求侧支持。例如，对于大数据、人工智能等已进入产业化阶段的战略性新兴产业的关键技术，新型基础设施建设反过来进一步促进了相关技术的推广和升级；对于量子信息、基因技术、脑科学、空天科技、深地深海等尚未产业化的前沿科学技术，产业链上需求侧支持是企业进一步扩大研发投资的重要保障。

产业链数字化平台。随着互联网和数字化技术在产业链上应用，模块化生产技术推动了生产链流程再造，线上定制、远程设计、协同制造、电子商务等不但推动制造能力平台化，也促使消费趋势和营销渠道多元化。与此同时，产业链上从客户需求到研发、设计、制造、采购、供应、库存、售后服务、运维

① 李国学：《跨境制度匹配、对外投资与中国价值链升级》，中国社会科学出版社2021年版。

② 孙海鹰：《打造系统创新链促进科技与产业深度融合》，《科技日报》2022年2月14日第8版。

③ 史丹、许明、李晓华：《推动产业链与创新链深度融合》，《经济日报》2021年12月1日第11版。

等相关的大数据也成为数字经济的一个重要来源，不但刺激了产业链各参与主体技术创新，也为应用场景创新推广中心、解决方案推广平台、新业态培育中心等新业态发展奠定了基础。（本条执笔：李国学）

9. 市场化法治化国际化营商环境

——背景

营商环境是指企业等市场主体在市场经济活动中所涉及的体制机制性因素和条件。[①] 优化营商环境建设的原则，随中国特色社会主义市场经济建设而不断丰富完善。

2013年，党的十八届三中全会通过的《中共中央关于全面深化改革若干重大问题的决定》指出，需要建设公平开放透明的市场规则，推进国内贸易流通体制改革，建设法治化营商环境。[②] "营商环境"概念首次出现在党的重要文件之中。营商环境建设的重点在于推进市场化改革和经济治理法治化水平。

伴随营商环境建设工作的推进，为构建开放性经济新体制，实现营商环境同国际规则的对接，2015年，党的十八届五中全会通过的《中共中央关于制定国民经济和社会发展第十三个五年规划的建议》指出："完善法治化、国际化、便利化的营商环境，健全有利于合作共赢并同国际贸易投资规则相适应的体制机制。"[③] 这是党的重要文件首次对营商环境建设的原则提出系统化的要求与论述。中国在加大放宽外商投资准入，推进国内高水平高标准自由贸易试验区建设领域采取一系列举措，包括实施外商投资准入前国民待遇加负面清单管理制度，建设中国（海南）自由贸易试验区等。在提升治理能力、优化治理体系方面，中国推进以简政放权、放管结合、优化服务为核心要求的行政体制改革和转变政府职能工作。[④]

伴随着中国特色社会主义进入新时代，中国在营商环境建设既有成果的基础上，强调营商环境建设对激发市场主体活力、推动高水平开放的重要意义，对优化营商环境的原则进行了进一步的丰富与完善。2019年4月26日，习近平总书

---

① 《优化营商环境条例》，中华人民共和国国务院令第722号，2019年10月23日，中华人民共和国中央人民政府网站，http://www.gov.cn/zhengce/content/2019-10/23/content_5443963.htm，访问时间：2022年3月23日。

② 《中共中央关于全面深化改革若干重大问题的决定》，《人民日报》2013年11月16日第1版。

③ 《中共中央关于制定国民经济和社会发展第十三个五年规划的建议》，《人民日报》2015年11月4日第1版。

④ 李克强：《简政放权 放管结合 优化服务 深化行政体制改革 切实转变政府职能——在全国推进简政放权放管结合职能转变工作电视电话会议上的讲话》，《人民日报》2015年5月15日第2版。

记在第二届“一带一路”国际合作高峰论坛开幕式的主旨演讲中指出，中国将“完善市场化、法治化、便利化的营商环境”①。中国优化营商环境建设的理念也逐渐步入成熟阶段。《中华人民共和国外商投资法》（以下简称《外商投资法》）和《中华人民共和国外商投资法实施条例》陆续颁布实施，一系列配套制度随之加快制定。2019 年 10 月 23 日颁布的《优化营商环境条例》将优化营商环境的原则明确为市场化、法治化、国际化。其也是世界首部专门的优化营商环境立法，从制度层面为优化营商环境提供更加有力的保障和支撑。

——内涵

建设市场化法治化国际化营商环境，同“不断解放和发展社会生产力，加快建设现代化经济体系，推动高质量发展”② 的目标直接对应，具有丰富的制度内涵。

市场化指坚持市场化改革方向，充分发挥市场在资源配置中的决定性作用，更好发挥政府作用，推动有效市场与有为政府的更好结合。这要求政府破除不合理的体制机制障碍，建立健全统一开放、竞争有序的现代市场体系，保障市场公平竞争。中国主要在五方面推进市场化营商环境建设。一是持续深化行政审批制度改革，推进“证照分离”等改革，降低市场的准入与退出壁垒，提升市场进入与退出效率。二是推进面向市场主体创新的激励政策，强化企业创新主体地位，提升创新效率。三是坚持对各类所有制市场主体一视同仁，强化反垄断和反不正当竞争执法，完善公平竞争审查制度，减少政府对市场不当干预，维护公平竞争市场秩序。四是创新和完善市场监管，建立健全事前事中事后全流程监管制度，优化监管规则，确保质量和安全。五是通过推进政府服务优化，便利投资兴业，降低企业运营和人民生活过程中所面对的制度性成本。根据中国国家发展和改革委员会统计，2020 年全国负面清单由 40 条减为 33 条，《鼓励外商投资产业目录（2020 年版）》与 2019 年相比增加 127 条、修改 88 条。2020 全年减少企业用电、用气支出超过 1080 亿元，可量化降低物流成本超 1300 亿元。

法治化指坚持依法行政，以法治为各类市场主体营造稳定、公平、透明、可预期的营商环境。这要求政府需要明确市场运行和监管规则，规范市场主体行为，引导市场主体预期；要求政府做到监管的公平公正，使各种所有制类型的市场主体平等适用各类法律法规。中国主要采取三类措施推进法治化市场环

① 习近平：《齐心开创共建“一带一路”美好未来：在第二届“一带一路”国际合作高峰论坛开幕式上的主旨演讲》，人民出版社 2019 年版，第 10 页。

② 《优化营商环境条例》，中华人民共和国国务院令第 722 号，2019 年 10 月 23 日，中华人民共和国中央人民政府网站，http://www.gov.cn/zhengce/content/2019-10/23/content_5443963.htm，访问时间：2022 年 3 月 23 日。

境建设。一是建立健全营商环境法规体系。二是加强对市场主体的产权和知识产权的保护。三是优化政策制定的协调性，避免政出多门或政府对市场的不当干预。截至 2020 年，国务院有关部门和各地区已累计修订废止不符合《优化营商环境条例》规定的法律、法规和规范性文件等约 1000 件。同时，中国依托中国法治国际论坛等平台，致力于推动"一带一路"在贸易与投资争端、知识产权等领域的法治合作。2018 年 1 月 23 日，中央全面深化改革领导小组第二次会议审议通过《关于建立"一带一路"国际商事争端解决机制和机构的意见》，就化解"一带一路"贸易和投资争端提出制度设计和机构建设上的要求。

国际化指对接国际规则，推进高水平、制度型对外开放，建设更高水平开放型经济新体制，切实提升中国营商环境对外资的吸引力。中国主要采取三类措施推进国际化营商环境建设。一是不断加强同国际经贸规则的对接。《区域全面经济伙伴关系协定》已于 2022 年 1 月 1 日正式生效。同时，中国已申请加入《全面与进步跨太平洋伙伴关系协定》等国际经贸协定，在制度型开放上迈出更大步伐。二是提升外资管理和服务水平。中国全面实施并不断完善外商投资准入前国民待遇加负面清单管理制度，保障外资平等参与中国市场竞争。三是优化外贸发展环境，通过规范口岸收费和推动发展海外仓等方式，降低跨国企业的营商成本，推动开展跨国贸易。根据中国国家发展和改革委员会统计，2020 年全国进口、出口整体通关时间分别减少 34.91 小时和 1.78 小时，较 2017 年分别压缩 64.2% 和 85.5%。中国跨境电商进出口和市场采购出口分别增长 31.1%、25.2%。

——意义

当前世界正面临百年未有之大变局和世纪疫情，"逆全球化"思潮阻碍全球资源的有效配置，发达世界民粹主义、保护主义和孤立主义政策更使全球经济复苏蒙上巨大阴影。在这样的背景下，中国建设市场化法治化国际化营商环境，坚定不移地推进现代化经济体系建设和高水平对外开放，在后疫情时代的全球经济发展进程中承担大国责任，展现大国担当。

市场化法治化国际化营商环境的建设为全球经济增长注入动力。良好的营商环境促进有效市场与有为政府的更好结合，使企业享受更高效的市场资源配置、更便利的政府服务以及对于创新更加坚定有力的支持。中国良好的营商环境一方面让在中国扎根立足的企业不断增强创造力和竞争力，为全球经济增长提供良好的商品和服务供给，另一方面令全球经济获得极具吸引力的广阔市场需求，让全球经济增长共享中国发展的红利。

市场化法治化国际化营商环境的建设为优化经济治理贡献智慧。伴随着中国经济由高速增长转向高质量增长，优化营商环境建设的原则和目标也相应发展和完善。改革开放以来，在中国特色社会主义市场经济体制的指引下，中国实现了举世瞩目的增长奇迹，拓展了发展中国家走向现代化的途径。中国特色社会主义发展进入新时代，社会生产力总体上显著提高，面对人民日益增长的美好生活需要和不平衡不充分的发展之间的矛盾，中国从优化营商环境的角度，为优化政府与市场关系、持续释放经济增长动力贡献中国智慧。

市场化法治化国际化营商环境的建设为捍卫多边主义提供力量。在世界面临百年未有之大变局，全球化遭遇民粹主义、保护主义思潮挑战的历史背景下，中国坚定不移地优化营商环境建设，坚持推进高水平对外开放，促进中国同国际市场的要素流动、市场融合、制度对接，与世界共享中国的市场机遇、投资机遇、发展机遇，展现了中国维护和捍卫经济全球化与多边主义的大国担当。（本条执笔：陈逸豪）

10. 高水平开放型经济体制

——背景

“十四五”时期是中国全面建成小康社会、实现第一个百年奋斗目标之后，乘势而上开启全面建设社会主义现代化国家新征程、向第二个百年奋斗目标进军的第一个五年。在新发展阶段，推动共建“一带一路”高质量发展，建设高水平开放型经济体制，对于构建新发展格局、推动高质量发展和提升中国国际影响力具有重要意义。

党的十九届四中全会上首次提出了要“建设更高水平开放型经济新体制”。所谓“建设更高水平开放型经济新体制”，就是要“实施更大范围、更宽领域、更深层次的全面开放，推动制造业、服务业、农业扩大开放，保护外资合法权益，促进内外资企业公平竞争，拓展对外贸易多元化，稳步推进人民币国际化。健全外商投资准入前国民待遇加负面清单管理制度，推动规则、规制、管理、标准等制度型开放。健全促进对外投资政策和服务体系。加快自由贸易试验区、自由贸易港等对外开放高地建设。推动建立国际宏观经济政策协调机制。健全外商投资国家安全审查、反垄断审查、国家技术安全清单管理、不可靠实体清单等制度。完善涉外经贸法律和规则体系”①。

① 《中共中央关于坚持和完善中国特色社会主义制度　推进国家治理体系和治理能力现代化若干重大问题的决定》，《光明日报》2019 年 11 月 6 日。

——内容

2021 年 3 月，十三届全国人大四次会议通过的《中华人民共和国国民经济和社会发展第十四个五年规划和 2035 年远景目标纲要》（简称《纲要》）发布。《纲要》指出高水平对外开放的目标是“坚持实施更大范围、更宽领域、更深层次对外开放，依托中国超大规模市场优势，促进国际合作，实现互利共赢，推动共建‘一带一路’行稳致远，推动构建人类命运共同体”①。

“建设更高水平开放型经济新体制”是中国面临新形势新要求提出的新目标。从世界经济政治格局来看，目前世界大变局加速演变特征更趋明显，加快构建新发展格局的紧迫性上升。突如其来的新冠肺炎疫情对世界政治经济格局产生重大影响，国际力量对比、全球产业分工模式、全球治理机制等加速调整。在世界进入动荡变革期的背景下，唯有充分发挥国内超大规模市场优势，加快形成以国内大循环为主体、国内国际双循环相互促进的新发展格局，才能形成新形势下中国参与国际合作和竞争新优势，赢得主动、赢得未来。是国际经贸规则向高标准、边境后演化，优化营商环境、形成具有国际竞争力的开放型经济新体制面临更大压力；从当今全球贸易规则体系来看，以世贸组织为代表的多边贸易体制仍是全球贸易规则的主渠道，同时以全面与进步跨太平洋伙伴关系协定为代表的高标准自贸协定不断涌现，推动区域贸易自由化深入发展。国际贸易规则既要适应数字经济快速发展等科技进步和产业变革新形势，也要适应资本更加便捷跨境配置的内在需要，将不断向高标准演化。对于中国而言，优化营商环境、形成具有国际竞争力的开放政策和制度面临更大压力；从中国当前发展阶段来看，中国经济进入高质量发展阶段，对实施更大范围、更宽领域、更深层次的全面开放提出新的更高要求。改革开放以来，中国经济发展取得了举世瞩目的重要成就。习近平总书记强调，过去 40 年中国经济发展是在开放条件下取得的，未来中国经济实现高质量发展也必须在更加开放条件下进行。② 当前和今后一个时期，中国发展仍处于重要战略机遇期，但机遇和挑战都有新的发展变化。转变发展方式、优化经济结构、转换增长动力，要求更好统筹国内国际两个大局，充分利用国际市场和资源，进一步增强中国经济创新能力，促进中国产业迈向全球价值链中高端。

推动高水平对外开放以促进经济高质量发展为核心，以“一带一路”建设为统领，推动建设高水平开放型经济体制为重点，推动更大范围、更宽领域、更深层次的对外开放，以开放促改革、促发展、促创新。推动共建“一带一

① 《中华人民共和国国民经济和社会发展第十四个五年规划和 2035 年远景目标纲要》，《光明日报》2021 年 3 月 13 日。

② 《习近平谈治国理政》第 3 卷，外文出版社 2020 年版，第 194 页。

路”高质量建设，带动更高水平开放型经济体制构建。完善内陆和沿边开放体制机制，引导沿海内陆沿边优势互补、协同开放发展。强化中西部内陆地区对外开放大通道建设，探索多式联运下的投资贸易便利化机制；以优化出口和扩大进口为导向，拓展与共建“一带一路”国家贸易发展空间。优化对“一带一路”沿线地区的出口结构，促进出口贸易由货物为主向货物、服务、技术、资本输出相结合转变，实现中国出口由规模速度型向质量效益型转变。优化进口结构，促进进口新体制构建；以国内自由贸易试验区和沿线自由贸易区网络建设为抓手，加快涉外经贸法律和规则体系的国际化对接。发挥好国内自由贸易试验区汇集全球高端生产要素载体作用，对标国际标准加快贸易自由化和投资便利化体制机制改革；统筹制度开放和国内市场化改革，不断完善市场化、法治化、国际化的营商环境。处理好政府与市场关系，加快推进要素市场改革，完善准入前国民待遇加负面清单管理制度，统筹强化知识产权保护与产权保护，推动降低企业制度性交易成本。

——意义

建设更高水平开放型经济新体制是完善中国特色社会主义制度，推动国家治理体系和治理能力现代化的重要保障。随着“一带一路”进入高质量发展阶段，“一带一路”将与建设高水平开放型经济体制相互促进，推动国际贸易高质量发展、提高利用外资质量和综合效益、拓展对外投资新空间、构建安全高效的金融开放体系、促进区域对外开放平衡协调发展、推动开放平台成为高水平开放型经济新体制的先行示范区，并在参与全球经济治理体系改革和建设中贡献中国智慧与中国方案。（本条执笔：任琳）

11. 统筹好发展和安全两件大事

——背景

改革开放以后，中国共产党高度重视正确处理改革发展稳定关系，把维护国家安全和社会安定作为党和国家的一项基础性工作来抓，为改革开放和社会主义现代化建设营造了良好安全环境。进入新时代，中国面临更为严峻的国家安全形势，外部压力前所未有，传统安全威胁和非传统安全威胁相互交织，“黑天鹅”“灰犀牛”事件时有发生。同形势任务要求相比，中国维护国家安全能力不足，应对各种重大风险能力不强，维护国家安全的统筹协调机制不健全。[①] 党中央强调，国泰民安是人民群众最基本、最普遍的愿望。必须坚持底

① 《中共中央关于党的百年奋斗重大成就和历史经验的决议》，人民出版社2021年版，第55页。

线思维、居安思危、未雨绸缪，坚持国家利益至上，以人民安全为宗旨，以政治安全为根本，以经济安全为基础，以军事、科技、文化、社会安全为保障，以促进国际安全为依托，统筹发展和安全，统筹开放和安全，统筹传统安全和非传统安全，统筹自身安全和共同安全，统筹维护国家安全和塑造国家安全。

——内容

以习近平新时代中国特色社会主义思想为指导，全面贯彻落实党的十九大和十九届历次全会精神，弘扬伟大建党精神，坚持稳中求进工作总基调，完整、准确、全面贯彻新发展理念，加快构建新发展格局，全面深化改革开放，坚持创新驱动发展，推动高质量发展，坚持以供给侧结构性改革为主线，统筹疫情防控和经济社会发展，统筹发展和安全，继续做好“六稳”“六保”工作，持续改善民生，着力稳定宏观经济大盘，保持经济运行在合理区间，保持社会大局稳定。

发展更高水平的社会主义市场经济，毫不动摇巩固和发展公有制经济，毫不动摇鼓励、支持和引导非公有制经济发展，加快建设一批产品卓越、品牌卓著、创新领先、治理现代的世界一流企业，在全面建设社会主义现代化国家、实现第二个百年奋斗目标进程中实现更大发展、发挥更大作用。[①] 要支持引导行业领军企业和掌握关键核心技术的专精特新企业深化改革、强化创新，加大培育力度。要强化企业创新主体地位，促进各类创新要素向企业集聚，推动企业主动开展技术创新、管理创新、商业模式创新。要坚持壮大实体经济，推进产业基础高级化、产业链现代化，打造具有全球竞争力的产品服务。要支持企业充分利用国际国内两个市场、两种资源，增强面向全球的资源配置和整合能力，将中国超大规模市场优势转化为国际竞争优势。要推动有为政府和有效市场更好结合，提高政府监管和服务效能，保护和激发企业活力，注重维护好公平竞争的市场环境，推动更多优秀企业在市场竞争中脱颖而出。要统筹发展和安全，引导企业积极稳妥开拓国际市场。

要始终坚持以人民为中心的发展思想，推进普惠金融高质量发展，健全具有高度适应性、竞争力、普惠性的现代金融体系。要深化金融供给侧结构性改革，把更多金融资源配置到重点领域和薄弱环节，加快补齐县域、小微企业、新型农业经营主体等金融服务短板，促进普惠金融和绿色金融、科创金融等融合发展，提升政策精准度和有效性。要优化金融机构体系、市场体系、产品体系，有效发挥商业性、开发性、政策性、合作性金融作用，增强保险和资本市场服务保障功能，拓宽直接融资渠道，有序推进数字普惠金融发展。要完善普

① 《加快建设世界一流企业　加强基础学科人才培养》，《光明日报》2022 年 3 月 1 日。

惠金融政策制定和执行机制，健全普惠金融基础设施、制度规则、基层治理，加快完善风险分担补偿等机制，促进形成成本可负担、商业可持续的长效机制。

加快完善中国特色社会主义法律体系，以良法促进发展、保障善治。要加强党对立法工作的集中统一领导，完善党委领导、人大主导、政府依托、各方参与的立法工作格局。要把改革发展决策同立法决策更好结合起来，既通过深化改革完善法治，又通过更完善的法治保障各领域改革创新，确保国家发展、重大改革于法有据。要统筹推进国内法治和涉外法治，统筹发展和安全，推动中国法域外适用的法律体系建设，用法治方式有效应对挑战、防范风险，维护国家主权、安全、发展利益。要坚持系统观念，统筹立改废释纂，全面完善法律、行政法规、监察法规、地方性法规体系。全国人大及其常委会是国家立法机关，要在确保质量的前提下加快立法工作步伐，增强立法的系统性、整体性、协同性，使法律体系更加科学完备、统一权威。要加强重点领域、新兴领域、涉外领域立法，注重将社会主义核心价值观融入立法，健全国家治理急需、满足人民日益增长的美好生活需要必备的法律制度。要在条件成熟的立法领域继续开展法典编纂工作。

——意义

统筹发展和安全两件大事，是党中央基于新发展阶段的新特征新要求，为防范化解各类风险挑战而确定的重大工作方针。党的十九届五中全会首次把统筹发展和安全纳入“十四五”时期中国经济社会发展的指导思想，并列专章作出战略部署，强调要加强国家安全体系和能力建设，筑牢国家安全屏障。这一重要论述和重大部署，阐明了安全是发展的前提、发展是安全的保障，突出了安全发展在党和国家工作大局中的重要地位和重大意义。习近平总书记指出，“中国正处于一个大有可为的历史机遇期，发展形势总的是好的，但前进道路不可能一帆风顺，越是取得成绩的时候，越是要有如履薄冰的谨慎，越是要有居安思危的忧患，绝不能犯战略性、颠覆性错误”。[①]（本条执笔：黄宇韬）

12. 共同富裕

共同富裕是社会主义的本质要求，是中国式现代化的重要特征。充分认识促进共同富裕的重大意义，才能更好地推动共同富裕持续取得新进展，为全面建设社会主义现代化强国奠定坚实基础。

① 《习近平谈治国理政》第3卷，外文出版社2020年版，第73页。

——内涵

中国是世界上最大的发展中国家，仍处于并将长期处于社会主义初级阶段。促进共同富裕，必须立足于社会主义初级阶段这一最大国情，牢牢把握正确方向，把党中央决策部署贯彻落实好。共同富裕是全体人民共同富裕，是人民群众物质生活和精神生活都富裕，不是少数人的富裕，也不是整齐划一的平均主义。

坚持基本经济制度。立足社会主义初级阶段，坚持“两个毫不动摇”。坚持公有制为主体、多种所有制经济共同发展，大力发挥公有制经济在促进共同富裕中的重要作用，同时也要促进非公有制经济的健康发展。允许一部分人先富起来，同时要强调先富带后富、帮后富，重点鼓励辛勤劳动、合法经营、敢于创业的致富带头人。

鼓励勤劳致富。幸福生活都是奋斗出来的，共同富裕要靠勤劳智慧来创造。坚持在发展中保障和改善民生，把推动高质量发展放在首位，为人民提高受教育程度、增强发展能力创造更加普惠公平的条件，提升全社会人力资本和专业技能，提高就业创业能力，增强致富本领。防止社会阶层固化，畅通向上流动通道，给更多人创造致富机会，形成人人参与的良好发展环境。

坚持尽力而为与量力而行。要建立科学的公共政策体系，形成人人享有发展成果的合理分配格局。正视中国发展水平离发达国家还有很大差距的事实，要把保障和改善民生建立在经济发展和财力可持续的基础之上，不能好高骛远，作兑现不了的承诺。政府的工作重点是加强基础性、普惠性、兜底性民生保障建设。即使将来发展水平更高且财力更雄厚也不能设置过高的目标、提供过度的保障，坚决防止陷入“福利主义”陷阱。

坚持循序渐进。冰冻三尺，非一日之寒。共同富裕是一个长远目标，需要一个过程，不可能一蹴而就。共同富裕在时间上不可能同时，在空间上不可能同步，我们对其长期性、艰巨性、复杂性要有充分估计。一些发达国家工业化搞了几百年，但由于社会制度原因，到现在共同富裕问题仍未解决，贫富悬殊问题反而越来越严重。我们要有耐心和毅力，脚踏实地做好每一件事。稳步推进浙江共同富裕示范区建设，鼓励各地因地制宜探索有效路径，总结经验后逐步推开。

——重要举措

实现共同富裕，应坚持以人民为中心的发展思想，在高质量发展中促进共同富裕，正确处理效率和公平的关系，构建初次分配、再分配、三次分配协调配套的基础性制度安排，加大税收、社保、转移支付等调节力度并提高精准性，扩大中等收入群体比重，增加低收入群体收入，合理调节高收入，取缔非法收入，形成中间大、两头小的橄榄型分配结构，促进社会公平正义，促进人的全面发展，使全体人民朝着共同富裕目标扎实迈进。

一是提高发展的平衡性、协调性、包容性。加快完善社会主义市场经济体制，推动发展更平衡、更协调、更包容。增强区域发展的平衡性，实施区域重大战略和区域协调发展战略，健全转移支付制度，缩小区域人均财政支出差异，加大对欠发达地区的支持力度。强化行业发展的协调性，加快垄断行业改革，推动金融等同实体经济协调发展。支持中小企业发展，构建大中小企业相互依存、相互促进的企业发展生态。

二是着力扩大中等收入群体规模。抓住重点、精准施策，推动更多低收入人群迈入中等收入行列。提高高等教育质量，做到学有专长、学有所用，帮助高校毕业生尽快适应社会发展需要。技术工人也是中等收入群体的重要组成部分，要加大技能人才培养力度，提高技术工人工资待遇，吸引更多高素质人才加入技术工人队伍。中小企业主和个体工商户是创业致富的重要群体，要改善营商环境，减轻税费负担，提供更多市场化的金融服务，帮助他们稳定经营、持续增收。进城农民工是中等收入群体的重要来源，要深化户籍制度改革，解决好农业转移人口随迁子女教育等问题，让他们安心进城，稳定就业。要适当提高公务员特别是基层一线公务员及国有企事业单位基层职工工资待遇。要增加城乡居民住房、农村土地、金融资产等各类财产性收入。

三是促进基本公共服务均等化。低收入群体是促进共同富裕的重点帮扶保障人群。加大普惠性人力资本投入，有效减轻困难家庭教育负担，提高低收入群众子女受教育水平。完善养老和医疗保障体系，逐步缩小职工与居民、城市与农村的筹资和保障待遇差距，逐步提高城乡居民基本养老金水平。完善兜底救助体系，加快缩小社会救助的城乡标准差异，逐步提高城乡最低生活保障水平，兜住基本生活底线。完善住房供应和保障体系，坚持“房子是用来住的、不是用来炒的”定位，租购并举，因城施策，完善长租房政策，扩大保障性租赁住房供给，重点解决好新市民住房问题。

四是加强对高收入的规范和调节。在依法保护合法收入的同时，防止两极分化、消除分配不公。合理调节过高收入，完善个人所得税制度，规范资本性所得管理。积极稳妥推进房地产税立法和改革，做好试点工作。加大消费环节税收调节力度，研究扩大消费税征收范围。加强公益慈善事业规范管理，完善税收优惠政策，鼓励高收入人群和企业更多回报社会。清理规范不合理收入，加大对垄断行业和国有企业的收入分配管理，整顿收入分配秩序，清理借改革之名变相增加高管收入等分配乱象。坚决取缔非法收入，坚决遏制权钱交易，坚决打击内幕交易、操纵股市、财务造假、偷税漏税等获取非法收入行为。保护产权和知识产权，保护合法致富。坚决反对资本无序扩张，对敏感领域准入划出负面清单，加强反垄断监管。同时，也要调动企业家积极性，促进各类资本规范健康发展。

五是促进人民精神生活共同富裕。促进共同富裕与促进人的全面发展是高度统一的。强化社会主义核心价值观引领，加强爱国主义、集体主义、社会主义教育，发展公共文化事业，完善公共文化服务体系，不断满足人民群众多样化、多层次、多方面的精神文化需求。加强促进共同富裕舆论引导，澄清各种模糊认识，防止急于求成和畏难情绪，为促进共同富裕提供良好舆论环境。

六是促进农民农村共同富裕。促进共同富裕，最艰巨最繁重的任务仍然在农村。农村共同富裕工作要抓紧，但不宜像脱贫攻坚那样提出统一的量化指标。要巩固拓展脱贫攻坚成果，对易返贫致贫人口要加强监测、及早干预，对脱贫县要扶上马送一程，确保不发生规模性返贫和新的致贫。全面推进乡村振兴，加快农业产业化，盘活农村资产，增加农民财产性收入，使更多农村居民勤劳致富。加强农村基础设施和公共服务体系建设，改善农村人居环境。

——意义

一是实现共同富裕是社会主义的本质要求。党的十八大以来，中国特色社会主义进入了新时代，这个新时代是全国各族人民团结奋斗、不断创造美好生活、逐步实现全体人民共同富裕的时代，全体人民共同富裕成为新时代最强烈的主题。以习近平同志为核心的党中央坚持共同富裕的信念宗旨，将其视为坚持和发展中国特色社会主义的价值目标。习近平总书记指出：“适应中国社会主要矛盾的变化，更好满足人民日益增长的美好生活需要，必须把促进全体人民共同富裕作为为人民谋幸福的着力点，不断夯实党长期执政基础。”① 党的十九届五中全会明确到 2035 年基本实现社会主义现代化远景目标，首次提出“全体人民共同富裕取得更为明显的实质性进展”。② 党的十九届六中全会通过的《中共中央关于党的百年奋斗重大成就和历史经验的决议》在阐述第二个百年奋斗目标时指出：“全体人民共同富裕基本实现，中国人民将享有更加幸福安康的生活。”③ 在新时代新征程上，我们要坚持以人民为中心的发展思想，在高质量发展中促进共同富裕。

二是实现共同富裕是中国式现代化的重要特征。党的十八大以来，习近平总书记多次强调，共同富裕是社会主义现代化的一个重要目标。我们党在带领

① 习近平：《扎实推动共同富裕》，《求是》2021 年第 20 期。

② 《中华人民共和国国民经济和社会发展第十四个五年规划和 2035 年远景目标纲要》，人民出版社 2021 年版，第 9 页。

③ 《中共中央关于党的百年奋斗重大成就和历史经验的决议》，人民出版社 2021 年版，第 71 页。

人民创造美好生活、逐步实现全体人民共同富裕的实践中，不断深化对促进共同富裕规律的认识，使得共同富裕思想不断发展，内涵也越来越丰富。把共同富裕作为中国式现代化的重要特征和重要目标，表明我们党对共同富裕的认识达到了新的理论高度，深刻反映了我们党对社会主义现代化建设规律的深邃认识和准确把握，开拓了马克思主义中国化新境界，是中国共产党人对科学社会主义的重大贡献。

三是实现共同富裕是我们党矢志不渝的奋斗目标。中国共产党从诞生之日起就肩负着实现人民共同富裕的历史使命。发展为了人民，发展成果由人民共享，是激励中国共产党人不断前进的根本动力。让人民过上好日子、实现共同富裕，是中国共产党矢志不渝的奋斗目标。中华人民共和国成立以来特别是改革开放以来，我们党团结带领人民朝着实现共同富裕的目标不懈努力。改革开放后，我们党深刻总结正反两方面历史经验，认识到贫穷不是社会主义，允许一部分人、一部分地区先富起来，并确立“小康”目标接续推进，人民生活质量和社会共享水平显著提升。党的十八大以来，以习近平同志为核心的党中央把逐步实现全体人民共同富裕摆在更加重要位置，采取有力措施保障和改善民生，带领全国人民打赢脱贫攻坚战，全面建成小康社会，不断实现全体人民的共同富裕。（本条执笔：贾中正）

二　“一带一路”与命运共同体建设

13. 地球生命共同体

地球是人类的家园，生态环境是人类和社会赖以生存与发展的基石。“万物各得其和以生，各得其养以成。”地球家园生成包括人类在内的万物，生物多样性得益于水和空气的滋养。世界各国经济发展、人民平安幸福的前提是地球母亲的健康得到保证。因此，共建地球生命共同体理应成为各国携手努力的重要目标。

——概念的缘起与发展

2005 年，时任浙江省委书记的习近平同志提出了“绿水青山就是金山银山”的发展理念。2013 年 9 月，习近平主席在访问哈萨克斯坦时再次表达了推进生态文明建设的决心，“我们既要绿水青山，也要金山银山。宁要绿水青山，不要金山银山，而且绿水青山就是金山银山”。[①] 2017 年，来自 184 个国家的 1.5 万余科学家共同向人类发出警告称，地球正进入 540 万年以来的第六次物种灭绝期。新冠肺炎疫情发生后，人类碳排放经过短暂放缓，如今又出现了反弹。2021 年 4 月，大气中的二氧化碳浓度达到有史以来的最高月度。保护全球生态安全已经迫在眉睫。

2021 年 10 月 12 日，以“生态文明：共建地球生命共同体”为主题的《生物多样性公约》第十五次缔约方大会领导人峰会在云南昆明召开，习近平主席在出席峰会发表主旨演讲时提出，“生态文明是人类文明发展的历史趋势。让我们携起手来，秉持生态文明理念，站在为子孙后代负责的高度，共同构建地球生命共同体，共同建设清洁美丽的世界!”[②] 在全球生态安全日益严峻的背景下，中国提出“共同构建地球生命共同体”，旨在凝聚全球力量，共同维护地球母亲的健康安全，体现了中国为化解全球生态难题贡献的智慧和力量。

---

① 《习近平关于全面建成小康社会论述摘编》，中央文献出版社 2016 年版，第 171 页。

② 习近平：《共同构建地球生命共同体》，《光明日报》2021 年 10 月 13 日。

——“一带一路”共建地球生命共同体

保护生物多样性。生物多样性的保护一直是建设“一带一路”的重要内容。在第二届“一带一路”国际合作高峰论坛期间，习近平主席指出，“我们要把绿色作为底色，推动绿色基础设施建设、绿色投资、绿色金融，保护好我们赖以生存的共同家园”①。2019年4月25日，“一带一路”绿色发展国际联盟正式成立，联盟由中国生态环境部和中外合作伙伴共同发起成立。该联盟旨在“促进实现‘一带一路’绿色发展国际共识、合作和一致行动，将可持续发展融入‘一带一路’倡议，助力‘一带一路’共建国家实现2030年可持续发展目标中环境与发展有关指标”②。联盟设立了“生物多样性保护和生态系统”等专题伙伴关系，由联合国环境规划署国际生态系统管理伙伴计划、国际自然保护联盟、保护国际基金会、世界自然基金会和中国生态环境部的三家机构共同承担。这一专题伙伴关系的设立为“一带一路”倡议保护生物多样性提供了交流平台，为“一带一路”重点国家的生物多样性研究提供了机遇。

保护大气环境。随着“一带一路”共建国家经济社会的加速发展，区域内大气污染防治的压力也随之加大。目前，大气污染检测、大气污染控制等技术领域的合作，以及大气污染方面的合作机制和机理研究是保护大气环境在“一带一路”建设中的主体内容。在大气污染物控制方面，“一带一路”相关国家集中于工业烟气污染物控制，燃煤电站侧重颗粒物和SO_2治理，对于NOx的治理尚无明确要求；钢铁厂焦炉烟气的治理则包括颗粒物、SO_2和NOx。③ 随着大气治理工作的深入展开，燃煤电站治理NOx也将很快提上工作日程。“一带一路”相关国家的燃煤电站在烟气净化上主要采用除尘和脱硫技术工艺，其中海水法脱硫工艺在拥有海岸线的“一带一路”共建国家中具有使用优势。除尘和脱硫这两种技术工艺均采用了中国的主流工艺，保障了空气治理成效。中国还与“一带一路”共建国家签署了一系列大气污染控制项目。2021年8月23日，中国电建与保加利亚贝洛赞光伏电站有限公司签署合同，项目总装机为46.54MW，工程涉及110KV升压站的设计运行。这一项目有助于中国开拓欧洲新能源市场、助力实现“碳中和”目标。

治理水污染。水是重要的全球性资源，水污染问题会直接对经济社会的发展造成负面影响。“一带一路”涉及100多个国家，覆盖亚太、欧亚、中东和非洲等地区，涵盖的水资源问题复杂。中国在水污染治理方面成效显著，为相

① 《习近平谈治国理政》第3卷，外文出版社2020年版，第491页。

② 一带一路绿色发展国际联盟官网，http://www.brigc.net/gywm/lmjs/202007/t20200726_102077.html。

③ 《“一带一路”沿线国家案例分析》，2019年4月9日，一带一路生态环保大数据服务平台官网，http://www.greenbr.org.cn//sjal/jsal/dq/dqfx//8a8a4b2e69c78d38016a0064d15f071c.html。

关国家提升水污染治理能力提供了路径选择。2017 年 5 月，在“一带一路”国际合作高峰论坛期间，中国和柬埔寨提出“开展水污染环境治理合作与示范，提升柬埔寨水质环境监测与治理水平，加快中国—柬埔寨环境合作中心建设”。① 2018 年 8 月 19 日，孟加拉国达舍尔甘地污水处理厂项目举行开工仪式，项目由中国水电工程顾问集团公司承建。该项目每天的污水处理量是 50 万立方米，是孟加拉国第一个现代化的污水处理厂，且规模为南亚最大。目前，该项目已进入试运行阶段。

——意义

地球生命共同体概念的提出把生态安全问题提升到了新的高度，这将有助于人与自然和谐发展的意识得到更广泛、更深程度地普及。2016 年，在第二届联合国环境大会召开期间，联合国环境规划署发布了《绿水青山就是金山银山：中国生态文明战略与行动》报告，这意味着中国的生态文明理念走向世界并得到认可。西方国家曾经走的是污染在先、发展在后的经济之路。当今世界的生态安全问题日趋严重，亟须各国转变经济发展模式，做好经济发展与生态保护之间的平衡。中国提出共同构建地球生命共同体恰逢其时，它体现了还没达到发达国家经济水平的发展中国家对兼顾经济发展和生态保护意识的重视，这本身就体现了人类文明的重大进步。

地球生命共同体概念的提出将促使绿色循环发展模式在全球范围内加快确立，释放绿色经济的巨大潜力。2021 年 9 月，习近平主席在出席第七十六届联合国大会时表示，“中国将力争 2030 年前实现碳达峰、2060 年前实现碳中和，这需要付出艰苦努力，但我们会全力以赴。中国将大力支持发展中国家能源绿色低碳发展，不再新建境外煤电项目”。② 中国—巴西气候变化与能源技术创新研究中心巴方负责人苏珊娜·卡恩认为，中国作为世界最大的发展中国家，坚持绿色发展理念将对国际社会产生积极的示范效应。（本条执笔：薛力、席寒婷）

14. 亚太命运共同体

大时代需要大格局，大格局需要大智慧。习近平总书记深刻阐述构建亚太命运共同体理念内涵，为推动亚太经合组织行稳致远、实现亚太地区共同繁荣指明了方向。构建亚太命运共同体可以促进跨政治、跨地区的合作共赢，对于推动亚太地区的经济发展、稳定安全形势具有重要意义，是中国在新时期推进

① 《中柬推进绿色“一带一路”建设将开展柬“生命之湖”项目》，2017 年 7 月 17 日，中国一带一路网，https://www.yidaiyilu.gov.cn/xwzx/bwdt/20076.htm。

② 习近平：《坚定信心 共克时艰 共建更加美好的世界》，人民出版社 2021 年版，第 5 页。

区域一体化的伟大实践。[①]

——背景

首先，亚太各经济体利益交融，一荣俱荣，一损俱损。习近平总书记表示，亚太是我们共同发展的空间，我们都是亚太这片大海中前行的风帆。中国希望同亚太伙伴们携手同心，共同创建引领世界、惠及各方、造福子孙的美好亚太。亚太地区应该谋求共同发展、坚持开放发展、推动创新发展、寻求联动发展。我们要牢固树立亚太命运共同体意识，形成各经济体良性互动、协调发展的格局。[②]

其次，亚洲经济体在拉动世界经济增长和改变世界经济版图方面扮演重要的角色。习近平总书记表示，“亚太的开放合作不仅激荡着太平洋，也活跃了世界经济的海洋。如今的亚太，是全球最具增长活力和发展潜力的经济板块，也是举世公认的世界经济增长的一个重要引擎”[③]。“亚太发展前景取决于今天的决断和行动。我们有责任为本地区人民创造和实现亚太梦想。”[④]

最后，亚太命运共同体是人类命运共同体理念落地生根的伟大实践。当前，国际社会正在经历深刻变革，单边主义、保护主义抬头，贫富差距仍普遍存在，现有国际政治经济秩序存在着诸多弊端。在此背景下，习近平总书记表示，要强化命运共同体意识，加强政策协调对接，形成合力。要秉持和而不同理念，促进优势互补、合作互惠、发展互鉴。”[⑤] 伴随着“一带一路”进入全面实施的新阶段，习近平总书记表示，“中方愿以此为契机，同亚太伙伴深化政策沟通、设施联通、贸易畅通、资金融通、民心相通，实现协同联动发展，朝着命运共同体方向迈进”[⑥]。

——内容

2021 年 11 月 11 日，习近平主席出席亚太经合组织工商领导人峰会，发表题为《坚持可持续发展　共建亚太命运共同体》的重要讲话。习近平主席指出，“亚太地区一直是世界经济的重要增长极，并率先在本次危机中呈现复苏势头。值此历史关头，亚太地区应该勇担时代责任，发挥引领作用，坚定朝着构建亚太命运共同体目标迈进”[⑦]。同时，习近平主席提出了构建亚太命运共

① 《携手创造亚太命运共同体美好未来》，《人民日报》2020 年 11 月 22 日第 2 版。

② 习近平：《深化改革开放　共创美好亚太——在亚太经合组织工商领导人峰会上的演讲》，《光明日报》2013 年 10 月 8 日第 2 版。

③ 《习近平谈治国理政》第 3 卷，外文出版社 2020 年版，第 455 页。

④ 习近平：《谋求持久发展　共筑亚太梦想——在亚太经合组织工商领导人峰会开幕式上的演讲》，《人民日报》2014 年 11 月 10 日第 2 版。

⑤ 习近平：《携手谱写亚太合作共赢新篇章》，《光明日报》2017 年 11 月 12 日。

⑥ 习近平：《携手谱写亚太合作共赢新篇章》，《光明日报》2017 年 11 月 12 日。

⑦ 习近平：《坚持可持续发展　共建亚太命运共同体》，《光明日报》2021 年 11 月 12 日。

同体目标的思路。

第一，全力抗击疫情。早日走出疫情阴影、实现经济稳定复苏，是亚太地区面临的最紧迫的任务。我们要支持彼此抗疫努力，在检测手段、治疗药物以及疫苗研发、生产、互认等领域加强合作，切实形成抗疫合力。

第二，坚持开放合作。开放是人类社会繁荣进步的必由之路。30 多年来，从《茂物目标》到《布特拉加亚愿景》，从宏观经济政策协调到高标准自由贸易区建设，亚太地区保持较长时期快速发展。归根结底，这得益于打造开放型经济格局的努力，得益于构筑互信、包容、合作、共赢的亚太伙伴关系。中国一直积极融入亚太区域合作，始终是亚太开放合作的推动者。此外，中国将坚定推进高质量共建“一带一路”，促进亚太互联互通，维护区域产业链供应链稳定顺畅，深化同各方在电子商务、数字物流等领域合作，为亚太经济复苏和可持续发展注入动力。

第三，推进绿色转型。良好生态环境是最基本的公共产品和最普惠的民生福祉。亚太地区要把绿色作为疫后复苏的底色，努力做科学应对气候变化的领航者。要坚持共同但有区别的责任原则，落实好应对气候变化《巴黎协定》和《生物多样性公约》第十五次缔约方大会成果。

第四，积极推进创新。创新是推动人类社会进步的重要力量。亚太地区具有独特智力资源和深厚创新传统，孕育了许多新技术、新产业、新机制，一直是全球创新发展领头羊。当前，新一轮科技革命和产业变革深入发展，信息技术、生物技术、制造技术方兴未艾，为促进经济增长，应对重大疫病、气候变化、自然灾害等挑战提供了保障。我们要加速科技创新和制度创新，推动科技成果转化，培育经济发展新动能，使创新成为统筹经济发展和绿色转型的有力支撑。要加强亚太成员科技创新协作，为科技发展打造开放、公平、公正、非歧视的环境。

——意义

第一，构建亚太命运共同体有利于推动亚太经济朝着更加开放、包容、普惠、平衡、共享的方向稳步发展。习近平主席表示，“亚太经合组织成立以来的 30 多年，是世界格局加速演变、全球治理深刻重塑的 30 多年，也是亚太地区发生翻天覆地变化的 30 多年”，“亚太合作未来的路怎么走，关乎地区发展，关乎人民福祉，关乎世界未来”。[①] 只有携手共建“一带一路”，向着构建人类命运共同体目标不断迈进，才能为亚太和世界经济注入更强劲动力。

第二，构建亚太命运共同体有助于推动国际秩序向更加公正合理的方向发

① 习近平：《携手构建亚太命运共同体》，《光明日报》2020 年 11 月 21 日。

展。当前，世界经济陷入低迷，经济全球化遭遇逆风，单边主义、保护主义抬头，公平和效率、增长和分配、技术和就业等矛盾更加突出，贫富差距仍普遍存在，全球治理体系面临新的挑战。[①] 在一个内外联动的世界中，许多全球性问题的拖延或加剧，有效的全球治理变得更加迫切。[②] 习近平主席指出，“中国是亚太大家庭的一员，中国的发展起步于亚太，得益于亚太，也将继续立足亚太、造福亚太”，“通过‘一带一路’建设，我们将开展更大范围、更高水平、更深层次的区域合作，共同打造开放、包容、均衡、普惠的区域合作架构”。[③] 亚太命运共同体的构建就是这样一个区域合作框架，有助于推动全球经济治理体系变革。（本条执笔：薛力、李少康）

15. 中国—东盟命运共同体

2000 多年前开启的古代海上丝绸之路，建立了中国与东南亚国家人民经贸、文化、情感交流的纽带。新形势下，中国—东盟友好关系揭开了新篇章。从 1991 年双方建立对话关系、特别是 2003 年建立战略伙伴关系以来，双方关系走过了不平凡的历程，成为睦邻友好合作的典范。2013 年 10 月，习近平主席访问印度尼西亚时提出建设 21 世纪海上丝绸之路、携手建设中国—东盟命运共同体等合作倡议。这是一个传承历史、面向未来、顺应时代潮流，符合中国—东盟共同发展愿望的重大战略构想，为中国—东盟关系发展进一步指明了方向。[④]

——背景

2013 年 10 月 3 日，习近平主席在印度尼西亚国会发表了选为《携手建设中国—东盟命运共同体》的重要演讲，这是中国—东盟命运共同体理念的首次提出。习近平主席指出，“中国和东盟国家山水相连、血脉相亲。今年是中国和东盟建立战略伙伴关系 10 周年，中国和东盟关系正站在新的历史起点上。中方高度重视印尼在东盟的地位和影响，愿同印尼和其他东盟国家共同努力，使双方成为兴衰相伴、安危与共、同舟共济的好邻居、好朋友、好伙伴，携手建设更为紧密的中国—东盟命运共同体，为双方和本地区人民带来更多福祉”。[⑤]

2013 年 10 月 24 日，习近平主席在周边外交工作座谈会上发表重要讲话强

① 习近平：《携手构建亚太命运共同体》，《光明日报》2020 年 11 月 21 日。

② 苏长和：《充分认识当今世界格局新变化》，《人民日报》2017 年 1 月 3 日第 7 版。

③ 习近平：《发挥亚太引领作用　应对世界经济挑战》，《光明日报》2015 年 11 月 19 日。

④ 张高丽：《携手共建 21 世纪海上丝绸之路　共创中国—东盟友好合作美好未来》，《人民日报》2014 年 9 月 17 日第 4 版。

⑤ 《习近平谈治国理政》第 1 卷，外文出版社 2018 年版，第 292 页。

调，“中国周边外交的基本方针，就是坚持与邻为善、以邻为伴，坚持睦邻、安邻、富邻，突出体现亲、诚、惠、容的理念。发展同周边国家睦邻友好关系是中国周边外交的一贯方针”①。中国与东盟一衣带水，友好关系源远流长，因此，在“一带一路”倡议的背景下提出中国—东盟命运共同体既是习近平外交思想的体现，同时也具有一定的必然性。

——内容

中国—东盟命运共同体的提出为中国—东盟关系发展勾画了美好蓝图。特别是“一带一路”倡议提出以来，双方弘扬丝路精神，在携手构建理念共通、繁荣共享、责任共担的命运共同体道路上，迈出了更加坚实的步伐，合作的内容更加丰富。② 具体来说，中国—东盟命运共同体的内容主要有以下几个方面。

（1）战略合作日益紧密。共建“一带一路”倡议提出以来，中国与《东盟互联互通总体规划2025》加快对接，并与柬埔寨“四角战略”、菲律宾“大建特建”计划、泰国“泰国4.0”发展战略等具体国家发展战略充分结合。③ 2021年11月，在中国—东盟建立对话关系30周年纪念峰会上，中国与东盟正式宣布建立中国东盟全面战略伙伴关系。习近平主席强调，“今天，我们正式宣布建立中国东盟全面战略伙伴关系。这是双方关系史上新的里程碑，将为地区和世界和平稳定、繁荣发展注入新的动力”④。此外，2021年11月22日，《中国—东盟建立对话关系30周年纪念峰会联合声明——面向和平、安全、繁荣和可持续发展的全面战略伙伴关系》（以下简称《联合声明》）重申通过密切双方合作，为中国和东盟共建互利未来，并全面有效实施《落实中国—东盟面向和平与繁荣的战略伙伴关系联合宣言的行动计划（2021—2025）》，落实领导人在《中国—东盟战略伙伴关系2030年愿景》等重要文件中，就进一步提升双方战略伙伴关系达成的重要共识。⑤

（2）政治互信明显加强。《联合声明》中关于增强政治互信的内容主要有：第一，重申国家独立和主权问题；第二，保持“中国—东盟”各层级双多边对话交流；第三，加强防务交流与安全合作，以及共同应对非传统安全威胁和挑战；第四，维护东南亚作为无核武器及其他大规模杀伤性武器地区的努

① 《习近平谈治国理政》第1卷，外文出版社2018年版，第297页。

② 韩正：《打造更高水平战略伙伴关系　迈向更为紧密的中国—东盟命运共同体》，《光明日报》2018年9月13日。

③ 《携手建设更为紧密的中国—东盟命运共同体》，《人民日报》2021年7月22日第3版。

④ 《习近平出席并主持中国—东盟建立对话关系30周年纪念峰会》，《光明日报》2021年11月23日。

⑤ 《中国—东盟建立对话关系30周年纪念峰会联合声明——面向和平、安全、繁荣和可持续发展的全面战略伙伴关系》，《人民日报》2021年11月23日第2版。

力；第五，继续促进海上安全，增进互信与信心，维护南海和平稳定。第六，重申致力于全面有效落实《南海各方行为宣言》，期待在共同认可的时间框架内早日达成“南海行为准则”。①

（3）经济融合持续加深。《联合声明》中关于经济融合的内容主要有：第一，重申致力于以世界贸易组织为核心的开放、自由、包容、透明、非歧视、基于规则的多边贸易体制；第二，有效落实区域全面经济伙伴关系协定以及中国—东盟自由贸易协定及其《升级议定书》“未来工作计划”剩余内容，研究进一步提升中国—东盟自由贸易协定的其他可能领域，包括数字经济、人工智能、网络和数据安全等；第三，加快落实《中国—东盟关于“一带一路”倡议同〈东盟互联互通总体规划2025〉对接合作的联合声明》，开展互利和高质量合作；第四，共同制定落实《中国—东盟建设面向未来更加紧密的科技创新伙伴关系行动计划（2021—2025）》，对接双方各自创新发展战略；第五，探讨开展低碳、循环以及新能源技术等绿色经济合作；第六，鼓励建立蓝色经济伙伴关系，促进海洋生态系统保护及其资源可持续利用；第七，落实《中国—东盟动植物检疫和食品安全合作谅解备忘录》。②

（4）社会文化合作更加密切。《联合声明》中关于社会文化合作的主要内容：第一，加强新冠疫苗等公共卫生合作，认真落实《中国—东盟卫生合作谅解备忘录》和“中国—东盟公共卫生合作倡议”；第二，落实《东盟一体化倡议第四份工作计划（2021—2025）》，缩小东盟内部发展差距；第三，支持落实《中国—东盟环境合作战略及行动框架（2021—2025）》，促进区域绿色可持续复苏和高质量发展；第四，通过中国—东盟灾害管理部长级会议，加强防灾减灾救灾合作；第五，继续发挥中国—东盟中心成立10年来的积极作用，促进双方社会人文交流；第六，打造中国—东盟菁英奖学金等更多人文交流旗舰项目，更好促进民心相通。③

（5）地区和国际合作更加紧密。《联合声明》中关于地区和国际合作的内容主要有：第一，重申致力于维护多边主义和开放包容的区域合作架构，支持东盟在不断演进的地区架构中的中心地位，构建一个基于《联合国宪章》原则和国际法的国际体系，共同应对地区和全球挑战；第二，继续加强在国际和地区事务问题上的沟通合作。中方继续支持东盟在联合国、二十国集团和亚太经

① 《中国—东盟建立对话关系30周年纪念峰会联合声明——面向和平、安全、繁荣和可持续发展的全面战略伙伴关系》，《人民日报》2021年11月23日第2版。

② 《中国—东盟建立对话关系30周年纪念峰会联合声明——面向和平、安全、繁荣和可持续发展的全面战略伙伴关系》，《人民日报》2021年11月23日第2版。

③ 《中国—东盟建立对话关系30周年纪念峰会联合声明——面向和平、安全、繁荣和可持续发展的全面战略伙伴关系》，《人民日报》2021年11月23日第2版。

合组织中发挥更大作用。

——意义

构建中国—东盟命运共同体有助于维护双方的和平稳定与互利共赢。首先，正如李克强在第十七次中国—东盟（10+1）领导人会议上所说，“当前，国际形势错综复杂，全球经济、政治、安全等领域问题此起彼伏。但东亚保持了总体稳定和上升势头，这得益于地区国家共同维护和平稳定的环境，得益于各国专心致力于发展经济、改善民生，中国和东盟都作出了重要贡献”。[①] 其次，中国与东盟的双边贸易额持续增长，截至 2020 年，中国与东盟历史性地形成了互为第一大贸易伙伴的良好格局。[②] 中国与东盟的发展与命运已经越来越多地交织在一起，打造中国—东盟命运共同体必将进一步实现双方乃至该地区稳定与繁荣。（本条执笔：薛力、李少康）

16. 中非命运共同体

——背景

2013 年 3 月习近平担任中国国家主席之后首访非洲，这是党的十八大后中国最高层领导人首次出访。3 月 25 日，习近平主席在坦桑尼亚尼雷尔国际会议中心作了题为《永远做可靠朋友和真诚伙伴》的主题演讲。在演讲中，习近平主席在回顾和高度肯定中非历史好关系的基础上提出了“中非从来都是命运共同体”理念。习近平主席指出，中非合作的历史告诉我们，“中非从来都是命运共同体，共同的历史遭遇、共同的发展任务、共同的战略利益把我们紧紧联系在一起。我们都把对方的发展视为自己的机遇，都在积极通过加强合作促进共同发展繁荣”。[③]

——内容

习近平主席提出“中非从来都是命运共同体”，核心概念有四个含义。第一是中非的合作历史是风雨同舟、患难与共的历史，这是中非友好不断向前发展的动力。第二是中非共同的发展任务、共同的战略利益使得中非都把对方的发展视为自己的机遇，积极通过合作来促进共同发展和繁荣。第三是中非友好合作的本质特征是真诚友好、相互尊重、平等互利、共同发展。中非历来都高度重视、关切和立场鲜明地支持彼此的核心利益。第四是着眼于未来，中非关

① 李克强：《在第十七次中国—东盟（10+1）领导人会议上的讲话》，《光明日报》2014 年 11 月 15 日。

② 《创造历史！东盟成为中国第一大贸易伙伴》，2020 年 9 月 27 日，新华网，http://www.xinhuanet.com/fortune/2020-09/27/c_1126548246.htm。

③ 《习近平谈治国理政》第 1 卷，外文出版社 2018 年版，第 305 页。

系要保持旺盛生命力，必须与时俱进、开拓创新。在新的发展阶段，中非要积极找到有利于深化合作的切合点和增长点来深化合作。

——中国的政策支持

在2015年12月南非约翰内斯堡召开的中非合作论坛峰会期间发布的《中国对非洲政策文件》① 中，“命运共同体”成为新时代对非合作的新的核心理念。《中国对非洲政策文件》强调，中国将“建立和发展中非全面战略合作伙伴关系，巩固和夯实中非命运共同体”和“坚持正确义利观，践行真实亲诚对非工作方针”。

——不断发展

中非合作论坛多次以“命运共同体”理念为核心议题。在2015年12月通过的《中非合作论坛约翰内斯堡峰会宣言》中②，中非共同肯定世界的“命运共同体”理念。中非认为“全球化让世界相互依存和关联空前加深，多样化在不同层面演进，各国利益相互交织，人类越来越成为一个你中有我、我中有你的命运共同体”。在2018年北京召开的中非合作论坛峰会上，中非围绕“合作共赢，携手构建更加紧密的中非命运共同体”主题，致力于推进中非合作论坛建设，深化中非全面战略合作伙伴关系，协商一致通过《关于构建更加紧密的中非命运共同体的北京宣言》③。宣言“共同倡议世界各国同心协力，构建人类命运共同体，建设持久和平、普遍安全、共同繁荣、开放包容、清洁美丽的世界，建设相互尊重、公平正义、合作共赢的新型国际关系，维护和促进世界和平与发展”。2021年11月在塞内加尔首都达喀尔举行的中非合作论坛第八届部长级会议，主题为“深化中非伙伴合作，促进可持续发展，构建新时代中非命运共同体”。

围绕“命运共同体”理念开展“一带一路”合作。2018年中非合作论坛北京峰会确定的《中非合作论坛—北京行动计划（2019—2021年）》提出，中非“决心本着《关于构建更加紧密的中非命运共同体的北京宣言》精神，共同推进‘一带一路’合作，共同建设面向未来的中非全面战略合作伙伴关系，共筑更加紧密的中非命运共同体，更好造福中非人民”。④

① 《中国对非洲政策文件》，2015年12月5日，新华网，http://www.xinhuanet.com/world/2015-12/05/c_1117363276.htm。

② 《中非合作论坛约翰内斯堡峰会宣言》，2015年12月10日，外交部网站，https://www.mfa.gov.cn/web/ziliao_674904/1179_674909/201512/t20151210_9868597.shtml。

③ 《关于构建更加紧密的中非命运共同体的北京宣言》，2018年9月5日，人民网，http://world.people.com.cn/n1/2018/0905/c1002-30272215.html。

④ 《中非合作论坛—北京行动计划（2019—2021年）》，2018年9月5日，外交部网站，https://www.mfa.gov.cn/ce/como//chn/xwdt/wjyw/t1592067.htm。

"构建人类命运共同体"成为中非国际合作内容。《中非合作论坛—北京行动计划（2019—2021年）》就中非国际合作强调，"世界正处于大发展大变革大调整时期。世界多极化、经济全球化、社会信息化、文化多样化深入发展，全球治理体系和国际秩序变革加速推进，各国相互联系和依存日益加深。推动构建人类命运共同体，建设持久和平、普遍安全、共同繁荣、开放包容、清洁美丽的世界，建设相互尊重、公平正义、合作共赢的新型国际关系，符合时代潮流，符合中非人民共同利益"。①

努力将"中非命运共同体"作为构建新型国际关系的典范。2021年11月中非合作论坛第八届部长级会议通过的《中非合作论坛第八届部长级会议达喀尔宣言》强调，各方"肯定中非领导人在各种场合赞赏'人类命运共同体'理念，呼吁世界各国同心协力，从人类共同利益出发，携手建设持久和平、普遍安全、共同繁荣、开放包容、清洁美丽的世界，建设相互尊重、公平正义、合作共赢的新型国际关系"。中非对"开启外交关系特别是中非合作论坛创立以来，双方关系取得的丰硕成果感到满意，赞赏中非领导人在2018年中非合作论坛北京峰会上一致决定构建'责任共担、合作共赢、幸福共享、文化共兴、安全共筑、和谐共生'的中非命运共同体，决心不断提升中非全面战略合作伙伴关系水平，为构建人类命运共同体树立典范"②。

中非命运共同体助推多领域合作。根据《中非合作论坛第八届部长级会议达喀尔宣言》，为构建更加紧密的中非命运共同体，中非将继往开来，紧密合作，保持中非关系高水平发展，携手打造"健康非洲""制造非洲""联通非洲""丰收非洲""数字非洲""绿色非洲""安全非洲"和"人才非洲"，加强国际事务协调配合，造福中非人民，携手推动国际秩序朝更加公正合理的方向发展，为中非全面战略合作伙伴关系不断注入新的内涵。③（本条执笔：杨宝荣）

17. 全球发展命运共同体

——背景

2021年是中国共产党成立100周年。百年间，中国共产党领导中国人民走

① 《中非合作论坛—北京行动计划（2019—2021年）》，2018年9月5日，外交部网站，https://www.mfa.gov.cn/ce/como//chn/xwdt/wjyw/t1592067.htm。

② 《中非合作论坛第八届部长级会议达喀尔宣言》，2021年12月2日，外交部网站，https://www.mfa.gov.cn/web/wjbzhd/202112/t20211202_10461066.shtml。

③ 《中非合作论坛第八届部长级会议达喀尔宣言》，2021年12月2日，外交部网站，https://www.mfa.gov.cn/web/wjbzhd/202112/t20211202_10461066.shtml。

出了一条中国式现代化道路。中国从过去的积贫积弱到中华人民共和国成立后特别是改革开放以来经济快速发展，经济总量大幅跃升，经济实力显著增强，创造了世所罕见的经济快速发展奇迹和社会长期稳定奇迹。中国以人民为中心的发展理念，坚持系统思维，正确处理好改革、发展和稳定，独立自主与对外交流合作等诸多关系，为世界各国解决发展中的难题提供了全新的视野，揭示了人类文明发展的多样性，拓展了发展中国家独立自主走向现代化的途径。中国始终尊重和鼓励各国根据自身国情选择自己的发展道路，中国道路的成功对其他国家具有重要借鉴意义。

作为世界上最大的发展中国家，中国始终把自身发展置于人类发展的坐标系中，始终致力于做全球发展的贡献者。2021 年 9 月 21 日，习近平主席在第七十六届联合国大会一般性辩论上的讲话中强调，要加大发展资源投入，加快落实联合国《2030 年可持续发展议程》，构建全球发展命运共同体。[①] 习近平主席还提出全球发展倡议，该倡议的提出，表明中国愿为世界各国提供可资参考的发展思路，与世界共享发展机遇。2021 年 10 月 22 日，中华人民共和国外交部发布的《中国联合国合作立场文件》中阐释了构建“全球发展命运共同体”的中方主张，提出“中国将与各国一道，推动落实全球发展倡议”，“推动多边发展合作协同增效，构建全球发展命运共同体”。[②]

——内容

第一，坚持发展优先。在充分总结中国特色现代化建设成功经验、准确把脉人类社会发展规律的基础上，中国做出了“发展是解决一切问题的总钥匙”这一科学论断。“发展是实现人民幸福的关键”[③]，因此，在习近平主席提出的全球发展倡议中，将发展置于全球宏观政策框架的突出位置，加强主要经济体政策协调，保持连续性、稳定性、可持续性，构建更加平等均衡的全球发展伙伴关系，推动多边发展合作进程协同增效，加快落实联合国《2030 年可持续发展议程》。中国作为世界上最大的发展中国家，将全球发展倡议同联合国《2030 年可持续发展议程》深入对接，关注发展中国家特殊需求，通过缓债、发展援助等方式支持发展中国家和困难国家，着力解决国家间和各国内部发展不平衡、不充分问题，推动多边发展合作进程协同增效。

第二，坚持以人民为中心。在发展中保障和改善民生，保护和促进人权，做到发展为了人民、发展依靠人民、发展成果由人民共享，不断增强民众的幸福感、获得感、安全感，实现人的全面发展。构建全球发展命运共同体，就是

① 习近平：《坚定信心 共克时艰 共建更加美好的世界》，《光明日报》2021 年 9 月 22 日。
② 《中国联合国合作立场文件》，《光明日报》2021 年 10 月 23 日。
③ 习近平：《坚定信心 共克时艰 共建更加美好的世界》，《光明日报》2021 年 9 月 22 日。

要着力解决发展不平衡不充分问题和人民群众急难愁盼问题，保障世界人民在发展的过程中享有机会公平、规则公平、权利公平，共同创造人类社会财富，共同分享发展成果，能够让更多国家、更多民众共享中国发展成果，为人类探索现代化道路的途径作出新贡献。中国的“一带一路”倡议就站在这一高度，构建新型全球发展伙伴关系，推动建设开放、包容、普惠、平衡、共赢的经济全球化，将发展机会遍及沿线各国。

第三，坚持普惠包容、创新驱动、人与自然和谐共生的发展内涵。关注发展中国家特殊需求，通过缓债、发展援助等方式支持发展中国家尤其是困难特别大的脆弱国家，着力解决国家间和各国内部发展不平衡、不充分问题。全球发展命运共同体倡导“合作共赢”的发展观，以开放发展的理念拓宽合作发展的空间，弥合发展鸿沟。发展中国家作为全球发展的重要参与者，没有充分获得与其发展需求相适应的发展资源与平台，使得南北差距、地区差异越来越大，甚至面临着分化固化的风险。因此，在构建全球发展命运共同体理念的指引下，抓住新一轮科技革命和产业变革的历史性机遇，加速科技成果向现实生产力转化，打造开放、公平、公正、非歧视的科技发展环境，加强经济合作的战略对接，挖掘疫后经济增长新动能，携手实现跨越发展。此外，还要积极应对气候变化，加快绿色低碳转型，实现绿色复苏发展。

第四，坚持行动导向，推进务实合作。针对当前全球发展面临的突出挑战，习近平主席强调要加大发展投入，重点推进减贫、粮食安全、工业化、互联互通等领域合作；要支持联合国发挥统筹协调作用，坚持互利共赢，深化全球发展伙伴关系，重视发展中国家需求，发达国家要切实履行发展援助承诺，为发展中国家提供更多资源；中方提出的全球发展倡议将同联合国《2030 年可持续发展议程》深入对接，共同推进全球发展事业。[①] 大家一起发展才是真发展，可持续发展才是好发展。中国将继续以自身发展为世界带来更多新的发展机遇，与各国一道走和平发展、开放发展、合作发展、共同发展的道路。

——意义

当前，新冠肺炎疫情延宕蔓延引发多重危机，新兴市场国家经济增长放缓，国际社会多年积累的发展成果遭受严重侵蚀，全球减贫、气候变化、粮食安全等全球性危机不断加剧，南北“发展鸿沟”持续扩大，世界经济复苏步履维艰，发展中国家面临前所未有的冲击，落实《2030 年可持续发展议程》也面临严峻挑战。后疫情时代发展任务更加艰巨，发展的重要性愈加凸显。随着

① 《习近平继续出席二十国集团领导人第十六次峰会》，《光明日报》2021 年 11 月 1 日。

世界日益成为不可分割的整体，世界人民的利益已经紧密相连，凝聚全球发展共识已经成为全球发展的重要条件。对于如何克服全球发展难题、实现经济复苏，“全球发展倡议”系统回答了为什么发展、为谁发展和如何发展等重大问题。中国以开放包容的姿态与世界分享发展经验，不强行输出自己的发展观，欢迎发展中国家搭上中国发展的快车和顺风车。

构建全球发展命运共同体以一种共同发展的方式助推新型全球化的发展，将全球治理的逻辑从竞争博弈转向共同治理、共享发展，寻求多元基础上的互利共赢，以实现人类社会的可持续发展与持久和平繁荣。全球发展命运共同体理念既是对资本逻辑主导下的“不平衡发展”以及世界市场带来的发展悖论的“破解”，也是中国对世界百年未有之大变局所给出的全球治理新方案，其理念与行动无疑有助于破解全球不平衡发展难题，有助于在历史发展进程中共塑人类文明新形态。中国欢迎一切有志于共谋发展的国家加入“全球发展倡议”，构建全球发展命运共同体，促进发展中国家可持续发展，共享发展与繁荣，这既是中国的成功经验，也呼应了各国人民追求美好生活的强烈愿望。（本条执笔：张中元）

18. 安全共同体

——背景

习近平主席深刻把握人类前途命运和世界发展大势，将安全合作作为推动构建更加紧密的上合组织命运共同体的重要举措。在 2018 年上合组织青岛峰会上，习近平主席呼吁各方齐心协力构建上合组织命运共同体，推动建设新型国际关系，携手迈向持久和平、普遍安全、共同繁荣、开放包容、清洁美丽的世界；在 2019 年上合组织比什凯克峰会上，习近平主席进一步提出把上海合作组织打造成安危共担的典范。中方提出的一系列重要主张，与互信、互利、平等、协商、尊重多样文明、谋求共同发展的“上海精神”一脉相承，为地区国家筑牢安全屏障打开了宏阔的视野，得到各方积极评价。

新冠肺炎疫情加速了国际格局调整，世界进入动荡变革期。国际社会正在经历多边和单边、开放和封闭、合作和对抗的重大考验，给国际和地区热点问题增添了新的复杂因素，携手应对风险挑战、共同促进安全稳定和发展振兴是上海合作组织肩负的艰巨任务。习近平主席在上海合作组织成员国元首理事会第二十次会议上发表重要讲话，提出“安全和稳定是国家发展的首要前提，关乎各国核心利益。我们要遵循共同、综合、合作、可持续的安全观，有效应对各类威胁和挑战，营造良好地区安全环境”。[①] 习近平主席提出“维护安全和稳定，构建安全共同体”等重大倡议，丰富了上合组织安全合作内涵，指引了共同行动方向。

——内容

遵循共同、综合、合作、可持续的安全观，维护地区安全和稳定，是构建安全共同体的重要目标。安全和稳定关乎各国核心利益，上合组织成员国积极打击极端主义思想通过互联网传播，提升成员国执法安全合作水平，严防“三股势力”借疫生乱，遏制毒品泛滥趋势，上合组织在生物安全、数据安全、外空安全等领域，积极开展沟通和对话，有效应对各类威胁和挑战，营造良好地区安全环境。中国发起“全球数据安全倡议”，旨在共同构建和平、安全、开放、合作、有序的网络空间，展现出推动共同构建和平、安全、开放、合作、有序的网络空间的大国担当。

维护各国政治安全和社会稳定，巩固团结互信的政治基础，是构建安全共同体的重要方面。习近平主席指出，“我们要坚定支持有关国家依法平稳推进重大国内政治议程，坚定支持各国维护政治安全和社会稳定，坚决反对外部势力以任何借口干涉成员国内政。要深化团结互信，坚持通过对话和协商化解矛盾和分歧，巩固本组织发展政治基础”。[②] 这些主张体现出中方维护地区安全稳定的坚定决心，展现了中方愿通过对话和协商化解矛盾和分歧的建设性态度。

打造“上海合作组织—阿富汗联络组”平台，帮助阿富汗实现和平重建，是构建安全共同体的重要成果。“上海合作组织—阿富汗联络组”等平台，推动阿富汗局势平稳过渡，引导阿富汗搭建广泛包容的政治架构，奉行稳健温和的内外政策，坚决打击一切形式的恐怖主义，同周边国家实现友好相处，真正走上和平、稳定、发展的道路。截至 2021 年 12 月 20 日，已有 1170 吨松子搭乘 26 架松子包机来到中国，为阿富汗民众创收 1600 多万美元。推动阿富汗特色农产品输华，这是中国助力阿富汗经济重建的实实在在的行动，也有助于促进阿富汗和平稳定。大批阿富汗松子通过“松子空中走廊”运抵中国，也拉开了中阿两国农产品贸易逐步恢复的序幕。[③]

——意义

构建安全共同体倡议反映了共谋稳定、共促发展是上合组织的初心。当

---

① 《弘扬“上海精神” 深化团结协作 构建更加紧密的命运共同体》，《人民日报》2020 年 11 月 11 日第 2 版。

② 《弘扬“上海精神” 深化团结协作 构建更加紧密的命运共同体》，《人民日报》2020 年 11 月 11 日第 2 版。

③ 《和音：维护和平稳定，构建安全共同体》，《人民日报》2021 年 12 月 30 日第 3 版。

前，非传统安全威胁上升，与传统安全热点问题交织叠加，成为影响国际安全和稳定的突出因素。国际恐怖组织和地区“三股势力”复趋活跃，某些域外势力以各种借口插手本地区国家内部事务。各成员国着眼共同安全命运，坚定支持有关国家依法平稳推进重大国内政治议程，坚定支持各国维护政治安全和社会稳定，坚决反对外部势力以任何借口干涉成员国内政，开展务实高效安全合作，确保了本地区安全稳定大局，也为世界和平与发展作出了重要贡献。

构建安全共同体倡议顺应时代发展，符合各国对加强全球安全合作的期待。安全共同体倡议遵循共同、综合、合作、可持续的安全观，超越了狭隘的零和安全思维，旗帜鲜明地倡导命运与共，捍卫普遍安全，为全球安全治理指明新的路径。没有一个国家能凭一己之力谋求自身绝对安全，也没有一个国家可以从别国的动荡中收获稳定，全球新冠肺炎疫情延宕起伏再次印证了这一点。构建安全共同体是有效应对各类传统和非传统安全挑战的正确方向，是真正实现持久和平与共同安全的必由之路。为解决当今世界面临的安全挑战贡献重要智慧和方案。

构建安全共同体倡议坚持通过对话和协商化解矛盾和分歧，有利于巩固上合组织发展的政治基础。安全共同体倡议强调尊重文明多样性和各国人民自主选择政治、经济和社会发展道路，建立平等伙伴关系，维护平等、共同、不可分割、综合、合作、可持续安全。安全共同体倡议要求尊重和保障每一个国家安全，统筹维护传统领域和非传统领域安全，通过对话合作促进各国和本地区安全，推动发展和安全并重以实现持久安全。（本条执笔：沈陈）

19. 发展共同体

——背景

2020年11月10日，习近平主席以视频方式出席上海合作组织成员国元首理事会第二十次会议，并发表题为《弘扬“上海精神” 深化团结协作 构建更加紧密的命运共同体》的重要讲话。① 习近平主席指出，上合组织成立以来，树立了相互尊重、公平正义、合作共赢的新型国际关系典范；上合组织要弘扬“上海精神”，携手构建卫生健康共同体、安全共同体、发展共同体、人文共同体（以下简称“四个共同体”），为推动构建人类命运共同体作出更多实践探索。这些重要讲话为上合组织的发展指明了方向，丰富了“人类命运共同体”概念的内涵。

---

① 《弘扬“上海精神” 深化团结协作 构建更加紧密的命运共同体》，《人民日报》2020年11月11日第2版。

发展共同体作为“四个共同体”的组成部分，意义重大。在国际金融危机影响尚未彻底消除的情况下，我们又遭遇了新冠肺炎疫情的全球蔓延，这已经成为世界各国面临的重大公共卫生危机。发展既是上合组织各成员国经济增长的基础，也是改善民生的基础，并已成为当前世界各国的迫切需要。

——内容

习近平主席在上海合作组织成员国元首理事会第二十次会议上发表重要讲话，着眼当前形势，放眼长远未来，提出“深化务实合作，构建发展共同体”重大倡议，为上海合作组织应对风险挑战、促进共同发展擘画蓝图，获得各方热烈欢迎和高度评价。

构建发展共同体，应当提倡创新、协调、绿色、开放、共享的发展观，推动上合组织各成员国经济社会协同进步，解决发展不平衡带来的问题，缩小发展差距，促进共同繁荣。同时，进一步拓展务实合作空间，助力经济复苏、民生改善。为此，上合组织成员国要继续推动共建“一带一路”倡议同各成员国发展战略及欧亚经济联盟等区域合作倡议深入对接，加强互联互通，促进本区域产业链、供应链、价值链深度融合，畅通区域经济循环；要通过人员往来“快捷通道”和货物运输“绿色通道”，加快实现复工复产；要为各成员国企业营造开放、公平、非歧视的营商环境，扩大相互投资规模；要抓住新一轮科技革命和产业变革机遇，加强成员国在数字经济、电子商务、人工智能、智慧城市等领域合作；要坚持以人为本，共同实施更多民生工程。2021 年，中国在重庆举行中国—上海合作组织数字经济产业论坛，为上合组织各成员国开展创新合作搭建平台。另外，中国还支持设立上合组织减贫联合工作组，同各成员国分享减贫成功经验。

上海合作组织不断加强利益融合，形成了你中有我、我中有你的利益共同体。近年来，上海合作组织地区整体发展势头良好，在全球经济中所占比重稳步增加，对世界经济增长的贡献率不断提升。当前，新冠肺炎疫情在全球持续蔓延，世界经济陷入深度衰退，经济全球化遭遇逆流，全球贸易和投资下滑。人们愈加意识到，合作才是应对挑战、创造机遇的正道，发展才是破解难题的钥匙。本地区拥有资源禀赋丰富、市场规模巨大、科技创新实力雄厚等无可比拟的优越条件，只要团结协作，就能推动地区融合发展不断取得新成果。此次峰会发表的宣言明确指出，上合组织在发展过程中积累的巨大经贸和投资合作潜力将促进本组织经贸合作。各方共同重申了加强贸易、投资、产能、交通、能源、创新、数字经济等领域合作的共同愿望。各方就携手致力于深化上合组织科技创新合作、开展联合科研、加强科学家和科研机构之间的经验交流进一步达成共识，寄望于通过科技创新合作寻求新的经济增长点，为中长期经济增长和全球可持续发展提供助力。[①]

——意义

中国与上合组织国家一道，不断拓展共同发展的广阔空间，为促进地区合作与发展作出的贡献有目共睹。中国成立中国—欧亚经济合作基金，在青岛建设中国—上合组织地方经贸合作示范区，在陕西省设立上合组织农业技术交流培训示范基地等，为地区国家发展不断提供助力。2021 年中方在重庆举行中国—上海合作组织数字经济产业论坛、共同实施更多民生工程、支持设立减贫联合工作组等，彰显推动地区经济发展的担当。上合组织成果文件多次表示支持共建“一带一路”，中国为促进共同发展所作贡献受到地区人民广泛欢迎。

中国不断推出全面扩大开放的举措，地区国家对中国机遇寄予更大期待。新冠肺炎疫情暴发以来，中国经济增长由负转正，充分证明中国经济的强大韧性。进入新发展阶段的中国，正在加快构建以国内大循环为主体、国内国际双循环相互促进的新发展格局，建设更高水平开放型经济新体制。真诚倡导把上海合作组织打造成互利共赢典范的中国，正以自身的稳步发展持续为地区发展注入正能量。上合组织秘书长诺罗夫所作评价代表了各方普遍看法——“中国加快构建新发展格局，将推动中国高质量发展，也将为各国共同发展提供更多机遇”。[②]

共促发展，共享繁荣，上合组织构建发展共同体的前景无限宽广。可以肯定，各成员国密切团结合作，不断放大促进区域共同发展的“上合效应”，必将为世界和平与发展贡献更大力量。（本条执笔：张松）

20. 人文共同体

——背景

全球性挑战考验人类文明成色。当前，世界百年未有之大变局和新冠肺炎疫情叠加，国际格局加速调整，世界进入动荡变革期，多边与单边、开放与封闭、合作与对抗并存。国际上不时出现“文明冲突论”“种族优越论”的喧嚣，新冠肺炎疫情甚至导致一些国家加剧社会撕裂、种族冲突。与此同时，和平、发展、合作、共赢的时代潮流没有改变，各国人民对美好生活的向往更加强烈。新冠肺炎疫情以一种特殊的方式再次说明，人类命运休戚与共，各国利

① 《深化务实合作，构建发展共同体》，2020 年 11 月 13 日，人民网，http://hb.people.com.cn/n2/2020/1113/c194063-34412382.html。

② 《弘扬“上海精神” 携手开创未来——访上海合作组织秘书长诺罗夫》，2020 年 11 月 10 日，人民网，http://qh.people.com.cn/n2/2020/1110/c182753-34405364.html。

益紧密相连，世界是不可分割的命运共同体。

上海合作组织地区孕育了众多古老文明，不同民族、不同文化、不同宗教在此交融汇聚，相得益彰。习近平主席在上海合作组织成员国元首理事会第二十次会议上提出“促进民心相通，构建人文共同体”重大倡议，表明“文明没有优劣之分，只有特色之别。我们要促进文明互学互鉴，增进各国睦邻友好，夯实上海合作组织长远发展民意基础”。[①] 在互信、互利、平等、协商、尊重多样文明、谋求共同发展的“上海精神”指引下，地区国家以文明交流超越文明隔阂，以文明互鉴超越文明冲突，以文明共存超越文明优越，呈现着具有全球意义的示范作用。

——内容

促进文明交流互鉴，中国是倡议者，更是行动者，积极推出了一系列拉紧人文交流合作纽带的举措。一是举办上合组织媒体论坛。上合组织首届媒体峰会于 2018 年 6 月 1 日举行。会上签署了人民日报社《环球时报》与《俄罗斯报》战略合作备忘录，新华社与阿塞拜疆国家新闻社、白俄罗斯国家通讯社签署新闻合作协议，中央广播电视总台与哈萨克斯坦实业报新闻互推机制化协议等 15 项中外媒体交流合作协议。上合组织第二届媒体论坛 2019 年 5 月 24 日在吉尔吉斯斯坦首都比什凯克举行，与会人士围绕“媒体在发展上合组织合作中的作用”主题深入交流，认为上合成员国媒体要秉承“上海精神”，传播互信互利、平等协商理念，为上合组织未来发展传播正能量。

二是举办上合组织妇女论坛。2018 年 5 月 16 日，首届妇女论坛在京举办，开启了上合组织框架下妇女领域交流合作。第二届上海合作组织妇女论坛 2019 年在吉尔吉斯斯坦首都比什凯克举行，与会人员就妇女参与区域经济均衡发展、卫生和教育投资、提高妇女儿童地位的区域挑战和机遇、创新和数字化时代机会平等进行研讨。在 2021 年塔吉克斯坦主办的第三届上合组织妇女论坛开幕式上，中国提出搭建合作平台，密切妇女、青年交流，促进民心相通，为深化共建“一带一路”、推动构建人类命运共同体做出更大贡献。[②]

三是举办上合组织民间友好论坛。上海合作组织民间友好论坛由中国人民对外友好协会、湖北省人民政府、上海合作组织睦邻友好合作委员会共同主办，于 2021 年 6 月 3 日在武汉开幕，主题为“促进民间友好，传承‘上海精神’”。与会各方秉持“上海精神”，坚守初心，同舟共济，守望相助，深化合作，发挥民间外交优势，拓宽各国人民心灵沟通渠道，为上海合作组织发展作

---

① 《弘扬“上海精神” 深化团结协作 构建更加紧密的命运共同体》，《人民日报》2020 年 11 月 11 日第 2 版。

② 《沈跃跃在第三届上合组织妇女论坛开幕式致辞》，《人民日报》2021 年 6 月 11 日第 3 版。

出积极贡献。论坛成为各方增进了解、深化友谊、加强合作的重要平台。上合组织国家领导人、上合组织秘书长及驻华使节、民间组织代表等近500位中外人士出席论坛，论坛期间发布了《上海合作组织民间友好论坛武汉倡议》。

——意义

构建人文共同体有利于创造良好舆论环境。上合组织成员国、观察员国及其他有关方面媒体通过精心打造合作共享的媒体平台，通过高层对话、信息互换、联合报道、人员培训、技术交流等手段，着力提升媒体报道，尤其是新媒体报道的能力和水平，为各成员国创造了共同发声的机遇；通过搭建媒体交流合作平台，不断吸收新的合作伙伴，为上合组织在国际舞台上拓展更广阔的发展空间。在上合组织框架下，成员国媒体应形成常态化的合作传播机制，推动构建良好的国际传播秩序。

构建人文共同体有利于促进民心相通。上合组织各国都有着灿烂的文明和悠久的文化，在文化交流与文明互鉴过程中，应该崇尚各美其美、美美与共的理念，相互尊重、相互欣赏、相互学习，让这股浸润心灵的软力量成为人文纽带的黏合剂、民意相通的润滑剂。播下信任的种子、拉紧命运的纽带，描绘共谋发展的生动图景，让休戚与共、命运交融成为人民共同的信念和追求。只要坚持开放包容、互学互鉴，就能为各国人民世代友好、共同发展进步注入持久动力。

构建人文共同体有利于不同文明交流互鉴。文明只有姹紫嫣红之别，但绝无高低优劣之分，只有秉持平等和尊重，摒弃傲慢和偏见，加深对自身文明和其他文明差异性的认知，才能推动不同文明交流对话、和谐共生。从倡导树立平等、互鉴、对话、包容的文明观，到倡导构建人文共同体，中方积极致力于同各方一起把上海合作组织打造成包容互鉴的典范，彰显了中华文明海纳百川、开放包容的胸襟，体现了关注世界前途、人类命运的人文情怀。① 只有用创新增添文明发展动力、激活文明进步的源头活水，才能不断创造出跨越时空、富有永恒魅力的文明成果。（本条执笔：沈陈）

21. 卫生健康共同体

——背景

一部人类文明史，也是一部同疾病和灾难的斗争史。自2020年年初，新冠肺炎疫情持续肆虐全球，严重危害全人类生命与健康。面对来势汹汹的新冠

① 《和音：促进民心相通　构建人文共同体》，《人民日报》2020年11月14日第3版。

肺炎疫情，各国人民勇敢抗疫，守望相助、风雨同舟，汇聚起同疫情斗争的国际合力。2020 年 3 月 21 日，习近平主席就新冠肺炎疫情向法国总统马克龙致慰问电时，首次表达了要与法方共同打造"人类卫生健康共同体"的意愿。[①] 2020 年 5 月 18 日，习近平主席在第 73 届世界卫生大会视频会议开幕式上作了题为《团结合作战胜疫情　共同构建人类卫生健康共同体》的致辞，为加强国际疫情防控提出了六项建议，宣布了中国政府支持全球抗疫的五大举措。[②]

病毒没有国界，疫病不分种族，加强国际团结和多边主义对全球抗击疫情至关重要。2020 年 6 月 7 日，中国发布《抗击新冠肺炎疫情的中国行动》白皮书，呼吁"建设惠及全人类、高效可持续的全球公共卫生体系，筑牢保障全人类生命安全和健康的坚固防线，构建人类卫生健康共同体"。[③] 2021 年 5 月 21 日，习近平主席在北京以视频方式出席全球健康峰会，发表题为《携手共建人类卫生健康共同体》的重要讲话。在会上，习近平主席提出要秉持人类卫生健康共同体理念，坚决反对各种政治化、标签化、污名化的企图，[④] 标志着"人类卫生健康共同体"概念的内涵逐步趋于完善。

——内容

第一，坚持人民至上、生命至上的理念。人类卫生健康共同体坚持生命权和健康权是首要的基本人权，把人民生命安全和身体健康放在第一位。习近平主席在第 73 届世界卫生大会视频会议开幕式上强调中国坚持以民为本、生命至上，始终秉持构建人类命运共同体理念，既对本国人民生命安全和身体健康负责，也对全球公共卫生事业尽责。[⑤] 人类卫生健康共同体理念充分体现了对世界各国人民的生命健康权这一基本人权的尊重，为国际社会合作抗疫凝聚共建共享、责任共担的价值共识，这对于增强全球抗击疫情的信心、培育共同价值和人类命运共同体意识、携手应对全球公共卫生危机具有重要指导作用。

第二，人类卫生健康共同体尊重全世界各国人民平等的生命健康权。人类卫生健康共同体倡导生命健康权无国界、无种族、无关社会发展水平。中国始终本着公开、透明、负责任态度，始终秉持构建人类命运共同体理念，既对本国人民生命安全和身体健康负责，维护本国公民的生命健康权，也对全球公共

---

① 《习近平向法国总统马克龙致慰问电》，《光明日报》2020 年 3 月 22 日。

② 习近平：《团结合作战胜疫情　共同构建人类卫生健康共同体》，《光明日报》2020 年 5 月 19 日。

③ 《抗击新冠肺炎疫情的中国行动》，2020 年 6 月 7 日，中华人民共和国中央人民政府网站，http://www.gov.cn/zhengce/2020-06/07/content_5517737.htm。

④ 习近平：《携手共建人类卫生健康共同体》，《光明日报》2021 年 5 月 22 日。

⑤ 习近平：《团结合作战胜疫情　共同构建人类卫生健康共同体》，《光明日报》2020 年 5 月 19 日。

卫生事业尽责，尊重世界人民享有的平等生命健康权；在国际社会共同努力下，全球疫苗接种取得显著进展，但疫苗分配不公的情况仍然存在，习近平主席强调：“要坚持疫苗作为全球公共产品的属性，确保疫苗在发展中国家的可及性和可负担性。”[①] 实现疫苗公平可及分配、消除“免疫鸿沟”仍是当务之急。

第三，人类卫生健康共同体倡导世界各国密切公共卫生领域交流合作，携手应对全球性威胁和挑战。习近平主席在博鳌亚洲论坛2022年年会开幕式上的主旨演讲中指出：“各国要相互支持，加强防疫措施协调，完善全球公共卫生治理，形成应对疫情的强大国际合力。”[②] 面对疫情这一全人类的共同危机，没有任何一个国家可以独善其身，政治操弄只会给病毒以可乘之机，以邻为壑只能被病毒各个击破，唯有秉承共享理念，团结协作、携手应对，国际社会才能战胜疫情，维护人类共同家园，保护全人类的生命健康安全。团结抗疫仍是当前和今后一个时期世界上的大事，国际社会当务之急是全力搞好疫情防控，尽快遏制疫情在全球蔓延态势，尽力阻止疫情跨境传播。各国应超越地域种族、历史文化乃至社会制度的不同，加强国际合作，携手抗疫、共克时艰，才能赢得人类同重大传染性疾病斗争的最终胜利。

第四，发挥大国担当和人类情怀，超越意识形态分歧。在保护好本国人民生命健康安全的同时，发挥大国担当，主动扛起大国责任，是破除合作困境、引领推动形成国际合力的重要力量。人类卫生健康共同体倡导在国际合作中打破东西划分，摆脱政治制度差异，因地制宜地采取有针对性、差别化的科学防疫应对方式。在防疫的关键时期，各国应以维护世界人民的共同利益、整体利益和长远利益为根本宗旨，从根本上打破意识形态隔阂、社会形态隔阂、民族与种族隔阂，更要避免“甩锅”思维，将原本应承担的国际责任弃置一旁，甚至推卸责任、“抹黑”他国；要切实履行国际责任，凝心聚力防止疫情进一步扩散蔓延。

第五，加强全球公共卫生治理，完善公共卫生安全治理体系。疫情是对全球卫生治理体系的综合考验，应对疫情也是完善相关规则和机制的契机。人类终将战胜疫情，但重大公共卫生突发事件对人类来说不会是最后一次。在疫情治理机制运行的有效性出现明显不足的情况下，人类卫生健康共同体内在地包含了对完善全球公共卫生治理机制的合理诉求。要发挥世卫组织领导作用，形成支持世卫组织就是支持国际抗疫合作、支持挽救生命的共识。针对疫情暴露出来的短板和不足，完善全球公共卫生安全治理体系，提高突发公共卫生事件

① 习近平：《携手迎接挑战，合作开创未来》，《光明日报》2022年4月22日。

② 习近平：《携手迎接挑战，合作开创未来》，《光明日报》2022年4月22日。

应急响应速度，中国支持在全球疫情得到控制之后，全面评估全球应对疫情工作，总结经验，弥补不足。

——意义

截至当前，新冠肺炎疫情仍然在世界多国肆虐，给世界各国人民的生命健康安全带来了极大威胁。中国呼吁构建人类卫生健康共同体，源于中国对世界公共卫生发展规律的科学认识，既具有科学性和必然性，又顺应了时代的要求。构建人类卫生健康共同体是立足战胜新冠肺炎疫情、着眼长远应对各种重大公共卫生突发事件的根本大计。通过共同构建守望相助、患难与共的人类卫生健康共同体，将全球的命运关联在一起，有利于国际社会共同维护人类的生命健康安全。

基于公共卫生危机存在着强感染性和强传播性的特点，提出并持续推进人类卫生健康共同体的建设，各个国家共同参与、共同协作，提高了人类社会对公共卫生危机的应对能力，是成功破解新冠肺炎疫情威胁的科学指引与强大武器，也是人类命运共同体理念在公共卫生领域的生动诠释。构建人类卫生健康共同体已成为中国积极参与全球公共卫生治理、维护世界人民生命健康安全的现实选择，成为中国尝试完善世界卫生秩序，丰富新时代中国特色大国外交内涵理念的新尝试、新拓展。（本条执笔：张中元）

22．海洋命运共同体

——背景

海洋是人类赖以生存和发展的重要基础，目前，海洋生态正在遭到多方面的严重破坏，气候变化严重影响海洋生态，人类生产和生活也给海洋生态带来巨大压力。随着海洋作为综合性战略空间受到越来越多国家的高度重视，世界各国对海洋主导权争夺日益加剧，引发了新一轮海洋地缘战略竞争，海洋传统安全问题与非传统安全问题复杂交织、相互影响，海洋成为世界各国之间最容易发生争议和冲突的区域焦点。一些大国从维护霸权或私利出发，插手域外海洋争端，导致海上安全问题日益突出，海上安全面临严重威胁；而国际机制在海洋争端解决中存在明显的局限性，治理失序加剧了海洋领域的冲突与隐患。

在人类面临国际环境日趋严峻复杂，不稳定性、不确定性明显增加的背景下，2019 年 4 月 23 日，习近平主席在会见出席海军成立 70 周年多国海军活动外方代表团团长的讲话中，首次提出了“海洋命运共同体”的重要理念。习近平主席关于构建海洋命运共同体理念的一系列重要论述，为各方共同努力实现海洋可持续发展指明了前行方向。

——内容

第一，海洋命运共同体理念把人类与海洋视为一个整体，关注人类整体利益和海洋的健康发展，要像对待生命一样关爱海洋，实现人与海洋和谐共存。习近平主席指出，“海洋对于人类社会生存和发展具有重要意义。海洋孕育了生命、联通了世界、促进了发展。我们人类居住的这个蓝色星球，不是被海洋分割成了各个孤岛，而是被海洋联结成了命运共同体，各国人民安危与共”①。

第二，海洋命运共同体强调共同维护海洋生态文明，高度重视海洋环境保护和生态文明建设。海洋命运共同体理念深度契合海洋的有序和可持续发展观，强调新时代人海和谐共处的重要性。海洋命运共同体倡导转变人海对立的关系，树立尊崇自然、保护自然的理念，实现海洋资源的健康有序开发利用。“中国高度重视海洋生态文明建设，持续加强海洋环境污染防治，保护海洋生物多样性，实现海洋资源有序开发利用，为子孙后代留下一片碧海蓝天。”②推动海洋开发利用方式绿色转型，实现海洋绿色、健康、可持续发展，共建海洋生态文明。

第三，海洋命运共同体倡导树立共同、综合、合作、可持续的新安全观。海洋的和平安宁关乎世界各国的安危和利益，中国人民热爱和平、渴望和平，坚定不移走和平发展道路。面对海洋安全复杂形势，海洋命运共同体倡导各国抛弃零和安全思维，同舟共济、携手应对挑战，强化海洋安全共同体意识；各国“应该相互尊重、平等相待、增进互信，加强海上对话交流，深化海军务实合作，走互利共赢的海上安全之路，携手应对各类海上共同威胁和挑战，合力维护海洋和平安宁”。③

第四，海军作为国家海上力量主体，对维护海洋和平安宁和良好秩序负有重要责任。在海洋命运共同体理念指导下，中国是维护海洋安全稳定的重要力量。中国军队始终高举合作共赢旗帜，愿同各国军队一道，致力于营造平等互信、公平正义、共建共享的安全格局，为促进海洋发展繁荣作出积极贡献。中国海军将一如既往同各国海军加强交流合作，积极履行国际责任义务，保障国际航道安全，努力提供更多海上公共安全产品。

第五，促进海上互联互通和各领域务实合作，推动蓝色经济发展，推动海洋文化交融，共同增进海洋福祉。海洋蕴藏的丰富矿产、生物、能源等资源，为生产要素和资源的优化配置提供了广阔空间，是经济增长的有力支撑和强大引擎，以海洋为载体和纽带的市场、技术、信息、文化等合作日益紧密，在实

① 《习近平谈治国理政》第 3 卷，外文出版社 2020 年版，第 463 页。
② 《习近平谈治国理政》第 3 卷，外文出版社 2020 年版，第 464 页。
③ 《习近平谈治国理政》第 3 卷，外文出版社 2020 年版，第 463 页。

现社会经济可持续发展和社会进步方面有着日益重要的作用。海洋命运共同体理念强调合作包容、追求共同利益，以合作共赢为实践导向，通过开展国家间海洋友好邦交与互惠合作，合力构建互利互惠的新型蓝色伙伴关系，能够促进世界走向共同发展、共同繁荣的合作共赢之路，符合世界各国利益。

第六，海洋命运共同体主张国家间要有事多商量、有事好商量，不能动辄就诉诸武力或以武力相威胁。解决全球海洋问题需要的不是单边而是多边的联合行动，是国际社会的一致合作与共同治理。各国应坚持平等协商，完善危机沟通机制，加强区域安全合作，推动涉海分歧妥善解决。以协商、谈判解决海洋争端和矛盾，建立平等相待、互商互谅的新型伙伴关系，通过合作、对话共建国际海洋新秩序和安全新机制，以和而不同的模式建立公正合理的海洋治理秩序。

——意义

海洋命运共同体是对人类命运共同体理念在海洋领域的进一步延伸和具体体现，反映了构建人类命运共同体在海洋领域的创新、丰富与发展。习近平主席提出构建海洋命运共同体，充分表明了中国愿意与各国加强对话交流、深化务实合作、增进海洋福祉的明确意愿。海洋命运共同体以全新的思维与角度阐述了海洋发展的本质诉求，指出了全球共同经略海洋的道路与方向，在增进共同繁荣和海洋福祉的基础上，将人类命运共同体理念在海洋领域落到实处。海洋命运共同体作为推动 21 世纪海上丝绸之路建设的重要理念，弥补了现有全球海洋治理机构和机制上的不足，有利于进一步推动丝绸之路沿线国家资源的整合，发挥各国的优势，为“一带一路”的发展提供新的发展契机。

海洋命运共同体立足于追求多元主体共治海洋，跳出了以往注重单一国家利益、追求单一控制与管理全球海洋的权力维度，是促进普遍安全、建设和谐海洋的有效途径。海洋命运共同体理念倡导世界各国共建海洋命运共同体，弱化了单个国家或国家集团的“海权”争霸意识，强化了共同参与实现海洋利益的现实需求，对维护海上安全与稳定、推进全球海洋治理、实现人类与海洋和谐共存提供了价值指南，为国际社会完善全球海洋治理指明了路径和方向。构建海洋命运共同体将有力助推新型国际关系的构建，推动形成全球治理海洋的新格局。（本条执笔：张中元）

三　“一带一路”之路

23. 合作之路

“一带一路”是中国与沿线各国促进共同发展、实现共同繁荣的合作共赢之路，是增进理解信任、加强全方位交流的和平友谊之路。[①] 八年多来，“一带一路”倡议不仅得到了绝大多数国家和国际组织的认同，而且取得了许多实实在在的建设成果。“一带一路”已经成为深受世界欢迎的国际公共产品和国际合作平台。

——背景

第一，历史的传承。西汉张骞出使西域，完成了“凿空之旅”。此后，一代又一代“丝路人”架起了东西方合作的纽带、和平的桥梁。[②] 今天，习近平总书记提出“一带一路”倡议的根本目的，是要与世界各国携手打造一个开放的合作平台，推动实现人类命运共同体。这既是对古丝绸之路的超越，也是对丝绸之路精神的传承。

第二，时代的要求。当前，世界面临百年未有之大变局以及新冠肺炎疫情，同时保护主义、单边主义盛行，造成了全球治理困境。正如联合国秘书长古特雷斯所说，“新冠肺炎疫情暴发并以不可预测和危险的方式蔓延，原因是全球缺乏合作和团结互助”。[③] “一带一路”秉持开放的区域合作精神，以合作谋发展符合世界各国的共同愿望。习近平总书记在博鳌亚洲论坛 2021 年年会开幕式上的视频主旨演讲中再次强调，“‘一带一路’是大家携手前进的阳光大道，不是某一方的私家小路。所有感兴趣的国家都可以加入进来，共同参与、共同合作、共同受益”[④]。此外，党的十九届六中全会通过的《中共中央

① 《“一带一路”的总体框架思路是什么?》，2019 年 10 月 25 日，新华丝路，https://www.imsilkroad.com/news/p/66857.html。

② 《习近平谈治国理政》第 2 卷，外文出版社 2017 年版，第 507 页。

③ 林跃勤：《加强“一带一路”建设在国际治理中的作用》，《光明日报》2022 年 1 月 6 日第12 版。

④ 习近平：《同舟共济克时艰，命运与共创未来——在博鳌亚洲论坛 2021 年年会开幕式上的视频主旨演讲》，人民出版社 2021 年版，第 6 页。

关于党的百年奋斗重大成就和历史经验的决议》也指出，要使共建"一带一路"成为当今世界深受欢迎的国际公共产品和国际合作平台。[①]

因此，无论是从历史的维度，还是从"一带一路"倡议的现实维度来看，都是一条名副其实的合作之路。

——内容

"一带一路"作为合作之路的内容主要体现在两个方面。首先，"一带一路"国际合作取得了丰硕成果，依据国家发展改革委信息，截至 2022 年 1 月 18 日，中国已与 147 个国家、32 个国际组织签署 200 多份共建"一带一路"合作文件。共建"一带一路"朋友圈继续扩大。2021 年 12 月以来，中国分别与圣多美和普林西比、古巴、摩洛哥、尼加拉瓜、叙利亚签署了共建"一带一路"合作文件，国家发展改革委与老挝计划与投资部签署了关于建立共建"一带一路"合作工作协调机制的谅解备忘录。[②] 而且"一带一路"的有关合作理念和主张已经写入联合国、二十国集团、亚太经合组织、上海合作组织等重要国际机制的成果文件。[③] 从亚欧大陆到非洲、美洲、大洋洲，共建"一带一路"政策沟通更有力、设施联通更高效、贸易更畅通、资金更融通、民心更相通，为世界经济增长开辟了新空间，为国际贸易和投资搭建了新平台，为完善全球经济治理拓展了新实践，为增进各国民生福祉作出了新贡献。[④]

其次，合作领域不断加深。在习近平总书记的亲自谋划、部署、推动下，共建"一带一路"从绘就一幅"大写意"到绘制精谨细腻的"工笔画"，走出了一条高质量建设的光明大道。2021 年 11 月，习近平总书记在第三次"一带一路"建设座谈会上指出，要稳步拓展合作新领域。要稳妥开展健康、绿色、数字、创新等新领域合作，培育合作新增长点。要加强抗疫国际合作，继续向共建国家提供力所能及的帮助。要支持发展中国家能源绿色低碳发展，推进绿色低碳发展信息共享和能力建设，深化生态环境和气候治理合作。要深化数字领域合作，发展"丝路电商"，构建数字合作格局。要实施好科技创新行动计划，加强知识产权保护国际合作，打造开放、公平、公正、非歧视的科技发展环境。[⑤] 总之，经过八年多的发展，"一带一路"已经从一颗梦想的种子成长

---

① 《中共中央关于党的百年奋斗重大成就和历史经验的决议》，人民出版社 2021 年版，第 38 页。

② 《中国已与 147 个国家、32 个国际组织签署 200 多份共建"一带一路"合作文件》，《人民日报》2022 年 1 月 19 日第 2 版。

③ 《以习近平同志为核心的党中央推动共建"一带一路"纪实》，2019 年 4 月 25 日，新华网，http://www.xinhuanet.com/politics/2019-04/25/c_1124414056.htm。

④ 田宇：《人民网评："一带一路"建设取得实打实、沉甸甸的成就》，2021 年 11 月 22 日，人民网，http://opinion.people.com.cn/n1/2021/1122/c223228-32288737.html? spm=zm5129-001.0.0.1.lrsvNF。

⑤ 《以高标准可持续惠民生为目标　继续推动共建"一带一路"高质量发展》，《光明日报》2021 年 11 月 20 日。

为了促进全球合作的繁茂大树。

——意义

世界上许多政要、学者、媒体和各方有识之士，对“一带一路”国际合作给予了热情赞赏与高度评价。联合国秘书长古特雷斯说：“中国提出‘一带一路’倡议，为促进国际合作搭建了重要平台，提供了新思路，并发挥了核心引领作用。‘一带一路’倡议具有远见卓识，它不仅有利于国家之间实现联通，而且使各国人民之间民心相通，形成人类命运共同体，共同面对并着力解决全球性挑战，为世界提供了中国方案。”① “一带一路”作为合作之路的意义主要体现在两个方面。

第一，为国际合作搭建了重要平台，打造了新型的合作模式。“一带一路”倡议提出以来，一直在以一种新的国际合作方式不断推进，主要体现在打造新的合作平台，探索新的合作路径，开展新的合作方式。② 首先，与西方国家借对外援助、提供贷款等方式对其他国家“发号施令”、强加于人的政治行为截然不同，“一带一路”倡议是共商共建共享的联动发展倡议，追求的是更加平等的新型国际关系。③ 其次，与内向型、封闭式的合作不同，它秉持开放的合作精神，致力于维护全球自由贸易体系和开放型世界经济。“一带一路”国际合作的这一开放性和包容性，也顺应了国际关系民主化发展的潮流。

第二，提出了全球治理的中国方案，完善了全球治理。在当前全球化挑战突出，全球治理面临困境的背景下，“一带一路”新的全球治理观已经在国际社会形成重要共识。共商共建共享是贯穿“一带一路”的一个核心理念、本质要求和基本原则，这也是全球治理应该遵循的新的治理观，它明确回答和解决了“一带一路”国际合作建设怎么建、谁来建、为谁建的重要问题。④ “一带一路”作为完善全球治理体系的中国智慧和中国方案，顺应了全球治理体系变革的内在要求，成为了解决当今世界难题、消弭全球乱象的一剂良药。

总之，“一带一路”国际合作给所有参与国带来了实实在在的利益和好处，成为推动构建人类命运共同体的生动实践，广受欢迎的新型国际公共产品。共建“一带一路”，呼应了合作潮流，向世界证明了其价值和意义。

---

① 滕文生：《人民要论：古丝绸之路与共建一带一路》，2019 年 4 月 24 日，人民网，http://travel.people.com.cn/n1/2019/0424/c41570-31046542.html。

② 刘倩：《博鳌期待：大变局下“一带一路”合作带给世界的启示》，2021 年 4 月 18 日，中国网，http://www.china.com.cn/opinion2020/2021-04/18/content_77416546.shtml。

③ 《“一带一路”，风景这边独好（庆祝中国共产党成立 100 周年·中共的世界情怀）》，《人民日报海外版》2021 年 6 月 26 日第 7 版。

④ 滕文生：《人民要论：古丝绸之路与共建一带一路》，2019 年 4 月 24 日，人民网，http://travel.people.com.cn/n1/2019/0424/c41570-31046542.html。

“合则强，孤则弱”，中国正与沿线各国一起，抒写开放包容新华章，奏响合作共赢最强音。①（本条执笔：薛力、李少康）

24. 健康之路

——背景

在全球防疫物资短缺和疫苗产量不足的情况下，“一带一路”沿线发展中国家的医疗力量和物资储备不足、公共卫生危机应对能力有限等问题将更加突出。即使在疫情彻底结束以后，发展中国家仍需要较长时间和大量资金来实现发展。受隔离防控和产业冲击的双重影响，发展中国家失业人口增加，疫情还通常带来医疗、养老、工伤、残疾、遗属和孤儿等问题，在疫情防控中已经支出巨额资金的情况下，发展中国家能否继续拿出足够的福利开支将是一项巨大的考验。

早在 2016 年 6 月，习近平主席就提出携手打造“健康丝绸之路”。新冠肺炎疫情发生后，公共卫生领域的合作需求大幅上升。在此背景下，习近平主席向“一带一路”国际合作高级别视频会议发表书面致辞中提出构建“维护人民健康安全的健康之路”。② 这次突如其来的疫情给各国人民生命安全和身体健康带来严重威胁，对世界经济造成严重冲击，一些国家特别是发展中国家经济社会面临严重困难。为应对疫情，各国立足自身国情，采取有力防控措施，取得了积极成效。

——内容

第一，强化卫生合作。中国与“一带一路”沿线国家携手打造“健康丝绸之路”，就是要着力深化医疗卫生合作，加强在传染病疫情通报、疾病防控、医疗救援、传统医药领域互利合作。中国提出坚决打好新冠肺炎疫情防控全球阻击战、有效开展国际联防联控、积极支持国际组织发挥作用、加强国际宏观经济政策协调 4 点倡议，为全球团结抗疫指明方向。中国积极开展药物研发合作，共筑多重抗疫防线，着力打造“健康丝绸之路”，进一步丰富了高质量共建“一带一路”的内涵。中国已累计向国际社会提供了约 3720 亿只口罩，超过 42 亿件防护服，84 亿人份检测试剂。③

---

① 《“一带一路”是开放合作和谐包容互利共赢之路》，2015 年 4 月 13 日，国新办网站，http://www.scio.gov.cn/ztk/wh/slxy/31200/Document/1414630/1414630.htm。

② 《习近平向“一带一路”国际合作高级别视频会议发表书面致辞》，《光明日报》2020 年 6 月 19 日。

③ 《中国已向 120 多个国家和国际组织提供超 20 亿剂新冠疫苗》，2022 年 1 月 17 日，光明网，https://world.gmw.cn/2022-01/17/content_35453556.htm。

第二，强化疫苗合作。“疫苗鸿沟”成为当前战胜疫情的最大阻碍，低收入国家只有5%的人口完全接种疫苗，同高收入国家的疫苗接种率差距悬殊，这将进一步加剧全球不平等。不久前，中国同全球疫苗免疫联盟签署协议，向“新冠疫苗实施计划”捐赠1亿美元，用于向发展中国家分配新冠疫苗。中国支持本国疫苗企业向发展中国家进行技术转让，开展合作生产；宣布支持新冠肺炎疫苗知识产权豁免，也支持世界贸易组织等国际机构早日就此作出决定；倡议设立疫苗合作国际论坛，由疫苗生产研发国家、企业、利益攸关方一道探讨如何推进全球疫苗公平合理分配；同31个合作伙伴共同发起“一带一路”疫苗合作伙伴关系倡议，推动实现全球疫苗公平分配，有助于尽快实现世界卫生组织计划2022年年中为所有国家70%的人接种疫苗的目标。

第三，强化发展援助。“一带一路”沿线多是发展中国家，一些国家的公共健康问题比较突出，公共卫生体系较为薄弱，医疗物资应急保障体系不够健全，卫生治理存在短板，特别是非洲国家的疫情防控和经济复苏需要大量的资金支持。中非团结抗疫特别峰会上提出的一系列重要倡议和主张展现了中非团结抗疫、共克时艰的坚定决心，指明了疫情形势下中非抗疫及务实合作的前行路径。① 中国全力支持非方抗疫行动，继续向非洲国家提供物资援助、派遣医疗专家组、协助非方来华采购抗疫物资，中非已建立了41个对口医院合作机制，中国援建的非洲疾控中心总部大楼项目已于2020年年底正式开工。

——意义

当今世界正经历百年未有之大变局。在疫情给各国人民生命健康和全球公共卫生治理带来巨大挑战时，健康之路的重大意义和价值日益凸显。面对新的机遇和挑战，世界各国比以往任何时候都更加需要加强合作。通过构建健康之路，增进互信、加强沟通、密切协作，探索求同存异、相互尊重、互学互鉴的新型国际关系，搭建多种形式、多种层次的国际交流合作网络，和平合作、开放包容、互学互鉴、互利共赢始终是沿线国家交往的主旋律，共同汇聚成构建人类命运共同体的强大力量。

健康之路建设不仅有利于推动相关国家增强重大传染性疾病危机管理、风险治理意识，还有利于提高其应对突发公共卫生事件的能力，共同促进全球公共卫生事业发展。面对突如其来的疫情，沿线国家守望相助、共克时艰。在中国抗击疫情最关键的时刻，沿线国家以不同形式给予中方支持和帮助。在沿线国家受到疫情冲击时，中国提供大量防疫物资，派遣了医疗专家组，毫无保留

① 《团结抗疫 共克时艰——在中非团结抗疫特别峰会上的主旨讲话》，2020年6月17日，中华人民共和国中央人民政府网站，http://www.gov.cn/gongbao/content/2020/content_5522520.htm。

地分享成熟的诊疗经验和防控方案。中国同沿线国家团结抗疫的努力，为全球抗击疫情作出了贡献。共建“一带一路”合作国家在长期交往中结下的牢固友谊，成为双方携手抗疫、并肩同行的深厚民意基础。

当前，疫情仍在全球蔓延，中国和共建“一带一路”合作国家都面临抗疫情、稳经济、保民生的艰巨任务。构建健康之路坚持人民至上、生命至上，统筹资源，团结合作，尽最大努力保护人民生命安全和身体健康，最大限度降低疫情负面影响。“一带一路”沿线国家致力于加快国际社会参与相关规范和机制的框架建设，维护受疫情冲击的国际经济环境，保障受疫情影响发展中国家和地区民众的基本权利，推动世界发展尽快走出疫情阴霾。中国在此时提出构建健康之路倡议，符合时代发展和国际现实的要求，体现了中国积极促进国际发展责任的大国担当，为中国参与全球治理规范完善和机制创新指明了方向。（本条执笔：沈陈）

25. 复苏之路

——背景

新冠肺炎疫情拖累全球发展步伐，必须以更大的合作力度促进共同发展，才能更好地增进各国人民福祉。新冠肺炎疫情促使各国思考应对全球性危机、实现长远发展的有效对策。各国命运紧密相连，人类是同舟共济的命运共同体。“一带一路”是全球最大的国际合作平台，将之打造成促进经济社会恢复的复苏之路，符合各国人民切身利益。

习近平主席在向“一带一路”国际合作高级别视频会议发表书面致辞中强调，中国始终坚持和平发展、坚持互利共赢。我们愿同合作伙伴一道，把“一带一路”打造成团结应对挑战的合作之路、维护人民健康安全的健康之路、促进经济社会恢复的复苏之路、释放发展潜力的增长之路。[①] 高质量共建“一带一路”、携手推动构建人类命运共同体是应对全球性危机和实现长远发展的必由之路。通过构建复苏之路，可以为全球抗击新冠肺炎疫情注入正能量，为世界经济复苏发展带来信心。

——内容

一是政策沟通。截至 2021 年 12 月，中国已与 147 个国家、32 个国际组织签署 200 多份共建“一带一路”合作文件，与 12 个共建“一带一路”合作国家建立了贸易畅通工作组，与 13 个共建“一带一路”合作国家签署了 7 个自

① 《习近平向“一带一路”国际合作高级别视频会议发表书面致辞》，中华人民共和国中央人民政府网站，2020 年 6 月 18 日，http://www.gov.cn/xinwen/2020-06/18/content_5520353.htm。

贸协定，与31个共建“一带一路”合作国家签订了经认证的经营者（AEO）互认安排，与十多个共建“一带一路”合作国家签署了第三方市场合作文件，与17个共建“一带一路”合作国家建立了双边电子商务合作机制，开通了7条边境口岸农产品绿色通道。这些制度与政策安排提高了中国与沿线国家的贸易便利化水平。中国提出全球发展倡议，为建设更加美好的世界指引前进方向。

二是设施联通。2021年，中国企业在共建“一带一路”合作国家承包工程完成营业额5785.7亿元，占对外承包工程总额的57.9%。[①] 2021年5月，中俄核能合作项目开工，成为高水平国际核能合作的典范。中国与沙特阿拉伯成功签约红海新城储能项目，助力沙特阿拉伯推进“2030愿景”和“国家转型计划”。匈塞铁路在塞尔维亚境内的建设已经完成，为该国构建了一条便捷的国际产品出口渠道；在匈牙利等其他国家境内的建设任务也在紧密进行，如果一切顺利，预计2025年就能全面完工。中老铁路顺利通车，老挝由“陆锁国”变“陆联国”；圭亚那谢—曼公路完成主体全部土建工程。中巴经济走廊默拉输电项目正式送电，为当地工业生产提供了坚实保障。

三是贸易畅通。2021年，中国与共建“一带一路”合作国家货物贸易额为11.6万亿元，创八年来新高，同比增长23.6%，占中国外贸总额的比重达到29.7%。2021年全年，中欧班列已连续20个月单月开行千列以上。中欧班列共开行15183列，运送146.4万标箱，同比分别增长22%、29%，综合重箱率98.1%。根据世界银行报告，中老铁路开通使得从万象到昆明的货运成本降低40%—50%，同时老挝国内线路成本将降低20%—40%。[②] 中老铁路建成运行后对老挝—泰国—中南半岛的联通都有辐射效应。

四是资金融通。2021年，中国人民银行数字货币研究所担任货币桥项目技术委员会主席，搭建了货币桥测试平台。中国工商银行、中国农业银行、中国银行以及汇丰银行、渣打银行、香港交易所、泰国银行业协会等共22家境内外金融机构及组织参与项目本期测试，交易涵盖四个司法管辖域及11个行业场景，交易总额超过20亿元人民币。[③] 中国进出口银行“进博融2020”专项金融服务，支持40余个国家和地区近2000笔业务，带动进出口额5700余亿元，大幅提升国际贸易跨境支付效率。

① 《商务部：2021年中国与沿线国家货物贸易额11.6万亿元，创八年来新高》，2022年1月25日，光明网，https://m.gmw.cn/baijia/2022-01/25/35472677.html。

② “The China-Laos Railway: aGame Changer for Laos?”, World Bank, https://research.nus.edu.sg/eai/wp-content/uploads/sites/2/2021/12/EAIC-44-20211216-1.pdf.

③ 《中国人民银行数字货币研究所加入多边央行数字货币桥研究项目》，中国人民银行，http://www.pbc.gov.cn/goutongjiaoliu/113456/113469/4196012/index.html。

——意义

当前，世界百年未有之大变局正加速演变，新一轮科技革命和产业变革带来的激烈竞争前所未有，气候变化、新冠肺炎疫情防控等全球性问题对人类社会带来的影响前所未有。共建“一带一路”面临重要机遇，也面临日趋复杂的国际环境。共建“一带一路”兼顾陆海、横跨东西，联通古今、泽被千秋，为世界各国搭建了广泛参与的国际合作平台，为全球治理体系改革提供了中国方案，成为推动构建人类命运共同体的生动实践。推动共建“一带一路”继续前行，向国际社会传递了信心和力量，为全球抗疫合作和经济复苏作出了重要贡献。

新冠肺炎疫情改变不了经济全球化发展的大势，阻挡不了开放合作的脚步。共建“一带一路”合作国家秉持共商共建共享原则，持续加强战略对接、高质量共建“一带一路”，充分表明各方都寄望于将“一带一路”打造成合作之路、健康之路、复苏之路、增长之路的愿景。通过积极推进政策沟通、设施联通、贸易畅通、资金融通、民心相通，启动大批务实合作、造福民众的项目，构建全方位、复合型的互联互通伙伴关系，就一定能够助力各国应对全球性危机、实现长远发展，为构建人类命运共同体作出新的贡献。

“一带一路”倡议顺应经济全球化的历史潮流，顺应全球治理体系变革的时代要求，顺应各国人民过上更好日子的强烈愿望，引起越来越多国家热烈响应，成为中国参与全球开放合作、改善全球经济治理体系、促进全球共同发展繁荣、推动构建人类命运共同体的中国方案，成为当今世界深受欢迎的国际公共产品和国际合作平台。“一带一路”已成为广受欢迎的新型国际公共产品，受到国际社会普遍欢迎，在世界发展史上具有重要里程碑意义。（本条执笔：沈陈）

26. 增长之路

当前，新冠肺炎疫情全球大流行与百年未有之大变局相互影响，世界进入动荡变革期，地缘政治风险增大，逆全球化浪潮暗涌，不稳定性不确定性显著上升。面对如此纷繁复杂的国内外形势，我们立足新发展阶段，贯彻新发展理念，构建新发展格局，通过深入推进共建“一带一路”，不仅为合作各国探索出一条促进共同发展的新路子，为当地稳经济、惠民生作出重要贡献，也为世界经济平稳复苏不断提供新机遇、注入新动能。

——背景

2021 年 4 月 20 日，习近平主席在博鳌亚洲论坛 2021 年年会开幕式上的视频主旨演讲中强调，“共建‘一带一路’追求的是发展，崇尚的是共赢，传递的是希望”①。“本着开放包容精神，同愿意参与的各相关方共同努力，把‘一带一路’建成‘减贫之路’、‘增长之路’，为人类走向共同繁荣作出积极贡献。”② 共建“一带一路”，为“一带一路”合作伙伴提供更多市场机遇、投资机遇和增长机遇，是中国在新发展阶段推动全球经济合作与发展的重大举措。

自“一带一路”倡议提出八年多来，中国和相关国家一道坚持共商共建共享原则，推动“硬联通”“软联通”和“心联通”，把“一带一路”倡议从理念变成行动、从愿景变成现实，成果远超预期，给相关国家经济发展注入了新的活力。截至2022年2月6日，中国已经同148个国家和32个国际组织签署200余份共建“一带一路”合作文件。“一带一路”倡议早已成为中国与共建国家携手打造互利共赢、共同发展的国际经济合作平台。

共建“一带一路”顺应世界多极化、经济全球化、文化多样化、社会信息化的历史潮流，秉持开放的区域合作精神，致力于维护全球自由贸易体系和开放型世界经济。共建“一带一路”旨在促进经济要素有序自由流动、资源高效配置和市场深度融合，推动共建各国实现经济政策协调，开展更大范围、更高水平、更深层次的区域合作，共同打造开放、包容、均衡、普惠的区域经济合作架构。共建“一带一路”符合国际社会的根本利益，彰显人类社会共同理想和美好追求，是国际合作以及全球治理新模式的积极探索，将为世界和平发展增添新的正能量。

——成效

中国始终坚持共商共建共享原则，以高标准、可持续、惠民生为目标，与相关各方一道，推动共建“一带一路”高质量发展，取得了丰硕的成果，实现了与共建国家共同发展与互利共赢。

一是贸易往来更加畅通。根据商务部的统计数据，2021年，中国与共建“一带一路”合作国家货物贸易额达11.6万亿元，同比增长23.6%，创8年来新高，占中国外贸总额的比重达29.7%。中欧班列全年开行1.5万列，同比增长22%；运送146万标箱，同比增长29%。跨境电商等外贸新业态快速发展，一批海外仓建成并投入运营。首个海外仓供需对接的海外智慧物流平台“海外仓服务在线”正式上线。根据海关总署的统计数据，2022年1—2月，中国对共建“一带一路”合作国家合计进出口1.92万亿元，增长18.3%。其

① 《习近平在博鳌亚洲论坛2021年年会开幕式上的视频主旨演讲（全文）》，2021年4月20日，中华人民共和国中央人民政府网站，http://www.gov.cn/xinwen/2021-04/20/content_5600764.htm。

② 《习近平在博鳌亚洲论坛2021年年会开幕式上的视频主旨演讲（全文）》，2021年4月20日，中华人民共和国中央人民政府网站，http://www.gov.cn/xinwen/2021-04/20/content_5600764.htm。

中，出口 1.09 万亿元，增长 16.6%；进口 8313.1 亿元，增长 20.7%。同期，中国货物贸易进出口总值 6.2 万亿元，同比增长 13.3%。在新冠肺炎疫情仍肆虐全球、单边主义和保护主义盛行以及地缘政治风险上升的背景下，中国与共建“一带一路”合作国家的贸易增速仍高于外贸平均增速，取得如此成绩确实难能可贵。在“一带一路”倡议框架下，中国与共建国家开展多元化的经贸活动不仅拓展了新的市场空间，而且为促进经济增长带来了新的动力。

二是投资合作稳步增长。根据商务部的统计数据，2022 年 1—2 月，中国企业在“一带一路”沿线对 53 个国家非金融类直接投资 200.8 亿元，同比增长 1.7%，占同期总额的 20%，较 2021 年同期上升 0.1 个百分点。从非金融类直接投资的主要投向来看，包括新加坡、印度尼西亚、阿拉伯联合酋长国、马来西亚、越南、柬埔寨、巴基斯坦、老挝、塞尔维亚和泰国等国家。在对外承包工程方面，中国企业在“一带一路”沿线的 60 个国家新签对外承包工程项目合同 812 份，新签合同额 1103 亿元，同比增长 16.9%，占同期中国对外承包工程新签合同额的 57.1%；完成营业额 649.3 亿元，同比下降 4.3%，占同期总额的 56.9%。无论是对外承包工程新签合同额还是营业额，都占据中国对外承包工程的五成以上，共建“一带一路”充分体现了合作之路、增长之路。

三是机制平台日臻完善。近年来，“一带一路”合作机制不断完善，中国已与 17 个国家建立了贸易畅通工作组、与 46 个国家地区建立了投资合作工作组，还同多个国家建立了电子商务、服务贸易等合作机制。仅 2021 年，中国就与相关国家新建 8 个贸易畅通工作组和双边投资合作工作组，与匈牙利和俄罗斯等国家签署绿色发展和数字经济领域投资合作备忘录，与塞内加尔签署电子商务合作备忘录，沟通渠道更加多元，合作机制日趋完善。目前，中国已经与 13 个共建“一带一路”合作国家签署了 7 个自贸协定，贸易自由化便利化水平不断提升。此外，中国还成功举办中国国际进口博览会、中国国际服务贸易交易会、中国进出口商品交易会、中国—非洲经贸博览会、中国—东盟博览会等展会，有力促进了与相关参与国的经贸合作。

——意义

一是为世界经济复苏注入新动能。当前，仍在全球肆虐的新冠肺炎疫情，使世界经济遭受自第二次世界大战结束以来最严重的衰退。在此背景下，“一带一路”的建设与合作不仅没有踌躇不前甚至停滞，反而逆势而为展现出强大的韧性和旺盛的活力。世界银行研究报告认为，到 2030 年，共建“一带一路”有望帮助全球 760 万人摆脱极端贫困、3200 万人摆脱中度贫困，将使参与国贸易增长 2.8%—9.7%、全球贸易增长 1.7%—6.2%、全球收入增加 0.7%—2.9%。在各相关方共同努力下，“一带一路”正逐步成为减贫之路和增长之路，为世界经济快速复苏、人类走向共同繁荣作出积极贡献。

二是为相关参与方分享中国发展成果提供巨大机遇。“一带一路”倡议是世界各国和地区搭乘中国发展“顺风车”的重要平台。在推进“一带一路”建设项目的过程中，中国将资金、技术、人才以及先进的管理理念和经验等进行分享，这对促进当地特别是较为贫困国家和地区的发展帮助巨大。据商务部统计，中国企业建设的境外经贸合作区累计向东道国缴纳税费 66 亿美元，为当地创造 39.2 万个就业岗位。仅蒙内铁路一项工程就可为肯尼亚每年贡献约 1.5% 的经济增速。“一带一路”建设还有利于降低贸易成本，促进国际贸易。世界贸易组织估计，通过共建“一带一路”，实施贸易制度便利化措施，可降低 12%—23% 的贸易成本。共建“一带一路”，让相关参与方很好地分享中国经济高质量发展的红利。

三是为释放发展潜力提供助推力量。新冠肺炎疫情的冲击，叠加人口老龄化加剧、资本积累不足、全要素生产率下降等的影响，一些经济体潜在经济增速出现下降。“一带一路”建设不仅可以为相关参与方带来先进的技术、充足的资金、先进的制度等，还使更多国家间实现政策沟通、设施联通、贸易畅通、资金融通和民心相通，优化制度环境，降低交易成本，这都有利于提升潜在增长率，释放发展潜力。（本条执笔：贾中正）

27. 减贫之路

2016 年 1 月，联合国《2030 年可持续发展议程》正式启动，议程共包括 17 项可持续发展目标，第一项目标就是“在全世界消除一切形式的贫困”。贫困是当今世界面临的严峻问题，它不仅使个人身陷窘境，更会引发一系列深层次问题，恐怖主义蔓延、种族严重对立、地区冲突恶化等国际社会难题都与贫困密切相关。“一带一路”倡议自 2013 年提出以来，不仅帮助共建国家加速经济发展，而且通过贸易投资及示范效应带动全球经济发展，助力全球减贫事业。

——概念的提出与内涵

减贫是“一带一路”倡议的重大愿景之一。“一带一路”倡议为全球减贫事业提供了参考路径，取得了显著成果。2021 年中国发布的《人类减贫的中国实践白皮书》指出，“一带一路”倡议“推动更大范围、更高水平、更深层次的区域经济社会发展合作，支持帮助相关国家更好实现减贫发展”①。在博鳌亚洲论坛 2021 年年会开幕式上，习近平主席提出，“我们将本着开放包容精

① 《“一带一路”倡议为全球减贫事业作出哪些贡献?》，2021 年 4 月 8 日，中国一带一路网，https://www.yidaiyilu.gov.cn/xwzx/hwxw/169584.htm。

神，同愿意参与的各相关方共同努力，把‘一带一路’建成‘减贫之路’、‘增长之路’，为人类走向共同繁荣作出积极贡献”①。

截至 2022 年 1 月 18 日，中国已经和 147 个国家、32 个国际组织签署 200 多份共建‘一带一路’合作文件。②“一带一路”倡议为东道国提供了多方面合作机遇，合作成果惠及越来越多的人，为全球减贫事业贡献了力量。2019 年，世界银行发布报告指出，“一带一路”倡议全面实施可促使 3200 万人摆脱中等贫困——即每天生活费不足 3. 2 美元的人群，使全球贸易增加 6. 2%，共建经济体贸易增加 9. 7%，全球收入增加 2. 9%。对于低收入的共建经济体，外国直接投资的增幅可高达 7. 6%。③

——减贫在“一带一路”倡议中的体现

第一，打通贸易渠道。

共建“一带一路”合作国家的总体发展水平相对较低，而且经济发展不平衡，其中大部分是发展中国家。打通贸易渠道，深化经贸合作是实施“一带一路”倡议的重要举措。“一带一路”倡议面世以来，中国同“一带一路”共建国家的贸易额逐步提升。2013—2021 年，中国与“一带一路”共建国家进出口总值从 6. 46 万亿元增长至 11. 6 万亿元，年均增长 7. 5%，占同期外贸总值的比重从 25% 提升至 29. 7%。④ 在非洲，通过挖掘东道国比较优势，“一带一路”倡议加速了非洲地区的贸易“造血”功能，助力非洲减贫事业。中国已经在非洲建立了约 25 个经贸合作区和上百个工业园区，25 个经贸合作区创造了约 4 万多个就业岗位，为东道国纳税近 11 亿美元。⑤

第二，建设基础设施。

基础设施建设直接关乎其经济发展，互联互通在“一带一路”倡议中处于关键位置。在共建“一带一路”的过程中，相关国家的基础设施建设得到了改进，为这些国家的减贫事业提供了实实在在的帮助。2017 年，习近平主席在首届“一带一路”国际合作高峰论坛上指出，“这是设施联通不断加断的 4

---

① 习近平：《同舟共济克时艰　命运与共创未来——在博鳌亚洲论坛 2021 年年会开幕式上的视频主旨演讲》，人民出版社 2021 年版，第 7—8 页。

② 《中国已与 147 个国家、32 个国际组织签署 200 多份共建“一带一路”合作文件》，2022 年 1 月 19 日，中国一带一路网，https://www. yidaiyilu. gov. cn/xwzx/gnxw/215896. htm。

③ “Success of China’s Belt & Road Initiative Depends on Deep Policy Reforms, Study Finds”, World Bank, http s://www. worldbank. org/en/news/press-release/2019/06/18/success-of-chinas-belt-road-initiative-depends-on-deep-policy-reforms-study-finds.

④ 《海关总署：中国与“一带一路”相关国家贸易往来呈现出这些特点》，2022 年 1 月 15 日，中国一带一路网，https://www. yidaiyilu. gov. cn/xwzx/gnxw/214911. htm。

⑤ 《“一带一路”倡议为全球减贫事业作出哪些贡献?》，2021 年 4 月 8 日，中国一带一路网，https://www. yidaiyilu. gov. cn/xwzx/hwxw/169584. htm。

年。一个复合型的基础设施网络正在形成”[①]。2021 年发布的《“一带一路”国家基础设施发展指数（2021）》和《“一带一路”国家基础设施发展指数报告（2021）》显示，2021 年以来“一带一路”相关国家经济复苏迹象显著，相关基础设施投资建设计划逐步实施，“一带一路”国家基础设施发展指数止跌回升，各国基础设施发展趋势向好。[②]

第三，便利资金融通。

带动共建“一带一路”合作国家的产业发展是“一带一路”助力减贫的重要渠道。“一带一路”共建国家的经济发展水平相对较低，吸引国际直接投资的机会有限，而国际货币基金组织、亚洲开发银行等机构远远不能满足发展中国家的资金需求。亚洲基础设施投资银行、丝路基金以及金砖国家新开发银行等资金平台是加速资金融通的重要渠道，能够有效弥补“一带一路”相关国家的资金缺口，促进相关项目的落实。2021 年全球经济面临新冠肺炎疫情的严峻挑战，但中国“对共建‘一带一路’合作国家投资增长较快，对‘一带一路’共建国家非金融类直接投资 203 亿美元，同比增长 14.1%，为促进东道国经济发展做出了积极贡献”。[③] 通过促进金融合作，深化投融资体系、信用体系的建设等方式，“一带一路”倡议促进了东道国基础设施的改善与产业发展，为当地减贫做出了贡献。

第四，技术溢出效应。

科学技术是第一生产力。“一带一路”共建国家的技术创新水平有限，长期位于全球价值链的中下游，外国直接投资能够使先进技术流入“一带一路”共建国家，显著提升其生产力。东道国相关企业在引入外国科技、产品、人力的过程中，通过倒逼改革，能够加速本国在相关领域与国际先进水平接轨。东道国人力资源在外资企业任职的过程中，通过职业培训能够逐渐发挥引领作用，直接改善东道国的人力资源结构，开启东道国各领域的“造血”功能。以蒙内铁路为例，它是“一带一路”建设的旗舰项目，由中国按照国铁Ⅰ级标准建设。这是肯尼亚独立以来的首条铁路，也是肯尼亚最大的基础设施建设项目。通过技术转移，对蒙内铁路当地年轻职工的职业发展和个人生活产生了持久影响。[④] 铁路建设

---

① 习近平：《携手推进“一带一路”建设——在“一带一路”国际合作高峰论坛开幕式上的演讲》，人民出版社 2017 年版，第 6 页。

② 《“一带一路”国家基础设施发展总指数止跌回升》，中国一带一路网，2021 年 7 月 23 日，https://www.yidaiyilu.gov.cn/xwzx/gnxw/181194.htm。

③ 《2021 年中国对外直接投资 9366.9 亿元人民币对“一带一路”相关国家投资增长较快》，2022 年 1 月 24 日，中国一带一路网，https://www.yidaiyilu.gov.cn/xwzx/gnxw/217288.htm。

④ 《通讯：蒙内铁路正成为技术转移的“神经中枢”》，2020 年 2 月 28 日，新华网，http://www.xinhuanet.com/world/2020-02/28/c_1125640993.htm。

带动肯尼亚GDP增长约1.5%，累计为当地创造就业岗位4.6万个，300多家当地企业参与工程分包合作，极大地促进了当地产业的发展。[①] 蒙内铁路因而被视作推动当地经济发展的一个引擎。总之，“一带一路”建设对提升东道国的科技水平、劳动效率、工资收入具有重要作用。

——意义

将“一带一路”打造成减贫之路将惠及中国与共建“一带一路”合作国家，助力实现联合国《2030年可持续发展议程》的首要目标，而且对建设人类命运共同体具有积极推动作用。美国著名的国际问题专家小约瑟夫·奈认为，“‘一带一路’倡议内涵丰富，我们应当为那些使人们摆脱贫困的项目鼓掌。中国市场扩大开放让中国受益，也让其他国家从中受益”[②]。“一带一路”建设开展9年以来，一系列合作项目已经在共建国家落地运行，为相关地区创造就业和需求，提供先进技术和运转资金，为提振当地经济提供原动力。“一带一路”倡议覆盖全球60%的人口，在全球GDP和贸易总额中占到1/3，把“一带一路”打造成减贫之路就是在推动联合国《2030年可持续发展议程》的实现。更重要的是，“一带一路”带来的减贫成果产生的示范效应，将为世界其他国家和地区攻克减贫目标带去新的发展范式。埃及外交事务委员会成员、《金字塔报》专栏作家贾巴拉认为，“共建‘一带一路’是中国推动构建人类命运共同体的具体行动，是一条行之有效的‘减贫之路’‘增长之路’，是中国为人类走向共同发展繁荣作出的重大贡献”[③]。

总之，尽管新冠肺炎疫情在短期内影响了世界经济，一些发达国家奉行经济民族主义，但经济全球化仍是大势。共建“一带一路”合作国家携手减贫，将助力全球经济与社会发展。（本条执笔：薛力、席寒婷）

28. 法治之路

——概念的提出与内涵

尽管法治之路尚未由中方正式推出，但是有关“一带一路”法治建设却早已提上日程。与以往西方国家所主导的国际交往模式不同，“一带一路”倡议建立在共商共建共享、平等互信基础上。法律是规范和调整人际交往的行为规则，法治的重要功能在于通过确定的法律规则以保障交往的公平性、公开性、

① 《“中国造”蒙内铁路 激活东非商业版图》，2018年2月12日，人民网，http://finance.people.com.cn/n1/2018/0212/c1004-29819852.html。

② 杨迅等：《共创亚洲和世界的美好未来》，《人民日报》2021年4月22日第3版。

③ 杨迅等：《共创亚洲和世界的美好未来》，《人民日报》2021年4月22日第3版。

和平性和稳定性，是"一带一路"倡议的重要基础和保障。习近平总书记高度重视法治在共建"一带一路"中的重要作用。在 2019 年 11 月 10 日向中国法治国际论坛致信中，习近平总书记指出，推动共建"一带一路"，需要法治进行保障，中国愿同各国一道，营造良好法治环境，构建公正、合理、透明的国际经贸规则体系，推动共建"一带一路"高质量发展，更好造福各国人民。[①] 在新发展阶段，统筹谋划推动高质量发展、构建新发展格局和共建"一带一路"，要求我们在建设开放"一带一路"、绿色"一带一路"、廉洁"一带一路"的基础上，着力建设法治"一带一路"，在法治轨道上推动共建"一带一路"高质量发展，充分发挥法治对于共建"一带一路"的引领、规范和保障作用。

——主要内容

（一）作为一种理念的法治"一带一路"

法治是人类的共同价值之一，是人类政治文明的重要成果。将法治理念与"一带一路"倡议相结合，便形成了作为一种理念的法治"一带一路"。法治"一带一路"的核心要求在于，在共建"一带一路"的全过程中，贯彻落实法治理念所蕴含的守规则、讲程序、公平公正、诚实信用、公开透明等原理原则，在法治框架内充分照顾共建"一带一路"各相关方的利益关切，并且坚守住法治的实质基础。作为理念的法治"一带一路"，代表着在国际社会建立和谐秩序的一种努力，更是人类政治文明迈向国际层面的一种体现。

（二）作为一种倡议的法治"一带一路"

"一带一路"倡议覆盖经贸、投资、金融、货币和争端解决等众多领域，是超越外交、国际关系、全球治理等单一领域和范畴的综合性倡导与行动计划。法治"一带一路"缘起于"一带一路"倡议，它必须与"一带一路"倡议同频共振，服务"一带一路"倡议。因此，作为倡议的法治"一带一路"，指向在各个合作领域内倡导规则先行、倡导秩序重构、倡导利益分配的公平公正、倡导纠纷解决的及时可行等价值。

（三）作为一种制度的法治"一带一路"

法治的核心要义是"制度之治"，法治"一带一路"只有在实践层面得到切实的推进和落实，才能真正为"一带一路"的建设发展贡献力量。因此，法治"一带一路"最终的归宿必定是要构建起服务于"一带一路"建设、确保共建"一带一路"合作国家共享建设和发展成果的一套制度体系。这项制度体系涉及国际贸易争端解决机制、法律人才服务与涉外法律人才培养、境外投资

① 习近平：《论坚持全面依法治国》，中央文献出版社 2020 年版，第 268 页。

风险管控和风险评估机制等诸多方面，并对共建"一带一路"合作国家国内法治的完善与发展产生积极影响。就中国的行动部署和决策而言，应在法治"一带一路"理念设计和倡议计划的指导下，通过与共建"一带一路"合作国家进行法律交流、法律移植、制度共建、纠纷共解等方式不断地加强学习和借鉴，推动法治互动，通过与共建"一带一路"合作国家进行法律交流合作，构建全局性的法律服务网络和体系，固定常态化的法治交流机制。

——意义

（一）建设法治"一带一路"是"一带一路"高质量发展的必然要求

法治化、机制化是"一带一路"高质量发展的必然要求。[①] "一带一路"作为中国发起、多方参与的国际合作机制，要求明确共建所遵循的基本原则，针对治理议题形成较稳定的法律框架和相对固定的治理平台，清晰界定各方权利义务及有效解决各类争端，这些均离不开法治的保障和支撑，"一带一路"倡议行稳致远，必须运用法治思维和方法。法治"一带一路"的基本要义在于，将"一带一路"倡议下的合作维持在法律框架之内，以有效维护和促进国际社会的合作利益、共同利益及整体利益。目前，共建"一带一路"高质量发展，推进过程中面临着一些重大挑战和困境，例如重大基础设施合作项目缺乏透明度，参与国贸易投资法律滞后，贸易争端解决机制匮乏，[②] 以及因法治不健全而滋生的腐败与不合规等，这些都呼唤着各国参与到法治"一带一路"的建设之中。

（二）建设法治"一带一路"有助于推进"一带一路"更好更快发展

目前，法治"一带一路"的建设初具成果。"一带一路"倡议已进入国际话语体系，被相继写入联合国大会决议和联合国安理会决议。2016 年 3 月 15 日，联合国安理会通过包括推进"一带一路"倡议内容的第 S/2274 号决议。2016 年 11 月 17 日，联合国大会第 A/RES/71/9 号决议首次写入"一带一路"倡议，呼吁国际社会为"一带一路"建设提供安全保障环境。截至 2021 年年底，共有 140 个国家、32 个国际组织与中国签署了共建"一带一路"合作文件；与日本、意大利等 14 个国家签署第三方市场合作的文件；联合国、二十国集团、亚太经合组织、上海合作组织等成果文件也载入了相应的国际合作理念。2020 年 10 月，中国和柬埔寨正式签署《中华人民共和国和柬埔寨王国政府自由贸易协定》，该协定是全球第一个将"一带一路"倡议合作独立设章的自贸协定，这为双边投资合作提供更先进的制度保障机制。[③]

---

① 李向阳：《"一带一路"的高质量发展与机制化建设》，《世界经济与政治》2020 年第 5 期。

② 刘敬东：《"一带一路"法治化体系构建的再思考》，《环球法律评论》2021 年第 3 期。

③ 《商务部国际司负责人就中国和柬埔寨签署自由贸易协定答记者问》，2020 年 10 月 12 日，中国自由贸易区服务网，http://fta. mofcom. gov. cn/article/zhengwugk/202010/43219_1. html。

（三）建设法治“一带一路”是因应中国对外开放新阶段、新理念、新格局的重要举措

中国正迈入“十四五”规划的开局之年。“十四五”开局之年进入新发展阶段、贯彻新发展理念、构建新发展格局，是由中国经济社会发展的理论逻辑、历史逻辑、现实逻辑决定的。习近平总书记在2021年1月省部级主要领导干部学习贯彻党的十九届五中全会精神专题研讨班指出，要塑造中国参与国际合作和竞争新优势，重视以国际循环提升国内大循环效率和水平，改善中国生产要素质量和配置水平，推动中国产业转型升级。[①] 从目标来看，中国构建新发展格局旨在优化发展布局，推动区域协调发展，“一带一路”建设则是优化全球化布局，促进共建“一带一路”合作国家和地区共同发展。两者相辅相成，构建新发展格局为高质量共建“一带一路”筑牢根基。从实践来看，无论是共建“一带一路”的“硬联通”“软联通”“心联通”，还是国内国际双循环中商品和要素资源的循环畅通，都需要通过法治机制的指引，真正做到惠民生、得民心、利天下。（本条执笔：赵江林）

29. 团结合作之路

——背景

过去20年是国际格局持续演变、全球治理体系深刻重塑的20年，也是上海合作组织蓬勃发展、成员国互利合作硕果累累的20年。20年来，上海合作组织始终遵循“互信、互利、平等、协商、尊重多样文明、谋求共同发展”的“上海精神”，致力于世界和平与发展和人类进步事业，为构建新型国际关系和人类命运共同体作出重要理论和实践探索。新冠肺炎疫情暴发后，应对疫情成为上合组织当前最紧迫的任务。在“上海精神”指引下，各成员国同舟共济，精诚合作，齐心协力构建上海合作组织命运共同体，推动建设新型国际关系，携手迈向持久和平、普遍安全、共同繁荣、开放包容、清洁美丽的世界。

在此背景下，习近平主席在上海合作组织成员国元首理事会第二十一次会议上提出“走团结合作之路”，一方面“要充分利用各层级会晤机制和平台，加强政策对话和沟通协调，尊重彼此合理关切，及时化解合作中出现的问题，共同把稳上合组织发展方向。我们要坚定制度自信，绝不接受‘教师爷’般颐指气使的说教，坚定支持各国探索适合本国国情的发展道路和治理模式。我们要支持各自平稳推进国内选举等重要政治议程，绝不允许外部势力以任何借口

① 本书编写组：《改革开放简史》，人民出版社、中国社会科学出版社2021年版，第346页。

干涉地区国家内政，把本国发展进步的前途命运牢牢掌握在自己手中”；另一方面，“要秉持人民至上、生命至上理念，弘扬科学精神，深入开展国际抗疫合作，推动疫苗公平合理分配，坚决抵制病毒溯源政治化”，为人类彻底战胜疫情作出应有贡献。①

——内容

第一，凝聚政治互信。上合组织成员国共担国际道义，就弘扬多边主义和全人类共同价值发出响亮声音，就反对霸权主义和强权政治表明公正立场，同观察员国、对话伙伴及赞同本组织宗旨原则的国际和地区组织密切协作。上合组织成员国尊重各自选择的发展道路，共促政治互信，缔结长期睦邻友好合作条约，开创“结伴不结盟、对话不对抗”全新模式；在涉及彼此核心利益和重大关切问题上相互支持，通过换位思考增进相互理解，通过求同存异促进和睦团结，不断增强组织的凝聚力和向心力，成为各自发展道路上可信赖的坚强后盾。

第二，筑牢安全基础。上合组织成员国签署《上海合作组织反极端主义公约》等法律文件，不断加强地区反恐机构及主管部门各层级会议等机制建设，使安全合作的四梁八柱更加稳固。安全和防务部门深入开展情报交流、人员培训等方面合作，定期举行联合反恐演习、禁毒及边防联合行动，维稳处突能力得到大幅提升。仅以 2020 年为例，成员国主管机关就捣毁 50 余个恐怖团伙，阻止 40 余起恐怖袭击，有力打击了“三股势力”、毒品走私和跨国有组织犯罪。各方还因应新形势，积极加强维护网络安全、国际信息安全、生物安全等领域合作，携手应对各类新威胁新挑战，共同守护地区和平安宁。②

第三，合作抗击疫情。在 2018 年上合组织青岛峰会上，中方倡导签署关于共同应对流行病威胁的声明，既立足当下又着眼长远，具有格外重要的现实意义，落实好该声明将为各方开展防疫合作提供指导。在本次峰会上，中方倡议成员国疾控中心设立热线联系，及时通报跨境传染病信息；中方提出继续办好本组织传统医学论坛，深化交流互鉴；中方表示愿积极考虑本组织国家疫苗需求，支持各国保护人民生命安全和身体健康。地区国家一致称赞，中方倡议和主张有助于促进上合组织卫生领域合作机制发挥作用，有助于深化疫情监测、科研攻关、疾病防治等领域的交流合作，有助于共建健康丝绸之路、构建卫生健康共同体。③

——意义

团结合作是发展壮大的成长之基。上合组织要坚定弘扬“上海精神”，始

① 《不忘初心　砥砺前行　开启上海合作组织发展新征程》，《人民日报》2021 年 9 月 18 日第 2 版。

② 王毅：《砥砺前行二十载，继往开来谱新篇——纪念上海合作组织成立 20 周年》，《人民日报》2021 年 9 月 16 日第 6 版。

③ 《加强抗疫合作构建卫生健康共同体》，《人民日报》2020 年 11 月 11 日第 5 版。

终从维护各国发展稳定的大局出发，以坚如磐石的团结推进合作，继续在涉及彼此核心利益和重大关切问题上相互支持，反对外部势力干涉破坏。成员国要本着求同存异、聚同化异的原则，妥善处理合作中出现的问题，协力营造睦邻友好、团结互信的合作氛围，继续作彼此发展振兴的坚强后盾。[①] 作为世界上幅员最广、人口最多的综合性区域合作组织，上合组织如何进一步凝聚抗疫合力、推动经济复苏、捍卫国际公平正义，事关地区国家发展繁荣、各国人民福祉，也具有全球示范意义。

团结合作是抗击疫情的有力武器。当前，面对新冠肺炎疫情持续蔓延、世界经济增长动力不足、全球治理遭遇困境等人类共同挑战，上合组织成员国坚持高举“上海精神”旗帜，一如既往精诚合作，打造早日战胜新冠肺炎疫情、推动经济复苏贡献强大的“上合力量”。上合组织的实践表明，各国唯有扛起历史责任，展现时代担当，才能在更大范围、更宽领域、更深层次上推进上合组织各领域合作，成为构建更加紧密的上合组织命运共同体的应有之义，为构建人类命运共同体作出应有贡献。

团结合作是和平稳定的力量之源。20 年来，上合组织成员国成为各自发展道路上可信赖的坚强后盾，构筑起守护地区和平安宁的铜墙铁壁，加快构建各国人民共享幸福的美好家园，奏响了国际社会同呼吸、共命运的时代乐章。上合组织支持各国保护人民生命安全和身体健康，促进上合组织在疫情监测、科研攻关、疾病防治等领域的交流合作，有助于共建健康丝绸之路、构建卫生健康共同体。上合组织携手抗疫的生动实践充分证明，各国唯有相互支持、团结合作，才能战胜疫情，才能维护人类的共同家园。（本条执笔：沈陈）

30. 安危共担之路

——背景

在经济全球化时代，各国安全相互关联、彼此影响。没有一个国家能凭一己之力谋求自身绝对安全，也没有一个国家可以从别国的动荡中收获稳定。全球新冠肺炎疫情延宕起伏再次印证了这一点。维护并践行真正的多边主义，是有效应对各类传统和非传统安全挑战的正确方向，是真正实现持久和平与共同安全的必由之路。[②] 当前百年变局和世纪疫情叠加交织，世界进入动荡变革期，国际形势复杂深刻演变，地区安全形势复杂多变，对上海合作组织安全合作提出更高要求。

---

① 《从团结合作中汇聚力量》，《人民日报》2021 年 9 月 19 日第 3 版。

② 《维护和平稳定，构建安全共同体》，《人民日报》2020 年 11 月 12 日第 3 版。

在上海合作组织成员国元首理事会第二十一次会议上，习近平主席提出“走安危共担之路”的重要建议，为维护地区安全稳定指明方向、注入信心。习近平主席指出，“面对复杂多变的地区安全形势，我们要坚持共同、综合、合作、可持续的安全观，严厉打击‘东伊运’等‘三股势力’，深化禁毒、边防、大型活动安保合作，尽快完善本组织安全合作机制，加强各国主管部门维稳处突能力建设。各成员国应该加强协作，推动阿富汗局势平稳过渡，引导阿富汗搭建广泛包容的政治架构，奉行稳健温和的内外政策，坚决打击一切形式的恐怖主义，同周边国家实现友好相处，真正走上和平、稳定、发展的道路”。①

——内容

第一，维护地区安全稳定。地区安全形势复杂多变，“三股势力”蠢蠢欲动，各类传统和非传统安全威胁相互交织，对上合组织安全合作提出更高要求。上合组织成员国秉持共同、综合、合作、可持续的安全观，倡导综合施策、标本兼治的安全治理模式，切实提升执法安全合作水平，严厉打击“东伊运”等“三股势力”，深化禁毒、边防、大型活动安保合作，迄今已组织十多次“和平使命”联合反恐演习，积极倡导政治解决国际和地区热点问题，不仅成为欧亚地区的安全稳定器，而且是推动世界和平发展的重要力量。成员国协调在数据安全、生物安全、外空安全等重大问题上的立场和行动，将上合组织打造成为地区国家携手维护安全稳定的可靠依托。

第二，完善安全合作机制。维护和加强地区和平、安全与稳定是上合组织成立宣言和宪章中明确规定的根本宗旨。20年来，在各国元首亲自推动和“上海精神”有力指引下，上合组织成员国强调倡导平等、共同、不可分割、综合、合作、可持续安全，致力于完善本组织安全合作机制，推进落实反极端主义公约等法律文件，加强各国主管部门维稳处突能力建设。上合组织签署《上海合作组织反极端主义公约》等法律文件，这是国际上首个政府间反极端主义公约。通过不断加强地区反恐怖机构及主管部门各层级会议等机制建设，安全和防务部门深入开展情报交流、人员培训等方面合作，使安全合作的四梁八柱更加稳固。

第三，高度关注阿富汗局势。阿富汗局势已经发生重大变化，外国军队撤出后，阿富汗历史翻开了新的一页。中国就政治解决阿富汗问题、推动阿富汗止乱回稳并走上和平重建道路提出3点意见建议——推动阿富汗局势尽快平稳过渡、同阿富汗开展接触对话、帮助阿富汗人民渡过难关，强调用好“上海合

① 《习近平出席上海合作组织成员国元首理事会第二十一次会议并发表重要讲话》，《人民日报》2021年9月18日第1版。

作组织—阿富汗联络组”等平台，引导阿富汗搭建广泛包容的政治架构，奉行稳健温和的内外政策，坚决打击一切形式的恐怖主义，同周边国家实现友好相处，彰显中国携手各方推动实现本地区普遍安全、共同安全、合作安全、持久安全的坚定决心。

——意义

习近平主席深刻把握人类前途命运和世界发展大势，为推动全球安全治理提供重要思想指引。在2018年上海合作组织青岛峰会上，习近平主席呼吁各方齐心协力构建上合组织命运共同体，推动建设新型国际关系，携手迈向持久和平、普遍安全、共同繁荣、开放包容、清洁美丽的世界；在2019年上海合作组织比什凯克峰会上，习近平主席进一步提出把上海合作组织打造成安危共担的典范。中方提出的一系列重要主张，与互信、互利、平等、协商、尊重多样文明、谋求共同发展的“上海精神”一脉相承，为地区国家筑牢安全屏障打开了宏阔的视野，得到各方积极评价。本次峰会成果文件强调尊重文明多样性和各国人民自主选择政治、经济和社会发展道路，建立平等伙伴关系，维护平等、共同、不可分割、综合、合作、可持续安全等，也说明了各方对中方主张的高度认可。① 一系列中方倡议顺应时代发展，符合各国对加强全球安全合作的期待，为解决当今世界面临的安全挑战贡献重要智慧和方案。

中国与上合组织其他成员国密切沟通交流，健全合作机制，深化安全领域合作，努力打造共建共享的安全格局，共同维护和平稳定，为推动构建更加紧密的上合组织命运共同体、开启上合组织发展新篇章不懈努力。多年来，各成员国着眼共同安全命运，开展务实高效安全合作，确保了本地区安全稳定大局，也为世界和平与发展作出了重要贡献。当前，非传统安全威胁上升，与传统安全热点问题交织叠加，成为影响国际安全和稳定的突出因素。更值得警惕的是，国际恐怖组织和地区“三股势力”复趋活跃，某些域外势力以各种借口插手本地区国家内部事务。《上海合作组织成员国元首理事会莫斯科宣言》以及关于共同应对新冠肺炎疫情，第二次世界大战胜利75周年，保障国际信息安全，数字经济领域合作，打击利用互联网等渠道传播恐怖主义、分裂主义和极端主义思想，应对毒品威胁等一系列声明，彰显了维护安全和稳定的坚定意志。（本条执笔：沈陈）

31. 开放融通之路

开放融通一词出自博鳌亚洲论坛2018年年会开幕式上习近平主席发表的

① 《维护和平稳定，构建安全共同体》，《人民日报》2020年11月12日第3版。

《开放共创繁荣 创新引领未来》主旨演讲。在该演讲中，习近平主席提出“坚持走开放融通、互利共赢之路，构建开放型世界经济”[①]。并且在此次演讲的最后，习近平主席强调，“共建‘一带一路’倡议源于中国，但机会和成果属于世界，中国不打地缘博弈小算盘，不搞封闭排他小圈子，不做凌驾于人的强买强卖”，[②] 进一步形象地对开放融通进行了说明。后来随着构建“双循环”新发展格局和“十四五”规划的推出，开放融通一词被更加广泛地使用。

——背景

开放融通是在百年未有之大变局和中华民族伟大复兴的战略全局的大背景下提出的，具有重大的历史和现实意义。从百年未有之大变局来看，当今世界经济正处在一个新的十字路口，经济全球化遭遇波折，保护主义、单边主义抬头，全球贸易紧张局势加剧。同时，新一轮科技革命和产业变革正在孕育和兴起，在带来发展机遇的同时，也会对传统产业和就业造成冲击和加剧收入分配的不平等。从中华民族伟大复兴的战略全局来看，随着中国日益走近世界舞台的中心，中国经济与世界经济的联动性、敏感性和脆弱性也在迅速上升。尤其是老龄社会的提前到来，人口红利的减少，导致中国经济增长面临下行的风险和巨大的转型压力。面对这样纷繁复杂的局势，习近平主席指出：“回顾历史，开放合作是增强国际经贸活力的重要动力。立足当今，开放合作是推动世界经济稳定复苏的现实要求。放眼未来，开放合作是促进人类社会不断进步的时代要求。”[③]

开放带来进步，封闭导致落后。四十多年来的伟大实践表明，中国的对外开放，不仅发展了自己，也造福了世界。开放已经成为当代中国的鲜明标识，开放融通是经济走向繁荣和实现包容增长的必由之路。[④] 1978年起中国就将对外开放作为基本国策，逐步实现了从封闭半封闭到全方位的开放。目前，中国已成为世界第二大经济体、第一大工业国、第一大货物贸易国、第一大外汇储备国。人民生活从贫困走向小康，中国有7亿多贫困人口成功脱贫，占同期全球减贫人口总数70%以上。中国的改革开放顺应了当时世界经济全球化的趋势，契合了世界各国人民要发展、要合作、要和平生活的时代潮流。在新的历

① 习近平：《开放共创繁荣 创新引领未来——在博鳌亚洲论坛2018年年会开幕式上的主旨演讲》，人民出版社2018年版，第8页。

② 习近平：《开放共创繁荣 创新引领未来——在博鳌亚洲论坛2018年年会开幕式上的主旨演讲》，人民出版社2018年版，第13页。

③ 习近平：《共建创新包容的开放型世界经济——在首届中国国际进口博览会开幕式上的主旨演讲》，人民出版社2018年版，第3页。

④ 李克强：《在开放融通中共创共享繁荣——在“新加坡讲座”和“通商中国”的演讲》，《光明日报》2018年11月16日第3版。

史条件下对外开放肩负着更多的历史使命。

——内容

开放融通在内容上包括开放和融通两个方面的含义。具体到“一带一路”，就是对其开放的区域合作精神和全方位互联互通两方面的高度概括。2015 年发布的《推动共建丝绸之路经济带和 21 世纪海上丝绸之路的愿景与行动》是“一带一路”倡议的纲领性文件，涉及“一带一路”倡议的时代背景、共建原则、合作重点和美好未来的等 8 个方面的内容。在时代背景中，明确提出“一带一路”的开放是“秉持开放的区域合作精神，致力于维护全球自由贸易体系和开放型世界经济”。而共建原则的内容之一就是要坚持开放合作，在成员构成上强调“基于但不限于古代丝绸之路的范围的各国和国际、地区组织均可参与‘一带一路’，以便让共建成果惠及更广泛的区域”。融通则主要体现在“促进经济要素有序自由流动、资源高效配置和市场深度融合，推动沿线各国实现经济政策协调”的目标中。

开放融通语意下的开放是全方位的对外开放。“一带一路”建设是中国实行全方位对外开放的重大举措、推行互利共赢的重要平台。“一带一路”将推动中国的开放空间从沿海、沿江向内陆、沿边延伸，形成陆海内外联动、东西双向互济的开放新格局。“一带一路”同京津冀协同发展、长江经济带发展、粤港澳大湾区建设等国家战略形成对接，可以促进西部地区、东北地区在更大范围、更高层次上开放，助推内陆沿边地区成为开放前沿。

开放融通语意下的开放是多元、高水平的对外开放。随着外部环境和国内要素禀赋的变化，过去以大进大出为特征的要素流动性型开放需要向规则等制度性开放转变，以建设更高水平的开放型经济新体制，形成国际合作和竞争新优势。从对标国际高水平经贸规则入手，推动外商投资企业国民待遇加负面清单管理制度的落实，以创造法治化、国际化、便利化的营商环境和制度体系。“一带一路”建设上，要在坚持多元、多层次合作的同时，加快高标准自由贸易区建设，扩大自由贸易区网络的覆盖范围，形成立足周边、辐射“一带一路”、面向全球的高标准自由贸易区网络。

开放融通语意下的融通主要体现在“五通”上。一带一路”的合作重点包括政策沟通、设施联通、贸易畅通、资金融通和民心相通 5 个方面，其目标是构建全方位、多层次、复合型的互联互通网络，以促进共建“一带一路”合作国家的人民在物质和文化上的融通。

当前，在推进对外开放中要注意两点：一是凡是愿意同我们合作的国家、地区和企业，包括美国的州、地方和企业，我们都要积极开展合作，形成全方位、多层次、多元化的开放合作格局。二是越开放越要重视安全，越要统筹好发展和安全，着力增强自身竞争能力、开放监管能力、风险防控能力，炼就金刚不坏之身。①

——意义

在当今经济全球化遭遇挫折的背景下，开放融通不仅对中国未来的自身发展，而且对世界未来的发展具有重要意义。通过开放融通，中国和世界之间可以形成良好的互动，从而有助于抵御贸易保护主义和封闭的地区主义，更好地推动“一带一路”倡议中共商共建共享原则的落实。中国开放的大门永远不会关上，欢迎各国搭乘中国发展的“顺风车”，这是中国做出的郑重承诺。中国将始终做全球发展的贡献者，坚持奉行互利共赢的开放战略。共建“一带一路”正在成为中国参与全球开放合作、改善全球经济治理体系、促进全球共同发展繁荣、推动构建人类命运共同体的中国方案。② 需要强调的是，改善全球经济治理体系并不是要另起炉灶、推倒重建，而是要坚持平等参与，照顾大多数成员的关切。（本条执笔：刘均胜）

32. 互学互鉴之路

2014 年 3 月，习近平主席在联合国教科文组织总部发表演讲时引用“物之不齐，物之情也”这一谚语，以此表示人类文明纷繁多样，交流互鉴将丰富全人类的精神世界。著名社会学家费孝通先生认为，“各美其美，美人之美，美美与共，天下大同”。赤橙黄绿青蓝紫七色组成阳光，百花齐放合成春天，233 个国家和地区构成全世界。参与共建“一带一路”的国家，借助这一平台，实现互惠共赢，并把合作共赢理念推广到全世界。

——概念的提出与内涵

2017 年 5 月 14 日，习近平主席在“一带一路”国际合作高峰论坛开幕式上发表演讲指出，“古丝绸之路绵亘万里，延续千年，积淀了以和平合作、开放包容、互学互鉴、互利共赢为核心的丝路精神。这是人类文明的宝贵遗产”③。丝绸之路由东西方无数人共同铺就，马其顿王国亚历山大、西汉张骞、东汉班超为打通丝绸之路都贡献过智慧和力量。“丝绸之路”一词首次出现在德国地质地理学家费迪南·冯·李希霍芬 1877 年出版的《中国——我的旅行成果》中。

---

① 习近平：《在经济社会领域专家座谈会上的讲话》，人民出版社 2020 年版，第 8 页。

② 《习近平出席推进“一带一路”建设工作 5 周年座谈会并发表重要讲话》，2018 年 8 月 27 日，中华人民共和国中央人民政府网站，http://www.gov.cn/xinwen/2018-08/27/content_5316913.htm。

③ 习近平：《携手推进“一带一路”建设——在“一带一路”国际合作高峰论坛开幕式上的演讲》，人民出版社 2017 年版，第 2 页。

古丝绸之路见证了中华文明与西方文明间的交流碰撞。佛教、伊斯兰教、三夷教（祆教、景教、摩尼教）和阿拉伯的音乐舞蹈等传入中国，中国的四大发明、陶瓷、绘画、医药等走向世界。“希腊人只有一只眼睛，唯有中国人才有两只眼睛”是流传于阿拉伯世界和波斯的谚语，指的就是古希腊人只懂理论，而中国人既懂理论也懂技术。更为重要的是，借助于古丝绸之路的文明交流，文明创新接踵而至。以佛教为例，佛教源自西天印度，盛于东土大唐，它与中国的儒家文化和道家文化融合成为中国人的精神世界。儒家文化流传至西方世界引起了震动，自称为“孔门弟子”的伏尔泰称“孔子是真正的圣人”。由于伏尔泰的传播，1789 年法国的《人权和公民权宣言》载入“己所不欲，勿施于人”，宣言的第六条写道：“自由是属于所有的人做一切不损害他人权利的事的权利，其原则是自然，其规则为正义，其保障为法律，其道德界限则在下述格言之中：己所不欲，勿施于人。”① 古丝绸之路蕴含的互学互鉴从中可见一斑。

——体现

第一，坚持互学互鉴，建设基础设施。

经历新冠肺炎疫情考验的“一带一路”建设逆势增长，中国与共建“一带一路”合作国家的基础设施建设合作势头强劲，港口、铁路、住房、水利等合作项目都取得了重大成果。巴基斯坦瓜达尔港、肯尼亚拉穆港、希腊比雷埃夫斯港促进了海上货物贸易。几内亚达圣铁路建成通车，中老铁路最长桥梁蓬通特大桥主体施工完成，斯里兰卡卡塔纳供水项目竣工，埃及新行政首都中央商务区标志塔主体结构——“非洲第一高楼”封顶，埃塞俄比亚莫焦旱港扩建项目开工，这些合作项目的开工及完工，对于发展完善货物贸易和能源输送渠道，提振当地经济意义非凡。中欧班列成为新冠肺炎疫情中畅通地区供应链的“钢铁驼队”。2021 年是中欧班列开行的十周年，十年来中欧班列开行累计突破 4 万列，仅 2021 年一年就突破了“万列”大关，合计货值超过 2000 亿美元，打通 73 条运行线路，通达欧洲 22 个国家的 160 多个城市。②

第二，坚持互学互鉴，加强贸易往来。

2021 年，“中国对共建‘一带一路’合作国家进出口贸易额为 11.6 万亿元，增长 23.6%，较同期外贸整体增速高出 2.2 个百分点。其中，出口 6.59 万亿元，增长 21.5%；进口 5.01 万亿元，增长 26.4%”③。截至 2021 年年末，

① 赵建文：《儒家自由思想：〈世界人权宣言〉与中华传统文化的汇通》，《人权》2020 年第 1 期。

② 《中欧班列开行十周年　外交部：班列的欣欣向荣充分说明“一带一路”的旺盛活力》，2021 年 6 月 22 日，央视网，http://m.news.cctv.com/2021/06/22/ARTIRJO3sdgxK6fN7BiuUujf210622.shtml。

③ 《海关总署：中国与“一带一路”沿线国家贸易往来呈现出这些特点》，2022 年 1 月 15 日，中国一带一路网，https://www.yidaiyilu.gov.cn/xwzx/gnxw/214911.htm。

商务部统计的境外经贸合作区分布在 46 个国家，累计投资 507 亿美元，在东道国缴纳税费 66 亿美元，为当地创造 39.2 万个就业岗位。[①] 在新冠肺炎疫情冲击全球经济的情况下，中国与共建"一带一路"合作国家贸易往来逆流而上，为相关方创造了实实在在的利益。2017 年中国举办的首届"一带一路"国际合作高峰论坛在贸易畅通领域达成 16 大项成果，其中一项是自 2018 年起举办中国国际进口博览会。这是全球首个以进口为主旨的国家级展会，四届共达成成交意向 2723 亿美元，成为国际贸易发展史上的创举。2019 年第二届"一带一路"国际合作高峰论坛成果清单发布，清单共有 6 大类 283 项，其中投资类项目及项目清单 17 项。这些务实成果充分证明了"一带一路"利苍生、惠天下。

第三，坚持互学互鉴，促进人文合作。

"一带一路"倡议蕴含着历史悠久的文化底蕴，古丝绸之路促进了中西方人民相互了解，"一带一路"建设中的人文合作在地域、交流深度层面比以往更上一个台阶。在体制机制层面，中国同共建"一带一路"合作国家形成了多级别交流、覆盖面广泛的人文交流合作机制。中国"在 51 个合作国家设立了 134 所孔子学院和 130 个中小学孔子课堂，与 53 个合作国家建立起 734 对友好城市关系，与 24 个合作国家签订学历学位互认协议，与 24 个合作国家实现公民免签或落地签"[②]。在合作领域层面，中国同共建"一带一路"合作国家开展了包括科技、教育、体育、旅游、医疗等领域的多样化交流合作。其中，文艺以最接地气的方式连接中外民众，《舌尖上的中国》《甄嬛传》等电视节目、电视剧促进了世界对中国相关领域的了解。"一带一路"平台向世界展示了丰富多彩的中华文化，为中国引入了异国文化盛宴。

——意义

历史上的互学互鉴造就了丝路精神，如今"一带一路"倡导互学互鉴将助力各国携手实现人类命运共同体的构建。2019 年 5 月 15 日，习近平主席在亚洲文明对话大会开幕式发表主旨演讲时指出，"文明因多样而交流，因交流而互鉴，因互鉴而发展。我们要加强世界上不同国家、不同民族、不同文化的交流互鉴，夯实共建亚洲命运共同体、人类命运共同体的人文基础"[③]。当今世界面临的问题显现出了跨国、跨地区的特征，需要各国携手共同应对，从各

---

① 《2021 年中国对外直接投资 9366.9 亿元人民币　对"一带一路"沿线国家投资增长较快》，2022 年 1 月 24 日，中国一带一路网，https://www.yidaiyilu.gov.cn/xwzx/gnxw/217288.htm。

② 《人文交流推动共建"一带一路"跨越文化差异》，2019 年 4 月 16 日，人民网，http://world.people.com.cn/n1/2019/0416/c1002-31032931.html。

③ 习近平：《深化文明交流互鉴　共建亚洲命运共同体——在亚洲文明对话大会开幕式上的主旨演讲》，人民出版社 2019 年版，第 5 页。

种文化中汲取智慧，而单靠一种文化并不能彻底解决问题。“文化霸权”不仅不能解决问题，还会给世界带来新的问题。美国前国家安全事务助理兹比格纽·布热津斯基在《大棋局——美国的首要地位及其地缘战略》中写到，“在文化方面，美国文化虽然有些粗俗，却有无比的吸引力，特别是在世界的青年中”①。文明间的对话将在全世界促进“和而不同”观念的传播，进而促使各国形成命运一体的观念，以“对话而不对抗”的途径化解国家间的矛盾，减轻民族主义、种族主义等国际热点问题带来的损害。（本条执笔：薛力、席寒婷）

33. 健康丝绸之路

——背景

随着全球化程度不断提高，疾病跨境传播日趋频繁，卫生也被赋予更多“全球”特性。SARS、禽流感、埃博拉出血热、中东呼吸综合征等新发、再发传染病疫情不断涌现，使国际社会充分意识到“疾病无国界”这一严峻现实。面对全球和区域性的卫生问题，世界任何一个国家都不可能独善其身。各国亟须加强交流合作、采取协同行动，共同维护全球卫生安全和本国人民的健康权益。

早在2015年，国家卫生和计划生育委员会就推出《关于推进“一带一路”建设卫生计生交流与合作三年（2015—2017）实施方案》。不过，健康丝绸之路正式提出是在2016年6月习近平主席出访乌兹别克斯坦，正式把健康作为“一带一路”重要组成部分。2016年11月，中国与世界卫生组织共同主办第九届全球健康促进大会，2017年1月，中国同世界卫生组织签署《关于“一带一路”卫生领域合作的谅解备忘录》，对提高共建“一带一路”合作国家健康卫生水平具有里程碑意义。

所谓健康丝绸之路就是将健康卫生纳入“一带一路”合作议程之中，共同促进共建“一带一路”合作国家卫生安全、推动卫生健康可持续发展和创新合作。中国并不止步于健康丝绸之路。2020年3月习近平主席提出打造人类卫生健康共同体，“中方愿同法方共同推进疫情防控国际合作，支持联合国及世界卫生组织在完善全球公共卫生治理中发挥核心作用，打造人类卫生健康共同体”②。2020年6月，中国发布《抗击新冠肺炎疫情的中国行动》白皮书提出：“各国应为全人类前途命运和子孙后代福祉作出正确选择，秉持人类命运共同

① ［美］兹比格纽·布热津斯基：《大棋局——美国的首要地位及其地缘战略》，中国国际问题研究所译，上海人民出版社1998年版，第32页。

② 《“健康丝绸之路”为生命护航》，《人民日报》2020年3月24日。

体理念，齐心协力、守望相助携手应对，坚决遏制疫情蔓延势头，打赢疫情防控全球阻击战，护佑世界和人民康宁。”① 从打造“健康丝绸之路”到打造人类卫生健康共同体，重在加强全球合作，建立全球卫生伙伴关系，推动完善全球公共卫生治理，提升卫生健康水平。

——内容

健康丝绸之路提出之后，中国主要开展以下几个方面的工作。

一是建立合作机制。近年来，中国积极加强与世界卫生组织的合作，已与100 多个共建“一带一路”合作国家或地区签署双多边卫生合作协议，共同发起和参与的国际（区域）卫生合作机制超过 11 个，在上海合作组织、中国—东盟、澜沧江—湄公河、亚太经合组织、金砖国家等多边机制下开展的卫生合作，建立中国—东盟卫生合作论坛、中国—中东欧国家卫生合作论坛等区域高层对话平台，构建多个双边人文交流机制，初步形成了全方位、多层次、宽领域的“一带一路”卫生合作战略布局。

二是开展具体合作。近年来，中国与共建“一带一路”合作国家卫生合作交流不断深化、合作领域日益扩展，促成了一批影响大、受益广、效果好的早期收获项目，先后实施 41 项重大项目。与大湄公河次区域国家开展传染病联防联控合作；与中亚国家开展包虫病、鼠疫等人畜共患病防控合作；与世界卫生组织、东盟国家、俄罗斯、以色列等开展卫生应急合作；累计与合作国家合作培养 1200 余名公共卫生管理和疾病防控人员；累计为合作国家 5200 余名白内障患者实施免费复明手术；与合作国家开展跨境医疗服务合作；与中东欧国家、东盟国家开展传统医药合作，在多个领域取得了突破性和示范性成果，建设了一批海外中医中心，增强了合作国家的获得感，卫生合作对“一带一路”倡议实施的支撑与促进作用日益显现。

三是启动应急机制。新冠肺炎疫情波及 210 多个国家和地区，影响 70 多亿人口，夺走了 30 余万人的宝贵生命。面对来势汹汹的新冠肺炎疫情，中方始终本着公开、透明、负责任的态度，及时向世界卫生组织及相关国家通报新冠肺炎疫情信息，第一时间发布病毒基因序列等信息，毫无保留同各方分享防控和救治经验，尽己所能为有需要的国家提供了大量支持和帮助。

四是及时提供援助。中国已向 80 多个有急需的发展中国家提供疫苗援助，向 43 个国家出口疫苗，为受疫情影响的发展中国家抗疫以及恢复经济社会发展提供了 20 亿美元援助，向 150 多个国家和 13 个国际组织提供了抗疫物资援助，为全球供应了 2800 多亿只口罩、34 亿多件防护服、40 多亿份检测试

① 中华人民共和国国务院新闻办公室：《抗击新冠肺炎疫情的中国行动》，人民出版社 2020 年版，第 76 页。

剂盒。

——意义

打造“健康丝绸之路”有助于坚持共商共建共享的原则，为未来可能面临的公共卫生挑战提供经验基础，为打造“人类卫生健康共同体”赋予新动能。抗击新冠肺炎疫情的实践再次表明，筑墙于事无补，独善其身是不可能的，各国唯有团结协作，着眼长远，提升全球公共卫生治理水平，才可能在与病毒的战斗中赢得先机。

打造“健康丝绸之路”也为共建“一带一路”开辟了广阔的合作空间，创新了合作交流形式，为完善全球公共卫生治理提供了新思路。新冠肺炎疫情治理表明，唯有开展国际公共卫生合作才是解决目前的疫情危机、改善人类健康福祉的可行之路。

打造“健康丝绸之路”还有助于推动政策沟通、设施联通、贸易畅通、资金融通和民心相通。“健康丝绸之路”有利于加强伙伴关系以遏制新冠肺炎疫情、改善基础设施并帮助人们获得急需的卫生服务，以及巩固因新冠肺炎疫情而承压的卫生系统。

打造“健康丝绸之路”还有助于加强全球公共卫生治理。重大公共卫生突发事件对人类来说不会是最后一次。当前，全球公共卫生治理存在诸多短板，全球传染病联防联控机制还未形成，国际公共卫生资源十分匮乏，逆全球化思潮兴起使得全球公共卫生体系更加脆弱。有必要加强合作，建立健全全球公共卫生安全长效融资机制、威胁监测预警与联合响应机制、资源储备和资源配置体系等合作机制，建设惠及全人类、高效可持续的全球公共卫生体系，筑牢保障全人类生命安全和健康的坚固防线。

打造健康丝绸之路有助于推动全球经济发展、防止世界经济衰退。依托共建健康丝绸之路，各国将加大卫生健康领域科技投入，加强宏观经济政策协调，不仅有利于缓解新冠肺炎疫情冲击，而且有利于提升全球应对经济波动的能力。（本条执笔：赵江林）

四　数字丝绸之路

34. 数字经济

——发展背景

1996年，有着“数字经济之父”之称的唐·塔普斯科特首次提出“数字经济”概念，并用它来指代网络智能时代的经济。[①] 数字经济以大数据、智能算法、算力平台等要素为基础，其发展主要源于数字技术的快速发展与应用。数字技术的发展至少从两个方面为数字经济的发展奠定了重要基础：一是数字数据的扩张。根据联合国贸易和发展会议（UNCTAD）估计，2022年全球互联网协议流量将超过截至2016年的互联网流量总和；2020年全球互联网带宽提高了35%，是2013年以来增幅最大的一年。[②] 二是数据平台的推动。过去十年间，作为数字驱动的商业模式，数字平台大量涌现，并为外部生产者和消费者提供了在线互动的机制。这些数字平台企业有能力记录和提取与平台用户之间的在线行为和互动相关的所有数据。

数字经济发展速度之快、辐射范围之广、影响程度之深前所未有，正在成为重组全球要素资源、重塑全球经济结构、改变全球竞争格局的关键力量。[③] 目前，数字经济已经成为全球经济发展的主要动力。新冠肺炎疫情的暴发，也在客观上推动了全球数字化的发展，成为数字经济的加速器。据中国信息通信研究院对47个国家的统计数据，数字经济增加值规模由2019年的31.8万亿美元上升至2020年的32.6万亿美元；同期，数字经济占国内生产总值（GDP）的比重从41.5%上升至43.7%。[④] 国际数据公司（IDC）报告预测，

① Don Tapscott, *The Digital Economy: Promise and Peril in the Age of Networked Intelligence*, The McGraw-Hill Book Company, 1996, p. 6.

② 联合国贸易和发展会议：《2021年数字经济报告：跨境数据流动与发展（概述）》，2021年，第1页。

③ 习近平：《不断做强做优做大中国数字经济》，《求是》2022年第2期。

④ 中国信息通信研究院：《全球数字经济白皮书——疫情冲击下的复苏新曙光（2021年）》，2021年，第10—12页。

2022年全球65%的GDP将由数字化推动；2020—2023年，直接来源于数字化转型的投资将达到15.5%的年复合增长率（CAGR），数字化转型的直接投资总规模将超过6.8万亿美元。[①] 2019—2024年，大数据技术和服务相关收入将以15.6%的五年复合增长率增长。[②]

——内容

作为一种新的经济形态，数字经济既包括将数据或数字化的知识与信息作为关键生产要素的经济，也包括以云计算、大数据、物联网、人工智能、区块链等数字技术为手段的经济。数字经济涉及的领域日益广泛，并主要包括数字产业、数字贸易和数字货币金融等领域。

数字技术的发展给全球产业的发展带来了深刻改变，并主要体现在数字产业化和产业数字化两个方面。数字产业化是将信息的生产与使用规模化，主要涉及电子信息设备、数据传输、云计算、物联网和人工智能等方面的硬件和软件制造、销售和服务，数字产业化是数字经济发展的基础。产业数字化是将数字技术和信息数据广泛应用于传统产业部门的生产、经营和管理等各个环节，并通过两者间相互融合实现产出增加和效率提升。随着数字化进程的加快，数字产业化已经成为数字经济发展的主引擎，传统产业治理进入数字时代。2020年全球产业数字化占数字经济的比重为84.4%，占GDP的比重达36.8%。[③]

数字技术的广泛应用推动了数字贸易的快速增长。无论是数字服务贸易还是数字商品贸易，增长速度都远高于传统贸易方式，在新冠肺炎疫情冲击下更是如此。根据联合国贸易和发展会议的数据，2020年全球服务出口额与2019年相比下降了20%，但依托于信息和通信技术（ICT）的全球出口数字交付服务仅下降了1.8%，而数字交付服务占全球服务出口的比例达到了64%。[④]

随着云计算、互联网和区块链技术的发展，经济金融活动被更多地转移至互联网世界，催生了无实体形式的数字货币。根据加密货币行情数据网站CoinMarketCap数据，截至2022年1月29日，全球交易的数字加密货币种类共计17198种，交易总额达1.71万亿美元。[⑤] 数字技术的发展也推动着传统金融

---

① Shawn Fitzgerald, et al., "IDC Future Scape: Worldwide Digital Transformation 2021 Predictions", October 2020.

② Chandana Gopal, et al., "Worldwide Big Data and Analytics Software Forecast, 2020 – 2024", August 2020.

③ 中国信息通信研究院：《全球数字经济白皮书——疫情冲击下的复苏新曙光（2021年）》，2021年，第12页。

④ "Digital Trade: Opportunities and Actions for Developing Countries," UNCTAD Policy Brief No. 92, UNCTAD, January 7, 2022.

⑤ "Global Cryptocurrency Market Charts," CoinMarketCap, January 28, 2022, https://coinmarketcap.com/charts/.

领域的革新。基于区块链技术的国际支付结算运行模式不仅不依赖于中心化的机构，而且由于具有不可篡改和可追溯的特质，能够为支付监管和隐私保护提供有力支持，同时推进全球货币体系去中心化的趋势。

——意义

在新冠肺炎疫情背景下，数字经济快速发展，辐射范围和影响程度前所未有，并已成为重组全球要素资源、重塑全球经济结构、改变全球竞争格局的关键力量。对世界各国来说，发展数字经济具有十分重要的作用。

首先，数字经济塑造经济增长动力。据中国信息通信研究院对 47 个国家的统计数据，在 2019—2020 年间，数字经济增加值规模由 31.8 万亿美元上升至 32.6 万亿美元，数字经济占 GDP 的比重从 41.5% 上升至 43.7%；2020 年全球数字经济平均名义增速 3.0%，高于 GDP 名义增速 5.8 个百分点。[①] 数字经济已成为拉动经济增长、应对全球经济下行压力的稳定器。

其次，数字经济推动可持续发展。数字技术能显著降低经济活动中的社会经济成本，是实现可持续发展的一条重要路径。在气候治理中，数字技术的运用可以直接降低传统经济活动中的碳排放，从而助力实现碳中和等气候目标。在产业发展中，数字化基础设施降低经济成本，数字化平台有助于资源共享和集约化利用，为社会创造更多灵活的就业机会，从而推动经济可持续增长。

最后，数字经济拓展了全球治理空间。数字经济的国际合作既是本国数字经济发展的必然要求和自然延伸，也是改革和完善全球经济治理的重要依托。当前，数字经济已成为联合国、二十国集团、金砖国家、亚太经合组织、世界贸易组织等多边机制关注的重点议题之一，《二十国集团数字经济发展与合作倡议》《“一带一路”数字经济国际合作倡议》《数字经济伙伴关系协定》等为构建全球数字经济发展和网络空间治理体系奠定了基础。（本条执笔：徐秀军）

35. 数字互联互通

——背景

数字互联互通是数字经济与“一带一路”倡议的有机结合，是“一带一路”基础设施互联互通的重要内容。《推动共建丝绸之路经济带和 21 世纪海上丝绸之路的愿景与行动》提出“共同推进跨境光缆等通信干线网络建设，提高国际通信互联互通水平，畅通信息丝绸之路”[②]。在后疫情时代，数字互联互

① 中国信息通信研究院：《全球数字经济白皮书——疫情冲击下的复苏新曙光（2021 年）》，2021 年，第 10—12 页。

② 《推动共建丝绸之路经济带和 21 世纪海上丝绸之路的愿景与行动》，人民出版社 2015 年版，第 9 页。

通对于打破时空限制，延伸产业链条，畅通国内外经济循环，价值更为彰显。鉴于数字互联互通的重要作用，习近平在首届“一带一路”国际合作高峰论坛上指出，要坚持创新驱动发展，加强在数字经济、人工智能、纳米技术、量子计算机等前沿领域合作，推动大数据、云计算、智慧城市建设连接成21世纪的数字丝绸之路。[①] 习近平在全国网络安全和信息化工作会议上再次强调，要以“一带一路”建设等为契机，加强同沿线国家特别是发展中国家在网络基础设施建设、数字经济、网络安全等方面的合作，建设21世纪数字丝绸之路。[②]

——内容

数字经济和数字互联互通已经成为中国与“一带一路”合作国家共建丝绸之路和提高区域经济发展水平最具潜力的新领域。近年来为提升经济现代化水平，顺应世界经济数字化发展潮流，中亚各国采取多项措施催生数字经济全面可持续发展。哈萨克斯坦于2017年12月通过《“数字哈萨克斯坦”国家规划》，其中工业和电力数字化、运输和物流数字化、农业数字化、发展电子商务和电子政务、发展金融技术和非现金支付、建设智慧城市、扩大通信网络和通信技术基础设施是重点领域；乌兹别克斯坦于2019年11月发布《数字乌兹别克斯坦2030国家战略构想》草案讨论稿与实施路线图，确保数字经济、电子政务、信息和通信技术以及创新技术的系统发展，加强数字发展领域的国际合作；土库曼斯坦总统于2018年11月批准了《土库曼斯坦2019—2025年数字经济发展构想》；在东南亚，2020年是中国—东盟数字经济合作年，东盟正在制定“第四次工业革命综合战略”，旨在解决第四次工业革命在治理、经济和社会等方面面临的问题；在非洲，非盟制定了《2063年议程》，“泛非数字网络”和“网络安全”是该议程的旗舰项目。[③] 目前，中国正通过“一带一路”高峰论坛、中阿合作论坛等多边机制，加快数字互联互通，加强和其他国家数字经济战略对接，并坚持多边主义，支持多边数字治理机制建设，进而与共建“一带一路”合作国家的人民共享跨国合作的市场红利和技术红利。

共建数字丝绸之路和数字互联互通建设，需要发挥政府与国际组织的作用，进行政策的顶层设计，成立跨国合作机制，组织产业合作联盟，搭建公共服务平台，建立纠纷解决机制，加强风险预警与网络安全，统一技术标准，推进国际标准化合作，完善法律法规，构建治理体系。同时，需要发挥企业的作

① 习近平：《携手推进“一带一路”建设——在“一带一路”国际合作高峰论坛开幕式上的演讲》，人民出版社2017年版，第10页。

② 《习近平出席全国网络安全和信息化工作会议并发表重要讲话》，2018年4月21日，新华社，http://www.gov.cn/xinwen/2018-04/21/content_5284783.htm。

③ 王海燕：《中国与中亚国家共建数字丝绸之路：基础、挑战与路径》，《国际问题研究》2020年第2期。

用，建设信息基础设施，发展网络信息技术产业，促进产业以及公共服务数字化转型。此外，还需要借助智库的研究力量，中介机构的信息渠道优势，协会与联盟的沟通组织协调能力，进而健全人才培养机制，加强数字化人才培训，构建合作项目的数据库。习近平主席在亚太经合组织第二十八次领导人非正式会议上指出“加强数字基础设施建设，加快数字转型，努力弥合‘数字鸿沟’，推动数字经济全面发展。中国提出促进数字时代互联互通倡议，支持加强数字经济国际合作，已申请加入《数字经济伙伴关系协定》”。[①] 中国科学家联合国际专家学者正式发起了为期 10 年的基于空间观测的数字丝绸之路国际科学计划倡议，得到共建“一带一路”合作国家和国际组织的响应。

——意义

大部分共建“一带一路”合作沿线国家和地区处于数字化转型的起步阶段，数字治理规则发展滞后，亟待构建适合本国经济发展需求的规则框架。中国作为数字经济、数字贸易大国，在推动“一带一路”数字开放合作、数字互联互通中有望发挥引领角色。前期的“一带一路”基础设施互联互通建设成果主要集中在铁路、公路、港口、电站、油气管道等基础设施上，数字互联互通作为一个新的经济增长点，大有潜力可挖。首先，数字互联互通有利于巩固中国数字经济的领先地位。中国数字经济发展较快，第五代移动通信技术（5G）建设全球领先，在数字经济领域已经建立起比较优势。相比之下，一些共建“一带一路”合作国家和地区的互联网、电信和其他数字基础设施尚不健全，处于数字隔离状态，在全球数字化大浪潮中，有成为数字孤岛的可能。在“一带一路”倡议下，推进数字互联互通有助于发挥中国数字经济的全球领先地位，将中国数字经济发展的新业态、新模式、新应用推广至共建“一带一路”合作国家，实现资源共享、利益互惠。

其次，数字互联互通可以帮助共建“一带一路”合作国家实现跨越式发展。“一带一路”横跨亚洲、欧洲和非洲等地，合作国家的人口占全球人口总量约六成，贫困人口占全世界贫困人口约五成，多数国家处于向工业化、城镇化、现代化迈进阶段，发展经济、改善民生是沿线国家的普遍心愿，“数据驱动发展”逐渐成为合作国家人民的共识。推进数字互联互通，大力发展数字经济，对于利用大数据改造和升级传统工业、培育和创造经济新业态和新模式具有重要意义。数字互联互通可通过推动数字经济与实体经济深度融合，为经济社会发展提供双轮驱动力，实现共建“一带一路”合作国家跨越发展。

最后，数字互联互通对于加强中国与共建“一带一路”合作国家的文化交

① 《习近平在亚太经合组织第二十八次领导人非正式会议上的讲话》，人民出版社 2021 年版，第 10 页。

流具有重要意义。民心相通是“一带一路”倡议中唯一指向人际传播的顶层设计，而数字互联互通将成为数字经济时代促进各国民心相通的加速器。古代丝绸之路是中国文化的传播通道，曾经影响和塑造了西方社会对传统中国的全部想象，“一带一路”也将成为中华文明的传播渠道。数字互联互通的构建有利于挖掘和凝练共建“一带一路”合作国家的文化资源和文化价值，更好地服务于塑造中国话语体系、展示中国形象、传播中国声音、讲好中国故事的历史使命中，起到文化交流与民心相通的作用。[①]（本条执笔：杨超）

36. 大数据

——背景

大数据作为一种概念和思潮由计算领域发端，之后逐渐延伸到科学和商业领域。近10年来，大数据相关技术、产品、应用和标准快速发展，逐渐形成了覆盖数据基础设施、数据分析、数据应用、数据资源、开源平台与工具等板块的大数据产业格局，历经从基础技术和基础设施、分析方法与技术、行业领域应用、大数据治理到数据生态体系的变迁。[②] 大数据是数字化生存时代的新型战略资源，是驱动创新的重要因素，正在改变人类的生产和生活方式。大数据为人类提供了全新的思维方式和探知客观规律、改造自然和社会的新手段，这也是其引发经济社会变革的根本性原因。

鉴于数据要素价值对于中国经济发展的重要性，2015 年中国开始实施“国家大数据战略”，推进数字经济发展和数字化转型，习近平总书记在中共中央政治局第二次集体学习时强调，大数据发展日新月异，我们应该审时度势、精心谋划、超前布局、力争主动，深入了解大数据发展现状和趋势及其对经济社会发展的影响，分析中国大数据发展取得的成绩和存在的问题，推动实施国家大数据战略，加快完善数字基础设施，推进数据资源整合和开放共享，保障数据安全，加快建设数字中国，更好地服务中国经济社会发展和人民生活改善。[③]

——内容

党的十八大以来，党中央高度重视发展数字经济，将其上升为国家战略。党的十八届五中全会提出，实施网络强国战略和国家大数据战略，拓展网络经

① 向勇：《数字丝绸之路——打造中国文化对外交流的时代名片》，2017 年 5 月，光明网，http://news.cctv.com/2017/05/16/ARTIblIIZOUR5Z2SKYjZnfL4170516.shtml。

② 梅宏：《大数据与数字经济》，2022 年 1 月 16 日，求是网，http://www.qstheory.cn/dukan/qs/2022－01/16/c_1128261786.htm。

③ 《审时度势精心谋划超前布局力争主动实施国家大数据战略加快建设数字中国》，《人民日报》2017 年 12 月 10 日第 1 版。

济空间，促进互联网和经济社会融合发展，支持基于互联网的各类创新。党的十九大提出，推动互联网、大数据、人工智能和实体经济深度融合，建设数字中国、智慧社会。党的十九届五中全会提出，发展数字经济，推进数字产业化和产业数字化，推动数字经济和实体经济深度融合，打造具有国际竞争力的数字产业集群。中国出台了《网络强国战略实施纲要》《数字经济发展战略纲要》，从国家层面部署推动数字经济发展。这些年来，中国数字经济发展较快、成就显著。根据 2021 全球数字经济大会的数据，中国数字经济规模已经连续多年位居世界第二。特别是新冠肺炎疫情暴发以来，数字技术、数字经济在支持抗击新冠肺炎疫情、恢复生产生活方面发挥了重要作用。

中国经过几十年积累和储备，数据资源大规模聚集，奠定了数字经济发展的坚实基础。2021 年 11 月，工业和信息化部发布《“十四五”大数据产业发展规划》提出要开启大数据产业创新发展新赛道，聚力数据要素多重价值挖掘，抢占大数据产业发展制高点。在国家的大力支持下，中国大数据产业发展取得显著成效。据测算，大数据产业规模年均复合增长率超过 30%，2020 年超过 1 万亿元，逐渐成为支撑中国经济社会发展的优势产业。

“一带一路”作为一个“减贫之路”“增长之路”，在新一轮科技革命和产业革命中，将迎来历史机遇期。共建“一带一路”合作国家共同推进跨境光缆等通信网络建设，提高国际通信互联互通水平。截至 2016 年年底，中国通过国际海缆可连接美洲、东北亚、东南亚、南亚、大洋洲、中东、北非和欧洲地区，通过国际陆缆连接俄罗斯、蒙古国、哈萨克斯坦、吉尔吉斯斯坦、塔吉克斯坦、越南、老挝、缅甸、尼泊尔、印度等国，延伸覆盖中亚、东南亚、北欧地区。中国还与土耳其、波兰、沙特阿拉伯等国主管部门签署了《关于加强“网上丝绸之路”建设合作促进信息互联互通的谅解备忘录》，推动信息技术、大数据等领域合作。①

——意义

在大数据、人工智能等领域加强交流合作，可促使科技创新成果造福共建“一带一路”合作国家的人民。企业可借助大数据技术改善投资和贸易决策。中国企业与共建“一带一路”合作国家贸易往来会面临汇率风险、政策风险、道德风险，各国口岸和物流效率、海关和边境政策、规制环境等方面的不稳定因素较多，消费者需求和偏好难以把控。随着中国对共建“一带一路”合作国家对外直接投资的增加，各类直接、间接投资的收益率、周期、融资条件、风险都需要密切跟踪评估。大数据技术可以实现对各地区的海关政策、物流、资

① 《共建“一带一路”：理念、实践与中国的贡献》，2017 年 5 月 11 日，中华人民共和国中央人民政府网站，http://www.gov.cn/xinwen/2017-05/11/content_5192752.htm#allContent。

金流、消费者需求等进行实时精准预估，提高贸易和投资决策的精确度。

大数据助力政府治理现代化。[①] 由于地理、历史、民族、文化及宗教等各方面因素，共建“一带一路”合作国家的国情十分复杂，政府社会治理难度较大。大数据技术在预判经济运行风险、感知社会态势、畅通沟通渠道，具有特殊的优势。相对于传统手工小数据，现代大数据技术通过对海量、多样、动态、复杂的数据快速收集、全样本分析、深入挖掘、实时研判和有效利用，对于稳步提高国家决策、服务、执行和应急管理能力具有重要意义。因此，利用大数据技术有助于推动构建系统完备、科学严谨、运行有效的国家治理体系，为共建“一带一路”合作国家精细化社会管理和国家治理开辟新的途径。

大数据可以推动大数据产业和数字经济的发展。世界各国高度重视发展大数据和数字经济，纷纷出台相关政策。据中国信息通信研究院数据，2020 年，发达国家数字经济规模达到 24.4 万亿美元，占全球经济总量的 74.7%。发达国家数字经济占国内生产总值比重达 54.3%，远超发展中国家 27.6% 的水平。从增速看，发展中国家数字经济同比名义增长 3.1%，略高于发达国家数字经济 3.0% 的增速。2020 年，全球 47 个国家数字经济增加值规模达到 32.6 万亿美元，同比名义增长 3.0%，产业数字化仍然是数字经济发展的主引擎，占数字经济比重为 84.4%。从规模看，美国数字经济继续蝉联世界第一，2020 年规模接近 13.6 万亿美元。从占比看，德国、英国、美国数字经济在国民经济中占据主导地位，占国内生产总值比重超过 60%。从增速看，中国数字经济同比增长 9.6%，位居全球第一。[②]（本条执笔：杨超）

37. 智慧城市

——背景

智慧城市是城市化与信息化高度融合的高级城市形态，它充分运用物联网、云计算、大数据、空间地理信息集成等新一代信息技术，构建城市规划、建设、管理和服务的智慧化体系。习近平总书记 2016 年提出了新型智慧城市的概念，新型智慧城市，是适应中国国情和信息化发展实际提出的，是智慧城市概念的中国化表述。2020 年 3 月，习近平总书记考察杭州城市大脑运营指挥中心时指出，“推进国家治理体系和治理能力现代化，必须抓好城市治理体系和治理能力现代化。运用大数据、云计算、区块链、人工智能等前沿技术推动

① 张耀军、宋佳芸：《数字“一带一路”的挑战与应对》，《深圳大学学报》（人文社会科学版），2017 年第 5 期。

② 《中国数字经济发展白皮书（2020 年）》，中国信息通信研究院，2020 年 7 月。

城市管理手段、管理模式、管理理念创新，从数字化到智能化再到智慧化，让城市更聪明一些、更智慧一些，是推动城市治理体系和治理能力现代化的必由之路，前景广阔”。[1]

——内容

智慧城市在交通运输、医疗服务、城市建设等多个领域具有广泛的应用场景，建设智慧城市得到了中央和地方政府的积极响应和重视。2020 年以来，党中央、国务院在多次会议上提及，要加快 5G 网络、数据中心等新型基础设施建设。在未来智慧城市的建设中，将集中力量进行以 5G、工业互联网为代表的通信网络基础设施建设，以人工智能、云计算为代表的新技术基础设施建设，以数据中心、智能计算中心为代表的算力基础设施建设等。在信息基础设施建设的基础之上，大力拓展智能交通、智慧能源基础设施等融合基础设施建设。国家发展和改革委员会等部门制定的《“十四五”支持老工业城市和资源型城市产业转型升级示范区高质量发展实施方案》指出，加快智慧城市建设，推进数字技术广泛应用于市域社会治理现代化；推动 5G 网络规模化部署，争取至 2025 年覆盖所有示范区城市。智慧城市是共建“一带一路”的重要载体，在完善共建“一带一路”合作国家设施联通、资金融通、民心相通、政策沟通、贸易畅通过程中，智慧城市建设可发挥不可替代的作用。智慧城市结合大数据平台和技术，实现跨境商贸交易和物流部署，促进人流、物流、信息流、资金流的快速汇聚，以实现合作国家的贸易流转效率。智慧城市已经成为数字丝绸之路建设的核心支撑。

近年来，中国各地积极推进智慧城市建设，在公共服务、产业发展、融资模式以及制度建设等方面，取得了显著成效。2018 年时，全国副省级以上城市、76% 以上地级市和超过 32% 的县级市，总计大约 500 座城市已明确提出或正在建设新型智慧城市。一些共建“一带一路”合作国家和地区已经将智慧城市建设列为国际级战略。新加坡已实施“智慧国家 2025”智能城市计划，泰国推出“智慧泰国 2020”计划，马来西亚 1996 年推出的“多媒体超级走廊”计划已经逐渐被智慧城市所取代，马来西亚计划到 2020 年转型成为亚洲信息走廊，与全球信息高速公路连接。共建“一带一路”合作国家在智慧城市建设过程中必将刺激相关产品和服务的需求，中国作为数字科技和人工智能大国，已经与相关国家在智慧城市领域加强交流和合作，并取得了积极进展。中国—东盟信息港论坛自 2018 年以来，新一代信息技术、5G 通信、人工智能、智能制造与电子商务、智慧城市等连续 4 年成为论坛的重要议题。

---

① 《统筹推进疫情防控和经济社会发展工作，奋力实现今年经济社会发展目标任务》，《人民日报》2020 年 4 月 2 日。

——意义

智慧城市有利于提升城市治理水平。智慧城市建设是推动城市治理体系和治理能力现代化的必由之路，是全面提升城市发展质量的主要举措。大多数共建“一带一路”合作国家经历着较快的城镇化、工业化，交通拥堵、环境污染、资源短缺、安全隐患等各种现代“城市病”较普遍，智慧城市通过结合先进技术手段和现代城市发展需求，有助于提高城市治理水平。智慧城市契合共建“一带一路”合作国家人民社会生活的需要。近年来，智慧城市在全球范围内得到积极倡导和实践，一些国家的智慧城市建设取得初步成效。通过在基础设施、产业发展、社会管理和公共服务等领域充分运用新一代信息技术，城市管理可以更好地实现科学决策、精细管理，进一步提升城市竞争力和民众生活质量。健康码、一网通办、智慧医疗、智慧交通在中国已经付诸实践，新型智慧城市建设加速推进，城市管理成效提升，民众生活更加便利。智慧城市建设顺应了政府治理需求。随着各国人口管理、城市建设等管理难度加大，以往采取的传统的管理模式已经无法适应现代社会的行政管理需求，特别是新冠肺炎疫情防控期间，科学合理的行政管理依赖于大数据技术和智慧城市建设。为了提升管理效率，国家行政部分逐渐把大数据技术引入行政管理中，服务于城市的日常管理工作。在未来新基建和新技术的融合过程中，政府将充分发挥平台作用，汇聚各方资源，不断创新发展模式，从而逐渐完成由“管理型政府”向“服务型政府”的彻底转型，服务效果由“尽力而为”向“无微不至”转变，治理模式由“单向管理”向“双向互动”转变。政府将通过开放的合作模式，鼓励和支持企业、社会组织、群众等多方力量参与社会治理，组建“企业主建、政府主用、社会共享”的建设运营体系，形成共建、共治、共享的城市新发展模式。（本条执笔：杨超）

38. 人工智能

——背景

2019年4月，中国国家主席习近平在第二届“一带一路”国际合作高峰论坛开幕式上发表题为《齐心开创共建“一带一路”美好未来》的主旨演讲，提出“要顺应第四次工业革命发展趋势，共同把握数字化、网络化、智能化发展机遇，共同探索新技术、新业态、新模式，探寻新的增长动能和发展路径，建设数字丝绸之路、创新丝绸之路”①。人工智能是智能化发展趋势和新技术

① 习近平：《齐心开创共建“一带一路”美好未来——在第二届“一带一路”国际合作高峰论坛开幕式上的主旨演讲》，人民出版社2019年版，第5页。

的重要体现。

经过 60 多年的发展，人工智能在移动互联网、大数据、超级计算、传感网、脑科学等新理论新技术以及经济社会发展强烈需求的共同驱动下，呈现出深度学习、跨界融合、人机协同、群智开放、自主操控等新特征。大数据驱动知识学习、跨媒体协同处理、人机协同增强智能、群体集成智能、自主智能系统成为人工智能的发展重点，受脑科学研究成果启发的类脑智能蓄势待发，芯片化、硬件化、平台化趋势更加明显，人工智能发展进入新阶段。当前，新一代人工智能相关学科发展、理论建模、技术创新、软硬件升级等整体推进，正在引发链式突破，推动经济社会各领域从数字化、网络化向智能化加速跃升。① 人工智能代表了“一带一路”国际合作在数字经济时代的发展方向。

——内容

人工智能的发展离不开智能化基础设施的建设。智能化基础设施作为信息通信基础设施建设的重要组成部分，对推动人工智能的创新发展，提升传统基础设施的智能化水平，形成适应智能经济、智能社会需要的基础设施体系发挥着基础性的作用。

在“一带一路”国际合作的大框架下，推动人工智能的发展应用从两方面展开，一是通过举办以人工智能为主题的学术会议加强研究人工智能的理论基础、技术应用和发展前景，为各国在人工智能领域的创新指明方向。二是通过双边和多边的形式扩大各国在人工智能领域的合作，加快推进以人工智能为基础的数字经济发展。

人工智能的科研合作。2021 年 12 月，西安举办“‘一带一路’人工智能大会”，通过打造开放、共享的人工智能学术交流与合作平台，以国际化、前瞻化、产业化的视角，解析并洞察新一代人工智能发展路径，为推动产业链与创新链“双链”深度融合、“一带一路”建设、国家及区域的高质量发展提供智慧供给。与此同时，中国石油大学（华东）举办 2021 国际计算智能最新进展会议暨“一带一路”人工智能前沿学术峰会，来自美国、俄罗斯、印度、英国、土耳其等 19 个国家的 29 位计算智能与人工智能领域科学家作了主题报告，带来计算智能和人工智能领域最新的理论研究和实践探索，以新理论、新方法、新方向指引计算智能与人工智能研究领域创新及应用。

人工智能的双边与多边合作。2018 年 1 月 9 日，中法人工智能合作论坛在北京举办，时任法国总统马克龙出席闭幕式并发表主旨演讲，他强调中国在突破性创新方面进步迅速，希望法中两国能为促进创新发展建立良好的生态体

① 《国务院关于印发新一代人工智能发展规划的通知》，2017 年 7 月 20 日，中华人民共和国中央人民政府网站，http://www.gov.cn/zhengce/content/2017-07/20/content_5211996.htm。

系，并在科研尤其是人工智能领域开展更多的合作。2019 年 5 月 27 日，中法人工智能合作论坛在贵阳举行，来自中法两国的人工智能领域专家学者、科研教授、企业代表、相关产业供应商、采购方和资本方共同探讨两国在人工智能领域的商业变革之路，积极推动人工智能跨行业合作。

2019 年 7 月 22 日，在阿联酋阿布扎比王储穆罕默德访华期间，中国和阿联酋交换了《中华人民共和国科学技术部与阿拉伯联合酋长国总理办公室人工智能办公室关于人工智能科学技术合作的谅解备忘录》。根据该备忘录，双方将持续落实好两国领导人会晤的重要共识，推动中阿在人工智能领域开展科技合作，共同探索在“一带一路”科技创新行动计划框架下中阿科技合作的新模式。

在“一带一路”倡议和《东盟“互联互通”总体规划 2025》对接的基础上，中国和东盟通过共建人工智能基础设施体系、大数据中心、智能计算中心、超算中心、智能语料库夯实 AI 的数据和算力的基础设施，利用中国—东盟互联网应用基础联合创新平台开展 AI 的学术交流、技术研发、专利共享以及人才培养。2019 年 9 月 9 日，第一届中国—东盟人工智能峰会暨中国—东盟信息港合作伙伴签约仪式在广西南宁国际会展中心顺利召开，大会以“共驱 AI，赋能未来”为主题，共有包括东盟国家在内的多个国家人工智能领域的政府领导、企业精英、专家学者等 1200 多人出席，共同探讨人工智能、云计算、智慧政府、智慧生活、5G 技术、智能制造、城市管理等领域的应用发展。2020 年 11 月 13 日，第二届中国—东盟人工智能峰会开幕，峰会以“数字智能，畅想无限”为主题，同时举办“中国—东盟数字技术展”。

2020 年 11 月 12 日，第 23 次中国—东盟（10 + 1）领导人会议以视频方式成功举行，会议发表了《中国—东盟关于建立数字经济合作伙伴关系的倡议》，双方同意抓住数字机遇，打造互信互利、包容、创新、共赢的数字经济合作伙伴关系，加强在数字技术防疫抗疫、数字基础设施、产业数字化转型、智慧城市、网络空间和网络安全等领域的合作。

——意义

人工智能作为新一轮产业变革的核心驱动力，将进一步释放历次科技革命和产业变革积蓄的巨大能量，并创造新的强大引擎，重构生产、分配、交换、消费等经济活动各环节，形成从宏观到微观各领域的智能化新需求，引发经济结构重大变革，深刻改变人类生产生活方式和思维模式，实现社会生产力的整体跃升。人工智能为“数字丝绸之路、创新丝绸之路”的建设注入了新动能，成为“一带一路”国际合作的新亮点。（本条执笔：秦升）

39. 5G

——背景

自20世纪80年代以来，移动通信每十年出现新一代革命性技术，不断推动经济社会的繁荣发展。当前，第五代移动通信技术（5G）正在阔步前行，它以全新的网络架构，提供至少十倍于4G的峰值速率、毫秒级的传输时延和千亿级的连接能力，与云计算、大数据、人工智能、虚拟增强现实等技术深度融合，连接人和万物，成为各行各业数字化转型的关键基础设施。5G以划时代的技术能力、广泛的应用前景以及对其他技术的带动作用，正在成为启动新一轮技术革命的关键支点。

在新冠肺炎疫情的影响下，世界范围内的数字化进程大大提速。电信运营商、设备供应商、云服务供应商等正集结力量，以5G为核心驱动力，构建信息基础设施，不断探索新的产业互联网产品和服务模式，推动经济社会进入万物互联的新时代。2019年是中国5G商用元年，中国比西方发达国家在5G技术的商用和普及上都要早，这也为中国在“一带一路”建设中推动5G相关领域的技术合作和产业发展奠定了优势。依托5G技术，距离和时间的限制大大减少，国家之间能够开展更加高效的贸易、投资和交流活动，“数字丝绸之路”发展迎来更加广阔的前景。

——内容

以5G为核心的信息通信基础设施对于提高国际通信的互联互通水平，推进新一代信息通信技术应用普及，提升“一带一路”国际合作的信息化水平，推动共建“一带一路”合作国家和地区经济社会发展具有重要作用。

国际合作方面，中国先后与柬埔寨、伊朗、孟加拉国、阿富汗等国家信息通信主管部门签署了《政府间信息通信技术合作谅解备忘录》，与东非共同体五国、埃塞俄比亚和国际电信联盟分别签署共建东非信息高速公路合作文件，与国际电信联盟签署《关于加强“一带一路”框架下电信和信息网络领域的合作意向书》。国家标准化管理委员会发布《标准联通共建“一带一路”行动计划（2018—2020年）》，提出深化基础设施标准化合作，支撑设施联通网络建设，推动5G、智慧城市等国家标准在沿线国家应用实施，提高中国与国际和各国标准体系的兼容水平。①2019年10月24日，“一带一路”国际合作暨5G技术圆桌高峰论坛在西安举行，大会围绕5G技术应用发展，对人们生产生

① 《中国将推动5G等国标在“一带一路”沿线国家应用实施》，2017年12月23日，中国一带一路网，https://www.yidaiyilu.gov.cn/xwzx/gnxw/40827.htm。

活各方面带来的深刻影响以及5G时代“一带一路”国际合作等前沿议题进行了深入交流。

国内国外对接方面，中国通过优化国际通信出入口布局，调整形成了北上广等九个综合性国际电信端口，昆明等十个区域性国际电信端口，深圳等十个边境电信端口和霍尔果斯等58个国际信道端口为主体的整体架构，有力保障了中国与共建“一带一路”合作国家信息通信业务的通信质量，确保了网络信息传输的稳定和安全。此外，中国还大力推动跨境光缆建设，确保信息传输的高效畅通。中国已与周边12个国家建成跨境路缆系统，建成了四条国际海缆。目前正在扩容中国—哈萨克斯坦跨境光缆，新建中国—阿富汗、中国—吉尔吉斯斯坦、中国—塔吉克斯坦、中国—巴基斯坦“丝路光缆”等跨境光缆系统。

企业合作方面，由于各个国家国情不同、数字经济的发展程度不同，部分国家数字基础设施薄弱，中国信息通信企业充分利用在5G等通信技术领域的优势，为参与“一带一路”国际合作的国家提供包括电信设备、电信产品、通信标准、互联网应用在内的产业链上下游产品。中国电信企业积极参与国际通信业务运营，为相关国家提供高质量的通信服务，建设了中缅国际穿境陆缆系统、“中国—东盟信息港”、中老泰路缆直连通道、非洲“六纵六横”骨干光缆以及相关国家的5G网络，为实现区域互联互通、缩小“数字鸿沟”贡献力量。

——意义

5G是新时代“数字丝绸之路”的互联互通基础，是建设智能网络、智慧工厂、智慧城市、智慧家庭的技术基础，是共建“一带一路”合作国家发展数字经济的重要支撑。新冠肺炎疫情暴发后，疫情在给全球经济带来负面冲击的同时，也加快了经济社会各个领域数字化转型的进程，5G+多种新兴技术得以更快地融合到各行各业之中。5G+高清视频、5G+远程医疗、5G+智慧防控等应用对于改善疫情期间的工作效率、提升防疫效率、挖掘潜在经济增长点发挥了积极有效的作用，5G成为疫情期间打造“健康之路”的重要工具。

“5G+工业互联网”是未来“一带一路”国际合作的重点方向，通过构建与工业经济深度融合的新型基础设施、应用模式和工业生态，实现人、机、物、系统等的全面连接，构建起覆盖全产业链、全价值链的全新制造和服务体系，为工业乃至产业数字化、网络化、智能化发展提供实现途径。“5G+工业互联网”为共建“一带一路”合作国家带来新的市场机遇和投资机会，通过促进区域通信互联互通和工业信息化发展，共建“一带一路”合作国家的企业和人民都将受益于5G技术的蓬勃发展。（本条执笔：秦升）

40. 区块链

——背景

区块链是新一代信息技术的重要组成部分，是分布式网络、加密技术、智能合约等多种技术集成的新型数据库软件，通过数据透明、不易篡改、可追溯，有望解决网络空间的信任和安全问题，推动互联网从传递信息向传递价值变革，重构信息产业体系。[①] 区块链的发展日新月异，与云计算、大数据、物联网等技术深度融合，应用的范畴也由数字资产向供应链管理、智能制造、工业互联网、社会公益、版权保护等更多领域延伸拓展。在政策、技术、市场等多重力量的推动下，区块链在全世界正进入快速发展的时期，处在“一带一路”国际合作的创新前沿。

——内容

“一带一路”作为一个开放、多元、包容的合作倡议，涉及主体包括个人、政府和企业，涉及领域涵盖贸易、投资、金融、物流、保险等，在人、物、资金大规模快速流动的背景下，降低经营风险、提高合作效率、保障资金安全是参与“一带一路”建设的主体在相互合作和共同发展过程中的基本诉求。区块链由于其数据无法篡改以及去中心化的技术特点，在推动“一带一路”国际合作更加高效和安全方面发挥着越来越重要的作用。

金融行业。资金融通是“一带一路”建设的重要支撑，货币流通和资本流动的安全便捷对企业的跨国投融资至关重要。区块链在国际汇兑、信用证、股权登记和证券交易等领域应用价值巨大，以区块链技术为基础打造的贸易金融平台能够显著提高贸易效率、提升资产流动性，为稳健协同的贸易金融生态系统提供基础。区块链技术的加密特性在保障交易数据无法篡改的同时又能实现对隐私和数据的保护，提升交易的可靠性。区块链技术还能够减少第三方的介入，实现点对点的跨境资本交易和资金往来，通过构建去中心化的结算系统减少纠纷和欺诈，能够大大降低交易成本。

物流行业。物流体系的高效运转是贸易畅通的前提。区块链与物联网和供应链的结合不仅可以降低物流成本，还能够追溯商品的生产和运送过程，实现跨境贸易相关信息快速、高效、可信地同步与共享，提高了合同执行、检验、货物通关、结算和货物交付等各个环节的效率。2019年10月17日，从德国巴

① 《工业和信息化部中央网信办印发〈关于加快推动区块链技术应用和产业发展的指导意见〉》，2021年6月7日，中央网络安全和信息化委员会办公室，http://www.cac.gov.cn/2021-06/07/c_1624629407537785.htm。

伐利亚发往中国四川的中欧班列首次应用区块链技术，依托中国铁路成都局集团有限公司自主开发的铁路“一单制”区块链平台生成中国首个中欧班列区块链运单数据。随着区块链平台功能完善，逐步与贸易、金融、海关及其他运输企业区块链系统对接，产业供应链“多链融合”成为现实。区块链技术将为国际物流实现“可信、安全、提效、降本”的目标发挥基础性的作用。

电商行业。随着数字基础设施的发展和完善，跨境电商成为“一带一路”国际合作的一大亮点，不仅能够促进“一带一路”建设走深走实，更能推动相关国家电子商务蓬勃发展。跨境电商在打破时间和地理界限的同时也造成了交易双方信息的不完全和不对称。利用区块链技术实现跨境电商商品的全程溯源，是保证跨境电商商品质量、降低信息不对称的有效手段。利用区块链技术打造的数字平台覆盖跨境电商产业链的上下游，国内消费者下单、品牌供货商发货出库、打包集拼、报关出口、国际运输、入境通关、快递派件等十几个环节的信息全部由自身密钥加密后进入数字平台，确保信息相互验证、传递和管理，实现信息流、物流、资金流、关务流的全链条闭环互通互认和数字化运行，为跨境电商保驾护航。

——意义

随着“一带一路”建设的不断深入以及数字经济的蓬勃发展，区块链在打破地域限制、创造新的协作关系、推动技术驱动的全球治理方面扮演着越来越关键的角色。区块链技术在保障数据安全的前提下促进了数据的互联互通以及有效利用，使跨国界、低成本的资产交易、转移、分配和分割成为可能。目前，区块链仍然是一项处在快速发展之中的前沿技术，还在不断试验和寻求突破，在行业层面的标准化工作刚刚开始。2020 年 4 月 25 日，由国家信息中心牵头，会同中国移动、中国银联等单位联合发起并建立的区块链服务网络（Block-chain-based Service Network，BSN）正式商用，旨在提供一个可以低成本开发、部署、运维、互通和监管联盟链应用的全球性公共基础设施网络。① BSN 作为全球互联互通基础设施的重要组成部分，将为共建“一带一路”合作国家的区块链发展提供支持和帮助。未来，随着区块链技术与大数据、云计算、人工智能等技术相结合，企业融资、跨境贸易、基础设施、支付体系、物流体系、数字货币、食品安全、版权保护等领域都将发生革命性的变化，“一带一路”国际合作将更加突出安全可信、隐私保护以及共享共治，区块链将成为“数字丝绸之路”的重要技术基础。（本条执笔：秦升）

① 《区块链服务网络（BSN）商用启动大会在京举行》，2020 年 5 月 6 日，国家信息中心，http://www.sic.gov.cn/News/79/10475.htm。

41. 远程医疗

——背景

健康丝绸之路正日益成为中国为深化全球卫生合作提供的重要公共产品。自 2016 年 6 月，习近平总书记正式提出打造健康丝绸之路主张以来，中国与共建“一带一路”合作国家和国际组织一道，深化卫生政策协调，发展“一带一路”医院联盟，建设中医药海外中心，实施中国—东盟公共卫生人才培养计划、中非公共卫生合作计划等项目，为促进民心相通、增进各国民众健康福祉作出积极努力。当前，新冠肺炎疫情全球蔓延势头对共建“一带一路”部分项目顺利实施造成一定不利影响，对全球公共卫生安全带来巨大挑战，民众需求的提升也对远程医疗提出了更高要求，鼓励医院与科技企业加强合作，促进医疗与 5G、大数据、人工智能的加速融合，远程医疗是医疗行业发展的必由之路。

——内容

由国务院国有资产监督管理委员会推动发起设立、国内首家以中国企业海外员工健康安全为核心业务的平台——中央企业远程医疗平台，日前已正式投入运营。作为中央企业远程医疗平台的实施主体，深圳万海思数字医疗有限公司由招商局集团、中国通用技术（集团）控股有限责任公司、中国中铁股份有限公司、中国铁建股份有限公司、中国交通建设股份有限公司、中国电力建设集团有限公司及北京红云融通技术有限公司七家单位共同出资设立。在国务院国资委的统一部署下，在平台各发起单位和解放军总医院、首都医科大学附属朝阳医院、安定医院等国内顶尖医疗机构的大力支持下，坚持疫情防控服务和公司筹备设立“两手抓”，运用独特的虚拟专网技术和网络信息安全手段，迅速为多个中资企业境外项目搭建了通畅的“数字高速公路”，高效连接国内防疫专家与海外项目点，充分发挥了平台及时、高效和覆盖面广的特点，有力支撑了海外项目疫情防控。[①]

万海思数字医疗将以“一带一路”建设中的央企海外员工的健康保障为业务重点，并在适当阶段将覆盖范围逐步扩大到在海外布局的地方国企和民企等。万海思数字医疗以“One Earth，One Health”为愿景，调动国内优质医疗资源，全面保障境外中方员工健康安全，做到让国家放心、让企业省心、让员

① 《央企远程医疗平台成立 护航“一带一路”建设考虑积极借鉴、整合中医药成功经验和相关资源》，2020 年 7 月 3 日，国务院国有资产监督管理委员会。http://www.sasac.gov.cn/n2588025/n2588119/c15016425/content.html。

工和家属安心。目前，中央企业远程医疗平台已开发完成了员工健康监测、疫情预警、远程门诊、心理辅导、防疫培训及指导等多项服务产品，初步形成了监测、预警和诊治相结合的“三位一体”综合能力。平台筹备运营期间，已累计为82个中央企业境外项目提供了93次远程服务，共服务5284人次，覆盖6个大洲的37个国家（地区）；形成了由感染科、呼吸科、急诊科、临床心理科、精神科等在内的副主任医师以上高水平专家组成的100多人专家团队。

建设医疗服务中心是新疆抢抓“一带一路”机遇，打造丝绸之路经济带核心区的重大举措。2016年8月以来，新疆首个跨境远程医疗服务平台——乌鲁木齐地区跨境远程医疗服务平台，已将中国与吉尔吉斯斯坦、哈萨克斯坦、格鲁吉亚等国家的35家大型医院实现线上联通，并在建设跨境更多国家更多医院的云医院集群，以此搭建全球规模最大的跨境云医院集群。通过乌鲁木齐地区跨境远程医疗服务平台，“面对面”进行医疗会诊，吉尔吉斯斯坦的疾病患者可通过跨境远程医疗平台，接受中国医疗专家的救治。吉尔吉斯斯坦的医务人员也可通过跨境远程医疗平台提高自己的技术水平。① 在新疆医科大学第一附属医院的新疆远程医疗分中心，来自新疆和中亚国家的各类疑难杂症病例通过远程系统在会诊，视频同步连接北京、上海等知名医院专家。这个远程医疗协作网实现了医联体合作，双向转诊，分级诊疗等。② 2019年8月，乌鲁木齐国际医院正式建成开业，搭建起与5个国家24家医院线上联通的国际医疗服务中心，③ 能够更好地发挥新疆的优质医疗资源的作用，能够跟中亚国家开展更多的合作和交流。

——意义

依托数字丝绸之路建设，携手打造智慧医疗体系。近年来，中国在大数据、数字经济等领域发展较快，数字技术在防疫抗疫、复工复产及保障人民生活方面发挥了不可替代的作用。为战胜仍在全球蔓延的新冠肺炎疫情，中国可发挥数字优势，同共建国家分享数字化防疫抗疫政策措施和解决方案，研究布局数字技术在重大疫情应急响应、病毒溯源、临床治疗、疫情监测、舆情应对、资源调配等方面的作用和方式，加强新型传染病产生机制、流行趋势、传播途径、诊疗方法等方面的科研合作，推动数字技术与公共卫生应急管理体系深度融合基础上的数字卫生治理。以数字丝绸之路为依托，加快推动经济社会

① 《跨境远程医疗助力丝绸之路经济带医疗服务中心建设》，2017年1月18日，中国新闻网，https://www.chinanews.com.cn/jk/2017/01-18/8128585.shtml。

② 《“一带一路”上的跨境医疗》，2017年4月26日，央广网，http://news.cnr.cn/native/city/20170426/t20170426_523727072.shtml。

③ 《乌鲁木齐国际医院开业跨境医疗“顺势而生”》，2019年8月18日，新华网，http://m.xinhuanet.com/xj/2019-08/18/c_1124889384.htm。

数字化转型，在健康医疗、智能制造、大数据等领域开展合作，积极开展远程医疗、在线教育等新型产业与合作，加速共建“一带一路”合作国家数字化、智慧化、网络化发展进程。①

推动共建“一带一路”合作国家健康治理发展水平。积极推广“大卫生、大健康”理念，增强共建“一带一路”合作国家和地区全生命周期健康管理理念，加强重大传染病和公共卫生应急管理体系和能力建设，在财政、税收、教育、卫生、科技等方面的具体合作中把守护中国与共建国家民众的健康置于优先位置，在经济、社会、文化、生态等方面的公共政策体系中切实增加健康意识。同时，加大与共建“一带一路”合作国家的政策沟通、人文交流，推动共建国家充分保障当地民众在接受健康教育、公平获得基本医疗卫生服务、获取健康信息、获得紧急医疗救助等方面的权利，分享中国全方位、全周期维护人民健康的治理经验。（本条执笔：沈铭辉、沈陈）

42. 智慧海关

——背景

全球化进程不断推动人类文明的发展进步。曲折中前行的全球化，持续推动国际贸易走向繁荣，为国际民生的改善注入源源不断的动力。全球化强调发展的包容性与可持续性，对全球互联互通提出了更高要求。海关是保障国际贸易安全与便利的关键力量，在全球经济治理体系中发挥着不可或缺的作用。当前，国际贸易和经济一体化带来了新的全球安全挑战，国际贸易总量和复杂性大幅增加，以跨境电商为代表的新业态、新模式迅猛发展，贸易碎片化加剧，传统与非传统安全威胁相互交织，对海关监管与服务带来挑战，同时社会各界对于贸易安全与便利的期待也在持续增加。监管资源不足、信息不对称、监管手段相对滞后等问题仍然制约着海关等边境管理部门监管效能的提升。

21 世纪以来，科技创新空前密集活跃，伴随着新一轮科技革命，重大颠覆性技术正在创造新产业新业态，重塑全球经济结构，推动各领域依托科技创新构建全新的全球经济治理体系，也为全球海关应对困难和挑战带来了机遇。

近年来，国际海关界聚焦智能化建设，应用颠覆性技术探索重构海关治理体系，进一步促进互联互通。2008 年，世界海关组织（WCO）倡导建设全球海关网络（Globally Networked Customs，GNC），进一步拉近多成员海关的联系。欧盟应用区块链技术，优化 ATA 单证管理，改善政企互动。美国海关与

① 张耀军：《为健康丝绸之路铺筑数字化桥梁》，《光明日报》2020 年 10 月 19 日第 16 版。

边境保护局制定“境外通关计划”，创新边境协调管理模式。日本海关应用人工智能技术，提升图像识别和风险评估能力。格鲁吉亚海关开发智能合同，对原产地证书进行数字化管理。各国海关都期待借助“智能”这把钥匙，打开前进道路上的重重大门。

中国海关历来重视科技创新，秉持“科技兴关”理念，在智能化建设方面进行积极实践。启动智慧海关建设，推进“金关工程”①，实现各领域信息化全覆盖。实施全国通关一体化改革，建立新型风险防控和税收征管模式。国际贸易“单一窗口”覆盖到全国所有口岸及主要通关业务流程，主要申报业务应用率达到90%以上。大规模配备现代化监管装备、设备，率先利用人工智能开发智能审图项目并推广到全国。2018 年机构改革后，关检深度融合，WCO 所倡导的协调边境管理理念在中国得到进一步落实。中国海关对于新时代国际海关合作与治理进行了深入思考。2019 年在第二届“一带一路”国际合作高峰论坛上，中国海关首次提出“智慧海关、智能边境、智享联通”理念，倡导国际海关共同构建智能治理新模式。

——内容

智慧海关是以新一代信息技术为支撑，应用新思维、新方法、新系统、新装备，实现监管智能化、治理智能化、合作智能化的国际合作新理念，以推动打造将各国（地区）海关及供应链相关各方连接起来的全球价值链，营造包容发展的经济环境。

智慧海关倡导各国（地区）海关聚焦新一代科技应用，结合自身发展水平和实际需求，加强硬件设施和软件系统建设，实现监管过程的自动化和智能化，提高内部运转效能。

一是聚焦基础设施智能化。基于地理信息、智能识别、溯源信息、机器人、无人机等新技术，研发配备相关软硬件基础设施，推动业务监管和内部管理的现代化，缩小各国（地区）海关发展差距。

二是聚焦行政管理智能化。将智能化管理贯穿到整个海关行政管理之中，高效配置人财物等资源，提升海关政务运转成效，优化内部风险控制，降低行政运作成本，提高海关廉政水平。

三是聚焦海关监管智能化。优化通关作业流程，利用大数据技术，提升挖掘、共享及应用数据信息的能力，建设海关智能作业平台，推动物流监管智能预警、安全风险智能研判、企业信用智能分析、产品信息智能溯源，提高海关

① 国家金关工程是一项重要的国家信息化重点工程，也是国家为提高对外经济贸易及相关领域的现代化管理水平和宏观调控能力，适应 21 世纪世界经济和国际贸易发展需要而建设的国家电子商务工程。

监管的透明度、精准度、公平性、公正性。

——意义

智慧海关是对 WCO 关于“智能”治理理念的积极探索，顺应历史发展潮流，回应各界对贸易安全与便利的期待，符合全球供应链各方利益。

提升智能管理水平。不同地域、不同发展阶段的海关以智能化建设为基础开展合作，全面提升各国（地区）海关在高新技术应用、信息共享及智能化管理等方面的能力，有助于缓解人力资源短缺、完善决策机制、共享创新红利、防控廉政风险。

优化边境管理格局。海关和其他边境管理部门通过开展智能合作，创新边境管理制度和理念，实现网络互联、系统对接、数据共享，形成高效协同的边境管理格局，管理和合规成本逐步降低，工作效能显著提升，营商环境更加优化。

推动实现互联互通。全球供应链相关各方共同参与智慧海关合作，增进合作互信，实现全方位、多层次、高水平的互联互通，应对新兴贸易业态发展和安全威胁的能力不断增强，有效解决监管、打私、安全、反恐等方面挑战。

智慧海关建设与合作将共同打造普惠普适的公共产品，为贸易安全与便利保驾护航，共同促进经济全球化朝着更加开放、包容、普惠、平衡、共赢方向发展。（本条执笔：张松）

43. 智能边境

——背景

2021 年 2 月 9 日，习近平主席在中国—中东欧国家领导人峰会首次提出开展“智慧海关、智能边境、智享联通”合作试点的重大倡议。① 智能边境倡导各国（地区）海关在智慧海关建设取得一定进展的基础上，将智能化合作拓展至跨界、跨境的其他边境管理部门，创新边境监管理念，配备智能软硬件设施，通过信息共享、风险联防联控、执法互助等方式，打造边境治理新格局。智能边境是一个全新的国家海关间合作理念，也是海关服务“一带一路”合作高质量发展的务实举措，正得到越来越多国家海关的关注和积极响应。

——内容

中华人民共和国海关总署借鉴世界各国最佳实践，结合自身实际，于 2020 年 1 月发布《共同推进“智慧海关、智能边境、智享联通”建设与合作的倡

① 《凝心聚力，继往开来　携手共谱合作新篇章》，《人民日报》2021 年 2 月 10 日第 2 版。

议》。在智能边境建设上，中国海关积极推动“新冠肺炎疫情国际联防联控”“单一窗口”“关铁通”“安智贸”“经认证的经营者”“国境卫生检疫”“动植物检疫”“食品安全”等务实合作。

上海海关依托全球最大的单体全自动化码头——洋山四期智能码头，建设智能高效的边境执法场景，实现机检及通关的无人化、智能化、无感化作业。全自动无人驾驶引导车（AGV）根据海关检查指令将需要检查的集装箱拖运至海关H986设备实施机检扫描，扫描图像实时传输至30余公里外的洋山海关集中审像中心进行AI“智能审图”。同时，通过上海海关跨境贸易大数据平台获取港口、运输企业、进出口企业等外部数据，在海关内部构建数据分析平台，辅助实现监管作业更为信息化、智能化，打破信息孤岛，同步建立以诚信为基础、企业自律为主的新型管理体系。

立足粤港澳大湾区，广州海关与香港、澳门海关合作，通过电子数据交换形成智能边境，邮件进境“一点清关”，为大湾区用邮人提供更透明、高效、便捷的服务。所谓“一点清关”，就是将港澳两地邮政承揽的部分高价值、轻小件、物流时效高、信息完整的邮件申报数据，预先发至广州国际邮件互换局，邮件从港澳陆路口岸进境后，直接运抵邮件互换局清关，快速办结全部海关手续，真正实现邮件秒速通关。“一点清关”监管模式有效地提升大湾区内港澳进境邮件通关协作智能化水平。

深圳海关以5G平板+5G智能眼镜为载体，通过算法赋能智能眼镜，在第一查验现场即可实现智能识别等功能，并实时对接和智能感应周边查验、通关、案件等作业系统，辅以大数据分析，自动对人员和车辆做风险预估并对存在风险的车辆或人员实时预警。实现查验作业及管控的规范化、可视化、移动化、智能化。

北京海关结合冬奥会通关保障任务要求，借助全景式便携辐射监测设备、痕量气味嗅探仪等设备，实现快速成像、智能追踪、快速甄别，提升现场核辐射监测和危化品查验能力。通过行李物品消杀机、通用消毒柜、生物安全隔离单元等设备，进行预防性消杀，提供健康保护，降低感染风险。同时，开发冬奥会口岸传染病风险预警信息平台、研发CarryOn P1000Q全自动封闭式核酸扩增分析系统，建成海关系统内首家口岸隔离区内生物安全二级实验室，助力保障冬奥会期间国门安全。

呼和浩特海关对中蒙边境公路口岸原有通关监管作业模式进行变革，依托前置风险分析研判，在陆路边境口岸率先应用报关单“提前审结”方式，推动建立统一卡口智能核放作业模式，辅之以公路口岸智能闸机通道建设，创新构建覆盖公路口岸人员、车辆、货物的“一体化”智能验放模式。

——意义

智能边境建设有利于提升海关效能。聚焦边境监管手段智能化、边境协同监管智能化和边境跨境合作智能化，推进口岸综合管理信息化建设，构建全流程、智能化的口岸运行体系，促进口岸数字化转型，加快边境设施设备智能化升级，实现边境业务集中、智能、标准化管理。① 边境各相关部门通过搭建跨部门可兼容的信息化系统，提升了数据自动采集功能，可实现数据实时传输。同时，通过深化国际贸易“单一窗口”等应用，真正实现进出口企业一次性递交所需信息和单证，促进协同监管和效能提升。

智能边境建设有利于推动国际海关合作。中国海关与国际海关界及相关各方共同携手，抓住新一轮科技革命契机，共商海关现代化治理之道，打造高效协同的智能边境，促进全球供应链互联互通，确立未来海关建设的基本原则和要素，引领国际海关界聚焦海关现代化建设，维护全球贸易安全与便利，为建设更具活力、更加开放、更趋稳定、更可持续、更多包容的全球经济作出海关贡献。

智能边境建设有利于推动对外开放。智能边境以智能化建设为核心，与各国积极共建“一带一路”海关信息交换共享平台，为“一带一路”建设注入了新的活力。全国海关在实践中不断探索深化对智能海关合作的认识，丰富完善其科学内涵，持续扩大合作成果，为推动高水平对外开放，加快构建新发展格局，构建人类命运共同体贡献海关力量，也为深化国际海关合作，共同应对全球性挑战提供了中国方案。（本条执笔：沈铭辉、沈陈）

44. 智享联通

——背景

当前，国际贸易和经济一体化带来了新的安全挑战，国际贸易总量和复杂性大幅增加，以跨境电商为代表的新业态、新模式迅猛发展，贸易碎片化加剧，对海关监管与服务带来了挑战。中国海关处在国内国际双循环的交汇枢，承担着协同推进强大国内市场和贸易强国建设的重要任务，必须统筹发展和安全。围绕维护贸易安全和通关便利化，国际海关界聚焦智能化建设，应用颠覆性技术探索重构海关治理体系，进一步促进互联互通。

2021年2月9日，习近平主席在中国—中东欧国家领导人峰会首次提出开

① 倪岳峰：《以“智慧海关、智能边境、智享联通”引领海关贸易安全和通关便利化合作》，2021年3月16日，中华人民共和国海关总署，http://www.customs.gov.cn/customs/302249/hgzssldzj/jhls81/3578116/index.html。

展“智慧海关、智能边境、智享联通”合作试点的重大倡议。[①]“智享联通”倡导在WTO和WCO等合作框架下，协调各国（地区）海关之间、海关与全球供应链相关各方之间，运用智能技术与方法，建立互联互通、实时协作关系，进而实现全球供应链点对点的无缝衔接与管理，共同促进全球贸易安全与便利。

——内容

“智享联通”的内涵是推进互通共享，加快制度标准对接，联合全球供应链各方共促贸易安全与便利。从“安智贸”到“无缝管理”：“智享联通”共促贸易安全便利，在理论研究、宣传推介、政策实践、国际合作等方面取得积极进展，涌现出一批国际合作示范项目、早期收获项目和先行先试项目

“安智贸”是中欧安全智能贸易航线试点计划的简称，它通过中、欧海关以及海关与企业间的合作，实现对货物运输的全程监控，旨在建立安全、便利、智能化的国际贸易运输链。2017年，广州海关推动白云机场与荷兰史基浦机场“安智贸”航线开通，国内第一条空运“安智贸”航线进入了常态化运营阶段。2018年，广州新增荷兰鹿特丹港到南沙港的“安智贸”航线，广州海关成为首个空运、海运“安智贸”进出口双向运行的直属海关。2019年4月，在上海—鹿特丹港海关关际合作高层例会上，两地海关共同签署年度《关际合作工作计划》。此后，双方就拓展空运航线、优化通关流程等开展合作研究，并通过关际合作平台积极推动项目应用实践，促进跨境贸易安全与便利，不断提升企业获得感。截至2019年年底，上海海关与荷兰史基浦机场建立了2条出口空运贸易航线，累计向欧方发送出口数据54批、货值80.05万美元。

乌鲁木齐海关建立中亚生物安全通道，与哈萨克斯坦建立定期会晤联系机制，完成哈萨克斯坦输华种用马属动物、屠宰驴及输华牛肉等兽医卫生证书、动物及动物产品卫生证书的确认工作，并与哈萨克斯坦农业部国立兽医实验室签订合作备忘录，实现中哈两国在马属动物疫病检测标准的统一。另一方面开通与哈、吉、塔三国的“绿色通道”，保障农产品快速通关；并建立中哈霍尔果斯国际边境合作中心联网监管平台，实现对进出合作中心旅客及其购物信息，以及区内商家销售信息进行采集提取、对碰印证、分类验核。

厦门海关在新的多式联运“一单制”模式下，可以实现“一次委托、一次付费、一单到底”，不仅降低供应链成本，更能提高物流时效，为运营企业做大业务量创造优厚条件。在“一单制”模式下，通过海铁联运从江西经厦门直达越南胡志明市，全程运输最快仅需8天，与传统模式相比节省2—3天，物流成本降低了10%。这标志着厦门自贸片区首单多式联运“一单制”业务

① 《凝心聚力，继往开来　携手共谱合作新篇章》，《人民日报》2021年2月10日第2版。

成功运作，同时也标志着厦门海关“智享联通”新成果落地实施。

此外，中国海关大力探索开展集装箱检查设备等智能审图技术应用走在国际前列，在风险管理等领域探索运用大数据技术取得重大突破；推广国际贸易“单一窗口”成效明显，主要业务应用覆盖港口、机场、铁路码头等边境各流程全链条；与43个国家（地区）实现“经认证的经营者（AEO）”互认，互认国家（地区）数量世界第一；基本建成覆盖生产贸易全链条的农食产品、生物制品检疫准入风险评估、协议签署、产地预检、入境检疫和后续监管制度；积极参与世界贸易组织、世界海关组织、世界动物卫生组织、国际植物保护公约组织等有关规则和标准制定，深度参与自由贸易协定谈判，实现了有关国际规则标准的全面对接。①

——意义

“智享联通”是促进国内国际双循环，加快构建新发展格局的重要举措。“智享联通”倡导推动海关和国际产业链供应链相关各方提升高新技术和智能化应用水平、强化协同合作，有助于在国内大循环中吸引全球资源要素，在国内国际双循环中保障安全、促进便利、降低成本，增强国际经济合作和竞争新优势。大力推进“智享联通”，打造市场化、法治化、国际化的口岸营商环境，积极促进高水平对外开放，更好服务构建新发展格局，这充分展示了中国坚持高水平对外开放，促进国际贸易自由化便利化、构建开放型世界经济的坚定决心。

“智享联通”也是推动国际海关合作，保障国际贸易安全与便利的关键举措。通过推动各国（地区）海关积极开展政策、规则、标准和数据的互联互通合作，构建与商界更加紧密的协作关系，不断增强新冠肺炎疫情下国际产业链供应链的安全性和坚韧性，加大在“智能化”领域的能力建设投入，开展最佳实践分享，弥合“数字鸿沟”，合力推进“智享联通”，有利于深化监管理念、模式、手段的改革创新，强化监管优化服务，不断提升海关制度创新和治理能力水平，打造先进的、在国际上最具竞争力的监管体制机制，也有利于国际间互联互通的进一步深化，有效地维护和保障了国际贸易的稳定运行。（本条执笔：沈铭辉、沈陈）

45. 数字经济合作伙伴关系

2020 年 11 月 12 日，第 23 次中国—东盟（10 + 1）领导人会议以视频方式

① 倪岳峰：《以“智慧海关、智能边境、智享联通”引领海关贸易安全和通关便利化合作》，2021 年 3 月 16 日，中华人民共和国海关总署，http://www.customs.gov.cn/customs/302249/hgzssldzj/jhls81/3578116/index.html。

成功举行，会议发表了《中国—东盟关于建立数字经济合作伙伴关系的倡议》，双方同意抓住数字机遇，打造互信互利、包容、创新、共赢的数字经济合作伙伴关系，加强在数字技术防疫抗疫、数字基础设施、产业数字化转型、智慧城市、网络空间和网络安全等领域的合作。

——背景

数字经济是亚太乃至全球未来发展重要方向。新冠肺炎疫情再次突显数字经济对增强本地区发展韧性的重要性。中国和东盟始终对数字经济合作非常重视。2018 年，第 21 次中国—东盟领导人会议就通过了《中国—东盟战略伙伴关系 2030 年愿景》，对数字经济发展与合作给予高度关注。2020 年被命名为“中国东盟数字经济合作年”，旨在谋划进一步加强数字经济领域合作，分享数字化防疫抗疫、数字基础设施建设和数字化转型等方面的经验，持续完善沟通机制，共享数字经济发展红利。仅 2020 年，双方就开展了近 20 场交流合作活动，发布了《中国—东盟数字经济合作白皮书》《中国—东盟数字经济国际合作指标体系与创新合作机制研究》等研究成果。

——内容及进展

中国和东盟国家在自愿基础上提出六点倡议：第一，深化数字技术在疫情防控中的应用，积极运用人工智能、3D 打印等数字技术和数字解决方案抗击新冠肺炎和其他传染病；第二，加强数字基础设施合作，强化双方在通信、互联网、卫星导航等各领域合作，发展数字经济，弥合数字鸿沟；第三，支持数字素养、创业创新和产业数字化转型，共同建设可协作的商业框架和生态体系，通过数字化手段协助企业克服新冠肺炎疫情挑战，抓住数字经济新机遇；第四，推动智慧城市创新发展，共同推动智慧城市技术产业、重点应用领域、集成解决方案方面最佳实践和标准互认的交流，提升智慧城市品质和可持续性；深化网络空间合作；第五，鼓励共建和平、安全、开放、合作有序的网络空间，在考虑各国法律与社会实际基础上，充分尊重网络主权，保护个人隐私和信息通信技术安全，推动建立多边、民主、透明的全球网络空间命运共同体；第六，推进网络安全务实合作，共同加强数字基础设施安全保障，共同提升网络安全能力，在防止网络攻击、保障关键信息基础设施、提升双方地区能力建设合作。①

为更好推进和落实《中国—东盟关于建立数字经济合作伙伴关系的倡议》，中国—东盟建立了数字经济部长会议机制。2021 年 1 月，第一次中国—东盟数字部长会议以视频形式召开。中方指出，中国与东盟应发挥互补优势，聚焦合作共赢，加快推进中国—东盟数字经济合作伙伴关系发展，提升地区数字化水

① 《中国—东盟关于建立数字经济合作伙伴关系的倡议》，2020 年 11 月 12 日，中华人民共和国外交部，https://www.mfa.gov.cn/web/ziliao_674904/1179_674909/202011/t20201112_9869261.shtml。

平，重点在数字发展和监管政策、数字防疫抗疫和数字创新、数字基础设施、数字安全、数字人才建设等方面开展交流与合作，在年内共同制定并通过《关于落实中国—东盟数字经济合作伙伴关系的行动计划（2021—2025）》，引领中国和东盟未来五年的数字经济合作。东盟各国部长对 2020 中国—东盟数字经济合作年取得的成果，特别是对建立中国—东盟数字经济合作伙伴关系表示赞赏，并对中方合作提议表示积极支持，希望与中方继续深化数字经济合作，加速地区数字化转型，使数字技术和应用更好地赋能经济社会发展。① 2022 年 1 月，第二次中国—东盟数字部长会议以视频形式召开，会议通过了《落实中国—东盟数字经济合作伙伴关系行动计划（2021—2025）》和《2022 年中国—东盟数字合作计划》，双方就加强数字政策对接、新兴技术、数字技术创新应用、数字安全、数字能力建设合作等达成共识。②

——意义

中国—东盟数字经济伙伴关系的建立是推动中国—东盟区域经济合作、推动建立中国东盟全面战略伙伴关系的重要内容。2021 年 11 月，习近平主席在北京以视频方式出席并主持中国—东盟建立对话关系 30 周年纪念峰会，发表题为《命运与共　共建家园》的重要讲话：“我们要全面发挥《区域全面经济伙伴关系协定》的作用，尽早启动中国东盟自由贸易区 3.0 版建设，提升贸易和投资自由化便利化水平，拓展数字经济、绿色经济等新领域合作，共建经贸创新发展示范园区。”③“中方愿进一步打造‘一带一路’国际产能合作高质量发展示范区，欢迎东盟国家参与共建国际陆海贸易新通道。中方将启动科技创新提升计划，向东盟提供 1000 项先进适用技术，未来 5 年支持 300 名东盟青年科学家来华交流。倡议开展数字治理对话，深化数字技术创新应用。”④ 2022 年 1 月 1 日，《区域全面经济伙伴关系协定》（RCEP）正式生效，这个占全球 GDP 总额近 1/3 的超大自由贸易区将中国与东盟的命运更加紧密地结合在一起。中国愿同东盟各国齐心协力，进一步加强发展战略对接，推进高质量共建“一带一路”，推动全球发展倡议落地生根，实现后疫情时代长期可持续发展和共同繁荣富裕，为地区各国人民更加美好的明天而不懈努力。（本条执笔：郎平）

---

① 《刘烈宏出席第一次中国—东盟数字部长会议》，2021 年 1 月 22 日，中华人民共和国工业和信息化部，https://www.miit.gov.cn/xwdt/gxdt/ldhd/art/2021/art_761f203e607840018fdf9762e5983258.html。

② 《张云明出席第二次中国—东盟数字部长会议》，2022 年 1 月 29 日，中华人民共和国工业和信息化部，https://www.miit.gov.cn/jgsj/gjs/gzdt/art/2022/art_18ffee548cda411bb33e7f0a99fb2084.html。

③ 习近平：《命运与共　共建家园——在中国—东盟建立对话关系 30 周年纪念峰会上的讲话》，人民出版社 2021 年版，第 7 页。

④ 习近平：《命运与共　共建家园——在中国—东盟建立对话关系 30 周年纪念峰会上的讲话》，人民出版社 2021 年版，第 7 页。

五　绿色丝绸之路

46. 碳达峰、碳中和

——内容

碳达峰、碳中和是解决温室气体排放与环境污染问题、实现经济社会可持续发展的必经之路。关于碳的内涵，有狭义和广义之分。狭义的碳是指二氧化碳，广义的碳则指温室气体，即除了二氧化碳外，还包括甲烷、氧化亚氮、氢氟碳化合物、全氟碳化合物、六氟化硫、臭氧等。

碳达峰是指在某一个时点，二氧化碳或温室气体的排放规模不再增长达到峰值，之后逐步回落。碳达峰是二氧化碳排放量实现由增转降的历史性拐点，标志着碳排放与经济增长开始脱钩。碳达峰目标通常包括碳达峰的年份和碳排放的峰值水平。

碳中和即为二氧化碳或温室气体的净零排放，指人类活动排放的二氧化碳或温室气体与产生的二氧化碳或温室气体吸收量在一定时期内达到平衡。其中排放的二氧化碳包括化石燃料燃烧、工业生产、农业及土地利用活动等，吸收的二氧化碳包括植树造林增加碳吸收、通过碳汇技术进行碳捕集等。根据碳中和目标的设计思路，在技术进步和创新取得重大突破的情形下，经济增长将与碳排放实现根本性脱钩，人类社会在维持全球经济稳定增长的同时，人为碳排放量将降至极低的水平，且这一极低的碳排放将通过碳捕捉与封存（CCS）、植树造林等方式人为吸收，从而将所排放的二氧化碳对自然环境产生的影响降低到净零程度。

——进展

目前，尽早实现碳达峰碳中和已成为全球共识和行动，全球已有 130 个国家承诺在 21 世纪中叶前达成碳中和目标，占全球碳排放总额的 61% 左右。2020 年 9 月，中国政府宣布“力争 2030 年前二氧化碳排放达到峰值，努力争取 2060 年前实现碳中和”，并承诺“到 2030 年，中国单位国内生产总值二氧化碳排放将比 2005 年下降 65% 以上，非化石能源占一次能源消费比重将达到 25% 左右”。而且，在《中华人民共和国国民经济和社会发展第十四个五年规划和 2035 年远景目标纲要》中，将“单位 GDP 能源消耗累计降低 13.5%，单位 GDP 二氧化碳排放累计降低 18%”作为约束性减排目标。作为最大的发展中国家和碳排放国，中国的双碳目标极大地推动了全球碳中和运动，展现了中国加快绿色低碳发展的决心和负责任大国的担当，为全球应对气候变化贡献了中国智慧和中国方案，为全球生态文明以及人与自然生命共同体的建设注入了强大动力。中国的双碳目标是全球碳中和运动的一个里程碑事件，使宣布碳中和目标的国家的碳排放份额由 20% 大幅升至 48%。显然，碳达峰碳中和目标的提出，是中国政府立足新发展阶段和贯彻新发展理念，在通盘考虑全球发展大势、国内现实条件和潜在成本收益的基础上作出的重大战略决策，事关中国经济社会的长远发展、中华民族的根本福祉和人类命运共同体的构建。

为稳妥有序推进碳达峰碳中和目标的实现，中国政府设计了总体路线图和具体实施方案。2021 年 10 月，中共中央和国务院先联合发布《关于完整准确全面贯彻新发展理念做好碳达峰碳中和工作的意见》（以下简称《意见》），国务院随后出台《2030 年前碳达峰行动方案》（以下简称《方案》），这两个顶层设计文件对中国的碳达峰碳中和工作作了系统谋划和总体部署。《意见》要求坚持“全国统筹、节约优先、双轮驱动、内外畅通、防范风险”的原则，以经济社会发展全面绿色转型为引领，以能源绿色低碳发展为关键，加快形成节约资源和保护环境的产业结构、生产方式、生活方式、空间格局，坚定不移走生态优先、绿色低碳的高质量发展道路，确保如期实现碳达峰碳中和。《方案》聚焦 2030 年前实现碳达峰这一目标，要求重点实施能源绿色低碳转型行动、节能降碳增效行动、工业领域碳达峰行动、城乡建设碳达峰行动、交通运输绿色低碳行动、循环经济助力降碳行动、绿色低碳科技创新行动、碳汇能力巩固提升行动、绿色低碳全民行动、各地区梯次有序碳达峰行动等“碳达峰十大行动”。以《意见》和《方案》为基础，钢铁、有色金属、石化化工、建材等重点行业碳达峰实施方案陆续出台。

——意义

碳达峰碳中和目标将会触发中国能源系统革命，促进经济全面绿色低碳转型。从经济结构和能源结构角度看，碳减排的途径主要有三条：一是调整经济结构，控制钢铁、电解铝、水泥和玻璃等高能耗高排放行业的发展规模，降低能源消耗强度大的制造业特别是重工业的比重，提高能源强度较小的服务业和轻工业的比重；二是调整能源结构，降低碳含量高的煤炭、石油等化石能源的消费比重，提高零碳的可再生能源以及低碳的天然气等清洁能源的消费比重，加快工业、建筑、交通等领域的电气化；三是通过科技手段，全面推进电力、工业、建筑、交通等重点领域节能，提高能源使用效率，减少能源生产、运输和消费环节的浪费，降低单位 GDP 能耗。

作为一个产业结构偏重、能源消费偏煤、能源效率偏低、油气供应风险偏高和可再生能源设备制造能力较强的发展中大国，双碳目标的提出及实施，将会对中国的经济结构和能源系统构成全面深远的影响，甚至是前所未有的颠覆性冲击。双碳目标对中国而言是挑战和机遇并存，既经受着经济和能源结构调整的巨大压力，又面临着推进绿色低碳转型发展和创新能源科技新优势的时代机遇。挑战体现在经济和能源结构调整压力大、制造业成本上升、煤电退出困难、光伏风电大规模并网威胁电网平稳运行、可再生能源的关键金属供应存在隐患，机遇表现在光伏和风电设备国际竞争力较强、对外油气依赖度降低和低碳绿色转型加快。（本条执笔：王永中）

47. 绿色基建

——概念阐述与形成过程

近年来，建设绿色、可持续的基础设施成为各国共同应对气候变化、资源短缺、人口增长等全球性挑战的普遍共识。联合国《2030 年可持续发展议程》将建设发展优质、可靠、可持续和有抵御灾害能力的基础设施确定为 17 项主要发展目标之一。可持续基础设施指的是基础设施的投资、规划、设计、建设、运营、维护和废止的各个阶段都要充分融入可持续发展理念，尽可能减少对自然资源的消耗和对环境的负面影响，实现项目与当地经济、社会和环境的和谐发展。

2016 年 G20 杭州峰会公报使用“高质量基础设施投资”这一表述，指出：高质量基础设施是在综合考虑生命周期成本、安全性、抗自然灾害的韧性、创造就业机会、能力建设以及知识和专业技能转移的基础上，以各方同意的条件确保经济效率，同时处理好项目的社会和环境影响，并与经济和发展战略相一致。

中国在推进“一带一路”基础设施建设中，更多强调建设的“绿色”属性。2017 年 5 月，环境保护部、外交部、国家发展和改革委员会、商务部联合发布《关于推进绿色“一带一路”建设的指导意见》，首次提出要推进绿色基础设施建设，强化生态环境质量保障。2022 年 3 月，国家发展和改革委员会、外交部、生态环境部、商务部联合发布《关于推进共建“一带一路”绿色发展的意见》（以下简称《意见》），特别提出，到 2025 年，要实现绿色基建、绿色能源、绿色交通、绿色金融等领域务实合作的扎实推进，绿色示范项目引领作用更加明显，境外项目环境风险防范能力显著提升，共建“一带一路”绿色发展取得明显成效。《意见》还将加强绿色基础设施互联互通作为中国推动绿色“一带一路”建设的首个重点合作领域。

——内容

2017 年发布的《关于推进绿色“一带一路”建设的指导意见》（以下简称《指导意见》）中对绿色基础设施建设的要求是：制定基础设施建设的环保标准和规范，加大对“一带一路”沿线重大基础设施建设项目的生态环保服务与支持，推广绿色交通、绿色建筑、清洁能源等行业的节能环保标准和实践，推动水、大气、土壤、生物多样性等领域环境保护，促进环境基础设施建设，提升绿色化、低碳化建设和运营水平。

《指导意见》还特别强调要政企统筹，保障实施效果，具体举措包括：优先开展节能减排、生态环保等基础设施及能力建设项目，探索在境外设立生态环保合作中心；引导优势环保产业集群式“走出去”，借鉴中国国家生态工业示范园区建设标准，探索与合作国家共建生态环保园区的创新合作模式；强化企业行为绿色指引，鼓励企业优先采用低碳、节能、环保、绿色的材料与技术工艺，自觉遵守当地环保法律法规、标准和规范，履行环境社会责任；完善企业对外投资审查机制，建立企业海外投资行为准则，通过行业自律引导企业规范环境行为。

2022 年中国发布的《关于推进共建“一带一路”绿色发展的意见》对绿色基建提出了更高的要求，包括：引导企业推广基础设施绿色环保标准和最佳实践，在设计阶段合理选址选线，降低对各类保护区和生态敏感脆弱区的影响，做好环境影响评价工作，在建设期和运行期实施切实可行的生态环境保护措施，不断提升基础设施运营、管理和维护过程中的绿色低碳发展水平；引导企业在建设境外基础设施过程中采用节能节水标准，减少材料、能源和水资源浪费，提高资源利用率，降低废弃物排放，加强废弃物处理。《关于推进共建“一带一路”绿色发展的意见》还特别强调要全面停止新建境外煤电项目，强调要规范企业境外环境行为，鼓励企业参照国际通行标准或中国更高标准开展环境保护工作，并定期发布环境报告。

总的来看，绿色基建要求强化企业在基础设施建设过程中的生态环境治理责任，引导企业自觉遵守当地生态环保相关法律法规和标准规范，推进基础设施的绿色低碳化建设和运营管理；还要求发挥第三方机构在境外投资项目上的比较优势，对工程建设中的规划、设计、施工、验收等进行全生命周期管理；此外，还需要加强和完善绿色化基础设施工程的政府间交流，发挥生态环保服务在跨境重大基础设施建设项目于落地实施过程中的保障作用。

——意义

绿色、可持续发展是“一带一路”国际合作的重要精神。促进绿色“一带一路”建设，就是要把绿色的理念贯穿到互联互通的基础设施建设、产业链、供应链、贸易投资的全过程，贯穿到企业的投资贸易行为和社会责任中。2020 年习近平主席在第七十六届联合国大会一般性辩论上庄严宣告，中国将大力支持发展中国家能源绿色低碳发展，不再新建境外煤电项目。[①] 推动“一带一路”绿色基础设施建设，是积极落实习近平主席重要宣示精神，以更明晰的政策指向、更务实的举措行动，有力推动应对全球气候变化、维护全球生态安全的重要举措。它为未来“一带一路”基础设施互联互通建设指明了发展方向，也明确了所有市场参与方履行企业社会责任的重点内容，显示了中国政府在推动“一带一路”倡议行动中负责任的大国形象。

共建“一带一路”合作国家生态环境复杂，普遍面临着工业化、城市化带来的发展与保护的矛盾。环境的长期风险隐患易转化为项目实施和运营的经济和社会风险，因此，预防、减缓、补偿和生态恢复措施十分重要。绿色基建，要求项目方必须充分了解项目所在地的生态环境状况和相关环保要求，识别生态环境敏感区和脆弱区，开展综合生态环境影响评估，合理布局产能合作项目；加强环境应急预警领域的合作交流，提升生态环境风险防范能力，这些都将为“一带一路”建设提供生态环境安全保障。

未来几十年，全球大部分基础设施投资也将发生在共建“一带一路”合作国家，同时也是实现《巴黎协定》和联合国《2030 年可持续发展议程》的重要区域。在太阳能光伏发电、风力发电、水电、核电、特高压输电网络以及高铁、电动车等领域，中国的技术水平均全球领先，积累了丰富的实践经验。加强与共建“一带一路”合作国家的绿色基建合作，将有利于形成中国和共建“一带一路”合作国家（地区）双赢的格局，从而加快全球的绿色转型。（本条执笔：田慧芳）

48. 绿色发展

——背景

中国政府长期注重绿色丝绸之路在共建“一带一路”中的关键作用，近年来逐步聚焦在绿色发展议题。2017 年 5 月，中华人民共和国环境保护部，联合

① 习近平：《坚定信心　共克时艰　共建更加美好的世界——第七十六届联合国大会一般性辩论上的讲话》，人民出版社 2020 年版，第 5 页。

其他部委，先后发布《关于推进绿色“一带一路”建设的指导意见》和《“一带一路”生态环境保护合作规划》，明确了绿色“一带一路”建设的总体思路，并为绿色丝绸之路建设提供了纲领性文件和行动准则。[①]

2019 年，中华人民共和国生态环境部与合作伙伴共同发起，成立“一带一路”绿色发展国际联盟。旨在通过政策对话和沟通平台、环境知识和信息平台、绿色技术交流与转让平台的打造，促进实现“一带一路”绿色发展国际共识、合作和一致行动，将可持续发展融入“一带一路”倡议，助力共建“一带一路”合作国家实现联合国《2030 年可持续发展议程》中环境与发展有关指标，截至 2021 年 4 月，绿色联盟已有来自 43 个国家的 150 余家合作伙伴，其中外方合作伙伴 79 家，包括 26 个共建“一带一路”合作国家的环境主管部门。[②]

2021 年 6 月，在“一带一路”亚太区域国际合作高级别会议期间，中国与 28 个国家，共同发起了“一带一路”绿色发展伙伴关系倡议。[③] 2021 年 11 月，习近平总书记在第三次“一带一路”建设座谈会上提到，“要稳妥开展健康、绿色、数字、创新等新领域合作，培育合作新增长点。要支持发展中国家能源绿色低碳发展，推进绿色低碳发展信息共享和能力建设，深化生态环境和气候治理合作”[④]。2022 年 3 月，国家发展和改革委员会在推出《关于推进共建“一带一路”绿色发展的意见》，进一步细化到绿色发展领域。制定了“一带一路”绿色发展的基本原则，“绿色引领，互利共赢；政府引导，企业主体；统筹推进，示范带动；依法依规，防范风险”，从统筹推进共建“一带一路”高质量发展的战略高度出发，为多元行为主体参与“一带一路”绿色发展建设，提供了战略规划和决策支撑。

——具体目标和主要任务

2022 年 3 月，在国家发展和改革委员会颁布的《关于推进共建“一带一路”绿色发展的意见》一文中，明确了“绿色丝绸之路”绿色发展议题的主要目标，并将其划分为两个阶段。

一是到 2025 年共建“一带一路”绿色发展取得明显成效。这要求共建“一带一路”生态环保与气候变化国际交流合作不断深化，绿色丝绸之路理念

① 《关于推进绿色“一带一路”建设的指导意见》，2017 年 4 月 26 日，中华人民共和国生态环境部，https://www.mee.gov.cn/gkml/hbb/bwj/201705/t20170505_413602.htm。

② 《“一带一路”绿色发展国际联盟两周年大事记》，2021 年 4 月 27 日，一带一路绿色发展国际联盟，http://www.brigc.net/tpxw/202104/t20210427_116941.html。

③ 《“一带一路”绿色发展伙伴关系倡议（全文）》，2021 年 6 月 24 日，新华网，http://www.xinhuanet.com/2021-06/24/c_1127592289.htm。

④ 《习近平出席第三次“一带一路”建设座谈会并发表重要讲话》，2021 年 11 月 19 日，中华人民共和国中央人民政府网站，http://www.gov.cn/xinwen/2021-11/19/content_5652067.htm。

得到各方认可，绿色基建、能源、交通、金融等领域务实合作扎实推进，绿色示范项目引领作用更加明显，境外项目环境风险防范能力显著提升。二是到2030年共建“一带一路”绿色发展格局基本形成。包括共建“一带一路”绿色发展理念更加深入人心，绿色发展伙伴关系更加紧密，“走出去”企业绿色发展能力显著增强，境外项目环境风险防控体系更加完善。①

该规划从三个维度，对绿色发展议题的主要任务进行概括总结。第一，推进重点领域合作。加强基础设施、能源、交通、产业、贸易、金融等重点领域的合作，并有效增进科技、标准以及应对气候变化层面的绿色发展合作。提升基础设施运营、管理维护绿色发展水平的同时，也要引导企业推广基础设施绿色环保标准和最佳实践，加强绿色技术科技攻关与推广应用，强化基础研究和前沿技术布局，积极参与国际标准制定，加强与共建“一带一路”合作国家绿色标准对接，积极寻求与共建“一带一路”国家应对气候变化的“最大公约数”。

第二，统筹境外项目绿色发展。一是要求企业严格遵守东道国生态环保相关法律法规和标准规范，鼓励企业参照国际通行标准或中国更高标准开展环境保护工作。二是指导有关行业协会、商会建立企业境外投资环境行为准则，通过行业自律引导企业规范环境行为。三是全面停止新建境外煤电项目，对在建境外煤电项目稳慎推进，并推动建成境外煤电项目的绿色低碳发展，鼓励其强化煤炭的高效清洁利用以及节能环保设施的升级。

第三，完善绿色发展支撑保障体系。一是完善资金保障支撑，有序推进绿色金融市场双向开放，鼓励金融机构和相关企业开展绿色融资。二是完善绿色发展合作平台支撑，完善“一带一路”绿色发展国际联盟，加强“一带一路”生态环保大数据服务平台建设，发挥“一带一路”能源合作伙伴关系和“一带一路”可持续城市联盟等平台作用。三是完善绿色发展能力建设支撑保障。支持环境技术交流与转移基地、示范推广基地以及科技园区等平台建设，通过绿色丝路使者计划以及相关专题培训改善共建国家绿色发展能力。四是完善境外项目环境风险防控支撑保障。指导企业提高环境风险意识，做好境外项目投资建设前的环境影响评价。

——意义

推进共建“一带一路”绿色发展，是践行绿色发展理念、推进生态文明建设的内在要求，是积极应对气候变化、维护全球生态安全的重大举措，是推进共建“一带一路”高质量发展、构建人与自然生命共同体的重要载体。共建

① 《一图读懂丨关于推进共建“一带一路”绿色发展的意见》，2022年3月28日，中华人民共和国国家发展和改革委员会，https://www.ndrc.gov.cn/xxgk/jd/zctj/202203/t20220324_1320197.html。

"一带一路"绿色发展取得积极进展，理念引领不断增强，交流机制不断完善，务实合作不断深化，中国成为全球生态文明建设的重要参与者、贡献者、引领者。

聚焦绿色发展，是对绿色发展理念与生态文明建设的深刻践行。注重绿色丝绸之路建设，聚焦绿色发展，既是对"五大发展理念"中绿色发展理念的准确贯彻，又是对"五位一体"中生态文明建设的切实推进。2021 年 10 月，在《中共中央国务院关于完整准确全面贯彻新发展理念做好碳达峰碳中和工作的意见》中，也指出"推进绿色'一带一路'建设。深化与各国在绿色技术、绿色装备、绿色服务、绿色基础设施建设等方面的交流与合作，积极推动中国新能源等绿色低碳技术和产品走出去，让绿色成为共建'一带一路'的底色"。[①] 对绿色发展的聚焦，正是在对外开放合作领域，对生态文明建设和绿色发展理念的准确贯彻执行。

聚焦绿色发展，是对气候变化的积极应对与全球生态安全的坚定维护。习近平主席在第七十六届联合国大会一般性辩论上庄严宣告，中国将大力支持发展中国家能源绿色低碳发展，不再新建境外煤电项目[②]，宣示了中国坚实推进共建"一带一路"绿色发展的信念与决心。聚焦绿色发展，意味着中国将在未来，从资金、技术、产业等全方位加强同国际社会的合作，尤其是增进同发展中国家间的南南绿色发展合作，这将推动发展中国家积极有效应对气候变化、维护生态安全的同时，为中国彰显大国能力、展现大国担当提供了重要舞台。

聚焦绿色发展，是对共建"一带一路"高质量发展、构建人与自然生命共同体的扎实推进。2021 年 4 月，习近平主席在领导人气候峰会上系统阐述了共同构建人与自然生命共同体理念的核心要义与实践路径，其中提及绿色发展时表示，"要顺应当代科技革命和产业变革大方向，抓住绿色转型带来的巨大发展机遇，以创新为驱动，大力推进经济、能源、产业结构转型升级，让良好生态环境成为全球经济社会可持续发展的支撑"[③]。这与习近平主席在第三次"一带一路"建设座谈会谈及共建"一带一路"高质量发展时的观点一脉相承。（本条执笔：李冰）

---

① 《中共中央　国务院关于完整准确全面贯彻新发展理念做好碳达峰碳中和工作的意见》，2021 年 10 月 24 日，中国政府网，http://www.gov.cn/zhengce/2021-10/24/content_5644613.htm。

② 习近平：《坚定信心 共克时艰 共建更加美好的世界——第七十六届联合国大会一般性辩论上的讲话》，人民出版社 2020 年版，第 5 页。

③ 《习近平在"领导人气候峰会"上的讲话（全文）》，2021 年 4 月 22 日，中华人民共和国中央人民政府网站，http://www.gov.cn/xinwen/2021-04/22/content_5601526.htm。

49. 绿色交通

——背景

促进节能降碳与运输结构优化，推动绿色发展理念在交通运输领域全面发展，绿色交通正成为交通运输行业贯彻习近平生态文明思想的重要代表。

一方面，绿色交通促使节能降碳快速推进。截至2021年年底，中国新能源城市公交、出租和城市物流配送汽车总数达到100余万辆，LNG动力船舶290余艘，全国港口岸电设施覆盖泊位约7500个，高速公路服务区充电桩超过1万个。同2015年相比，营运货车、营运船舶二氧化碳排放强度分别下降8.4%和7.1%，港口生产二氧化碳排放强度下降10.2%。

另一方面，绿色交通推动运输结构优化调整。大宗货物及中长距离货物运输由公路向铁路、水路转化，2020年重点地区沿海主要港口矿石疏港采用铁路、水运和皮带运输的比例比2017年提高约20%，2017—2020年全国港口集装箱铁水联运量年均增长25.8%。①

交通减排是对全球气候变化应对的重要支撑。交通运输排放约占中国碳排放总量的10%，国务院在《2030年前碳达峰行动方案》中提出，要加快形成绿色低碳运输方式。② 积极应对气候变化的同时，确保交通行业自身的健康、可持续发展同样重要。应当坚持系统观念，统筹考虑交通减排对经济结构、能源结构、交通运输方式和生产生活方式的深刻影响，处理好发展和减排、整体和局部、短期和中长期的关系。③

——内容

2022年，中华人民共和国交通运输部公布《绿色交通“十四五”发展规划》，针对绿色交通的“十四五”发展具体目标，进行了明确阐述。

一是减污降碳上，营运车辆以及船舶单位运输周转量二氧化碳排放要分别较2020年下降5%和3.5%，营运船舶氮氧化物（NOx）排放总量较2020年下降7%。二是用能结构上，全国城市公交、出租汽车（含网约车）城市物流配送领域新能源汽车占比分别达到72%、35%与20%，国际集装箱枢纽海港新能源清洁能源集卡占比不低于60%。三是运输结构上，集装箱铁水联运量平

---

① 《交通运输部关于印发〈绿色交通“十四五”发展规划〉的通知》，2021年10月29日，中华人民共和国交通运输部，https://xxgk.mot.gov.cn/2020/jigou/zhghs/202201/t20220121_3637584.html。

② 刘志强：《加快形成绿色低碳运输方式》，《人民日报》2022年1月14日第7版。

③ 《戴东昌出席联合国亚太经社会第四届交通部长会时表示积极应对气候变化推动交通绿色低碳发展》，2021年12月16日，中华人民共和国交通运输部，https://www.mot.gov.cn/buzhangwangye/daidongchang/zhongyaohuodonghejianghua/202112/t20211220_3631998.html。

均增长率 15%。

从中长期看，绿色交通的目标定位于构建一个服务于新发展格局的绿色交通体系。交通运输部在《关于全面深入推进绿色交通发展的意见中》表示，到 2035 年，形成与资源环境承载力相匹配、与生产生活生态相协调的交通运输发展新格局，绿色交通发展总体适应交通强国建设要求，有效支撑国家生态环境根本好转、美丽中国目标基本实现。①

共建“一带一路”9 年间，“绿色交通”始终在推进绿色丝绸之路中扮演着重要角色，“绿色交通”议题的持续改善主要聚焦在四个方面。

第一，节能低碳型交通工具的推广。在中国政府与相关企业的推进下，逐步扩大电力、氢能等清洁能源在交通运输领域的应用。2021 年，中国新能源汽车出口 31 万辆，同比增长 304.6%。比利时、孟加拉国、英国、印度、泰国、德国、法国等共建“一带一路”合作国家占据中国新能源汽车出口前七名。中国新能源汽车企业也持续增进在共建“一带一路”合作国家的直接投资，以比亚迪为例，其在海外拥有 6 个生产基地，并在全球设立了 30 多个工业园，生产内容涵盖纯电动巴士、卡车，动力电池包组装，太阳能组件及汽车模具等，持续为当地和周边国家和地区提供新能源解决方案。② 中国的清洁能源动力交通工具出口及产业合作，推动了共建“一带一路”合作国家交通领域的低碳转型。此外，中国通过贸易与对外合作，持续推动共建“一带一路”合作国家城市公共服务车辆、铁路系统、机场运行的电动化智能化水平，例如非洲大陆距离最长的跨国电气化铁路亚吉铁路，极大改善了其国内交通的运营效率和水平。

第二，共建“一带一路”合作国家交通运输结构的优化。通过大力发展多式联运，发展智能交通，提升客货运输的效率，打造绿色、高效、快捷、舒适的公共交通服务体系，引导公众绿色出行。此外，中国公共交通设备制造业对外出口规模和水平也在持续提升，以中车青岛四方机车车辆股份有限公司为例，共建“一带一路”9 年来，其连续获得来自新加坡、美国、阿根廷等多个国家的城市轨道交通大额订单，以中国制造和中国标准改善了其公共交通服务体系，提升了公众绿色出行的意愿。③

第三，加快绿色交通基础设施建设。将绿色低碳理念，贯穿于交通基础设

---

① 《交通运输部关于全面深入推进绿色交通发展的意见》，2017 年 11 月 27 日，中华人民共和国交通运输部，https://xxgk.mot.gov.cn/2020/jigou/zcyjs/202006/t20200623_3307286.html。

② 徐佩玉：《中国汽车出口去年实现历史性突破　赢得全球市场认可》，《人民日报》（海外版）2022 年 2 月 22 日第 6 版。

③ 宋晓华：《青岛中车四方打造中国高铁“金名片”》，《人民日报》（海外版）2021 年 1 月 28 日第 10 版。

施规划、建设、运营和维护全过程，通过经济、技术、市场等多手段综合运用，降低全生命周期能耗和碳排放。以中老铁路为例，中国企业在施工进程中，将环保施工和生态考量纳入建设全程，既严格注重降尘降噪与污水处理，也通过强化本地联系与科技创新，增进对项目沿线植被的保护。[①] 通过严格的生态标准，中国政府与企业将低碳可持续理念贯穿每一个“一带一路”共建项目之中。

第四，利用双多边机制深化国际交流合作。当前全球交通治理体系面临一系列新问题与新挑战，中国作为重要参与方，正在积极利用双多边国际机制，参与全球治理，阐释中国话语，贡献中国智慧。中美交通论坛、中德绿色物流会议、中日韩运输与物流部长会议是中国参与全球交通议题的主要双边渠道，中国还加入了近 120 项交通运输领域多边条约，多次当选或连任国际海事组织 A 类理事国、万国邮政联盟相关理事会理事国，积极主办世界交通运输大会等国际会议。此外，习近平主席在第二届联合国全球可持续交通大会上宣布设立中国国际交通可持续发展创新和知识中心，表明了中国促进全球可持续交通发展，推动构建人类命运共同体的意愿与决心。

——意义

第一，有效推进基础设施“硬联通”。推动共建“一带一路”合作国家交通基础设施互联互通，是基础设施“硬联通”的重要组成部分，“一带一路”推进以来取得了实打实、沉甸甸的成就。交通基础设施互联互通有序推动，“六廊六路多国多港”的互联互通架构基本形成。截至 2022 年 1 月，中欧班列累计开行超 5 万列、运送货物超 455 万标箱、货值达 2400 亿美元，通往欧洲 23 国 180 个城市。[②] 蒙内铁路、亚吉铁路，白沙瓦—卡拉奇高速公路、昆曼公路、中俄黑河公路大桥等路桥项目相继完成，全面参与比雷埃夫斯港、科伦坡港、瓜达尔港等海外港口的建设和运营，以铁路、公路、航运、航空为重点的全方位、多层次基础设施网络正在加快形成。[③]

第二，切实支撑规则标准“软联通”。推进国际运输便利化，同样是绿色交通推进互联互通的一个重要维度。以共建“一带一路”为合作平台，中国已与 19 个国家签署了 22 项国际道路运输便利化协定；与 66 个国家和地区签署了 70 个双边和区域海运协定；与 100 个国家签订双边政府间航空运输协定，与其中 54 个国家保持定期客货运通航，与东盟、欧盟签订区域性航空运输协

① 章建华、黄宁树：《通讯：中国生态标准让中老铁路变身“绿色之路”》，2021 年 11 月 15 日，新华社，http://www.news.cn/world/2021-11/15/c_1128065326.htm。

② 陆娅楠：《中欧班列累计开行超 5 万列》，《人民日报》2022 年 1 月 30 日第 1 版。

③ 《〈中国交通的可持续发展〉白皮书（全文）》，2020 年 12 月 22 日，中华人民共和国国务院新闻办公室，http://www.scio.gov.cn/zfbps/32832/Document/1695297/1695297.htm。

定；与 22 个国家签署邮政合作文件。[①] 积极推进政策、规则、标准“软联通”，在同共建“一带一路”合作国家的基础设施互联互通中发挥重要作用。

第三，有力提振国内各区域对外开放水平。以中欧班列为代表的多式联运，为国内各区域增进亚欧大陆国家对外贸易、推进对外开放提供了宝贵的历史机遇。2016—2021 年，中欧班列年开行数量由 1702 列增长到 15183 列，年均增长 55%；运输货物品类扩大到汽车配件及整车、化工、机电、粮食等 5 万余种；年运输货值由 80 亿美元提升至 749 亿美元，增长了 9 倍，在中欧贸易总额中的占比从 1.5% 提高到 8%。[②]

第四，有效推动全球气候治理参与。中国将交通领域作为应对全球气候变化、推动全球气候治理的重要议题领域，积极引导全球海运温室气体减排战略的制定和实施，主动研究中国方案，推动船舶低碳技术合作，在全球航空减排市场机制制定和实施进程中努力维护发展中国家权益，推动形成公正合理的国际制度安排，引导建立合作共赢的全球气候治理体系，为全球生态文明建设和可持续发展贡献力量。[③]（本条执笔：李冰）

50. 绿色金融

——概念阐述与形成过程

绿色金融概念最早诞生于西方发达国家的环保实践。实践的核心是为绿色增长和全球及区域的可持续发展提供融资。这构成了“绿色金融”的最初含义。此后随着可持续发展议题的不断扩展，环境的可持续发展、资源能源的节约与利用以及应对气候变化等目标相互交叉、重合，使得“绿色金融”“气候金融”“环境金融”等概念也常常交织在一起。

2016 年，中国在担任 G20 主席国期间，将绿色金融纳入了 G20 峰会议程，并发起了 G20 绿色金融研究小组。研究小组提出了一个绿色金融的广义定义，即绿色金融指一切支持可持续发展的投融资活动，不仅包括气候融资，还包括更广泛的环境目标，如降低空气、水和土壤污染，提高资源使用效率，保护生物多样性等，还包括整个金融体系对环境风险的有效管理。

2016 年 8 月，中国通过的《关于构建绿色金融体系的指导意见》明确指出，发展绿色金融，就是通过创新性金融制度安排，引导和激励更多社会资本

---

① 刘志强、陆娅楠：《“一带一路”交通互联互通稳步推进》，《人民日报》2021 年 12 月 3 日第 1 版。

② 陆娅楠：《中欧班列累计开行超 5 万列》，《人民日报》2022 年 1 月 30 日第 1 版。

③ 《〈中国交通的可持续发展〉白皮书（全文）》，2020 年 12 月 22 日，中华人民共和国国务院新闻办公室，http://www.scio.gov.cn/zfbps/32832/Document/1695297/1695297.htm。

投入绿色产业，同时有效抑制污染性投资。要利用绿色信贷、绿色债券、绿色股票指数和相关产品、绿色发展基金、绿色保险、碳金融等金融工具和相关政策为绿色发展服务，同时加强对绿色金融业务和产品的监管协调，完善有关监管规则和标准。

可见，绿色金融涵盖了为实现包容性、韧性和可持续发展而制定的更广泛战略的投资融资，承担着引导社会资金流向绿色低碳行业，倒逼产业转型和企业技术升级，实现经济、环境和社会可持续发展的重要使命。

——内涵和实践

绿色金融覆盖各类金融机构和金融资产，并需要动员公共和私人资金。银行、机构投资者和其他市场行为体都是绿色金融的重要参与者。主要的绿色金融工具包括绿色信贷、绿色债券、绿色投资基金、ESG 投资、绿色保险、绿色证券基金、碳基金、碳资产等。2021 年以来，全球推进碳中和步伐明显加快，绿色贷款、绿色债券、可持续投融资等绿色金融市场驶入快车道。

银行是绿色投资的主要融资渠道。各国监管部门正以各种方式要求银行加强 ESG 管理，包括采用联合国全球契约组织的企业可持续性原则、签署联合国负责任投资原则（UN PRI）或开展更多绿色金融活动。G20 气候相关融资信息披露特别工作组（TCFD）已经出台一系列与银行气候风险治理相关的监管指南、行动计划和监管声明，并得到全球知名银行集团的支持。截至 2021 年 8 月，全球已有 37 个国家的 124 家金融机构采纳了“赤道原则”。联合国环境规划署金融倡议（UNEP FI）牵头的《负责任银行原则》截至目前已经得到占全球银行业 1/3 以上的 240 多家银行的签署。

全球 92 家中央银行和金融监管机构专门建立“绿化金融系统网络”（NG-FS），旨在促进金融部门与气候和环境有关的风险管理。2019 年 9 月，由新兴市场银行业监管机构和银行业协会组成的可持续银行网络（SBN）正式启动，致力于推进新兴市场金融机构的 ESG 管理和可持续金融合作。截至目前，SBN 已拥有 43 个成员，占到新兴市场银行总资产的 86%，其中 25 个成员推出可持续金融发展的政策、原则或路线图。

绿色债券是为有环境效益的绿色项目提供融资的一种债务融资工具。全球绿色债券发行量已经连续十年保持增长态势，自 2007 年记录以来，2021 年年底累计发行金额已经超过 1.8 万亿美元。2021 年的绿色债券市场发展尤其迅速，发行量翻了一番，达到 6210 亿美元。绿色建筑是境外绿色债券投向的最大领域，其次是低碳交通。欧洲、中国和美国是全球最活跃的市场。

全球多数的投资机构、特别是主要国家养老金的投资策略开始向 ESG 投资倾斜，甚至部分机构投资决策100%以ESG为衡量标准。根据Bloomberg的统计，2016年全球ESG资产规模为22.8万亿美元，2018年增至30.6万亿美元，2021年则达到37.8万亿美元，预计2025年全球ESG资产总规模将达到53万亿美元。

——*发展状况*

在过去的几年里，中国积极推动绿色金融的发展，在绿色债券市场、启动碳排放权交易市场、持续推进绿色金融国际化进程等方面取得了重要进展。

中国已经初步建立了涵盖绿色信贷、绿色债券和绿色产业的绿色金融标准体系，建立了包括绿色再贷款、绿色MPA、担保和贴息等措施的激励机制，在六省九市开展了绿色金融改革创新试点，推出了包括绿色贷款、债券、基金、保险等在内的各类绿色金融产品，实现了绿色金融的快速发展。截至2021年年末，中国本外币绿色贷款余额15.9万亿元，同比增长33%，存量规模居全球第一。2021年境内绿色债券发行量超过6000亿元，同比增长180%，余额达1.1万亿元。

2018年，中国人民银行牵头成立全国金融标准化技术委员会绿色金融标准工作组，按照“国内统一、国际接轨、清晰可执行”的原则，推动绿色金融标准体系建设。《绿色债券支持项目目录（2021年版）》（中英文版）、《金融机构环境信息披露指南》、《环境权益融资工具》3项标准已正式发布；15项标准进入立项或征求意见环节，涉及环境、社会和公司治理评价、碳核算等多个重点领域。部分标准在绿色金融改革创新试验区率先试用，为全国推广探索、积累经验。2021年12月，生态环境部发布《企业环境信息依法披露管理办法》规范上市公司和发债企业环境信息强制披露。

中国还是绿色金融国际合作的一贯倡导者和坚定支持者，持续致力于提升全球绿色金融共识。《“一带一路”绿色投资原则》，为金融机构开展“一带一路”绿色投资提供了重要依据。中国人民银行还与欧盟联合发布《可持续金融共同分类目录》，有力推动了中欧乃至全球绿色金融标准趋同进程。中国人民银行担任G20可持续金融工作组联合主席期间，持续推进绿色金融主流化进程，包括起草《G20可持续金融路线图》和《G20可持续金融综合报告》，为金融界传递清晰的政策信号；推动绿色分类标准的国际趋同，避免绿色金融市场碎片化发展，促进全球绿色金融市场的互联互通；推动国际绿色融资合作的规则建设，在经验分享的同时制定广泛的绿色融资规则；应用数字金融技术加快绿色发展。

51. 清洁能源

——背景

气候变化与新冠肺炎疫情的双重叠加，清洁能源迅猛发展，全球能源体系迎来系统变革期。《巴黎协定》为全球气候变化应对与合作注入强心剂，各国积极制定国家自主贡献计划，当前超过130个国家明确了碳中和目标。过去数十年间，化石能源供需格局的剧烈变化，与清洁能源技术水平和经济性的迅速提高，催发了清洁能源在全球能源消费比例的迅速跃升，近五年可再生能源提供了全球新增发电量的约60%。新冠肺炎疫情暴发后，全球经济体积极推动绿色复苏，更为清洁能源转型提供了新动力。

中国也逐步参与进全球清洁能源转型的浪潮之中，扮演着日趋重要的角色。首先，中国能源消费结构持续优化，清洁能源转型效果显著。“十三五”时期，中国非化石能源消费比重达到15.9%，煤炭消费比重下降至56.8%，常规水电、风电、太阳能发电、核电装机容量分别达到3.4亿千瓦、2.8亿千瓦、2.5亿千瓦、0.5亿千瓦，非化石能源发电装机容量稳居世界第一。[①] 其次，中国能源技术水平快速增长，清洁能源产业迅猛发展。中国是全球最大的可再生能源市场和设备制造国，水电业务遍及全球多个国家和地区，光伏产业为全球市场供应了超过70%的组件。[②] 中国企业在低风速风力发电技术、光伏电池转换效率等领域不断取得新突破，全面掌握三代核电技术，超大规模电网运行控制实践经验日益丰富，培养出一批清洁能源领军企业。最后，中国对外清洁能源交流机制持续多样化，清洁能源合作水平稳步提高。“一带一路”能源合作伙伴关系、“一带一路”清洁能源发展论坛等多边交流机制与平台相继创设，这无疑为中国发挥主场外交优势，推进清洁能源国际合作，参与全球能源治理提供了重要舞台。

——内容

清洁能源是中国推进绿色丝绸之路建设，推动落实联合国《2030年可持续发展议程》的重要一环。在2021年公布的《新时代的中国国际发展合作》白皮书中，专门围绕一些对发展中国家清洁能源援助的典型项目进行介绍。其中包括中国在加蓬开展的清洁能源示范项目，中国支持肯尼亚加里萨光伏发电

---

① 《国家发展改革委　国家能源局关于印发〈“十四五”现代能源体系规划〉的通知》，2022年1月29日，中华人民共和国国家发展和改革委员会，https://www.ndrc.gov.cn/xxgk/zcfb/ghwb/202203/t20220322_1320016.html?code=&state=123。

② 《关于政协第十三届全国委员会第四次会议第2361号（资源环境类259号）提案答复的函》，2021年9月13日，国家能源局，http://zfxxgk.nea.gov.cn/2022-03/23/c_1310526189.htm。

站，以及中国援斐济小水电站。[①]

《“一带一路”绿色能源合作青岛倡议》的签署，折射出共建“一带一路”合作国家在“一带一路”清洁能源合作议题上的共识与目标。2021 年 10 月 18—19 日，第二届“一带一路”能源部长会议在中国青岛召开，会议期间达成了《青岛倡议》，认为“绿色能源正在成为全球经济发展的重要引擎，并将为各国开展互惠合作创造前所未有的机遇”，这正是对共建“一带一路”合作国家目标共识的集中反映，主要可以概括为三个方面。

一是认识到清洁能源在应对气候变化议题上的作用，“发展风能、太阳能、水能、生物质能、核能等绿色能源对于落实《巴黎协定》、联合国 2030 年可持续发展议程的关键作用”。二是强调清洁能源转型中的共区原则，“强调共同但有区别的责任原则，并尊重各国自主选择能源转型道路的权利”。三是增进对发展中国家的支持，“加大在资金、技术和能力建设等方面对发展中国家的支持，对于绿色能源实现更加均衡、更大规模的发展十分必要”。[②]

通过中国政府与企业近年来在“一带一路”框架下的清洁能源国际合作实践，结合《青岛倡议》文本内容，清洁能源在绿色丝绸之路建设进程中的主要任务正从四个维度开展。

第一，降低共建“一带一路”合作国家清洁能源项目融资成本。通过探索混合式融资、无追索权融资、结构化融资等模式，吸引更多私人资本进入“一带一路”清洁能源领域。鼓励金融机构结合自身条件开展环境风险分析和压力测试，降低共建“一带一路”合作国家清洁能源领域融资的难度和综合融资成本。充分发挥绿色信贷、绿色债券、绿色信托、绿色基金、绿色保险以及供应链金融和转型金融等金融工具的作用，进一步拓展清洁能源项目融资渠道。加强对清洁能源投资政策性保险的支持，为清洁能源项目投保提供更加宽松的条件。

第二，完善制度设计营造更具吸引力的投资环境。提高清洁能源政策的稳定性，在遵守各成员国可再生能源发展法律法规框架的同时，缩减清洁能源投资项目审批流程，为清洁能源投资创造更加有利的政策环境，加大对清洁能源的政策支持力度。加强绿色能源领域投资的开放程度，提升投资便利化水平，持续打造市场化、法治化、国际化的营商环境，为清洁能源投资创造更加开放、公平、稳定的市场环境。

① 《〈新时代的中国国际发展合作〉白皮书（全文）》，2022 年 1 月 29 日，中华人民共和国国务院新闻办公室，http://www.scio.gov.cn/zfbps/32832/Document/1696685/1696685.htm。

② 《〈“一带一路”绿色能源合作青岛倡议〉发布》，2021 年 10 月 19 日，国家能源局，http://www.nea.gov.cn/2021-10/19/c_1310254540.htm。

第三，增进清洁能源领域能力建设与技术援助，推动共建“一带一路”合作国家技术创新合作。根据需要向共建“一带一路”合作国家提供清洁能源领域技术援助，包括派驻专家、技术服务、专项咨询等。聚焦清洁能源发展，定期开展清洁“一带一路”能源合作部长研修班、领军人才培养项目等能力建设活动，加强“一带一路”国家能源领域人才的全方位储备，促进各国间的互学互鉴，推动各国标准体系对接。重视清洁能源创新技术的跨国转化和应用，根据各成员国的法规条例，推动一批具有引领作用的技术创新示范项目，让清洁能源技术进步的红利惠及更多国家。

第四，利用好双多边舞台推进全球能源治理体系完善。中国坚定支持多边主义，按照互利共赢原则开展双多边能源合作，着力拓展国际合作的空间。在国家和地区层面，先后与90多个国家和地区建立政府间能源合作机制，在国际组织层面，与30多个能源领域国际组织和多边机制建立合作关系，成立了中国—阿盟清洁能源培训中心、中国—非盟能源伙伴关系、中国—中东欧能源项目对话和合作中心、APEC可持续能源中心、中国—东盟清洁能源能力建设等5个区域合作平台。[①] 在2022年1月公布的《“十四五”现代能源体系规划》中，中国更是将运营好“一带一路”能源合作伙伴关系合作平台，办好国际能源变革论坛，作为推动完善全球能源治理体系的重要一环。

——意义

推动“绿色丝绸之路”下的清洁能源合作，是对能源安全新战略的坚定维护。能源作为工业粮食和国民经济命脉，其安全与否同国家发展息息相关。习近平总书记站在统筹中华民族伟大复兴战略全局和世界百年未有之大变局的高度，统筹国内国际两个大局、发展安全两件大事，在2014年中央财经领导小组第六次会议上，提出了“四个革命、一个合作”能源安全新战略，要求实现开放条件下的能源安全。清洁能源的有序发展和有效供应，既是巩固中国能源独立与能源安全，确保将能源饭碗端在自己手中的重要支撑，也是中国对外开展能源合作的有力依托。正如2018年习近平主席向“一带一路”能源部长会议和国际能源变革论坛致贺信中所强调的，“能源合作是共建‘一带一路’的重点领域。我们愿同各国在共建‘一带一路’框架内加强能源领域合作，为推动共同发展创造有利条件，共同促进全球能源可持续发展，维护全球能源安全”[②]。

---

① 任平：《能源的饭碗必须端在自己手里——论推动新时代中国能源高质量发展》，《人民日报》2022年1月7日第5版。

② 《习近平向“一带一路”能源部长会议和国际能源变革论坛致贺信》，2018年10月18日，中华人民共和国中央人民政府网站，http://www.gov.cn/xinwen/2018-10/18/content_5332014.htm。

推动“绿色丝绸之路”下的清洁能源合作，是领跑新一轮产业变革的重要支撑。2021 年习近平主席在东营考察时指出，“绿色低碳发展，这是潮流趋势，顺之者昌”①。当前全球科技创新，正进入密集活跃时期，新一轮科技革命和产业变革正在重构全球创新版图、重塑全球经济结构，以清洁高效可持续为目标的清洁能源技术加速发展将引发全球能源变革，现代能源科技正在深刻影响国家发展和国际竞争。中国当前在清洁能源技术以及产业规模上都位居全球领先地位，围绕“一带一路”框架加速推进清洁能源合作，有利于中国在这一领域市场份额的维持和扩大，技术标准的确立与引领，话语影响的稳步提升。

推动“绿色丝绸之路”下的清洁能源合作，是能源气候议题协调处理的有效方案。调整传统能源消费结构，推动低碳能源转型，是降低温室气体排放，应对气候变化的全球共识。中国当前积极推出双碳发展目标，不断增强自身在全球气候变化领域的参与度与影响力，通过“绿色丝绸之路”来推进清洁能源合作，聚焦对发展中国家能源可及性的关注，通过技术援助与最佳实践推广，增进清洁能源领域南南合作，这为能源气候议题协调处理提供了有效的方案。（本条执笔：李冰）

① 《习近平继续在东营考察调研》，2021 年 10 月 22 日，中华人民共和国中央人民政府网站，http://www.gov.cn/xinwen/2021-10/22/content_5644205.htm。

六 “一带一路”项目取得的进展

52. 中欧班列

中欧班列（CHINA RAILWAY Express，CRexpress）是由中国铁路总公司组织，按照固定车次、线路、班期和全程运行时刻开行，运行于中国与欧洲以及其他“一带一路”共建国家间的集装箱等铁路国际联运列车，是深化我国与相关国家经贸合作的重要载体和推进“一带一路”建设的重要抓手。2011 年 3 月 19 日，首趟中欧班列从重庆发出开往德国杜伊斯堡，开启了中欧班列创新发展的序章。中欧班列分别从中国重庆、成都、郑州、武汉、苏州、义乌等开往德国、波兰、西班牙等国家的主要城市。中欧班列为欧亚大陆的货物运输提供了新的运输渠道，是推动“一带一路”共建国家跨境运输与合作的重要举措。截至 2022 年 1 月 29 日，中欧班列累计开行超过 5 万列，运送货物超过 455 万标准箱，货值达 2400 亿美元，铺划 78 条运行线，通达欧洲 23 个国家的 180 个城市。①

——背景

中欧班列的开通源于重庆等中国西部地区对外开放的迫切需求。重庆深居内陆腹地，距出海口和边境线均 2000 多千米。产品出口需要首先运达沿海城市，时间过长；或者直接空运，费用极高。重庆决定开辟一条畅通省时且成本较低的国际物流大通道，经陆路直达欧洲。“渝新欧”线路将重庆与沿途的哈萨克斯坦、俄罗斯、白俄罗斯、波兰等国家紧密相连，运输成本仅为空运的 1/5，时间只有海运的 1/3，将中国西部与欧洲的时空距离从 40 多天缩短至 15 天左右。②

2013 年 9 月和 10 月，中国国家主席习近平在出访中亚和东南亚国家期间，

---

① 《中欧班列：春光正好》，2022 年 2 月 22 日，中国一带一路网，https://www.yidaiyilu.gov.cn/xwzx/gnxw/223960.htm。

② 《首条中欧班列，十岁了！》，2021 年 3 月 22 日，光明网，https://m.gmw.cn/2021-03/22/content_1302180778.htm。

先后提出共同构建“丝绸之路经济带”和“21 世纪海上丝绸之路”的宏伟倡议。“一带一路”倡议提出后，中欧班列的发展进入“快车道”。中欧班列成为中国与“一带一路”相关国家政策沟通、设施联通、贸易畅通、资金融通、民心相通的重要桥梁。

2014 年，中国国家主席习近平会见欧盟委员会主席巴罗佐时说，要继续发挥好贸易和投资在中欧合作中的主引擎作用。双方应该把互通有无的简单买卖型贸易合作，提升为各领域联动的复合型经贸合作，利用互补优势，力争早日实现双方年贸易额 1 万亿美元的目标。[①] 中欧班列的开通成为中国与欧洲之间的国际运输新方式，赋予了双边贸易关系新的活力。

2015 年 5 月 8 日，中国国家主席习近平和俄罗斯总统普京共同签署并发表了《关于丝绸之路经济带建设与欧亚经济联盟建设对接合作的联合声明》，这为亚欧大陆桥铁路运输带来历史性的发展机遇。中欧班列（苏州—华沙）的中段枢纽——满洲里铁路口岸成为亚欧大陆桥的“桥头堡”与对接点，中欧班列的发展又迈上了新的台阶。

2016 年 3 月《中华人民共和国国民经济和社会发展第十三个五年规划纲要》发布，提出“推动中蒙俄、中国—中亚—西亚、中国—中南半岛、新亚欧大陆桥、中巴、孟中印缅等国际经济合作走廊建设”并明确表示“支持中欧等国际集装箱运输和邮政班列发展”。

为保障中欧班列有序运行，2016 年 10 月中华人民共和国国家发展和改革委员会网站公布了《中欧班列建设发展规划（2016—2020 年）》（以下简称《规划》），对中欧班列 2016—2020 年的建设发展任务进行部署。《规划》对中欧班列的发展环境进行了分析评估，指出随着“一带一路”建设不断推进，我国与欧洲及其他“一带一路”共建国家的经贸往来发展迅速，物流需求旺盛，贸易通道和贸易方式不断丰富和完善，为中欧班列带来了难得的发展机遇，也对中欧班列建设提出了新的更高要求。

——*进展*

2011—2015 年，中欧班列处于积极探索的起步阶段。2012 年 10 月，武汉—捷克的首趟中欧班列试运行，打通了武汉本地产品直接出口至欧洲的快捷经济运输大通道。2013 年 9 月，中国国家主席习近平在会见西班牙首相霍伊时表示，“义新欧”铁路计划从浙江义乌出发，抵达终点马德里。同年 11 月 18 日，首趟“义新欧”中欧班列成功出发。

2016—2018 年，中欧班列的机制建设更加完善，进入可持续发展阶段。

---

① 《习近平：中欧经贸合作要从简单买卖型向复合型过渡》，2014 年 3 月 31 日，新华网，http://www.xinhuanet.com//world/2014-03/31/c_1110032770.htm。

2016 年 6 月，中国铁路正式启用“中欧班列”品牌，按照“六统一”（统一品牌标志、统一运输组织、统一全程价格、统一服务标准、统一经营团队、统一协调平台）机制运行。2016 年 10 月，推进“一带一路”工作领导小组办公室印发《中欧班列建设发展规划（2016—2020 年）》，这是中欧班列建设发展的首个顶层设计。2017 年 5 月 26 日，中欧班列运输协调委员会成立大会在北京召开。这标志着中欧班列发展建设进入新阶段。

中欧间已形成了西、中、东三大铁路运输通道。西通道，主要吸引西南、西北、华中、华北、华东等地区进出口货源，在新疆阿拉山口（霍尔果斯）铁路口岸与哈萨克斯坦、俄罗斯铁路相连。中通道，主要吸引华中、华北等地区进出口货源，在内蒙古二连浩特铁路口岸与蒙古国、俄罗斯铁路相连。东通道，主要吸引华东、华南、东北地区进出口货源，在内蒙古满洲里铁路口岸、黑龙江绥芬河铁路口岸与俄罗斯铁路相连。X8426 次中欧班列集装箱班列由广东东莞石龙站出发，经满洲里铁路口岸出境，途径俄罗斯、白俄罗斯、波兰等国家和地区，到达 13000 千米外的德国杜伊斯堡。这是目前中国运距最长的中欧班列。

2021 年中欧班列发展 10 周年，步入了稳定崛起阶段。全球新冠肺炎疫情大暴发，海运、空运受阻。2020 年 3 月至 2021 年 11 月，中欧班列连续 20 个月保持安全稳定运行，有力保障了国际产业链供应链的稳定畅通。中方将防疫物资运输纳入中欧班列重点保障范围，实行优先承运、优先装车、优先挂运。截至 2021 年 11 月底，中欧班列累计运送防疫物资 1343 万件，共计 10.3 万吨。①

现阶段中欧班列开行数量和质量持续稳步提升。截至 2021 年 12 月，中欧班列历年累计开行超过 5 万辆，运送货物超 455 万标准箱、货值达 2400 亿美元，铺画运行线 78 条，通达欧洲 23 个国家的 180 个城市。②

——意义

中欧班列纳入“一带一路”倡议框架后，一直发挥着重要的作用，无数条铁路线像动脉一般连接起欧亚大陆。习近平总书记强调，共建“一带一路”关键是互联互通。中国将同各方继续努力，构建以新亚欧大陆桥等经济走廊为引领，以中欧班列、陆海新通道等大通道和信息高速路为骨架，以铁路、港口、管网等为依托的互联互通网络。中欧班列被赋予了特殊的意义，主要体现在以

① 《中欧班列迎来新的里程碑》，2022 年 2 月 11 日，中华人民共和国中央人民政府网 http://www.gov.cn/xinwen/2022-02/11/content_5672985.htm。

② 《中欧班列迎来新的里程碑》，2022 年 2 月 11 日，中华人民共和国中央人民政府网 http://www.gov.cn/xinwen/2022-02/11/content_5672985.htm。

下几方面。

首先，中欧班列为“一带一路”建设提供了强力运输保障。中欧班列与传统的运输方式相比，运输时间是海运的 1/3，而费用仅为空运的 1/4，同时兼具运距短、速度快、安全性高、绿色环保、受自然环境影响小的特点，已经成为国际物流中陆路运输的骨干方式。中欧班列物流组织日趋成熟，班列沿途国家经贸交往日趋活跃，国家间铁路、口岸、海关等部门的合作日趋密切，铁路进一步发挥国际物流骨干作用，将丝绸之路从原先的“商贸路”变成产业和人口集聚的“经济带”，在“一带一路”倡议中起到重要作用。

其次，深化中国同欧亚大陆国家的贸易往来。“要想富，先修路。”铁路通达之处的对华贸易都变得更加密切，有利于形成广泛的国际经贸合作，大大提升中国与相关国家之间的贸易潜力。同时，遍布中国各大城市的班列站点为中国企业走出去提供多样选择，为中国企业国际化布局提供了便捷通道。

最后，中欧班列已经成为连接“一带一路”共建国家的重要纽带。除了经贸往来，中欧班列还在新冠肺炎疫情下化身各国携手抗击疫情的“生命通道”和“命运纽带”，有效促进中欧及相关国家的抗疫合作。中欧班列在贯通中欧、中亚供应链方面成为重要选择，有效促进了相关国家与中国的合作，使其与中国的关系更加密切，成为“一带一路”建设中的支柱力量。（本条执笔：陈思杨、张琳）

53. 匈塞铁路

——概念阐述

匈塞铁路又称布达佩斯—贝尔格莱德铁路（Budapest-Belgrade railway），是中国—中东欧国家合作的标志性项目，也是中国铁路技术与欧盟铁路技术规范互联互通与对接的典型。该项目由中国、匈牙利、塞尔维亚三国共同参与，属于泛欧交通网络的组成部分。

匈塞铁路自匈牙利首都布达佩斯至塞尔维亚首都贝尔格莱德，全长 350 千米，其中匈牙利境内 166 千米，塞尔维亚境内 184 千米。该项目为电气化客货混线快速铁路，设计最高时速 200 千米。建成通车后，两地之间的运行时间将从目前的 8 小时缩短至 3 小时以内。

作为中国—中东欧合作的旗舰项目，匈赛铁路将促进匈塞两国与欧洲其他地区互联互通，助力两国打造成为地区交通物流枢纽，推动中东欧基础设施建设和沿线地区经济发展，对共建“一带一路”倡议与欧洲发展战略对接、深化中欧互利合作具有重要意义。

——项目背景

匈塞铁路始建于19世纪末，由于屡遭战乱破坏再加上年久失修，铁路设施老化严重。此外，由于匈塞铁路绝大部分路段是单线运行，在一个行车区间内只能允许一列列车通过，因而同方向超车或者相对方向来车都不得不在车站内完成，大大降低了铁路的实际运行效率。陈旧的匈塞铁路严重制约了匈牙利和塞尔维亚的经济发展，也影响到整个中东欧地区的运输效率。然而，由于改造升级匈塞铁路缺乏资金，该项目迟迟未能启动。

2013年11月25日，在罗马尼亚布加勒斯特召开的第二次中国—中东欧国家领导人会议上，中国总理李克强、匈牙利总理欧尔班和塞尔维亚总理达契奇宣布了共同改造升级连接贝尔格莱德和布达佩斯的高速铁路的合作。这一消息是在习近平主席提出“一带一路”倡议一个月后，以及中国—中东欧国家合作机制启动一年后宣布的。匈塞铁路迅速成为中国—中东欧国家合作机制的旗舰项目和“一带一路”建设在欧洲的最重要项目。2014年12月，中国—中东欧国家领导人在贝尔格莱德会晤期间，中匈塞三国正式签署合作建设匈塞铁路谅解备忘录。

关于这条铁路的设计细节在2015年得到了落实。2015年6月，中匈两国签署关于共同推进“一带一路”建设的谅解备忘录，正式将匈塞铁路建设纳入“一带一路”框架之中。2015年11月24日，中国—中东欧国家领导人在苏州举行会晤期间，在中国、匈牙利、塞尔维亚三国总理的见证下，中国政府与匈牙利政府签署了《关于匈塞铁路项目匈牙利段开发、建设和融资合作的协议》，中国企业联合体与塞尔维亚政府及企业代表签署了匈塞铁路塞尔维亚段合作总合同，标志着匈塞铁路项目正式启动。

2016年11月5日，中国—中东欧国家领导人在拉脱维亚里加举行会晤期间，原中国铁路总公司所属中国铁路国际有限公司和中国交通建设股份有限公司联营体与塞尔维亚共和国政府和塞尔维亚铁路基础设施股份公司签署了匈塞铁路项目现代化及改造贝尔格莱德到旧帕佐瓦段（以下简称“贝—旧段”）工程的商务合同，标志着项目进入实施阶段。

——建设情况

该项目造价约在30亿美元左右，中国进出口银行将通过向匈牙利提供18亿美元和向塞尔维亚提供13亿美元的20年期贷款为该项目融资。这些贷款将覆盖项目成本的85%，其余部分将由塞尔维亚和匈牙利政府承担。铁路改造升级后，通行列车速度将大大提高，同时减少客货运时间，提升运输安全、舒适度和运输质量，吸引更多用户，在拉动经济效益的同时降低碳排放及环境污染等。

匈赛铁路的塞尔维亚段分为三个标的，其中贝尔格莱德到旧帕佐瓦段长34.5千米，第二段旧帕佐瓦到诺维萨德段（以下简称“旧—诺段”）长40.5千米，第三段从诺维萨德到苏博蒂察段（以下简称“诺—苏段”）长108.1千米。“贝—旧段”和“诺—苏段”铁路由中国铁路国际公司与中交股份组成的联合体承建，“旧—诺段”铁路由俄罗斯铁路子公司俄铁国际负责。

2017年11月，“贝—旧段”铁路举行开工仪式，2018年6月这一路段正式开工。2021年3月，“贝—旧段”的最后一个区间——巴塔吉尼卡至旧帕佐瓦段17千米左线开通运营。至此，匈塞铁路“贝—旧段”全线开通运营。2022年3月19日，“贝—诺段”举行通车仪式。塞尔维亚总统武契奇、塞尔维亚总理布尔纳比奇、匈牙利总理欧尔班等出席通车仪式并一同乘坐首发列车，“贝—诺段”正式通车运营标志着匈塞铁路项目取得重大进展。

在塞尔维亚段进展不断的同时，匈牙利段也取得重要进展。2020年4月，中国进出口银行与匈牙利财政部签订匈塞铁路匈牙利肖罗克莎尔—克莱比奥段项目贷款协议。5月，匈塞铁路匈牙利段项目EPC主承包合同正式生效，标志着匈牙利段进入实施阶段。2021年10月15日，匈塞铁路项目匈牙利段奠基仪式在匈南部城市基什孔豪洛什举行。匈牙利创新与科技部长帕尔科维奇，塞尔维亚建设、交通和基础设施部长莫米罗维茨，中国驻匈牙利大使齐大愚现场参加仪式。

——建设意义

匈塞铁路项目符合中匈塞三国利益。基础设施建设领域取得的成果，会极大带动地区商业和制造业的发展。匈塞铁路项目将显著改善中东欧地区的交通网络，有助于人员和货物流动，促进中国与中东欧国家的经济以及互联互通合作。

塞尔维亚素来被称作“欧洲的十字路口”，是连接欧洲、亚洲和中东地区的重要陆上通道。当中国资金投入改造后，匈塞铁路有助于充分发挥塞尔维亚在欧洲的区位优势。基础设施对一个国家的经济发展具有重要意义，中东欧国家在经济上落后于西欧国家，渴望在中国的帮助下提升本国的基础设施水平，从而缩小与西欧国家的经济差距。与中国在基建领域的合作不仅有利于中东欧地区的经济发展，对欧洲一体化也有积极推动作用。

对匈牙利来说，匈塞铁路有助于将匈牙利打造成地区交通、物流枢纽，进一步促进欧洲与中国的经贸往来，一方面有助于提升匈牙利经济竞争力，另一方面具有示范意义和带动效应，促进两国继续展开各领域基础设施投资合作。

对中国来说，匈塞铁路是一个活广告，是中国高铁进入欧盟的试金石。根据中匈塞政府签署的合作文件，匈塞铁路将全面采用中国技术和装备，兼容欧洲铁路标准。这是中国铁路成套技术和装备首次进入欧洲市场，对于推动中欧铁路合作具有重要的示范意义。

另外，匈塞铁路的开通能够便利中国企业在欧洲进一步拓展市场，促进外贸和进口两方面发展。匈塞铁路是中欧陆海快线多式联运的主动脉。中欧陆海快线南起希腊比利埃夫斯港，经北马其顿斯科普里和塞尔维亚的贝尔格莱德，向北到达匈牙利布达佩斯。该线路建成后，将为中国对欧洲出口和欧洲商品进入中国开辟一条新的便捷航线。作为陆海快线的一部分，匈塞铁路以后也会延伸到希腊比雷埃夫斯港口，进一步发挥比港运输潜力，为中欧互联互通打造新的运输大动脉。中国通过这种模式，拓展了与欧洲进行贸易往来的渠道，潜在减轻了被美国在海上封锁的风险。

通过匈塞铁路等具体项目的合作及产生的溢出效应，“一带一路”倡议将显现出巨大的潜力，不仅将为匈塞等东欧经济体带来极佳的发展机遇，还能够为中国进一步发展壮大“一带一路”倡议在海外的建设做好铺垫与示范。（本条执笔：付睿迪）

54. 中老铁路

中老铁路是中国“一带一路”倡议与老挝“变陆锁国为陆联国”战略对接的标志性工程，是中老两国互利合作、打造区域互联互通的旗舰项目。中老铁路是“一带一路”倡议提出后首条以中方为主投资建设，全线采用中国标准、使用中国设备并与中国铁路网直接连接的国际铁路。[①] 2021 年 12 月 3 日，中老铁路开通运营。

——背景

基础设施建设对一国经济发展起到重要的作用，特别是对于发展中国家，突破基础设施建设的瓶颈是打开本国经济发展的重点。老挝是东南亚地区唯一内陆国，交通不发达，全国仅有 3.5 千米铁路。在全世界拥有铁路的 146 个国家中，老挝排名倒数第四。该项目提升了老挝基础设施水平，形成一条高运能、大能力的铁路客货运输通道，使老挝从“陆锁国”变为“陆联国”（land-linked country）。中老铁路是老挝“2020 年前摆脱贫困”战略的重要组成部分，该铁路的建成不仅能够实现中老两国、老挝与东盟、中国与东盟之间的互联互通，加速辐射区域内人员、货物、经济流通，还可以帮助老挝发挥经济增长潜力，融入地区及全球供应链，带动老挝经济提速发展。

① 《中老铁路项目》，2021 年 12 月 31 日，中国国家铁路集团有限公司网站，http://www.china-railway.com.cn/gjhz/jwxmjs/201812/t20181217_91357.html；《一图详解中老铁路　你想知道的都在这！》，2021 年 12 月 3 日，人民网，http://politics.people.com.cn/n1/2021/1203/c1001-32298857.html。

中国的高铁技术不断成熟、投入运营高速铁路里程不断增长，吸引了东南亚国家的注意力。2013 年 10 月 11 日，中国总理李克强和泰国总理英拉共同签署了《中泰政府关于泰国铁路基础设施发展与泰国农产品交换的政府间合作项目的谅解备忘录》。李克强总理在出席中国高速铁路展开幕式时指出，中国高铁“技术先进、安全可靠、成本具有竞争优势”，希望中泰加强铁路合作。[①] 中泰铁路合作项目和印度尼西亚雅加达—万隆高铁项目已分别于 2017 年、2018 年正式开工建设。泛亚铁路中线的合作建设正在稳步推进当中。

——进展

中老铁路老挝段是第一个以中方为主投资建设、中老共同运营并与中国铁路网直接连通的境外铁路项目。

2010 年 10 月 4 日，原中国铁道部部长与老挝公共工程与运输部部长在老挝签署了《中华人民共和国铁道部与老挝人民民主共和国公共工程与运输部关于深化落实合作备忘录的会谈纪要》，确定了中老铁路项目。2010 年 12 月，老挝第六届国会第十次会议批准了有关从中国到老挝修建一条高速铁路的计划。但由于修建铁路的资金问题未能得到妥善解决，铁路动工时间被延迟。

经过近五年的论证，2015 年 7 月 29 日，中国国家发展和改革委员会在官网发布了《国家发展改革委关于新建玉溪至磨憨铁路可行性研究报告的批复》，批准玉磨铁路进入优化工程方案阶段，强调需“加强对外沟通协调，做好与中老铁路通道境外段项目规划建设的衔接”。2015 年 9 月，在第 12 届中国—东盟博览会和中国—东盟商务与投资峰会上，老挝副总理宋沙瓦·凌沙瓦表示“中老双方将建立一条连接中国、老挝，连接东盟各国的铁路，作为老挝成立 40 周年之际的礼物”。[②] 2015 年 11 月 13 日，中老两国政府在北京签署了《中老两国间铁路基础设施合作开发和中老铁路项目合作协议》。

2016 年 12 月 25 日，中老铁路在老挝拉勃拉邦举行全线开工仪式，中老铁路项目正式进入实施阶段。经过五年的修建，2021 年 10 月 16 日，“澜沧号”动车组运抵刚刚建成的中老铁路万象站，正式交付老中铁路有限公司。2021 年 12 月 3 日，中共中央总书记、国家主席习近平同老挝人民革命党中央总书记、国家主席通伦通过视频连线共同出席中老铁路通车仪式。

中老铁路北起中国云南省玉溪市，经普洱市、西双版纳、中老边境口岸磨憨，经老挝琅勃拉邦至老挝首都万象。中老铁路分为中国段和老挝段，其中中

① 《2013 年外交盘点：新外交方式牵动大事件》，2013 年 12 月 26 日，半月谈网站，http://www.banyuetan.org/chcontent/jrt/20131224/89012.shtml。

② 《老挝副总理：“一带一路”促进中国—东盟合作》，2015 年 9 月 1 日，人民网，http://World.people.com.cn/n/2015/0918c157278-27605907.html。

国段为玉磨铁路，正线全长508.53千米，总投资505.45亿元人民币。老挝段：北起中老边境口岸磨丁，向南经老挝北部的南塔省、乌多姆塞省、琅勃拉邦省、万象省后到达老挝首都万象市，全长414千米，总投资约374亿元人民币。

老中铁路有限公司负责中老铁路项目老挝段的总体投资、建设和运营。该公司由中国铁路国际有限公司牵头中方企业与老挝国家铁路公司共同投资成立，其中中方投资70%的股份，老挝政府投资30%的股份。全线按照中国标准设计、建设、运营，使用中国设备。[①]

2022年3月12日，中老铁路开通运营满100天，累计发送旅客180余万人次，开行货物列车1500余列，运输货物120万吨。

——意义

中老铁路是联通中老两国的重要基础设施，也是泛亚铁路的重要组成部分，对于方便沿线民众出行、促进沿线经济发展、带动区域产业提升具有重要意义，同时对加快泛亚铁路建设、实现共建"一带一路"合作国家设施联通、加强中国与东盟国家合作发挥了重要的推动作用。

首先，中老铁路是中国西南部地区特别是云南省，提升与周边国家互联互通水平、进一步对外开放的发展之路。

交通基础设施互联互通是云南建设面向南亚、东南亚辐射中心的支撑和保障。中老铁路是云南省"八出省五出境"铁路通道的重要组成部分，它的建成将在"政策沟通、设施联通、贸易畅通、资金融通、民心相通"五个方面增进云南与南亚、东南亚之间的联系，开展与周边国家务实合作，有助于进一步构建对外开放的新格局。

云南省昆明市、西双版纳自治州、普洱市等多个地区可利用地理位置优势，加速发展仓储物流、冷链运输、绿色食品等业态，进一步优化沿线产业空间布局，深度融入面向南亚、东南亚市场的跨境产业链、供应链。随着区域全面经济伙伴关系协定（RCEP）的生效，橡胶、化肥、汽车、蔬菜、鲜花等多种产品的铁路货运量均将稳步增长。

其次，中老铁路将拉动老挝的经济发展，开创中老双边合作共赢的新篇章。中老铁路的建成大大改善了老挝的交通条件，促进老挝融入区域经济发展。该项目有力地支持了老挝政府的扶贫政策，惠及民生，帮助增加民众收入、减少贫困，有利于老挝经济的发展。中老铁路还有助于老挝与中国之间的人员流动，中老铁路将使两国在政治、文化、社会等多个领域，实现更为密切

① 《中老铁路是指什么？中老铁路线路图详解》，2020年1月7日，新华丝路网，https://www.imsilkroad.com/news/p/397693.html。

的多层次互动，架起合作共赢的友谊之桥。

最后，中老铁路有助于实现中国—东盟之间的互联互通，对区域合作具有重要战略意义。中老铁路是泛亚铁路的重要组成部分，未来有可能延伸到泰国、马来西亚和新加坡。区域全面经济伙伴关系协定生效后，中老铁路货物发运目的地覆盖范围进一步扩大，目前已覆盖泰国、缅甸、老挝等十余个国家和地区。

中老铁路连接了东南亚各国的铁路网络，由点及面，有助于形成快捷高效的铁路客货运输网络，最大限度地满足沿线国家的共同需求，最终实现互利共赢、共同繁荣。中国与共建"一带一路"合作国家紧密相连，与东南亚各国是发展的命运共同体。中老铁路将进一步加深中国与东南亚各国的关系。（本条执笔：张琳）

55. 希腊比雷埃夫斯港

近些年，中国与希腊的经贸合作进展顺利、成果丰硕。特别是中国远洋海运集团有限公司（以下简称中远海运）对希腊最大港口比雷埃夫斯港的兼并收购和成功运营，不仅为中希两国进一步深化各领域合作树立了良好的榜样，而且成为"一带一路"建设中成功合作的旗舰项目。

——背景

希腊阿提卡大区比雷埃夫斯市的比雷埃夫斯港（以下简称"比港"），在希腊语中意为"扼守通道之地"，陆地面积 272.5 万平方米，岸线总长约 24 千米，地处希腊东南沿海萨罗尼科斯湾东北岸，濒临爱琴海的西南侧，连接巴尔干半岛、南欧地区、黑海地区与西欧、中东欧地区、中东及非洲，是希腊最大、欧洲前十大的港口，也是全球五十大集装箱港口之一。在希腊债务危机爆发初期，比港曾因严重亏损而面临瘫痪甚至破产的风险。2010 年，中国远洋海运集团有限公司（以下简称"中远海运"）[①] 通过特许经营权接管了比港 2 号和 3 号集装箱码头，彼时的 2 号集装箱码头泊位很小，仅能停靠一两艘 5000 标准箱的集装箱船。3 号集装箱码头则由中远海运经八年多建设，于 2019 年 6 月建成，每次可以停靠五六艘 14000 标准箱的集装箱船，这让比港的集装箱吞吐能力大幅提升 60% 以上。

---

① 中国远洋海运集团是全球综合运力最强的海运企业。截至 2022 年 2 月 1 日，中国远洋海运集团经营船队综合运力 11217 万载重吨/1384 艘，排名世界第一。其中，集装箱船队规模 304 万标准箱/507 艘，居世界前列；干散货船队运力 4339 万载重吨/426 艘，油、气船队运力 2937 万载重吨/224 艘，杂货特种船队 514 万载重吨/160 艘，均居世界第一。

中远海运与希腊共和国发展基金于2016年4月正式签署比雷埃夫斯港口管理局（Piraeus Port Authority S. A.，PPA）股权转让协议和股东协议，同年8月10日股份交割后中远海运持有PPA 51%的股份，成为其第一大股东；希腊政府则通过希腊共和国资产发展基金持有PPA 23.14%的股份，成为其第二大股东。在5—7年完成强制投资后，中远海运将持有PPA 67%的股份，对其拥有绝对控股权。这标志着中远海运收购比港股权项目取得了里程碑式的重要进展。希腊通过引进中远海运的先进技术和管理经验，大幅增加集装箱业务，使比港经营效率得以大幅提高。在中国资本和管理经验的助力下，比港重获新生并取得飞跃性发展成就，成为中国与希腊共建“一带一路”的旗舰项目。

在“一带一路”倡议的带动下，比港已成为全球发展最快的集装箱港口之一。2021年，比港的年营业额约1.5亿欧元，与2020年的1.3亿欧元相比，增长约15.4%；税后利润超过3680万欧元，比2020年大幅增长约39.4%，这是比雷埃夫斯港口管理局有史以来取得的最高盈利纪录。比港作为中欧运输的门户之一，正在向成为欧洲最大港口的目标迈进，这将有力带动希腊经济的复苏和发展。

——意义

一是助推希腊经济复苏和发展。在希腊深陷债务泥潭之时，中远海运接管比港，不仅帮助它顺利渡过难关，实现涅槃重生，而且使它很快成为地中海地区最大的港口以及全球发展最快的集装箱码头之一，有力地促进了希腊经济复苏和社会发展。在比港项目成功投资和运营的带动下，已有越来越多的中国企业开始关注和投资希腊。目前，中国企业在希腊的投资涵盖海运、能源、电力、信息通信、金融等多个领域。诸如，国家电网公司收购希腊国家电网公司24%的股权，国家能源集团与希腊CG公司签署收购色雷斯4个风电项目公司75%的股权协议，中国银行和中国工商银行将分别在希腊开设分行和办事处，华为、中兴和复星集团等多家中资企业在希腊积极拓展业务等。外商投资特别是来自中国的投资，为帮助希腊应对债务危机、实现经济复苏发挥了至关重要的作用。中希两国通过相互投资与合作，实现了真正的互利双赢。

二是促进双边乃至多边经贸合作。中远海运比雷埃夫斯港口有限公司是中远海运集团第一家海外控股的港口有限公司，它的成功运营不仅为中希深化各领域合作提供参照，也为推进中欧经贸合作提供良好样板。近年来，中国与希腊的双向投资不断拓展。据中国商务部统计，2020年中国对希腊直接投资流量为717万美元。截至2020年年末，中国对希腊直接投资存量为1.26亿美元。据希腊中央银行统计数据，2010—2020年希腊共吸引来自中国内地和中国香港的直接投资19.6亿欧元，希腊对中国内地和中国香港直接投资12.4亿欧元。中国和希腊贸易往来越发紧密，双边贸易稳步增长。根据中国海关总署的统计数据，中国与希腊的货物贸易额由 2013 年的 36.5 亿美元增长至 2021 年的 121.5 亿美元，增长了 2.3 倍。这些贸易商品中的大多数经由比港运抵或转运至第三方。可以说，比港在推动中希乃至中欧经贸合作方面发挥了不可替代的作用。

三是成功打造“一带一路”建设旗舰项目。希腊是第一个同中国签署政府间共建“一带一路”谅解备忘录的欧洲发达国家。由中远海运并购并运营的比港当之无愧是“一带一路”互联互通的成功典范。在中远海运多年的科学管理和精心经营下，比港早已实现华丽转身，成长为涵盖集装箱码头、汽车船码头、邮轮码头、渡轮码头及修造船、物流仓储六大板块业务在内的地中海第一大港口。在 2017 年 5 月举办的“一带一路”高峰论坛上，中国国家主席习近平指出，要将比港打造成地中海地区重要的集装箱中转港、海陆联运桥头堡、国际物流分拨中心，成为中欧陆海快线以及“一带一路”建设的重要支点。比港距离贸易干线、集散目的地及热门旅游景点较近，非常适于中转、门户贸易及客运服务。同时，比港作为“21 世纪海上丝绸之路”进入欧洲的主要港口，还可通过中欧陆海快线和匈塞铁路连接中欧与东欧，发挥海陆联运协同效应，推动“一带一路”建设走深走实。

——基于比雷埃夫斯港的中希合作前景

一是深化政治互信，发挥高层交往引领作用。中国和希腊同为历史悠久的文明古国，一直保持良好的交往记录。希腊作为“一带一路”陆海通道的重要交汇点，在中国“一带一路”建设中具有特殊的区位优势。而比港项目作为中希双方优势互补、强强联合、互利共赢的成功范例，有助于两国继续深化政治互信。中希高层在 2019 年实现互访，是两国关系高水平发展的最好体现。在访问希腊期间，中国国家主席习近平专程前往比港参观。中希最高领导人之间保持经常性的互访互动，有助于深化政治互信，为两国在各领域开展务实合作发挥重要指引作用。希腊既是欧盟成员也是欧元区成员，这有利于提升中希双边合作水平，并为中欧关系健康发展注入新的动力。

二是深耕细作，发挥旗舰项目带动作用。比雷埃夫斯港作为中希合作的旗舰项目，是中资企业在希腊的投资中最为成功的私有化案例之一，已被波罗的海交易所重新评定为“世界十大枢纽港”之一。随着希腊港口规划和发展委员会批准中远海运比雷埃夫斯港的总体规划，这项高达 6.12 亿欧元的投资计划已进入综合发展与可持续发展的快车道，这将为两国合作翻开新的篇章。根据希腊经济与工业研究所的预测，到 2025 年比港将给希腊带来 4.7 亿欧元的财政收入，为当地创造 3.1 万个就业岗位，有力促进希腊的经济增长。中希双方应再接再厉，搞好港口后续建设发展，充分发挥旗舰项目的示范效应，在互利双赢的基础上找寻最佳利益契合点，实现区域物流分拨中心的目标，打造好中欧陆海快线，以更好地带动希腊乃至区域经济发展。

三是借助“一带一路”建设，深化各领域合作。“一带一路”倡议作为新时代构建人类命运共同体的实践平台，已得到包括希腊在内的越来越多国家的积极响应和广泛参与。在“一带一路”绘制的蓝图中，比港项目建设和运营已成为中希战略合作的标杆，并将进一步推动两国在基建、贸易、海运、旅游等各领域的互利合作。当前，中国对希腊的投资主要集中在海运、能源、基础设施、房地产等领域，未来在“一带一路”建设的框架内，中希两国还可在旅游、医疗、物流、可再生能源、教育、科研和技术创新、农业等诸多领域加强合作，推动两国在双边投资和贸易往来中实现更高质量的互利共赢。（本条执笔：贾中正）

56. 塞尔维亚斯梅代雷沃钢铁厂

塞尔维亚地处巴尔干半岛，是最早一批加入中国与中东欧机制及共建“一带一路”的国家。中国是塞尔维亚第五大贸易伙伴，也是其亚洲第一大贸易伙伴。多年来，中资企业通过贷款、收购和合资等形式在塞尔维亚投资了100多亿欧元，涉及交通、能源、冶金、生产等多个领域。河北河钢集团并购塞尔维亚斯梅代雷沃钢铁厂堪称中塞两国的样板合作项目，也是推进“一带一路”倡议与中东欧国家国际产能合作的又一项重大成果。

——*历史沿革*

斯梅代雷沃钢铁厂始建于1913年，是塞尔维亚大型支柱性钢铁国企，被誉为“塞尔维亚的骄傲”。主要生产热轧卷（含热轧横切板）、酸洗卷、冷轧卷（含冷轧横切板）和电镀锡板等产品。配套年产能力220万吨，80%的产品出口欧洲其他国家和地区。2002—2012年，斯梅代雷沃钢厂由美国钢铁公司（美钢联）经营管理，期间连年亏损。2012年，美钢联宣布撤资，塞尔维亚政府重新收回钢厂所有权，并试图寻找新的投资者。由于国际钢材市场竞争加剧、工厂设备老化和管理不善等原因，该厂连续多年产钢量不足设计能力的1/3。加之产品单一，附加值低，当时年亏损金额至少1.2亿欧元。2016年4月，河北河钢集团与塞尔维亚共和国政府正式签署协议，由河钢集团出资4600万欧元并购该国斯梅代雷沃钢厂。①

① 《感受塞尔维亚斯梅代雷沃“百年钢厂”的“前世今生”》，2017年5月9日，中国国际广播电台国际在线新闻网，http://news.cri.cn/20170509/51c3ab36-e980-288d-b865-6e2246cba1a4.html。

——资金、技术与管理改革

河钢集团利用技术、管理、市场等优势资源，从战略规划、组织管控、资源调配、资金投入、成本控制、风险防控等方面进行调整优化，扭转了钢厂亏损局面，综合竞争力实现跨越式提升，河钢集团对斯梅代雷沃钢铁厂的主要改革措施体现在三个领域。

1. 资金投入

河钢集团大量投入资金，使斯梅代雷沃钢铁厂在不到 8 个月扭转亏损，实现盈利。在并购后，斯梅代雷沃钢铁厂更名为“河钢集团塞尔维亚钢铁公司”（HBIS Group Serbia Iron & Steel）。从 2016 年 4 月并购到 12 月，河钢塞尔维亚公司用不到 8 个月的时间实现全面盈利，产销量均创 2010 年以来最高水平。2017 年，河钢塞尔维亚公司产钢 148 万吨、钢材 125 万吨，营业收入 7.5 亿美元，利润达 2 亿元人民币。[①] 自 2016 年并购至 2020 年，河钢塞尔维亚公司累计投入近 2 亿美元实施大规模技术改造，才实现了钢厂整体技术水平的显著提升。新冠肺炎疫情条件下，中国河钢集团仍在 2021 年年底表示，可能继续对河钢集团塞尔维亚钢铁公司追加 3 亿美元投资。2021 年的调查显示，即使在疫情条件下，钢厂仍然实现了正常运转。2020 年中国还向河钢集团塞尔维亚钢铁公司捐赠了大批抗疫物资。[②]

2. 技术改进

河钢集团在发展斯梅代雷沃钢铁厂时，充分考虑到了该国国情及政策要求，技术改造后的塞尔维亚公司成为面向欧洲市场的高端产品生产基地。由于塞尔维亚准备加入欧盟，在安全、环保、质量、信息自动化、节能、维修、操作上的技术均须达到国际一流水平，河钢集团出色地完成了一系列的技术改革任务。

其一，自成功收购以来，河钢汇集了整个集团的技术力量发展塞尔维亚分厂。集团累计投入 1.9 亿美元进行技术改造和生产线提升，截至 2019 年 4 月，集团先后派出多达 11 批次近 200 人的技术团队，对钢厂设备、技术、信息化和工艺上存在的问题进行全面排查，投入巨大精力完善工艺、降低成本。以加热炉为例，钢厂新建的一批加热炉采用了汽化冷却、均热段倾斜式炉底和排渣孔等技术，以及一级和二级控制技术，提高了经济效益和操作便利性，且配套采用了世界先进节能环保技术。[③]

① 《中国企业收购斯梅代雷沃钢铁厂，塞尔维亚员工有了安全感》，2018 年 10 月 9 日，“一带一路”网，http://ydyl.china.com.cn/2018-10/09/content_65401620.htm。

② 《通讯：一首多瑙河畔的“钢铁交响曲”》，2022 年 1 月 6 日，新华网，http://www.news.cn/2022-01/06/c_1128236111.htm。

③ 邵剑华、王兴艳：《河钢集团转型升级的经验与做法》，《冶金经济与管理》2018 年第 1 期。

其二，河钢集团不拘泥于传统产品结构模式，在制定斯梅代雷沃钢铁厂未来发展规划时，目标定位为高品质钢材生产，由此拓展市场。为此，河钢进行了很多技术改进工作，其中包括在炉型上选用了技术比推钢式加热炉更加先进、更具有技术优势的步进式加热炉。2019 年，河钢集团塞尔维亚公司还向普锐特订购了一座新炼钢转炉，以改进工艺和提高产能。截止到 2019 年，钢厂目前拥有一座烧结厂、两座高炉（合计 210 万吨/年）、一座年产 220 万吨厚板坯转炉炼钢车间、一台 240 万吨/年热轧带钢轧机生产线和一台 160 万吨/年冷轧机生产线。①

3. 管理现代化

在人力管理方面，河钢集团坚持人力资源“本土化”、管理文化“本地化”，并按照当地法律、法规及文化习俗实施经营和管理。同时定期为员工组织培训，坚持提高其职业技能。河钢塞钢公司没有机械地照搬河钢集团的管理模式，而是充分尊重企业多年的管理经验。当中方管理模式与塞方管理模式存在分歧时，中方管理人员始终充分听取塞方员工的意见，以事实和数据为依据，融洽地拟定出最优方案。2017 年以来，河钢集团共组织斯梅代雷沃钢铁厂员工进行了 16 期境内培训，直接受益员工 2563 人。此外，厂内工会组织十分发达，共有 8 个自发的工会组织，可代表劳方与资方就员工福利进行谈判。河钢集团接手后，与该厂 3 家代表性工会组织举行了长达 43 天的谈判，广泛听取了员工的合理化意见和建议。②

在市场管理方面，斯梅代雷沃钢铁厂依托河钢德高这一全球最大钢铁营销服务网络优势，解决了企业供应链和销售链长期脱节的问题，河钢德高公司成熟稳健的全球营销平台、覆盖全球的高端客户，以及国际优质原材料资源掌控配置能力，为斯梅代雷沃钢铁厂提供了大宗原材料支撑和国际销售市场保障，使收购后的斯梅代雷沃钢铁厂的综合竞争力实现了跨越式提升。

——民生效益与社会评价

在河钢集团的努力下，新的斯梅代雷沃钢铁厂提高了塞尔维亚的经济实力与社会效益，给 5000 多名员工家庭带来稳定收入，拉动了当地消费，整个城市经济因此蓬勃发展。一系列成绩赢得了塞尔维亚政府的肯定。此外，河钢塞钢始终得到中塞两国领导人的高度关注。中国国家主席习近平在中国—中东欧国家领导人峰会等场合中多次提及河钢塞钢，指出“要切实兑现承诺，把钢厂

① 《河钢集团计划对塞尔维亚钢铁厂进行大规模投资》，2019 年 9 月 12 日，搜狐网，https://www.sohu.com/a/340566083_396209。

② 翟伟峰、李萌雨、左跃荣：《中国制造业跨国公司的海外“本土化”策略——基于河钢塞尔维亚公司的案例研究》，《石家庄学院学报》2021 年第 2 期。

打造成中国—中东欧合作和‘一带一路’建设的标志性工程”。2022 年北京冬奥会开幕式之际，中国国家主席习近平在与塞尔维亚总统亚历山大·武契奇（Aleksandar Vucic）会面时指出，双方要加强战略对接，高质量共建“一带一路”，持续发挥河钢斯梅代雷沃钢厂、紫金博尔铜矿等项目的经济社会效益。[①] 塞尔维亚总统武契奇对河钢集团收购后的斯梅代雷沃钢厂及其对塞尔维亚的就业贡献给出高度评价，当地百姓也对中方加入后的钢厂赞不绝口。

首先，保就业与提产能两手抓，得到百姓肯定。河钢集团加入后的斯梅代雷沃钢铁厂使整个斯梅代雷沃市的失业率由 18% 降到了 6%。[②] 一般跨国企业收购濒临破产的企业后，为了实现尽快盈利，都只留下可完成生产目标的员工，其余裁撤。河钢集团并没有采取这种逐利做法，而是留下了原斯梅代雷沃钢铁厂的全部 5000 名员工，只派出了 9 名中国技术人员常驻钢铁厂进行管理，并赋予了这家钢铁厂很大自主权。工人工资逐步得到提高，许多工人表示，河钢收购前，工厂不断降薪，问题层出不穷，工人们每天担心明天还会不会有工作，河钢接手后，普通工人工资增长了 30%。斯梅代雷沃钢厂的员工和家属总数超过 2 万人，相当于全市人口的 1/5，一些工人家属也被介绍到钢厂工作，能够自食其力。

其次，大幅改善钢厂生态环境，坚持可持续发展。接管之前，钢厂环保设备几乎处于停滞状态，河钢集团收购完成后的第一项决定就是引进绿色制造技术，尽快重启环保设施。10 年来，粉尘排放逐年降低，吨钢粉尘排放量从 2016 年接手时的 1.13 公斤降低到了 2020 年的 0.24 公斤。[③] 此外，新建 3#双蓄热式加热炉通过合理的燃料配比及烟气反吹燃烧等技术的应用，解决了蓄热式加热炉 NOx 和 CO 超标排放的问题。[④] 2004 年起就在斯梅代雷沃钢铁厂工作，现任环保部门总经理的柳比察·德拉克表示，与美国钢企运营情况最佳的时候相比，“中方加入后的空气污染情况要好得多”。[⑤]

最后，河钢集团收购斯梅代雷沃钢铁厂项目进一步推动了中塞合作，增加了中方与中东欧合作的经验。该项目和匈塞铁路项目都是落实“一带一路”倡议的早期成果。通过与塞尔维亚这一欧盟候选国的合作，中方企业积累了对欧

① 《习近平会见塞尔维亚总统武契奇》，2022 年 2 月 5 日，新华网，http://www.news.cn/politics/leaders/2022－02/05/c_1128333089.htm。

② 魏清源：《高质量发展的“河钢自信”》，《冶金企业文化》2019 年第 4 期。

③ 石中玉、内马尼亚：《塞尔维亚“中企污染致癌”真相调查》，《新华每日电讯》2022 年 1 月 8 日第 7 版。

④ 丁国伟、马中杰、王禹尧：《河钢塞尔维亚钢厂高炉煤气双蓄热加热炉的技术特点》，《轧钢》2018 年第 6 期。

⑤ 《塞尔维亚中企污染“致癌”真相：外媒歪曲解读，北约难辞其咎》，2022 年 1 月 9 日，新浪财经，https://finance.sina.cn/2022－01－09/detail-ikyamrmz4110493.d.html。

盟招投标法律、债务标准、中欧合作融资和承建一体模式等问题的实践经验，对一些强制规则和约束欧盟候选国的“软法”文件也有了一定的了解，增强了我们在贸易保护主义和民粹主义升温背景下的应对能力。中国的企业应充分利用欧盟法规中的有利方面，继续挖掘中东欧市场潜力。塞尔维亚与中国有良好的政治合作基础，未来，中塞两国政府及企业将继续深化务实合作，将两国政治与经济关系推向新的高峰。①（本条执笔：张誉馨）

57. 佩列沙茨大桥

——背景

佩列沙茨大桥（克罗地亚语：Pelješki most），位于克罗地亚领土南端，横跨小斯通湾，是一座连接克罗地亚南部陆地与佩列沙茨半岛北部的跨海公路斜拉桥。该桥于 2021 年 7 月 28 日顺利完成合龙，项目施工由中国路桥公司牵头的中国企业联合体承包，是克罗地亚独立以来规模最大的战略性基础设施建设工程。

自 20 世纪 90 年代南斯拉夫解体后，原南联盟各成员国相继独立，领土重新分割，波斯尼亚和黑塞哥维那（以下简称“波黑”）获得了通往亚得里亚海的出海口涅姆港。涅姆港地处巴尔干半岛西面海岸线中间，因此将克罗地亚紧邻亚得里亚海的狭长陆地领土一分为二。

长久以来，涅姆港的存在严重制约了克罗地亚的南北交通。受其影响，克罗地亚南部的杜布罗夫尼克与该国北部主体领土被迫隔开，两地居民需要穿越波黑领土才能互通。尽管克罗地亚与波黑于 1996 年签署的《涅姆协议》允许克罗地亚居民通行涅姆，然而波黑在涅姆边境设立了边检站，长期以来向南来北往的克罗地亚居民收取过路费。因此，受到山水阻隔的克罗地亚人民一直殷切期待能建设一座大桥，完成克罗地亚全境地理意义上的真正统一。

克罗地亚尝试修建佩列沙茨大桥的努力最初始于 2007 年，但由于邻国波黑的反对再加上本国政府财政上的困难，早期大桥的建设于 2012 年被迫停工，项目也因此搁浅。直到 2017 年下半年，在获得欧盟基金的资助后，项目才得以重新启动。

——建设过程

佩列沙茨跨海大桥及其连接线项目，总造价预估值 4 亿欧元，由欧盟基金承担 85% 的工程造价。项目于 2016 年开始资格预审，2017 年进入报价投标阶

① 蒋小红：《中企在中东欧国家贸易和投资面临的欧盟法风险及应对——基于对塞尔维亚、匈牙利和波兰的考察》，《欧洲法律评论》2020 年第 5 期。

段。最终，经过与意大利、土耳其、法国和德国等世界知名承包商的竞标，中国路桥工程责任有限公司（以下简称“中国路桥”）牵头的中国企业联合体于 2018 年中标大桥和连接线一期工程项目，承诺工期 36 个月。

由中国路桥负责施工建设的佩列沙茨大桥及连接线项目全长 3. 94 千米，其中佩列沙茨跨海大桥的设计总长为 2440 米，桥面宽度为 22. 5 米。该桥为六塔中央单索面钢箱梁矮塔斜拉桥，有一定技术与施工难度。工程建设期间，全球遭遇新冠肺炎疫情大流行，由中国路桥领头的建设团队克服重重困难，坚持防疫与生产两不误，尽了最大努力保证工程的顺利实施，并先后攻克了深水嵌岩超长大直径钢管桩施工、高桩承台大体积混凝土浇筑、EXC4 等级钢箱梁制造及装配化施工、C70/85 高强度等级自密实混凝土在索塔施工中的应用、连续多跨斜拉桥上部结构安装及合龙精度控制等一系列技术难关，高质量、高标准推进各阶段施工目标，如期完成全桥合龙，实现了“安全零事故、质量零缺陷、环境零污染、防疫零感染”。

——意义

佩列沙茨大桥作为中克建交以来，中资企业在克罗地亚境内负责承建的规模最大的战略性交通基础设施建设项目，也是克罗地亚政府的国家重点民生项目。该项目承载了两代克罗地亚人民期盼国土相连的殷切期望，被当地人称为“了不起”的工程。项目建成后，佩列沙茨大桥将有力促进克罗地亚经济社会发展和人员往来。中国建设团队有扎实的专业技能、丰富的工程经验，与克方团队友好合作，优质高效地完成了大桥主体合龙。

佩列沙茨大桥作为“一带一路”的示范工程，不仅将南北相隔 300 年的克罗地亚领土连成整体，也把远隔重洋的克罗地亚和中国连接在一起。作为中国公司第一次中标欧盟基建项目，大桥自开工以来受到了中克两国元首和领导的高度重视，克罗地亚总统和总理均曾亲临施工现场向中国建设团队表示慰问和感谢。2019 年 4 月 11 日，李克强总理和克罗地亚总理普连科维奇共同考察了施工现场，肯定了佩列沙茨大桥工程的重要意义。2021 年 2 月 9 日，在中国—中东欧国家领导人峰会上，中国国家主席习近平在发言中专门提及佩列沙茨大桥，并对项目给予高度评价。佩列沙茨大桥建设意义非凡，不仅在于其战略价值，也在于其体现了民心所向，2021 年 7 月大桥的成功合龙从此将中克两国人民的心连接在了一起，可以说佩列沙茨大桥项目是“一带一路”倡议的成功案例。（本条执笔：刘作奎、刘韡昊）

58. 第三届中国国际进口博览会

当今世界正在经历新冠肺炎疫情全球大流行和百年未有之大变局叠加影

响，地缘政治风险此起彼伏，经济全球化处于更多逆风逆水的环境。面对国际格局和世界经济的深刻变化，中国坚定不移奉行互利共赢的开放战略，积极推动开放合作，用实际行动扩大进口，为其他国家和地区搭乘中国高质量发展“顺风车”提供难得的机遇。

——概况

中国国际进口博览会的诞生是中国践行对外开放诺言的实际行动之一。2017 年 5 月，中国国家主席习近平在“一带一路”国际合作高峰论坛上宣布，中国将从 2018 年起举办中国国际进口博览会（China International Import Expo，CIIE，简称“进博会”）。根据相关制度安排，进博会由中华人民共和国商务部和上海市人民政府共同主办，中国国际进口博览局和国家会展中心（上海）作为承办单位，合作单位有世界贸易组织、联合国开发计划署、联合国贸易和发展会议、联合国粮农组织、联合国工业发展组织、国际贸易中心等国际组织。进博会每年举办一届，地点在上海的国家会展中心，该中心由展览场馆、商业中心、办公楼、酒店四部分构成，总建筑面积近 150 万平方米，是目前世界上面积最大的建筑单体和会展综合体。迄今为止，中国已成功举办四届进博会，第五届进博会正在积极筹备中。

进博会不仅是世界上第一个以进口为主题的国家级展会，更是国际贸易发展史上一大创举。在逆全球化愈演愈烈、保护主义和单边主义盛行、中美贸易摩擦持续的大背景下，举办第三届进博会是中国坚定支持贸易自由化和经济全球化、主动向世界开放市场的重大举措，有利于促进世界各国加强经贸交流合作，促进全球贸易和世界经济增长，推动开放型世界经济发展。

——亮点与成果

第三届进博会是新冠肺炎疫情防控常态化条件下中国举办的一场规模最大、参展国别最多、线上线下结合的国际经贸盛会，展示了中国疫情防控和经济社会发展的重大成就。本届进博会按照“越办越好”的总体要求，延续“新时代，共享未来”的主题，展会工作取得丰硕成果。此次总展览面积近 36 万平方米，比第二届扩大近 3 万平方米，近 40 万名专业观众注册报名，3000 多名境内外记者报名采访。多个国家和地区的参展企业携新产品、新技术、新服务首发首展，按一年计，累计意向成交 726.2 亿美元，比第二届增长 2.1%。第三届进博会的成功举办向国际社会传递出中国坚定扩大开放、与世界共享中国大市场的积极信号，为实施扩大内需战略、加快形成双循环新发展格局提供了有力支撑。

一是展会规格高。中国国家主席习近平在开幕式上通过视频发表主旨演讲，强调各国要携手致力于推进合作共赢、合作共担、合作共治的共同开放，宣示中国将秉持开放、合作、团结、共赢的信念，坚定不移全面扩大开放，让中国市场成为世界的市场、共享的市场、大家的市场，为推动世界经济复苏和发展注入强大正能量。巴基斯坦、南非、西班牙等 8 国国家元首、政府首脑及联合国贸发会议、世界卫生组织、世界知识产权组织、世界贸易组织 4 个国际组织负责人线上发表视频致辞。145 个国家和国际组织的 231 名部级以上官员，以及 110 位世界 500 强企业及国际智库代表在线上出席开幕式，69 个国家驻华使节和国际组织驻华代表线下参会。

二是展示水平高。本届进博会展示新产品、新技术、新服务 411 项，世界 500 强及行业龙头企业连续参展比例近 80%，布展水平进一步提升，特装比例达到 94%。六大展区亮点纷呈，其中，食品及农产品展区参展企业数量最多，有来自 93 个国家的 1264 家企业参展。汽车展区世界前七大整车集团悉数到场，展区内 500 强和行业龙头企业参展面积超过 90%。技术装备展区突出展示自动化、智能制造、工业数字化、能源、整体解决方案等内容，引领行业创新趋势。消费品展区展览面积超过 9 万平方米，成为第三届进博会面积最大的展区。服务贸易展区汇集金融、物流、咨询、检验检测、文化旅游五大板块全球顶尖企业，全力打造智慧服务赋能全产业链。医疗器械及医药保健展区新产品、新技术首发数量最多，总数超过 120 件，制药行业排名前 10 和医疗器械行业排名前 14 的企业全部参展。首次设立的公共卫生防疫专区集约化展示国际先进公共卫生防疫产品、技术和服务。

三是合作成果丰硕。为了积极助力展会成交、双向投资和产业合作，联合国工发组织等国际组织、工业和信息化部等国家部委以及各地方政府举办 101 场配套活动。新品发布专区有 42 家国际知名参展企业举办发布活动，分展区分行业集中展示全球顶尖新产品、新技术、新服务。大型贸易投资对接会通过线下线上结合方式，为 674 家参展商和 1351 家采购商提供专业服务，达成合作意向 861 项。人文交流活动丰富多彩，100 项世界级、国家级非遗项目和 81 个“中华老字号”品牌参与展示，49 场文化公益演出精彩亮相，集中展示各地人文特色。同时，俄罗斯、意大利、葡萄牙等国借助进博会官网，以图片、视频等形式展现本国风土人情和发展投资机遇，增进中外文化交流互鉴。

——意义

第一，新冠肺炎疫情冲击下坚定履行的庄严承诺。中国国际进口博览会由中国国家主席习近平亲自谋划、亲自提出、亲自部署、亲自推动。习近平主席在首届进口博览会开幕式的主旨演讲中指出，进口博览会“不仅要年年办下去，而且要办出水平、办出成效、越办越好”。言必信，行必果。中国向来重信守诺。在习近平主席的指导下，尽管全球正面临第二次世界大战结束以来最严重的全球公共卫生突发事件——新冠肺炎疫情大流行的严重冲击，在采取有效防疫措施并保证参展人员安全的前提下，中国如约成功举办了第三届国际进口进博会。这既是中国坚定履行对国际社会许下的庄严承诺，也充分展示中国疫情防控取得的重大成就和全面扩大开放的坚定决心，对推动形成以国内大循环为主体、国内国际双循环相互促进的新发展格局具有重要意义。

第二，积极应对逆全球化风潮的务实举措。当前，地缘政治风险上升，民粹主义崛起，贸易和投资保护主义盛行。特别是特朗普任职期间，中美之间的贸易摩擦跌宕起伏，给两国乃至世界经济发展带来不确定性。尽管如此，我们仍要清醒地看到，在世界新一轮大发展大变革大调整的背景下，经济全球化是不可逆转的时代潮流。整个世界早已成为“你中有我、我中有你”、相互联系、相互影响的“地球村”，任何国家都不可能在闭关锁国的情况下实现自我良性发展，推进互联互通、加快融合发展已成为促进共同繁荣发展的必然选择。如果说，“一带一路”倡议作为中国对外开放与合作的管总规划和顶层设计，顺应全球化的历史潮流，在共商共建共享的原则下实现中国与世界的互利共赢；那么，进博会就是中国主动向世界打开开放之门的新抓手，彰显中国引领经济全球化发展的大国责任和担当。众多参展国家和市场主体用实际行动表达对进博会的支持，反映出国际社会反对单边主义和孤立主义，支持基于国际规则的多边主义乃历史发展潮流。

第三，构建人类命运共同体的具体体现。治理赤字是当今世界面临的四大赤字之一。开放发展理念的重要内涵之一就是积极参与全球治理，而完善全球治理的目标即是构建人类命运共同体。进博会作为一个开放合作的国际平台，为完善全球经济治理提供公共产品，为推动开放型世界经济共同发展提供中国智慧。进博会不仅吸引众多来自发达经济体具有较强竞争力的市场主体参与，还吸引众多最不发达国家的企业参展。中国对外开放在促进自身发展的同时，也带动其他经济体的开放与增长。进博会的举办正是中国打造互利共赢、包容发展新局面，共建人类命运共同体的实际行动，必将产生非常深远的意义。（本条执笔：贾中正）

59. 第四届中国国际进口博览会

当前，世界处于百年未有之大变局，“东升西降”大势不可阻挡。新冠肺炎疫情仍在全球肆虐，加速了世界格局调整演变。各国开放共识减弱，单边主义和保护主义抬头，经济全球化的阻力变多、动力变弱，不确定性风险增大，世界经济再次面临“向何处去”的重大历史命题。在此大背景下，中国仍按计划成功举办第四届中国国际进口博览会，既是中国坚定推行对外开放与合作策略的具体体现，也为助推世界经济加快复苏注入一剂兴奋剂。

——内容

为了更好地支持展会在促进国际贸易和合作交流方面发挥的积极作用，促进展品变商品、展商变投资商、交流创意和理念、联通中国和世界等方面的功能作用，第四届进博会设置相关配套活动具体如下。

一是政策解读类，包括国家部委、各地政府、行业组织、研究机构等开展形式多样的政策发布、权威分析、深度解读、趋势研判、行业论坛等活动。二是新品展示类，包括参展企业特别是世界500强、行业龙头企业，举办新产品发布、新技术推广、新服务展示、品牌推介等活动。三是投资促进类，包括地方政府、产业园区、投资促进机构举办营商环境推介、省州合作交流、产业对接研讨等活动。四是对接签约类，包括各交易团、采购商、参展商、招商招展合作单位、进博会支持单位等举办需求发布、供需对接、签约仪式等活动。五是人文交流类，包括地方政府开展非物质文化遗产、中华老字号、国家级步行街、中国旅游、综合形象项目展示，举办具有地域或民族特色的文化公益演出。鼓励其他国家和地区展示本国或本地区的非物质文化遗产和人文交流等项目。六是研究发布类，包括世界贸易组织等国际组织、科研机构、各类智库和专业机构，举办与进博会主题契合的年度报告发布、研究成果分享、科研主题论坛、官产学研对话等活动。七是其他类别的配套活动，诸如国别主题活动、专业比赛、时装走秀等。

——成效

在新冠肺炎疫情全球肆虐的情况下，第四届进博会按期举行，取得丰硕成果，实属不易。第四届进博会共有58个国家和3个国际组织参加国家展。其中，文莱、叙利亚、爱尔兰等15个国家首次在国家展亮相，更有5个国家是首次参与进博会。第四届进博会的国家展首次在线上举办，为58个国家和3个国际组织提供数字展厅，吸引了大量海内外网友关注和互动，累计访问量超过5800万次，为促进各国交往、开创线上国家展示新模式作出有益尝试。

第四届进博会的“朋友圈”进一步扩大，企业商业展共有来自127个国家和地区的2900多家企业参展，展览面积达到36.6万平方米，再创历史新高。展示新产品、新技术、新服务422项。其中，世界500强及行业龙头企业数量达281家，其中近40家为首次亮相的“新朋友”，更有120多家是连续四届参展的“老朋友”。第四届展会成果丰硕，亮点纷呈。按一年计，第四届进博会累计意向成交707.2亿美元。

第四届进博会设置六大展区，包括服务贸易展区、汽车展区、技术装备展区、消费品展区、医疗器械及医药保健展区和食品及农产品展区。其中，技术装备展区设置集成电路、数字工业、能源低碳及环保技术等专区，凭借展品酷炫的外形和“硬核”的科技水平，占据热度榜榜首。食品及农产品展区是第四届进博会参展国别和企业最多的展区，全面呈现了全球最尖端、最前沿的食品生产技术和最新潮、最特色的展品，引领食品产业健康和可持续发展。医疗器械及医药保健展区首发新产品、新技术数量达135项，是首发最多的展区。消费品展区是第四届进博会面积最大的展区，展览面积超过9万平方米，全球十大化妆品品牌、世界三大时尚高端消费品巨头首次集体亮相。服务贸易展区聚焦数字化应用推广，为服贸产业打造新场景、创造新业态，全新亮相的文化旅游板块引起广泛关注。汽车展区则汇集了全球十大汽车集团，全面展示世界汽车工业的最新发展成果和未来愿景。此外，第四届进博会还结合国家发展战略和市场实际需求进行专区设置，包括乳制品、农产品、创新孵化、智慧出行、集成电路、能源低碳及环保技术、数字工业、绿色智能家电及家居、美妆及日化用品、体育用品及赛事、康复养老、公共卫生防疫、生物医药十三大专区。其中，能源低碳及环保技术专区、集成电路专区和创新孵化专区位列传播热度榜前三。

随着第四届进博会落下帷幕，即将于2022年11月5—10日在国家会展中心（上海）举行的第五届进博会的筹办工作已经启动，首批参展商名单中包括182家参展企业和8个国家（地区）展团，其中，近一半为连续第五年参展进博会的“老朋友”。企业商业展将继续设置食品及农产品、汽车、技术装备、消费品、医疗器械及医药保健、服务贸易六大展区，同时坚持“综合展、专业办”，不断优化细分专区设置，首次设立农作物种业、人工智能等新专区。

——意义

第一，提振全球经济复苏信心。面对严峻复杂的全球新冠肺炎疫情形势，第四届进博会如约成功举办，既彰显中国抗疫取得的巨大成功，也为提振世界经济复苏注入新动能。在进博会期间，城市服务保障实现了安全有序、快捷便利、温馨周到的目标，疫情防控实现零感染、零发生、零事故。中国用实际行动再次证明疫情防控的能力和水平，向参展各方提交了一份令人满意的负责任的答卷。尽管新冠肺炎疫情仍在全球肆虐，经济全球化遭遇逆风逆水，中国克服这些不利影响，坚定不移推动高水平开放，推动对外贸易创新发展，经济发展和疫情防控保持全球领先地位，为保障全球产业链供应链稳定作出了重要贡献，为推动世界经济稳步复苏坚定了信心。

第二，推进更高水平对外开放的重大举措。回顾中国40多年改革开放历程不难发现，改革开放是中国经济取得巨大成就的不二法宝。若要在未来实现经济高质量可持续发展，中国就需要进一步地深化改革与对外开放。中共十八大明确提出要“全面提高开放型经济水平”，中共十九大进一步提出“发展更高层次的开放型经济”“推动形成全面开放新格局”，将中国的对外开放推升至新的高度。随着中国经济从高速增长向高质量发展转变，净出口对经济增长的贡献率逐步下降，消费对经济增长的拉动作用不断增强，过去依靠低成本发展对外贸易、以国内资源和环境为代价盲目扩大出口的模式早已不可持续，这就需要转变贸易模式，更加注重对外贸易的质量和效益。进博会通过搭建相互贸易和交流的平台，鼓励和吸引其他经济体向中国市场提供更加优质的产品和服务。一方面，可使中国扩大自贸易对象的进口，深化与经贸伙伴的合作；另一方面，倒逼国内相关产业加速升级，从供给端为消费者提供更优质的商品和更高效的服务。进博会的举办不仅体现了中国主动与其他经济体分享发展机遇，欢迎它们搭上中国经济高质量发展“顺风车”的博大胸怀，更体现了中国进一步推动对外开放的决心和勇气，是推动形成全面开放新局面的创新举措。

第三，满足人民对“美好生活需要”的务实行动。改革开放以来，中国经济取得举世瞩目的成就，人均 GDP 从 1978 年的 385 元增长至 2021 年的 80976 元，同期全国居民人均可支配收入从 171 元增长至 35128 元。按照世界银行划分标准，中国早已进入中等偏上收入国家行列。当前中国社会的主要矛盾从“人民日益增长的物质文化需要同落后的社会生产之间的矛盾”，转变为“人民日益增长的美好生活需要和不平衡不充分的发展之间的矛盾”。中等收入群体日渐壮大，生活水平大幅提升，人民对“美好生活”孜孜以求的具体体现之一是对高品质商品不断增长的需求，国内消费结构全面升级已迫在眉睫。参加进博会的产品不仅数量和金额创国内展会之最，而且品质较高，既有优质的农产品和食品，也有医疗和生命科学、创意产业、工业机器人、人工智能、大数据、金融和专业服务、教育等各领域的产品。参展方可借助进博会的平台，将这些更加丰富、更为多元化、更加个性化的产品和服务向中国消费者推介，如能成功进入这个拥有巨大消费潜力的市场并占有一席之地，既能迎合中国人民对“美好生活”的追求，又会使自身获利颇丰，真正实现互利共赢。

进博会作为推动形成对外开放新格局的创新之举，是中国基于自身发展需要作出的重大抉择，也是中国在以实际行动推动经济全球化造福世界各国人民。中国国家主席习近平曾在不同场合强调指出，中国开放的大门不会关闭，只会越开越大。历史也一再证明，封闭最终只能走进死胡同，只有开放合作，道路才能越走越宽。打开大门携手合作是促进共同繁荣发展的必然选择。（本条执笔：贾中正）

60. 中国国际服务贸易交易会

中国国际服务贸易交易会（简称服贸会）已成功举办八届（包括原京交会），成为国际服务贸易领域传播理念、衔接供需、共享商机、共促发展的重要平台，是全球服务贸易领域规模最大的综合性展会和中国服务贸易领域的龙头展会，同中国进出口商品交易会（广交会）、中国国际进口博览会（进博会）一起成为中国对外开放的三大展会平台。

——背景

进入21世纪，世界服务业发展呈现出制造业服务化、服务业信息化、现代服务业集聚化、服务消费需求多元化等新特征，服务业和服务贸易发展已经成为推动世界经济和贸易发展的新动力。

2001—2011年，中国服务贸易进口从660亿美元攀升至4191亿美元，突破了4000亿美元大关，年平均增长率高达18.3%，全球占比从2.2%扩大到5.2%，进口规模的世界排名由第12位上升至第4位。中共十八大提出了“推动服务业特别是现代服务业发展壮大”“推动对外贸易平衡发展”的发展目标。

为增强中国服务业和服务贸易国际竞争力，充分发挥服务业和服务贸易在加快转变经济发展方式中的作用，形成以技术、品牌、质量、服务为核心的中国出口竞争新优势，2012年党中央、国务院批准由商务部、北京市人民政府共同主办中国（北京）国际服务贸易交易会（简称京交会），每年举办一届。京交会旨在成为国际服务贸易的洽谈交易平台、国际服务贸易政策的研讨发布窗口、各国服务贸易企业的交流合作桥梁。世界贸易组织（WTO）、联合国贸易和发展会议（UNCTAD）、经济合作与发展组织（OECD）是京交会永久支持单位。

为进一步顺应服务贸易领域的国际合作需求，积极推动全球服务贸易的交流与发展，京交会进入了提质升级的新阶段。2019年更名为中国国际服务贸易交易会。2020年，中国国际服务贸易交易会简称由“京交会”更名为“服贸会”。

——进展

京交会成为世界上第一个专门为服务贸易搭建的综合性国际展会，是迄今为止全球唯一涵盖世贸组织界定的服务贸易12大领域（包括商务服务，通信服务，建筑及相关工程服务，金融服务，旅游与旅行相关服务，娱乐、文化与体育服务，运输服务，健康与社会服务，教育服务，分销服务，环境服务，其他服务）的综合型服务贸易交易平台。

2012年首届京交会以“服务贸易：新视野、新机遇、新发展”为主题。中共中央政治局常委、国务院总理温家宝出席开幕式并发表了题为“在扩大开放中推动服务贸易发展”的演讲。[①] 温家宝说，创办京交会是中国扩大对外开放、推动服务业和服务贸易快速发展的重要举措。第一届京交会共签订项目458个，成交额高达601.1亿美元，其中国际服务贸易交易额高达112亿美元。

2013年第二届京交会暨全球服务论坛北京峰会举办，中共中央政治局常委、国务院总理李克强出席并发表了题为“把服务业打造成经济社会可持续发展的新引擎”的主旨演讲。[②] 李克强指出：“中国将进一步发展服务贸易，扩大服务领域对外开放，并以此促进国内改革发展和经济转型，促进与各国在服务贸易领域实现互利共赢。”京交会成为全球服务贸易规模最大的一个交易会，第二届京交会共达成签约项目415个，意向签约额累计786.9亿美元，比首届增长了30.9%。

2014年第三届京交会以扩大服务业开放为主线，国务院副总理汪洋发来书面致辞。他指出京交会是中国服务业对外开放的重要窗口，也是中国深化服务贸易国际合作的重要舞台。全球最大的贸易网络和贸易促进机构——世界贸易网点联盟决定在北京组建秘书处。第三届京交会达成签约项目共236个，意向签约额达到818.3亿美元，其中，国际项目意向签约额达355亿美元，再创新高。

2016年第四届京交会以“服务贸易的创新与融合”为主题，聚焦科学技术、互联网和信息、文化教育、金融、商务和旅游、健康医疗六大重点领域。第四届京交会首次设立国际合作机构和主宾国。世界知识产权组织、国际贸易中心、世界贸易网点联盟、世界贸易中心协会成为京交会国际合作机构，英国作为京交会首个主宾国参展参会。第四届京交会共达成签约331个，意向签约额达1010.8亿美元。其中，国际签约项目121个，意向签约额198.8亿美元，占意向签约总额的20%。

2018年第五届京交会以“开放、创新、融合”为主题。会上商务部与联合国贸易和发展会议联合发布了《第五届京交会全球服务贸易峰会合作倡议》，提出“加强以规则为基础的，透明、非歧视、开放、包容的多边服务贸易体制机制建设，推动服务贸易自由化、便利化”。第五届京交会共达成签约项目311个，意向签约额1025.6亿美元。其中，国际签约项目110个，意向签约额172.5亿美元，占意向签约总额的16.8%。

---

① 《首届中国（北京）国际服务贸易交易会开幕温家宝出席开幕式并发表演讲》，2012年5月28日，中华人民共和国商务部网站，http://www.mofcom.gov.cn/aarticle/ae/ai/201205/20120508149752.html。

② 《李克强：把服务业打造成经济社会可持续发展的新引擎》，2013年6月1日，中华人民共和国中央人民政府网站，http://www.gov.cn/guowuyuan/2013-06/01/content_2591010.htm。

2019 年中国国际服务贸易交易会以“开放、创新、智慧、融合”为主题。中国国家主席习近平向交易会致贺信，他指出“中国致力于促进更高水平对外开放，坚定支持多边贸易体制，将在更广领域扩大外资市场准入，积极打造一流营商环境”①。本届国际服务贸易交易会实现意向签约项目总数440个，意向签约金额1050.6亿美元。其中，境外项目数134个，金额为175.5亿美元，占比分别为30.4%和16.7%。

2020 年中国国际服务贸易交易会以“全球服务，互惠共享”为主题。中国国家主席习近平在峰会上致辞，提出共同营造开放包容的合作环境、共同激活创新引领的合作动能、共同创立合作共赢的合作局面的倡议。他指出中国将坚定不移扩大对外开放，继续放宽服务业市场准入，发展服务贸易新业态新模式，支持组建全球服务贸易联盟，支持北京打造国家服务业扩大开放综合示范区，带动形成更高层次改革开放新格局。② 第七届服贸会已有权威发布类成果97项，联盟平台类成果19项，首发创新类成果99项。

2021 年中国国际服务贸易交易会以“数字开启未来，服务促进发展”为主题。中国国家主席习近平在峰会上发表视频致辞，指出中国将在全国推进实施跨境服务贸易负面清单，探索建设国家服务贸易创新发展示范区；扩大合作空间，加大对共建“一带一路”国家服务业发展的支持，同世界共享中国技术发展成果。③ 会上发布了《中国服务贸易发展报告2020》《数字贸易发展与合作报告（2021年）》等。第八届服贸会达成各类成果1672个，其中，成交项目类642个、投资类223个、协定协议类200个、权威发布类158个、联盟平台类46个、首发创新类139个、评选推荐类264个。

——意义

经济全球化深入发展，产业结构深刻调整，服务贸易成为推动世界经济和贸易增长的重要动力，服务业也成为促进世界经济复苏、引领转型发展的新方向。近年来，中国服务业和服务贸易总量不断提升，结构不断优化。中国进入了对外开放的新时代，由货物贸易为主向服务贸易为重点的开放转型成基本趋势。中国国际服务贸易交易会的举办，对中国和世界的服务贸易和经济高质量发展具有重要意义。

---

① 《习近平向2019年中国国际服务贸易交易会致贺信》，2019年5月28日，求是网，http://www.qstheory.cn/yaowen/2019-05/28/c_1124551720.htm。

② 《习近平在2020年中国国际服务贸易交易会全球服务贸易峰会上致辞》，2020年9月4日，新华网，http://www.xinhuanet.com/world/2020-09/04/c_1126454690.htm。

③ 《习近平在2021年中国国际服务贸易交易会全球服务贸易峰会上的致辞（全文）》，2021年9月2日，中华人民共和国中央人民政府网，http://www.gov.cn/xinwen/2021-09/02/content_5635041.htm。

一是扩大对外开放的重要方向。中国在服贸会上宣布一系列扩大开放新举措，包括建立健全跨境服务贸易负面清单管理制度、推进服务贸易创新发展试点开放平台，进一步继续放宽服务业市场准入、主动扩大优质服务进口、加大知识产权、支持组建全球服务贸易联盟、支持北京打造国家服务业扩大开放综合示范区等，均释放出中国倡导开放合作和推动经济全球化的鲜明信号。

二为世界经济的复苏注入信心和动力。2020 年至今，新冠肺炎疫情尚未得到全面控制，叠加百年未有之大变局，世界经济陷入低迷，国际贸易和投资大幅萎缩。服贸会的召开能够为世界搭建合作平台和桥梁，十年来服贸会取得的成果不断增多，有助于企业加强国际交流，拓展新市场，不断做大“蛋糕”。

三是深化经贸合作的重要平台。服贸会有助于各国推进服务贸易领域的合作对话、政策协调和经验交流，共享社会进步的新技术和新成果。经济全球化遭遇逆流，保护主义、单边主义上升。中国倡导世界各国应共同营造开放包容的环境，努力减少制约要素流动的“边境上”和“边境后”壁垒，各国共同推动跨境互联互通，创造开放、透明、包容、非歧视的行业发展生态，中国主张推动多边、区域等层面服务规则协调，不断完善全球经济治理，促进世界经济包容性增长。（本条执笔：张琳）

61. 上海合作组织民间友好论坛

——背景

上海合作组织简称上合组织，成立于 2001 年 6 月 15 日，是哈萨克斯坦共和国、中华人民共和国、吉尔吉斯斯坦共和国、俄罗斯联邦、塔吉克斯坦共和国、乌兹别克斯坦共和国在中国上海宣布成立的永久性政府间国际组织。截至 2022 年 3 月，上合组织已有中华人民共和国、俄罗斯、哈萨克斯坦、吉尔吉斯斯坦、塔吉克斯坦、乌兹别克斯坦、巴基斯坦、印度、伊朗 9 个成员国。上海合作组织还有 3 个观察员国（蒙古国、白俄罗斯、阿富汗）和 6 个对话伙伴（阿塞拜疆、亚美尼亚、柬埔寨、尼泊尔、土耳其和斯里兰卡）。

上海合作组织的宗旨：加强成员国之间的互相信任与睦邻友好，鼓励成员国在政治、经济、科技、文化、教育、能源、交通、环保和其他领域的有效合作，联合致力于维护和保障地区的和平、安全与稳定，建立民主、公正、合理的国际政治经济新秩序。上合组织最高决策机构是成员国元首理事会，该会议每年举行一次，决定本组织所有重要问题。政府首脑（总理）理事会每年举行一次，讨论本组织框架下多边合作和优先领域的战略，决定经济及其他领域的原则性和重要问题，通过组织预算。上合组织工作语言为汉语和俄语。目前上海合作组织已成为世界上人口最多、地域最广、潜力巨大的跨区域多边综合性组织，为维护地区安全稳定、促进共同发展繁荣做出了重要贡献。

2020 年 11 月，中国国家主席习近平出席上合组织成员国元首理事会第二十次会议并发表重要讲话，提出携手构建卫生健康共同体、安全共同体、发展共同体、人文共同体（以下简称“四个共同体”）[①]。其中，构建人文共同体强调促进民心相通。要促进文明互学互鉴，支持教育、文化、旅游、体育、媒体、妇女等领域交流合作。同时，习近平主席倡议在 2021 年举办上海合作组织民间友好论坛，在未来 3 年为各方提供 600 名青年交流名额。

2021 年 6 月 2—4 日，上海合作组织民间友好论坛在湖北武汉举行，主题为“促进民间友好，传承‘上海精神’”。论坛密切围绕习近平主席建设“四个共同体”的精髓要义设置议题，精心组织了开幕式及成果发布主体活动，设计举办了智库、友城 +、卫生健康、乡村发展和减贫、高质量互联互通五个分论坛。

论坛邀请了来自上海合作组织成员国、观察员国和对话伙伴以及其他有关国家的领导人、驻华使节、各国民间友好组织代表、相关境内外企业、国内外智库及大学相关研究机构、国内外媒体等近 500 位代表参加。

——进展

论坛举办期间发布了《上海合作组织民间友好论坛武汉倡议》[②]，旨在以民心相通促合作发展，推动与上合组织成员国在经济发展、减贫、卫生健康、教育、融媒体、大数据等方面的务实合作。

论坛认识到，上海合作组织在尊重文明多样性，支持各国人民自主选择发展道路，建立平等伙伴关系，维护地区和平稳定，促进共同发展方面发挥着重要的建设性支柱作用，已经成为 18 个国家、30 多亿人口共同参与的综合性区域合作组织。

论坛高度评价上合组织国家民间机构在抗击新冠肺炎疫情斗争中同舟共济、守望相助，强调国际社会唯有团结合作，才能战胜新冠肺炎疫情等全球性挑战，维护人类共同的家园。赞同开展务实合作，促进产业链、供应链、价值链深度融合，畅通区域经济循环，加强数字经济、电子商务、人工智能、智慧城市等领域合作，增进各自民众福祉，为建设创新、协调、绿色、开放、共享的地区经济共同努力。

---

① 《习近平出席上海合作组织成员国元首理事会第二十次会议并发表重要讲话》，2020 年 11 月 10 日，中华人民共和国中央人民政府网站，http://www.gov.cn/xinwen/2020-11/10/content_5560361.htm。

② 《上合组织民间友好论坛发布〈武汉倡议〉》，2021 年 6 月 3 日，中国新闻网，https://www.chinanews.com.cn/gn/2021/06-03/9492056.shtml。

论坛倡导促进文明互学互鉴，增进各国睦邻友好，鼓励妇女、青年、儿童等群体在文化、教育、学术、体育、媒体、旅游、科技、卫生、传统医学、民间工艺、环境保护等人文领域开展富有成效的双边和多边交流与合作，形成全方位、深层次、多渠道合作架构。

论坛认为，民间组织在搭建沟通桥梁、反映人民意愿、凝聚民间力量方面应该也能够发挥独特作用。高度赞赏上合组织国家民间组织机构拓展伙伴关系网络，发挥各自优势，推动友好合作，形成合力以进一步加强各国间政策沟通、设施联通、贸易畅通、资金融通、民心相通。

论坛倡议，以 2021 年上海合作组织成立 20 周年为契机，各成员国、观察员国、对话伙伴的民间机构深化相互了解和传统友谊，积极推动后疫情时代上海合作组织民间友好事业不断向前发展。中方愿与印度世界事务委员会、哈萨克斯坦儿童基金会、吉尔吉斯斯坦民族大会、伊斯兰堡战略研究所中巴研究中心、巴基斯坦和平与外交研究所、俄罗斯中国友协、俄罗斯儿童基金会、塔吉克斯坦对外友好协会、塔吉克斯坦上合组织友好合作中心、乌兹别克斯坦上海合作组织民间外交中心、阿富汗妇女教育中心、白俄罗斯对外友好协会、伊朗中国友好协会、蒙古和平友好组织、阿塞拜疆阿利耶夫基金会、亚美尼亚中国—欧亚战略研究中心等民间机构共同举办民间友好活动，共同推动构建卫生健康、安全、发展和人文共同体。

论坛认为，坚持推动和发展地方合作，是国家之间长期友好的重要根基和力量源泉，是人民间友谊的助推器。各国应在平等、开放、公正、互利的基础上，以论坛为契机，开展地方各领域友好交流与互利合作，促进人员往来与合作便利化，推动地方结为友好省州、友好城市。

论坛建议，进一步深化湖北省与上海合作组织相关国家在商贸、物流、会展、基础设施和大健康等领域的务实合作，中方愿率先在湖北省建立中国—上合组织卫生健康合作示范区，探索在武汉市建设中国—上合组织友谊博览园，推动在武汉市设立上合组织民间活动的“友谊之家”，并建议各成员国、观察员国、对话伙伴考虑设立上合组织民间活动“友谊之家”。（本条执笔：张松）

62. 中国港湾加纳特马新集装箱码头

——背景

加纳特马港位于西部几内亚湾，距离首都阿克拉以东 30 千米处，不仅是该国第一大港，承担着加纳 80% 的港口物流，也是西非地区重要的货物集散地和枢纽港。随着加纳经济迅速发展以及西非区域经济互通增强，港口运输能力已接近上限，新建码头和完善港机设备的需求十分迫切。由于历史的原因，尽管加纳政府拥有特马港的所有权，但欧洲的马士基码头公司（APM Terminal）和波洛雷集团（Bolloré Group）却在特马港的投资运营上占据垄断地位。为此，2016 年马士基集装箱码头有限公司、法国波洛莱集团和加纳港务局以 PPP 模式投资 10 亿美元启动特马港扩建项目，其中新集装箱码头项目属于一期工程，竣工后将可容纳大型集装箱船，最大年吞吐量将由 100 万标准箱提升到 350 万标准箱，将显著提升加纳对西非地区经济增长的贡献能力。

——进展

加纳特马新集装箱码头工程是由中国交通建设股份有限公司所属中国港湾建设（集团）总公司（简称"中国港湾"）承建的高端现汇项目。2016 年 9 月 16 日，中国港湾与加纳签署特马新集装箱码头工程合同。合同工期为 51 个月，总造价约 4.76 亿美元。该项目计划在长 1400 米码头岸线上新建 4 个 15 万吨级集装箱码头泊位、3858 米防波堤及近 130 公顷的陆域吹填及地基处理、港池及基槽疏浚、护岸施工及附属设施等。2016 年 11 月 16 日，该项目举行开工典礼，加纳时任总统马哈马出席典礼，项目正式开工建设。项目施工过程中，建设团队整合优势资源，加大项目管理以及科技创新力度，经过 49 个月奋战，于 2020 年 6 月提前 50 天全面完工。2020 年尽管受新冠肺炎疫情影响，特马港全年标准集装箱吞吐量仍高达 1286161 个，较 2019 年猛增 24.65%，货物运输量增加 5.9%。其中进口货物量较 2019 年增加 8.8%，出口货物量较 2019 年下降 2.6%。[①]

——意义

中国港湾承建加纳特马新集装箱码头项目是中国企业"走出去"的一个缩影，对提高加纳人民生活水平，增进贸易往来，推动社会经济发展具有重要意义。第一，加快了当地基础设施和自贸区建设。新集装箱码头建设任务不仅涵盖海洋工程而且涉及海边公路交叉路口建设，工程竣工后特马港升级为西非地区重要的航运枢纽，畅通了西非地区国家间的贸易往来。第二，助力当地人才培养，带动当地中小企业发展。该项目不仅为当地直接创造 1000 多个就业岗位，而且还与当地超过 30 家分包商、供应商合作，间接带动 4000 多人就业，提高了当地相关行业的生产与安全标准，增强了这些中小企业的竞争力。第三，为保护自然环境筑起"绿色关隘"。项目施工过程中，中国港湾努力践行生态环保理念，打造"海龟孕育中心"，累计放生海龟超 1.7 万只；购置和投入各种专业检测仪和漏油处理包，严防施工过程中对当地空气、海水等自然环

① 《加纳特马港 2020 年度吞吐量大幅度增加》，2021 年 3 月 23 日，中华人民共和国商务部网站，http://gh.mofcom.gov.cn/article/jmxw/202103/20210303046704.shtml。

境产生负面影响。中国港湾在生态保护方面的成效得到加纳各方的高度认可，成为中资企业履行社会责任的代表性案例。第四，中国金融机构创新投融资模式，助力企业项目建设，使其成为“一带一路”倡议下产融结合类三方合作的成功案例。为实施该项目，子午线港口服务公司（Meridian Port Services Limited，是加纳港务局与子午线港口控股有限公司的合资企业，而子午线港口控股有限公司的两个股东分别是马士基集装箱码头公司和法国波洛莱集团）向金融机构融资 6.7 亿美元。在此项目中，中国银行通过 A/B Loan 模式（实质为银团贷款）与国际金融公司开展项目融资合作，由国际金融公司作为牵头行为项目筹组银团贷款并提供 2 亿美元 A Loan 贷款，中国银行作为联合牵头行之一，协助国际金融公司筹组 B Loan 贷款并与其他中方金融机构共同提供4.7 亿美元贷款。对项目股东而言，直接高效的项目融资方式减轻了其担保压力，降低了项目公司融资成本。对国际金融公司而言，引入中资银行开展第三方市场合作为银团筹组工作的顺利完成提供了有力支撑。对加纳而言，金融机构间第三方合作为项目提供了充足的建设资金。（本条执笔：姚桂梅）

63．新亚欧陆海联运通道自由贸易试验区联盟

——背景

连云港是中国首批沿海开放城市、新亚欧大陆桥经济走廊东方起点、中哈物流中转基地和上合组织出海基地，也是江苏省推进“一带一路”交汇点建设重点打造的强支点。近年来，连云港紧紧围绕“建设亚欧重要国际交通枢纽、集聚优质要素的开放门户、共建“一带一路”合作国家（地区）交流合作平台的功能定位，在有色矿混配、国际班列效能提升、大宗商品通关便利化等领域开展先行先试，形成了100 多项制度创新案例，其中服务国家战略实施、提升陆海联运通道便利化水平的案例占到15%；“千万标箱、东方大港”建设全面启动，港口吞吐量突破 2.5 亿吨，汽车滚装出口、国际班列中亚回程运量等位居全国前列。①

为进一步强化以港兴市、推进与陆桥沿线地区互联互通，2021 年 10 月 18 日，新亚欧陆海联运通道自由贸易试验区联盟成立大会在连云港举行。江苏自由贸易试验区连云港片区、河南自由贸易试验区郑州片区、开封片区、洛阳片区，陕西自由贸易试验区中心片区、西安国际港务区片区、杨凌示范区片区、安徽自由贸易试验区合肥片区、蚌埠片区 9 个自贸片区及霍尔果斯经开区、阿

① 《新亚欧陆海联运通道自由贸易试验区联盟正式成立》，2021 年 10 月 20 日，江苏省交通运输厅网站，http://td.jiangsu.gov.cn/art/2021/10/20/art_41904_10079057.html。

拉山口市等两个重点口岸共同宣布“新亚欧陆海联运通道自由贸易试验区联盟”正式成立。

——进展

新亚欧陆海联运通道自由贸易试验区联盟充分发挥新亚欧陆海联运通道的主通道优势。新亚欧陆海联运通道自由贸易试验区联盟依托连云港海港口岸功能，共同打造新亚欧陆海联运通道沿线连接日韩、东南亚乃至太平洋沿岸地区的东向国际陆海贸易双向通道；依托霍尔果斯、阿拉山口等口岸，共同打造西向辐射中亚五国、俄罗斯以及欧洲部分国家货运主通道。

新亚欧陆海联运通道自由贸易试验区联盟加快推动新亚欧陆海联运通道沿线自由贸易试验区联动发展、协同开放。新亚欧陆海联运通道自由贸易试验区联盟在积极探索“共建共用”的合作新模式、共同推进通关便利化改革、建立健全信息共享共用机制、推进重点产业协同发展、加强对外贸易合作、完善合作服务体系、全面开展合作交流 7 个方面，共同打造制度创新的试验田，形成共同推进新亚欧陆海联运通道建设合力。

新亚欧陆海联运通道自由贸易试验区联盟还发布了一批新亚欧陆海联运通道自由贸易试验区制度创新案例，展示最新制度创新成果。由连云港港参与建立的“创新多式联运协同监管服务体系”充分发挥东西双向开放优势，以港口口岸功能为核心引擎，通过打造立体综合交通网络、创新多式联运运作模式、提升智能化管理水平，打造极点带动、轴带支撑的多式联运物流体系，在业界具有一定影响力，被评选为新亚欧陆海联运通道自由贸易试验区联盟制度创新案例。

下一步，新亚欧陆海联运通道自由贸易试验区联盟将以新亚欧陆海联运通道为纽带，以物流一体化为突破口，以经贸合作为重点，以共同发展为目标，聚焦推进通关便利化改革、健全信息共享共用机制、重点产业协同发展、对外贸易合作、完善合作体系等重点事项，积极探索“共建共用”合作新模式，推动联盟优质资源共享，做强做优联盟服务功能，合力推进更高水平的制度创新、更高质量的创新发展，营造更优的营商环境，共同将新亚欧陆海联运通道建设成为具有强大经济实力的开放新轴线。①

——意义

新亚欧陆海联运通道自贸试验区联盟有利于推动国内区域经济发展。连云港依托陆桥联运通道，谋划自贸区制度创新，积极融入“双循环”战略链接，深度参与供应链体系建设，持续优化口岸营商环境，完善多式联运体系，提升港口集疏运能力，进一步服务路桥沿线经济创造新的天地。新亚欧陆海联运通

① 《新亚欧陆海联运通道自贸试验区联盟成立》，2021 年 10 月 19 日，人民网，http://finance.people.com.cn/n1/2021/1019/c1004-32257303.html。

道自贸试验区联盟将为陆桥沿线加快开放步伐提供强有力的支撑，为区域集成化改革、系统化创新作出示范，有力地促进东西互济，陆海联动。同时也为连云港提供了学习借鉴的平台，必将促进自贸试验区建设持续不断深化，为国家贡献更多地方经验。

新亚欧陆海联运通道自贸试验区联盟有利于促进国内自贸片区高质量发展。新亚欧陆海联运通道自贸试验区联盟积极推动更高水平对外开放、更大力度改革；要聚焦企业需求，对标高标准国际经贸规则，重点在制度创新、产业培育、优势转化上发力，推动产业集聚发展；要形成部门合力，注重在政企互动等方面下真功求实效，积极争取各个方面优势资源，为沿线自贸片区高质量发展赋能增效。新亚欧陆海联运通道自贸试验区联盟积极探索自贸试验区合作新机制、新模式、新场景，通过更大范围的制度创新、改革集成，不断推进各自贸片区开放合作，高质量发展。

新亚欧陆海联运通道自由贸易试验区联盟有利于强化欧亚大陆的互联互通。新亚欧陆海联运通道向东海上对接东北亚、东南亚，向西陆上连接中西亚、欧洲，对推动形成新的开放格局具有重要作用。建立健全信息共享共用机制，共同推进通关便利化改革。新亚欧陆海联运通道自由贸易试验区联盟将合力搭建陆海联运电子数据交换通道，推动打通与中亚五国铁路部门国际数据通道，共建共享口岸多式联运协同监管平台，实现沿线各自由贸易试验区企业申报数据与监管数据的共享共用，完善货物通关协作机制、持续提升通关效能。（本条执笔：沈铭辉、沈陈）

64. 中阿（联酋）产能合作示范园

——背景

2015 年 12 月，中国国家主席习近平在北京与阿联酋阿布扎比王储穆罕默德举行会谈。双方同意密切各领域各层次交流合作，要在共建“一带一路”框架内加强务实合作，实现互利共赢和共同发展。2017 年 5 月，中国与阿联酋在北京正式签署《中华人民共和国国家发展和改革委员会与阿拉伯联合酋长国经济部关于加强产能与投资合作的框架协议》，协议指出，中阿双方要在平等互利的基础上，根据各自国内法律，遵循商业原则，加强在油气加工、有色、建材、通信、可再生能源和新能源、轻工纺织以及双方同意的其他领域进行产能和投资合作。①

① 《中华人民共和国国家发展和改革委员会与阿拉伯联合酋长国经济部关于加强产能与投资合作的框架协议》，2017 年 6 月 9 日，新华丝路网，https://www.imsilkroad.com/news/p/39383.html。

为落实两国领导人达成的重要共识，推进双方产能合作实施落地，中国国家发展和改革委员会选定江苏省作为双方开展国际产能合作的牵头省份。[①] 2016 年 11 月开始，江苏省发展和改革委员会牵头赴阿联酋开展了一系列筹建工作，最终确定由中国江苏国际经济技术合作集团有限公司牵头，会同苏州工业园区、江宁经济技术开发区、海门经济技术开发区共同组建江苏省海外合作投资有限公司，负责中阿（联酋）产能合作示范园（以下简称“示范园”）投资开发和运营管理。[②] 2017 年 7 月 31 日，江苏省委副书记、常务副省长黄莉新率团出访阿联酋，双方正式签署示范园投资协议，园区开发管理公司注册揭牌。[③] 2019 年 6 月，园区管理服务中心大楼竣工，首批入驻企业陆续进入开工建设阶段。

——*发展与建设*

示范园是阿布扎比哈利法工业区（KIZAD）的区中园。哈利法工业区于 2006 年启动，2007 年完成项目设计并投入整体建设，工业区位于阿联酋阿布扎比酋长国与迪拜酋长国之间的塔维拉（Taweelah）地区，毗邻哈利法港，占地 417 平方公里，是阿联酋最大的工业区。哈利法工业区是《阿布扎比 2030 年发展规划》的重点发展项目，也是阿布扎比经济多样化战略重点依托的工业园区。哈利法工业区根据产业发展需求进行基础设施建设，重点发展行业包括铝业、钢铁、制药、造纸、印刷包装、物流仓储等。[④] 哈利法工业区分为 A 区和 B 区，A 区面积超过 50 平方公里，具有先进的港口及物流基础设施，可直达哈利法港，在铝业、汽车、食品加工和包装、制药和化工等领域，已初步形成产业集聚和产业集群效应。

2016 年，阿布扎比港设立了哈利法港自由贸易区（KPFTZ），与哈利法港自由区毗邻的哈利法工业区可享受自由区待遇。入驻企业免征取个人所得税、企业所得税以及其他税收。工业区入驻企业生产的产品，如阿联酋增加值达到 32%，即被视为阿联酋生产的产品，进入阿联酋关内市场免征关税；如产品不符合阿联酋本地化要求，进入阿联酋关内市场，则要征收税率为 5%—15% 的关税。[⑤]

---

① 《通讯：打造“一带一路”务实合作的典范——记中阿产能合作示范园项目》，2018 年 7 月 18 日，中华人民共和国中央人民政府网站，http://www.gov.cn/xinwen/2018-07/18/content_5307433.htm。

② 《中阿产能合作示范园 7 月在阿联酋开建》，2019 年 12 月 3 日，江苏网一带一路网，http://ydyl.jiangsu.gov.cn/art/2019/12/3/art_76373_8832438.html。

③ 《中阿产能合作示范园获批全国首家“一带一路”产能合作园区》，2019 年 12 月 3 日，江苏网一带一路网，http://ydyl.jiangsu.gov.cn/art/2019/12/3/art_76373_8832440.html。

④ 中华人民共和国商务部：《对外投资合作国别（地区）指南：阿联酋》，2021 年，第 48 页。

⑤ 陈颐：《阿布扎比哈利法工业区期待中国投资》，《经济日报》2011 年 10 月 16 日第 7 版。

示范园分为一期和二期，其中，一期启动区总设计占地面积2.2平方千米，位于哈利法工业区A区内，二期总设计占地10平方千米，位于哈利法工业区B区内，示范园可享受哈利法港自由区待遇。目前，示范园建设主要集中于一期启动区，启动区规划北侧为商业服务中心，其他分别为仓储和物流片区、一般制造和加工片区、食品饮料和包装加工片区、金属制造和加工片区，形成“一心四片”的空间结构。示范园是全国首家“一带一路”产能合作园区。2018年7月20日，在中国国家主席习近平与阿联酋阿布扎比王储穆罕默德的共同见证下，中国江苏国际经济技术合作集团有限公司与阿布扎比国际金融中心正式签署协议，建立示范园金融服务平台。该平台旨在提供全方位金融服务，为示范园、“一带一路”倡议以及在该地区拓展业务的中国企业提供大力支持，并将成为人民币国际化的试点平台。①

目前，示范园管理服务中心已投入使用，园区道路管网、定制厂房一期已完成，若干家国内企业入园投资建厂，主要投资项目包括龙道博特（阿布扎比）轮胎项目、新春兴（阿布扎比）铅酸电池回收项目、润泰化学涂料添加剂项目等。②

——意义

示范园是落实中阿两国领导人重要共识、服务国家“一带一路”建设的重大合作项目，也是中国首个明确的“一带一路”产能合作园区。随着园区建设的稳步推进和签约企业的陆续入驻，示范园将会成为中国制造业企业在海合会地区开展投资合作的重要依托平台。此外，示范区与阿布扎比国际金融中心展开的深度合作，也是中国依托境外园区，为境外投资企业提供金融支持的重要尝试。（本条执笔：刘冬）

65. 苏伊士经贸合作区

——背景

1994年，埃及时任总统穆巴拉克访问中国，访华期间，穆巴拉克提出希望借鉴中国经验，并在中国的帮助下，在埃及建立一个经济特区。1994年10月和1996年5月，时任中国国家总理朱镕基和中国国家主席江泽民先后访问埃及，埃方提议在苏伊士地区划出一片区域，由中方帮助埃及建立一个经济自由区。1997年4月，中埃两国签署谅解备忘录，由中国帮助埃及在苏伊士地区建

① 《中阿（联酋）产能合作示范园金融服务平台成立　预计年末投入运营》，2018年7月21日，人民网，http://world.people.com.cn/n1/2018/0721/c1002-30161861.html。

② 中华人民共和国商务部：《对外投资合作国别（地区）指南：阿联酋》，2021年，第26页。

设一个自由区，并提供建设经济特区的经验，鼓励中方企业参与自由区的项目建设。[①] 1998 年 10 月，中埃共建苏伊士特区项目正式启动，由天津泰达开发区代表中国，帮助埃及建设苏伊士西北经济区。

2006 年 11 月，在中非合作论坛北京峰会上，中国国家主席胡锦涛提出未来三年中国将在非洲建立 3—5 个境外经贸合作区。为履行中国政府帮助埃及建设经济区的承诺，2007 年 8 月，凭借在苏伊士西北经济区十年的开发建设经验，天津泰达投资控股有限公司参加了中华人民共和国商务部组织的第二批境外经贸合作区的招标活动，并在 11 月获得批准，开始在苏伊士西北经济特区的基础上建设中埃·泰达苏伊士经贸合作区（以下简称“合作区”）。

2008 年 7 月，天津方面和埃及方面合资组建了埃及泰达投资公司，全面负责合作区的开发建设和管理工作，合作区的项目建设正式启动。2009 年 5 月，合作区举行了全面启动仪式；同年 5 月，合作区通过中华人民共和国商务部、财政部专家组的考核验收，正式成为国家级境外经贸合作区；同年 11 月，中国温家宝总理和埃及纳吉夫总理共同为合作区项目揭牌，标志着合作区项目建设取得阶段性成果。

——发展与建设

苏伊士经贸合作区是中国落实“走出去”战略的重点项目，由中华人民共和国商务部指导，天津市政府推动，天津经济技术开发区和天津泰达投资控股有限公司统筹运营。合作区位于亚非欧三大洲金三角地带的埃及苏伊士运河经济特区，紧邻苏伊士运河，距离埃及第三大海港艾因苏赫纳港仅 2 千米，通过高速公路与开罗相连。合作区受埃及《经济特区法》管辖，享有《投资法》中 A 类区返还 50% 的投资的优惠政策。

以促进中埃产能合作为目标，合作区按照国际领先工业区进行整体规划，功能布局包括工业园区、物流园区和商务配套区，分起步区和扩展区两期建设，总占地面积为 7.34 平方千米。其中，起步区面积 1.34 平方千米，扩展区面积 6 平方千米。

合作区起步区开发建设累计投资 1.05 亿美元，已全部开发完成，土地售罄，吸引企业 70 余家，其中约一半为制造业企业。经过多年建设，合作区起步区已经初步形成了石油装备制造、高低压电气制造、纺织服装、新兴建材和农用机械制造等主导产业，初步形成了产业集聚和产业集群效应，重点入驻企业包括巨石集团、丰尚（牧羊）集团、西电集团等。

“一带一路”倡议提出后，中国与埃及合作的领域不断丰富，也为合作区

① 《走进中埃苏伊士经贸合作区》，《光明日报》2013 年 4 月 29 日第 8 版。

的发展提出了新的要求。在这一背景下，双方在 2013 年年底签订了《苏伊士西北湾经济区 6 平方公里土地使用权转让和开发合同》，合作区扩展区建设工作随即启动。2016 年 1 月，中国国家主席习近平访埃期间，中埃签署《中华人民共和国商务部和阿拉伯埃及共和国苏伊士运河经济区总局关于埃及苏伊士经贸合作区的协议》，协议的签署也为合作区扩展区的建设确定了法律地位。在访埃期间，习近平主席还与赛西总统共同为扩展区启动揭牌，扩展区规划面积 6 平方千米，拟分三期开发，规划总投资约 2.3 亿美元，拟吸引约 150—180 家企业入驻。在产业规划上，扩展区将汽车及其零部件、新型建材、高低压电器、石油装备、电子信息和新能源等产业作为园区发展的主要支柱。目前，合作区扩展区已投入资金 6300 万美元，一期 2 平方千米道路及市政基础设施已完成，二期土地也已移交。①

截至 2021 年 4 月底，合作区共吸引 102 家企业入驻，实际投资额超过 12.5 亿美元，累计销售额超过 25 亿美元，缴纳税费 1.76 亿美元，直接为约 4000 人提供就业，产业带动就业 3 万余人。②

——意义

合作区是中国在海外建立的最早的境外工业园区之一，经过多年的发展与建设，合作区已从初创期开始步入成长期，园区也已形成较为完整的产业链体系，并已成为中埃双方合作的重要支撑以及共建“一带一路”的重要支点。作为中国成立最早的一批境外工业园，合作区独特的组织运营模式为中国境外园区的建设起到重要的示范作用。

合作区的建设实现了中埃双方利益的“深层捆绑”。合作区的投资运营实体埃及泰达投资公司是由天津泰达控股投资有限公司、天津开发区苏伊士国际合作有限公司和埃及埃中合营公司合资组建的投资经营实体。采用合资而非独资的方式在埃建设境外工业园区能够使中埃双方共同承担经营风险，实现双方互利共赢。

合作区建立了多层级的沟通协调机制。为解决园区发展和企业入驻遇到的实际问题，中埃双方建立了中央和地方两级沟通协调机制。在中央政府层面，中国商务部和埃及苏伊士经济特区管理总局之间建立了战略合作磋商机制。在地方政府层面，天津市商务委员会与苏伊士经济特区管理总局联合成立合作区管理委员会，由中埃双方各派主任就磋商机制下的一些原则问题进行具体的实施落地。（本条执笔：刘冬）

---

① 中华人民共和国商务部：《对外投资合作国别（地区）指南：埃及》，2021 年，第 54 页。

② 中华人民共和国商务部：《对外投资合作国别（地区）指南：埃及》，2021 年，第 54 页。

66. 伊拉克哈法亚油田

——背景

2003 年 3 月 20 日，美国以伊拉克藏有大规模杀伤性武器并在暗中支持恐怖分子为由，绕过联合国安全理事会，单方面对伊拉克实施军事打击。此前，1991 年美国发动海湾战争，为恢复科威特主权、独立与领土完整而对伊拉克进行的一场战争，史称第一次海湾战争。2003 年美国又入侵伊拉克，被称为第二次海湾战争。1991 年海湾战争后，伊拉克石油工业发展因长期遭受制裁而陷入停滞，而 2003 年美国发动的战争又给伊拉克的石油生产和储运基础设施带来严重破坏。

经历多年的战后混乱，伊拉克国内安全形势趋于稳定之后，重建石油基础设施、恢复石油生产被伊拉克政府列入国家发展议程。为吸引国际石油公司在本国投资，2009 年 6 月和 12 月，伊拉克先后举行了两轮油气勘探开发国际招标。在 2009 年 6 月举行的伊拉克史上第一轮国际油气田招标中，伊政府共推出 8 个油气田勘探开发项目，其中包括 6 个已开发油田和 2 个待开发气田。在这轮油气田招标中，虽然包括埃克森美孚公司、中国石油天然气集团公司（以下简称“中国石油公司”）在内有 22 家能源公司提交了标书，但最终只有英国石油公司和中国石油公司组成的财团中标鲁迈拉油田（原油储量 22 亿吨、天然气储量 2830 亿立方米）项目，其余 7 个油气田项目均流标。后经二次投标和议标，由埃尼集团、西方石油公司和韩国天然气公司组成的财团以及由埃克森美孚公司、壳牌集团组成的财团才分别与伊政府签署祖拜尔油田和西古尔纳油田（一期）开发合同。①

由于第一轮国际油气田招标推进不够顺利，伊拉克政府很快在 2009 年 12 月启动史上第二轮油气田国际招标，该轮油气田招标共推出 10 个石油和天然气项目。其中，最具吸引力的包括西古尔纳油田（二期）、马吉努油田、哈法亚油田、巴德拉油田、米桑油田群等。在本轮油气田招标中，伊拉克推出的投资标的大多为未开发超大型油田，招标也采用吸引内外资共同参与投标的形式。全球共有 44 家油气公司报名参加该轮招标活动，其中大多为大型国际能源公司。除中国石油公司外，参加本轮油气田招标的跨国能源公司还有壳牌集团、道达尔公司、雪佛龙公司、中国海洋石油总公司等。在这轮投标中，由于国际石油公司采取更为灵活的投资政策，适时调整服务费报价，最终有 7 个国

① 尚艳丽、殷冬青：《伊拉克石油工业现状与发展趋势》，《国际石油经济》2010 年第 5 期。

际财团中标，中标率较第一轮招标有了明显上升。

在 2009 年 12 月举行的第二轮国际油气田招标中，由中国石油公司牵头，与道达尔公司、马来西亚国家石油公司、伊拉克南方石油公司组成的联合财团，经过激烈的竞争，最终以每桶油 1.40 美元报酬的低价赢下了哈法亚油田开采权。哈法亚油田（又译为海尔法亚油田、哈尔法亚油田）发现于 1976 年，含油面积 239 平方千米，可采储量约为 44 亿桶，属于"超巨型"油田，油田地处伊拉克东南部米桑省，位于伊拉克巴格达西南 280 千米处，与鲁迈拉油田相距约 120 千米，基本处于未开发状态。①

——发展与建设

2009 年 12 月 22 日，中国石油公司、道达尔公司、马来西亚国家石油公司和伊拉克南方石油公司组成的投标联合体与伊拉克石油部草签了哈法亚油田技术服务合同。根据合同约定，由中国石油公司担任项目作业者。2010 年 1 月，以中国石油公司为首的联合体与伊拉克签署为期 20 年的《哈法亚油田开发生产服务合同》，该项目开发生产服务合同于 2010 年 3 月 1 日正式生效。根据合同要求，联合体将在 7 年建设期内建成日产 53.5 万桶产能的油田（高峰产能后调整至 40 万桶/日），并实现稳产 13 年。

2010 年 12 月，油田三维地震采集作业正式启动，第一批 3 口水平评价井开钻，井深设计均在 4000 米以上。2011 年，项目顺利推进，地震、钻井和地面产能建设等全面展开。2012 年，项目与道达尔公司合作开发的 500 万吨/年一期产能建设项目投产并实现原油外输，提前 15 个月完成合同目标。2013 年，通过采用多分支水平井钻井等技术，项目原油产量保持在 10 万桶/日以上，同时开工建设二期工程。2014 年 8 月二期投产，产能达到 1000 万吨/年，提前两年完成合同目标。2018 年 9 月，油田三期，产能为 1000 万吨/年的原油中心处理站（CPF3）及其配套系统项目建成。2019 年 3 月，油田提前达到合同规定的高峰产量目标 40 万桶/年。

——意义

在成功竞标哈法亚油田项目之前，中国石油公司已经作为作业者获得艾哈代布油田项目，作为参与方获得鲁迈拉油田项目。在成功竞标哈法亚油田项目之后，中国石油公司在伊拉克持有的油田开发项目增至三个，中国石油公司在伊拉克的权益储量排在国际石油公司之首，成为伊拉克石油部门最大的外国投资者。

哈法亚油田是中国石油公司最大的海外作业者项目，每桶 1.40 美元的

① 《中石油再次获得伊拉克油田开发权》，2009 年 12 月 17 日，中华人民共和国商务部网站，http://iq.mofcom.gov.cn/article/jmxw/200912/20091206674971.shtml。

服务费盈利率虽然不算高，但作为主要作业者，在生产服务合同执行过程中，中国石油公司得以通过引入自己的工程建设和技术服务队伍，进一步提升整体现金流和整体效益。此外，项目也是伊拉克第二轮招标合同中，最先完成三维地震采集、最先投产、最先开始投资回报、最先完成高峰产能建设的项目，被伊拉克石油部称为第二轮国际招标中标项目中“推进最快、建设最好”的项目，从而树立了中资石油企业负责任国际公司的形象。（本条执笔：刘冬）

67. 中欧互联互通平台

——成立

为进一步加深“一带一路”倡议与“泛欧交通运输网络政策”等互联互通倡议的协作，2015 年 6 月第十七次中欧领导人会晤期间，中国国家总理李克强与欧洲理事会主席图斯克、欧委会主席容克商定建立中欧互联互通平台。2015 年 9 月，国家发展改革委与欧盟签署《关于建立中国与欧盟互联互通平台的谅解备忘录》，正式启动中欧互联互通平台合作。通过平台机制，双方加强信息交流、共同推动运输无缝连接和运输便利化，对接相关政策和项目，为中欧企业开拓合作机遇，为基础设施相关领域投资创造良好环境。

中欧互联互通平台重点关注领域包括“硬联通”和“软联通”，“硬联通”包括公路、铁路、航空、光纤等基础设施，以点带面、从线到片，推动亚欧大交通、大产业、大物流格局的快速形成；“软联通”包括制度、政策、规则和标准等方面，保证资本、技术、服务和数据等要素的活力持续提升。这与中国“一带一路”倡议强调的“政策沟通、设施联通、贸易畅通、资金融通、民心相通”五个重点合作领域相吻合，秉持共商共建共享原则，加强“一带一路”倡议同各国发展战略对接，实现共同发展和繁荣。

——发展历程

中欧互联互通平台建立至今已近进入第七年，在双方领导人高度重视下，国家发展改革委和欧盟责任部门密切合作，积极推进平台建设，取得一系列积极进展，展现出了巨大的合作潜力。为良好促进中国与欧盟国家互联互通平台各项目顺利推进，中欧双方在成立后的前三年每年都举办了主席会议：2016 年 6 月，中欧互联互通平台第一次主席会议在北京召开，会上工作组汇报平台前期工作进展及未来合作建议，并提交工作机制和示范项目优先行动清单。双方将按照议定事项，继续深入推进中欧互联互通合作。2017 年 6 月，中欧互联互通平台第二次主席会议在比利时布鲁塞尔召开，会议听取了双方工作组在项目清单、政策法规、技术规范以及项目投融资等方面的工作情况，并就加强战略政策对接、推动示范项目实施以及深化中欧班列、绿色低碳交通、通关便利化、标准和技术规范等多方面合作达成共识。2018年7月，中欧互联互通平台第三次主席会议在北京召开，双方制定了《中欧互联互通平台近期行动方案》，并就深化战略规划对接、谋划运输通道、提升基础设施和相关服务质量、发展绿色交通基础设施、积极稳妥推动示范项目等多方面合作达成共识。

在"一带一路"倡议的带领下，中欧互联互通平台建设从理念转到行动，产生丰硕成果，但欧洲内部一直对"一带一路"倡议及中欧互联互通平台项目实施存在疑虑。例如2017年年初，欧盟叫停了塞尔维亚首都贝尔格莱德与匈牙利布达佩斯之间350千米的高速铁路项目——该项目是"一带一路"倡议延伸至欧洲心脏地带的标志性铁路项目。欧盟表示将评估这个28.9亿美元铁路项目的财务可行性，以及它是否违反了欧盟有关大型交通项目必须进行公开招标的法律。在2018年9月，欧盟发布了《连接欧洲和亚洲—对欧盟战略的设想》，欲加强双边关系以促进欧亚互联互通，文件在提及中国时，有4次用到了"国际标准""中立"等字眼。欧盟互联互通战略提出以可持续、全面、规则为基础的三大原则的欧盟式联通路径，重点强调了第一条和第三条原则。就可持续性而言，欧方认为一些"一带一路"项目在设计上缺乏可持续性，例如欧方怀疑目前"一带一路"的融资方式不可持续，特别是共建"一带一路"的很多发展中国家经济发展水平过于低下，没有能力偿还基础设施建设贷款，暴露出"一带一路"资金链的不可持续性。就公平性而言，欧盟不少成员国在该互联互通战略出台之前就对中国的"一带一路"倡议表示担忧。

上述分析表明互联互通战略和"一带一路"倡议存在一定的竞争，但在政策主张上却拥有很高的契合度。在合作领域方面，"一带一路"倡议强调了"政策沟通、设施联通、贸易畅通、资金融通、民心相通"五个重点合作领域，涵盖了"硬联通"与"软联通"两个层面，同样欧盟提出的两大层面共四个种类的互联互通领域基本也在"一带一路"倡议提出的"五通"框架之内，其中"实体联通"兼顾了"软""硬"两个层面的协调与对接；在基本理念方面，中欧双方都将维护多边主义、构建开放公平的世界经济作为自身政策的出发点。中欧在相关政策文件中都表达了维护全球自由贸易体系和开放型世界经济的愿景。在2018年10月举办的第十二届亚欧首脑会议中，欧盟重点提出了关于互联互通的战略设想和"一带一路"倡议如何契合并对接。欧盟委员会表示，"欧盟将继续与中国合作——在我们的双边互联互通平台，在更广泛的双边关系和多边场合中创造对接并找到共同点"。会议进一步明确了"一带一路"倡议及互联互通的重要性，将有效促进亚欧战略对接，有利于亚欧进一步携手应对全球挑战。同年12月中方出台的第三份《中国对欧盟政策文件》也对欧亚互联互通战略进行了回应。中方明确提出要推进中欧互联互通平台建设，加强“一带一路”倡议同欧盟的欧亚互联互通战略、欧洲投资计划、“泛欧交通运输网络”等发展规划的对接。此外，中方文件也涉及欧盟一直强调的“可持续性”与“公平性”两个问题，提出中欧双方应保持双向开放，促进双向投资，共同维护公平竞争的市场秩序；同时促进双方在科研创新、新兴产业、可持续发展等领域的合作。以上均表明中欧双方均对互联互通合作的展开与相关政策的对接表现出积极态度。2018—2021年举办了四届亚欧互联互通产业合作论坛，旨在促进亚欧铁路运输、科技经贸、人文、教育、物流、金融等领域合作，欧盟与亚洲各国合作空间不断扩大，有效推进了互联互通伙伴关系的建立。2022年3月，国轩高科、乐普医疗、三一重工3家上市公司先后发布GDR计划，标志中欧互联互通平台建设在资本市场取得重大突破。

——中欧班列——中欧互联互通平台“领路者”

中欧互联互通平台在双方“一带一路”倡议和欧亚互联互通战略中稳步发展，取得了举世瞩目的成就。中欧班列作为欧亚地区互联互通的重要标志，自2011年开行以来，已经运行了11年，已成为连接亚欧大陆举足轻重的新时代交通方式，再造“陆上丝绸之路”辉煌。截至2022年年初，中欧班列已铺画73条运行线路，通达欧洲23个国家的174个城市，物流配送网络覆盖欧亚大陆全境，运输货品达5万余种。中欧班列不断高质量发展是中欧各国的福音，是增进交流的桥梁和纽带，在不断汲取世界发展动力的基础上，以时效快、价格低、品质好的优势为实现世界各国“可持续的交通，可持续的发展”提供强大的交通运输保障，拉近了与沿线各国的距离，引领中欧互联互通平台建设。

——未来前景

在全球化发展的今天，互联互通是国际发展趋势，因为互联互通本质上是一个去地缘政治化的概念，中方的“一带一路”倡议与欧盟互联互通战略存在竞争和合作是必然的，欧方总体上采取与中国合作兼有对冲的方式，与欧盟整体上将中国视为合作伙伴、竞争者和制度性对手的定位是相一致的，中欧双方一直是全球互联互通的引领者和全球互联互通理念与实践公共产品的重要贡献者。欧亚合作是“双向的”，互联互通不仅是从“亚洲到欧洲”，还应包括“从欧洲到亚洲”，中国的“一带一路”倡议有自己的逻辑，欧盟也有自己的战略，在彼此的框架内可以进行合作，并且合作是大于竞争的。亚欧互联互通的不断推进为中欧互联互通平台提供了更宽的合作领域和更广阔的发展空间，二者相互促进、相辅相成，促进中欧双方追求共赢的同时，一起携手应对全球挑战。（本条执笔：栾晓丽）

68．中欧微笑卫星合作计划

——概况

2015年6月，中国科学院与欧洲太空发展机构欧洲空间局（ESA）联合公布“中欧联合空间科学卫星任务”的遴选结果——“太阳风—磁层相互作用全景成像卫星计划”（英文缩写为SMILE，故也称作中欧“微笑卫星计划”）由于其独一无二的探测方式和蕴含的全新科学突破，从13个任务建议中脱颖而出。

“微笑卫星计划”由欧洲空间局和中国科学院联合顶层策划，共同合作开展方案设计、工程研制及数据分析与利用，是继地球空间“双星计划”后，中欧之间又一大型空间探测计划。“微笑卫星计划”聚集了全球空间天气领域优势资源，中方作为任务主体之一，负责卫星平台与有效载荷磁强计和低能离子分析仪研制，同时负责整星总装集成测试和在轨任务运行；欧空局负责载荷舱，提供运载火箭发射服务；英国航天局支持软X-射线成像仪的研制；加拿大空间局支持紫外极光成像仪研制。

“微笑卫星计划”所使用的卫星装备四台全新科学探测仪器，其中两台负责探测卫星所在位置的等离子体和磁场参数，其余两台则可通过人类肉眼无法分辨的极紫外波段和X射线波段，为磁层和极光“拍照片”，帮助科学家们进一步探究太阳风同地球磁场的相互作用机理。“微笑卫星计划”突破性地实现对地球磁层的整体成像观测，揭示磁层大尺度结构及其对太阳风的扰动响应，并可实现对极光日侧和夜侧的同时成像，对人类了解空间天气变化的宏观驱动控制因素、揭示“太阳风—磁层—电离层”的整体联系和因果关系具有重大科学意义。

——对“一带一路”的影响

此次“微笑卫星计划”首次实现对地球空间大尺度结构的全面展现，进一步揭示太阳活动和地球空间环境之间的规律，有助于及时预测各类气候灾害，对“一带一路”建设具有重要意义。

1．为沿线国家间科技合作提供现实样板

此次“微笑卫星计划”的成功实施标志着中欧空间科学合作迈入新的发展阶段，同时也为构建人类命运共同体提供强有力的科学支持。“微笑卫星计划”作为中欧深度合作的空间科学项目，中欧双方在论证、设计、制造到交付和集成测试等流程中深度融合。尤其是磁强计伸杆展开试验的成功，更标志着“微笑卫星计划”任务中欧联合研制团队在研制规范、技术流程、测试方法及评价标准上达成了一致，真正实现技术、管理与理念的深度融合，蕴含着丰富的国际合作元素。此外，与“微笑卫星计划”共同部署的科学卫星——爱因斯坦探针（EP）、先进天基太阳天文台卫星（ASO-S）、引力波暴高能电磁对应体全天监测器卫星（GECAM）也同“微笑卫星计划”卫星一道，将在轨数据对共建“一带一路”国家开放共享，共同推动共建“一带一路”国家科技领域合作。

2. 为沿线地区天气预测提供有力支撑

“一带一路”沿线高山、沙漠、海洋等无人区较多，气候条件复杂，气象灾害损失是全球平均值的两倍以上，而完整的空间天气预报需要对太阳大气到地球的电离层、中高层大气等一系列区域的变化进行建模和预报。但现阶段“一带一路”沿线气象资料相对匮乏，对天气变化预测形成一定阻碍。“微笑卫星计划”通过揭示太阳活动影响地球空间环境的变化规律，可以做到全面、系统、准确地对沿线天气变化进行预测，对减轻沿线地区空间灾害、保障沿线地区通讯稳定及国土安全起到重要支撑作用，填补沿线地区相关领域空白，为“一带一路”沿线复杂的天气状况预测提供强有力支撑。

3. 助力共建“一带一路”国家经济发展

一方面，“微笑卫星计划”可以有效助力沿线地区相关领域技术升级。通过向沿线各国提供气象卫星资料和产品，不断为沿线国家提供更为优质的气象预测服务，通过技术溢出助力沿线各国更新气象预测技术与手段，加快地区大数据、云计算等新技术运用，全面提升“一带一路”沿线地区数据产品获取和应用能力，助力沿线国家相关产业更迭，加快产业升级进程。另一方面，“微笑卫星计划”可以有效迎合沿线地区对航空航天领域的市场需求。通过同沿线国家在航空航天领域的广泛商业合作，为当地提供应急通信、位置服务、资源调查、环境生态监测、灾情监测与评估及空间信息综合服务平台等产品，强化公共服务产品生产与规范化，提升共建“一带一路”合作国家公共服务能力和社会治理水平。积极推进共建“一带一路”国家空间数据和服务采购力度，拓展“一带一路”沿线商业合作新空间，助力沿线科技领域市场运行新机制。

——发展前景

“微笑卫星计划”所用卫星预计于2023年年底发射，运行寿命3年，现属中国科学院的空间科学（二期）先导专项支持项目。未来将持续重点研究太阳风能量和物质传递机制，进一步揭示太阳风对人类活动的影响。“微笑卫星计划”作为“一带一路”倡议在航天高科技领域合作的重要组成，将继续吸纳更多国际元素，力争成为共建“一带一路”合作国家间科技合作的重要载体。一方面继续为“一带一路”沿线企业和机构提供天气预测、防灾减灾等商业服务，赋能沿线经济高质量发展；另一方面继续帮助共建“一带一路”合作国家发挥技术溢出效应、拓展技术合作空间、促进科技人才交流、助力产业转型升级，为推动共建人类命运共同体贡献力量。（本条执笔：赵永超）

69. 北极航道

——基本情况

北极地区指北极圈以北的地区，包括北冰洋海域、北冰洋沿岸亚欧北美三大洲大陆北部及北冰洋中的许多岛屿。近年来，随着全球气候变暖，北极地区冰盖加速融化，北极事务治理日益受到国际社会各方关注并展开了博弈，其中北极航道问题也越来越被提上相关方的议事日程。

北极航道是指穿过北冰洋，连接大西洋和太平洋的海上航道，实际上包括两条航道，即加拿大沿岸的“西北航道”和俄罗斯西伯利亚沿岸的“东北航道”（也被称为“北方海航道”）。

“西北航道”的大部分航段位于加拿大北极群岛水域，以白令海峡为起点，向东沿美国阿拉斯加北部离岸海域，穿过加拿大北极群岛，直到戴维斯海峡。这条航线在波弗特海进入加拿大北极群岛时，分成两条主要支线：一条穿过阿蒙森湾、多芬联合海峡、维多利亚海峡到兰开斯特海峡，一条穿过麦克卢尔海峡、梅尔维尔子爵海峡、巴罗海峡到兰开斯特海峡。

“东北航道”的大部分航段位于俄罗斯北部沿海的北冰洋离岸海域。从北欧出发，向东穿过北冰洋巴伦支海、喀拉海、拉普捷夫海、新西伯利亚海和楚科奇海五大海域直到白令海峡。在东北航道上，连接五大海域的海峡多达 58 个，其中最主要的有 10 个。

不过，北极航道从理论上还有一条穿越北极点的航线，或称“中央航道”。该航线从白令海峡出发，不走俄罗斯或北美沿岸，直接穿过北冰洋中心区域到达格陵兰海或挪威海。但由于北冰洋中心区域被多年累积的海冰所覆盖，且海冰最为密集和厚实，这条理论上的北极航线的开通和利用是十分困难的，因而也将是关于北极航道开发利用中三条线路中优先程度最低的一种最后选择。

由于各国之间超过 90% 的国际贸易通过海运实现，所以，海上货运堪称国际贸易的生命线。北冰洋是联系大西洋与太平洋的便捷通道，北冰洋的开通必将更有效地紧密联系欧洲、北美、东亚三大经济区，造成世界经济政治格局的重新调整。因此，取道常年冰封的北冰洋航道，是一个数百年来的梦想。近年来，随着全球气候变暖、北极地区冰雪融化加快以及国际大宗货物运输通道运输能力遭遇瓶颈等，北极航道的开通及其潜在的巨大商业价值更加凸显。2022

年3月，一艘名为“长赐号”、悬挂巴拿马国旗、计划驶向荷兰鹿特丹港的重型货船在苏伊士运河新航道遭遇搁浅，造成了为期数日的“航道大拥堵”，一时间扼住了这条全球最繁忙的海运通道之“咽喉”，也因此吸引了全球性的关注目光。而北极航道一旦开通，将会改变长期以来巴拿马运河和苏伊士运河作为连接太平洋和大西洋要道的状况，使得欧亚大陆之间的航程大大缩短，既能减少运输成本，而且可以避开或免遭非洲索马里海盗和印度洋海盗的劫掠威胁。

尽管北极航道开通后的经济利益驱动可能使北极航道的商船运输量大幅提高，但北极地处高纬，低温、大风、磁暴、极夜等极端天气状况可导致船舶航行中面临诸多严峻考验。加之船员对冰区内的航行经验比较匮乏，人为因素造成海难事故的几率较高，北极航行安全管理问题亟待解决。此外，北极环境相比其他海域更为脆弱，溢油及其他海洋污染一旦发生，海冰的存在导致海水自净分解能力减弱，清污工作开展难度大，人为活动增多将产生更大的环保压力，对北极生态环境带来威胁。因此，北极特殊风险下的航行安全与生态环境保护，给北极航行治理提出双重要求。

——治理机制与国际纷争

由于全球气候变化和北极地缘政治、地缘经济等复杂因素的共同影响，北极航道的开通和运营涉及的主体、法律和机制等都极为错综复杂，因此引发激烈争议。例如，由于“东北航道”经过俄罗斯沿岸，被俄罗斯都视为“国内”交通线，因而坚持所有途经船只必须向俄罗斯缴纳“过路费”。但美国、挪威和瑞典等国则一直坚持国际通行权，即将该航道视为国际水域，因而同俄罗斯的立场显著对立。此外，该航道在夏季开航的几个星期时间里，将会成为苏伊士运河的强力竞争对手，这牵扯到更多利益相关方。实际上，“西北航道”也面临此类问题和争议。就目前看，有关北极航道开通使用的问题缺乏一种能够多层次、多角度深入协调各国分歧并形成共识的机制。

随着北极冰融，鉴于北极航道可节约航行时间、节省运输成本、避免遭受海盗侵扰等方面的优势，更多商船将取道北极。北极蕴含的丰富矿产资源与旅游业的发展也将促使更多的船舶在北极水域航行。为确保航行安全、保护脆弱的北极海洋环境，国际海事组织花费大量人力、物力致力于制定专门的北极航行规范。2014年11月21日，具有法律约束力的《极地水域船舶航行国际准则》（International Code for Ships Operating in Polar Waters，以下简称《极地规则》）安全部分在国际海事组织海事安全委员会（MSC）第94届会议上通过，环保部分也在海洋环境保护委员会（MEPC）第68届会议上通过，标志着北极航行治理的国际标准已逐步形成。

随着北极航道通航的前景逐渐明晰，国际社会加强了对北极航道的争夺。俄罗斯和加拿大两个国家由于最为靠近北极航道，都将北极航道视为国内交通线，要求别的国家船只的通航需要遵守俄罗斯和加拿大本国国内的相关规定。俄罗斯和加拿大作为北极航道沿岸国，通过国内立法规制北方海航道和西北航道水域内船舶的航行活动。以俄罗斯和加拿大为代表的北冰洋沿岸国积极参与《极地规则》的制定，试图通过对国际规则的影响保护其国家利益，并在《极地规则》生效后通过国内法的修正推进国际规则的国家实践。

目前，关于极地治理的法律模式包括《南极条约》模式和《斯瓦尔巴德条约》模式，但现存的法律治理模式（即上述两种模式），都无法适用北极航道治理。此外，船舶北极航行海事立法主体目前主要有联合国大会、国际海事组织、北极沿岸国、北极理事会。这些海事立法主体都制定和出台了关于船舶北极航行方面的法律规范。虽然国际海事组织（IMO）、北极沿岸国等已就北极航道治理初步确立了一些规范和制度，但仍满足不了北极航运业日渐繁荣、船舶北极航行活动日益增多对进一步创新法律制度的需求，离实现北极海域船舶航行更安全、海洋更清洁的目的还有相当大的差距。目前关于北极航道争论的热点无非是其法律属性问题，其法律定位将直接关系圈内和圈外国家的法律权益和经济利益，而北极航道地理位置的复杂性决定了不能给其法律属性下一个统一的结论。

——对中国的意义

北极是中国重要的战略新疆域，积极参与北极事务是中国未来对外合作的趋势。中国是“近北极国家”和“北极利益相关方”，已经成为北极理事会的正式观察员国。在北极事务多边治理领域，中国同包括美国、俄罗斯、加拿大以及欧洲（包括欧盟）在内的国际社会的交流与合作，既是推进北极事务治理的现实需要，也是展现大国担当与责任的重要平台。

近年来，中国积极参与北极事务的多边治理，北极航运及其治理是北极事务的重要组成部分。随着北极地区的冰融与经济全球化的深入发展，北极航线开通与商业性运营提上了日程。北极航道的开通以及商业性运营不仅会对世界经济格局、航运发展带来深远的影响，也将对中国的经济布局、能源安全以及航运业等产生重要的影响。

“冰上丝绸之路”是中国提出的“一带一路”倡议的重要组成部分。2017 年 5 月，中俄外长在莫斯科举行会谈，王毅表示“中方欢迎并支持俄方提出的‘冰上丝绸之路’倡议，愿同俄方及其他各方一道，共同开发北极航线”。同年 11 月，中国国家主席习近平在会见俄罗斯时任总理梅德韦杰夫时表示，要做好“一带一路”建设同欧亚经济联盟对接，努力推动滨海国际运输走廊等项目落地，共同开展北极航道开发和利用合作，打造“冰上丝绸之路”。2018 年 1 月，中国政府发布《中国的北极政策》白皮书，正式提出共建“冰上丝绸之路”。这是中国在北极治理方面提出的“中国方案”，为中国同有关各方开展双边、多边务实合作提供了宝贵机遇，拓展了实质内涵，推动了人类命运共同体的合力构建。

对中国来说，北冰洋航道与传统航线相比将大大缩短欧亚之间的船运航程。不过，需要明确的是，中国提出的“冰上丝绸之路”是指利用北极航道连接中欧的一种互联互通机制。它虽然没有特指具体的哪一条航道，但根据前述北极航道包括北方航道、西北航道和中央航道三条线路，而西北航道和中央航道由于航程长、开发难和沿途港口条件欠理想等原因，因而当前所说的“冰上丝绸之路”实际上是主要位于俄罗斯北方沿岸的东北航道。

尽管中国已经关注逐渐开放的北极航道，但是中国参与北极航运业存在多方面的挑战。这包括现有的国际法律对中国在北极航行不利，尤其是个别国家将北极航道“内水化”的做法不利于包括中国航运公司在内的国际航运业对北极航道的利用。中国国内的航运公司在参与和使用北极航运的过程中也存在能力不足、认识不够的情况。另外，北极航道的通航也会给中低纬度的港口带来很大的冲击。

中国对北极航运的治理仍处于进一步“建章立制”的过程中，应积极参与正在形成中的北极航运国际管制机制的构建和完善，并且在参与北极治理现有的基础上，进一步提升中国在北极航运事务治理中的参与度和贡献度，进而最大限度地实现、维护和保障中国在北极地区的应有权益。

需要注意的是，在 2022 年 2 月俄罗斯对乌克兰发起“特别军事行动”后，美西方与俄罗斯的关系进一步恶化。尽管在未来两年俄罗斯担任北极理事会的轮值主席国，但在地缘政治冲突加剧叠加地缘经济利益纷争不断等情况下，北极治理包括北极航道事务将遭遇前所未有的重大挑战，这对中国参与北极事务包括北极航道开发所产生的消极影响，值得持续关注并加强应对。（本条执笔：赵继周）

70. 北溪 2 号管线

——基本情况

北溪 2 号管线是由俄罗斯与德国主导建设的天然气管道建设项目。该管线以俄罗斯的乌斯季卢加港为起点，穿越波罗的海，最终到达德国的卢布明市，全长 1200 多千米，其中俄罗斯部分（领土与领海）为 118 千米，芬兰部分

（专属经济区）为 374 千米，瑞典部分（专属经济区）为 510 千米，丹麦部分（专属经济区）为 147 千米，德国部分（领土、领海与专属经济区）为 85 千米。除俄罗斯和丹麦部分外，该管线与 2011 年投入使用的北溪 1 号管线基本平行。在输送能力上，北溪 2 号管线由两条支线组成，设计年输气能力约 550 亿立方米。在原有的北溪 1 号管线基础上，北溪 2 号管线将使整个北溪项目的能源运输量提高一倍，达到每年 1100 亿立方米的能力，从而满足欧盟接近 30% 的天然气消费需求。

从建设过程来看，北溪 2 号管线可谓命途多舛。从评估到铺设完成，管道建设耗时超过 10 年，共耗资 110 亿美元。因为巨大的经济效益，北溪 2 号管线得到了俄罗斯、德国、法国、荷兰、奥地利等国企业的共同出资，其建设过程更吸引了来自 25 个国家的 1000 余家公司参与。但因为牵扯复杂的地缘政治斗争，北溪 2 号管线也遭到了美国与部分周边国家的强烈反对。早在项目评估阶段，波兰、捷克、匈牙利等 9 个欧盟成员国的政府领导人就致信欧盟委员会，公开质疑北溪 2 号管线的合理性。2017 年 6 月，美国对俄罗斯启动了新一轮的制裁。这一制裁虽未明确针对北溪 2 号管线，但涉及能源问题的部分条款为制裁参与北溪 2 号管线项目的公司与企业提供了依据。面对各方阻力，项目主导国俄罗斯与德国公开表示，北溪 2 号管线项目是“纯粹”的商业投资。双方会继续稳步推动管道建设，并应对可能来自第三方国家的非商业性竞争和非法攻击。但在 2019 年，美国正式向参与该项目的各国公司发出制裁警告。2019 年 12 月，美国时任总统特朗普签署法案，对参与北溪 2 号管线项目的企业实施制裁，措施包括禁止相关企业人员赴美旅行，以及冻结他们在美财产等。负责管道铺设的瑞士公司 Allseas 宣布退出该项目，整个项目建设也被迫中断。在德俄两国的共同努力下，俄罗斯天然气工业股份公司全资持有该项目，并在 2020 年重新开工。但在拜登政府上台后，美国再次对北溪 2 号管线发起制裁。经过多次交涉，美国与德国就北溪 2 号管线达成协议。美国不再对这一项目进行制裁。作为交换，德国要支持乌克兰的天然气过境国地位，并促成俄罗斯与乌克兰的天然气过境协议在 2024 年后继续延长 10 年；如果俄罗斯试图将能源作为武器或对乌克兰进一步“侵略”，就将对其实施制裁。在破除种种阻挠后，北溪 2 号管线建设于 2021 年 9 月正式竣工，并进入程序审批阶段。但因为德国政府换届与乌克兰局势紧张等因素，项目认证程序被一再中止。因此，北溪 2 号管线虽已完工，但仍未正式投入运营。

——俄美欧在北溪 2 号管线上的不同立场

能源外交是俄罗斯外交政策的重要组成部分。多年来，俄罗斯一直通过过境管道、加油站合作、参股能源企业和核能合作强化与欧盟国家的能源关系。

在南溪项目搁置后，俄先后批准支持北溪 2 号管线和“土耳其溪”天然气管道的建设，以持续强化自身在欧盟能源市场的地位。乌克兰危机后，欧盟与美国一道对俄罗斯发起制裁，俄欧关系陷入低谷。在日常的政治交往难以为继的局面下，俄罗斯将北溪 2 号管线视为与欧盟对话交流和推动双方关系转圜的重要渠道。同时，自 2006 年“断气风波”以来，俄罗斯与乌克兰一直摩擦不断。俄罗斯希望借助北溪 2 号管线减少从乌克兰过境的天然气输送量，以淡化两国关系紧张对整个俄欧能源关系的影响，并以此“敲打”乌克兰，影响其外交战略选择。因此在过去的几年里，俄罗斯一直在努力克服种种困难，积极促成北溪 2 号管线的完工与投入运营。

美国是反对北溪 2 号管线的主要国家之一。一方面，自乌克兰危机以来，美国与俄罗斯的关系长期处于下行状态。以“重返中东欧”为名，美国不断加强在中东欧地区的军事存在，并积极推动北约东扩以进一步压缩俄罗斯的战略空间。因此，美国不愿坐视俄罗斯通过北溪 2 号管线加强与欧盟的相互依赖，进而分化美欧的对俄立场。在北约年度峰会等多个重要场合，美国都对欧洲国家在军事上依靠美国对抗俄罗斯，但同时从俄罗斯进口大量能源的做法进行了批评。另一方面，随着页岩油气革命的兴起，美国的油气产量迅速上升，并在 2019 年超过其国内消费量。推销本国能源日益成为美国外交事务的重点之一。为占领更多欧洲国家，特别是中东欧国家的能源市场，美国必须减少它们对于俄罗斯能源的依赖。这也是美国屡次对北溪 2 号管线发起制裁的重要原因之一。

在欧盟内部，对于北溪 2 号管线也存在不同的意见。俄罗斯是欧盟在能源领域的重要倚仗。欧盟天然气需求 90% 有赖进口，其中超过 40% 来自俄罗斯。长期以来，欧盟一直致力于能源供应的多元化。但俄罗斯天然气的价格远低于美国，跨里海油气管道等其他能源供应渠道又面临地缘政治安全与供应量的问题。因此欧盟中的许多国家，特别是德国不愿减少与俄罗斯的能源合作。具体到北溪 2 号管线上，德国认定这一项目符合自身与欧盟的利益。首先，北溪 2 号管线具有重要的经济价值。该项目不仅能够增加俄罗斯对德国与欧盟的能源供应量，也能为欧盟提供更多的就业岗位与经济活力。调查显示，北溪 2 号管线项目落成后，将为欧盟带来 3.1 万个就业岗位和 22.6 亿欧元的 GDP。其次，北溪 2 号管线经过了长期的论证与风险评估，德国与欧盟各机构也从安全与环保等多个领域进行了严格的审查与检验，因此并不存在美国与部分中东欧国家所说的环境与安全等问题。最后，北溪 2 号管线固然会强化德国乃至欧盟与俄罗斯的能源联系，但这种联系本身就是双向的，欧盟可以通过这种联系缓和自乌克兰危机以来俄欧的紧张关系，并影响俄罗斯的外交决策。综合上述因素，德国一直不顾各方阻力，与俄罗斯一道推进北溪 2 号管线项目。直到 2022 年俄乌冲突真正爆发，德国对北溪 2 号管线的态度才发生了根本性转变。

与德国不同，多数中东欧国家自北溪 2 号管线的设想公布后就对这一项目表示了反对。这些国家多是俄欧传统天然气管道的过境国。北溪 2 号管线的建设将大大削弱其博弈地位，也将直接减少其因能源过境产生的经济收入。许多中东欧国家认为，管道建成后，欧盟从俄罗斯进口的能源将会大大增加，不仅使俄罗斯获得更多军事现代化的资金，也将导致欧盟在能源供应上越发依赖俄罗斯，危害欧盟的能源安全。而从长期来看，欧盟正在积极推广绿色政治，减少对化石燃料的消费和依赖，从俄罗斯进口更多油气资源并不符合欧盟的发展理念。因此，这些国家常常与美国一道，站在反对北溪 2 号管线的一方。

——未来前景

在俄罗斯宣布承认乌克兰东部两个共和国独立后，德国总理朔尔茨于 2022 年 2 月 22 日宣布暂停北溪 2 号管线项目的认证程序。此后俄乌冲突大规模爆发，德国与其他欧盟国家一起对俄罗斯发起了力度空前的制裁。能源领域本是这次制裁较少波及的领域，但在美国与英国宣布禁止或逐步停止从俄罗斯进口油气资源后，欧盟也紧随两国的脚步，表示计划大幅削减从俄罗斯进口的天然气，并在 2030 年前消除对俄罗斯石油和天然气的总体依赖。过去，北溪 2 号管线的最大阻力来自美国的制裁与中东欧国家在欧盟层面的掣肘；但现在，北溪 2 号管线的前景更多取决于俄乌冲突的发展态势。在乌克兰局势尚不明朗的情况下，已经竣工的北溪 2 号管线仍将处于无限期的中止状态。（本条执笔：刘作奎、鞠豪）

71. 泛欧交通网络

——基本情况

泛欧交通网络也被称为“全欧交通网络”（Trans-European Transport Networks，简称 TEN-T），[①] 是欧洲联盟（欧盟）在公路、铁路、水路及航空等运输网络的一系列规划纲领。TEN-T 是“跨欧洲网络”（Trans-European Networks，简称 TENs）的一部分，TENs 在 1990 年由欧盟通过，包含电信板块（eTEN）和能源板块（TEN-E）。

1996 年 7 月，欧洲议会及欧洲理事会通过决议采纳了关于建设泛欧交通网络的设想，旨在通过协调改善各主要的公路、铁路、内河航道、机场、港口和

① TEN-T 官网：https://transport.ec.europa.eu/transport-themes/infrastructure-and-investment/trans-european-transport-network-ten-t_en。

交通管理系统，从而形成一体化及多式联运的长途、高速运输网络。欧盟对该网络的构建及发展主要发挥领导、协调、发布方针及拨款等作用。

实际上，泛欧交通网络不仅仅是简单的铁路和公路，还包含了航空和水运；不仅仅包含了基础设施建设，更强调了互联互通的技术和规范。大体上，泛欧交通网络的范围包含几块：全欧公路网络、全欧铁路网络（包括高铁及普速）、全欧内河航运网络及内河港口、全欧海港网络、海洋高速公路、全欧机场网络、全欧多式联运网络（Trans-European Combined Transport network）、全欧航运管理及信息网络、全欧航空管理网络（包含了 Single European Sky 和 SESAR 概念）、全欧定位及导航网络（包括伽利略定位系统）。

——*发展*

1994 年，在德国西部北莱茵—威斯特法伦州位于鲁尔工业区的埃森市（Essen）举行的会议上，欧洲理事会批准了由时任欧盟委员会副主席亨宁·克里斯托弗森主持制定的 14 条“特别”泛欧交通网络项目的具体清单。

大致上，TEN-T 的发展经过了如下几个阶段。

第一，最初的规划。1996 年 7 月 23 日，由欧洲议会及欧洲理事会根据泛欧交通网络的发展方针所作出的第 1692/96/EC 号决策而制定。

第二，中期的扩展。2001 年 5 月，欧洲议会及欧洲理事会通过了第 1346/2001/EC 号决策，新增将海港、河港及多式联运终端等纳入泛欧交通网络的发展方针。

第三，逐步的成熟。2004 年 4 月，欧洲议会及欧洲理事会又通过第 884/2004/EC 号决策，它对第 1692/96/EC 号决策进行了区域性修改。2004 年 4 月的修订版是一个政策变化更为彻底的政策，旨在适应欧盟东扩和随之而来的交通量改变。

第四，最终的通道。2014 年 1 月，经欧盟议会和欧盟理事会批准，泛欧交通网络开启了下一个阶段的工作，即以空间布局的方式规划了到 2050 年要建成、修缮的公路、铁路、航运、内陆水运、航运及港口、机场、货物仓储装卸的基础设施建设工程，着重打通 9 条贯穿全欧洲的“核心通道”。目前的 TEN-T9 条通道主要包含了欧盟国家。

第五，全面的东扩。2017 年，欧盟决定将泛欧交通网络扩展到东欧，并将包括东欧伙伴关系成员国（Eastern Partnership，EaP）纳入 TEN-T 走廊计划。2018 年 5 月，东欧伙伴关系运输部长级会议在泛欧交通网络框架下举行，以促进欧盟与六国之间的运输互联互通。同年 11 月 9 日，欧洲委员会通过了在亚美尼亚、阿塞拜疆、白俄罗斯、格鲁吉亚、摩尔多瓦共和国和乌克兰六国使用新的泛欧交通网络地图的法案。此前，欧盟与上述六国签署了六项高级别协议。与邻国在基础设施规划和发展方面的合作，是泛欧交通网络政策的一部分。

需要说明的是，欧洲的“大交通”除了上述两者（TEN-T和10条泛欧走廊）之外，还有一个就是欧洲—高加索—亚洲运输走廊（TRACECA），它们共同构成了欧洲交通通道的“三驾马车”。

因此，TENs、TEN-T计划与TRACECA计划是有区别的。TENs是加强欧亚在交通运输、数字网络、能源和人文方面的网络建设。TENT-T作为交通板块的分支，其目标是建立欧洲区域的交通互联互通，后续继续延伸至中亚地区的概率很低。而TRACECA是一项国际运输方案，涉及欧洲联盟和东欧、高加索和中亚地区的14个成员国。该方案的目标是加强黑海盆地、南高加索和中亚地区的经济关系、贸易和运输。其战略之一就是促进TENT-T通道与泛欧通道以及中亚各国间的联通，以推动欧盟的全球战略。

——“泛欧交通网”与“一带一路”

2013年，中国国家主席习近平提出“一带一路”倡议，欧洲是该倡议中横跨亚欧大陆、连接中欧的西端终点。“一带一路”倡议下的“互联互通”中，就包括基础设施建设方面的联通。因此，泛欧交通网与“一带一路”倡议的对接，具有“先天”的优势。近年来，欧洲很多国家都同中国签署了“一带一路”合作备忘录。

2018年9月19日，欧盟公布了“连接欧亚”战略（Connecting Europe and Asia），尽管时任欧盟委员会副主席、外交和安全政策高级代表费代丽卡·莫盖里尼（Federica Mogherini）在新闻发布会上否认该战略是针对中国的“一带一路”倡议，但其抢夺欧亚大陆话语权的意味很明显。

2021年12月1日，欧盟委员会和欧盟外交与安全政策高级代表共同发布“全球门户”（Global Gateway）计划。根据欧盟文件，“全球门户”计划在2021—2027年共动员3000亿欧元投资，支持实现“智慧的、可持续的、可信任的全球互联互通”，并将重点支持发展中国家基础设施的建设与升级。

作为继中国提出“一带一路”倡议和美国主导七国集团提出“重建更美好世界”倡议之后的又一全球性基建计划，“全球门户”计划的发布标志着欧盟更积极主动地参与到当前的全球基建潮当中，并试图夯实其经济科技方面的“硬实力”和规则标准制定方面的“软实力”，以维护自身战略利益。“全球门户”计划的出台将会对欧盟对外关系和正处于深刻变动中的国际政治经济格局产生一定影响。

2022年3月19日，匈塞铁路——塞尔维亚首都贝尔格莱德至中北部城市诺维萨德段（贝—诺段）开通运营。匈塞铁路项目自匈牙利首都布达佩斯至塞尔维亚首都贝尔格莱德，铁路全长350千米，是中国与中东欧国家合作的旗舰项目，是中国与中东欧国家共建“一带一路”的重点项目。该铁路不仅是两国重要交通干线，同时也是“一带一路”关键节点。匈塞铁路塞尔维亚境内贝—诺段的开通运营，标志着中国与中东欧国家共建“一带一路”重点项目匈塞铁路取得重大进展。（本条执笔：赵继周）

七　中国推出的新国际主张

72. 全球发展倡议

——背景

近年来，很多国家发展动力明显不足，全球发展失衡问题也日益凸显。在新冠肺炎疫情的冲击下，世界经济出现大幅衰退，还使一些长期性问题加速累积。2020 年，世界经济出现了 20 世纪 30 年代大萧条以来最低增长水平。尽管在基数效应和政策因素推动下，2021 年世界经济出现了大幅反弹，但掣肘全球经济增长的风险因素不断增多，经济下行压力日益加大。同时，收入分配不平等、发展空间不平衡已成为国际社会面临的突出问题，并成为很多国家社会动荡的重要原因。

在一些国家和地区、一定范围和条件下，弱肉强食、丛林法则、赢者通吃、零和博弈依然有广阔市场，贫富悬殊和南北差距扩大问题依然严重，世界上生活在困境之中的民众数量依然庞大，贫困及其衍生出来的饥饿、疾病、社会冲突等一系列难题依然困扰着人类社会。世界上的教派冲突、民族矛盾、资源争端、大国干预等威胁和平稳定的因素都能找到发展的根源，资源短缺、环境污染、生态破坏等威胁全人类安全的因素都源于发展缺乏可持续性。在此背景下，解决全球发展问题的重要性和紧迫性不断提升。

2021 年 9 月 21 日，中国国家主席习近平在第 76 届联合国大会一般性辩论期间首次提出全球发展倡议，系统提出了实现普惠包容发展的政策和行动框架，推动全球发展迈向平衡协调包容新阶段。[①]

——内容

全球发展倡议包括六个方面的内容。

一是坚持发展优先。将发展置于全球宏观政策框架的突出位置，加强主要经济体政策协调，保持连续性、稳定性、可持续性，构建更加平等均衡的全球

---

① 习近平：《坚定信心　共克时艰　共建更加美好的世界——在第七十六届联合国大会一般性辩论上的讲话》，《人民日报》2021 年 9 月 22 日第 2 版。

发展伙伴关系，推动多边发展合作进程协同增效，加快落实联合国2030年可持续发展议程。

二是坚持以人民为中心。在发展中保障和改善民生，保护和促进人权，做到发展为了人民、发展依靠人民、发展成果由人民共享，不断增强民众的幸福感、获得感、安全感，实现人的全面发展。

三是坚持普惠包容。关注发展中国家特殊需求，通过缓债、发展援助等方式支持发展中国家尤其是困难特别大的脆弱国家，着力解决国家间和各国内部发展不平衡、不充分问题。

四是坚持创新驱动。抓住新一轮科技革命和产业变革的历史性机遇，加速科技成果向现实生产力转化，打造开放、公平、公正、非歧视的科技发展环境，挖掘疫后经济增长新动能，携手实现跨越发展。

五是坚持人与自然和谐共生。完善全球环境治理，积极应对气候变化，构建人与自然生命共同体。加快绿色低碳转型，实现绿色复苏发展。中国将力争2030年前实现碳达峰、2060年前实现碳中和，这需要付出艰苦努力，但我们会全力以赴。中国将大力支持发展中国家能源绿色低碳发展，不再新建境外煤电项目。

六是坚持行动导向。加大发展资源投入，构建全球发展命运共同体。全球发展倡议秉持以人民为中心的核心理念，将增进人民福祉、实现人的全面发展作为出发点和落脚点，把各国人民对美好生活的向往作为努力目标，紧紧抓住发展这个解决一切问题的总钥匙，全力破解发展难题，创造更多发展机遇，努力实现不让任何一国、任何一人掉队的目标。倡议遵循务实合作的行动指南，把握全球发展脉搏和迫切需求，把减贫、粮食安全、抗疫和疫苗、发展筹资、气候变化和绿色发展、工业化、数字经济、互联互通等作为重点合作领域，提出合作设想和方案，将发展共识转化为务实行动。①

——意义

全球发展倡议是继中国国家主席习近平提出“一带一路”倡议后为国际社会提供的重要公共产品和合作平台，充分反映了世界各国人民谋幸福、谋发展的强烈愿望，充分体现了创新、协调、绿色、开放、共享的新发展理论，具有很强的现实性和前瞻性。全球发展倡议坚持以人民为中心的发展观，主张发展为了人民、发展依靠人民、发展成果由人民共享，真正体现了发展的核心价值。

全球发展倡议摒弃了片面发展，倡导推动实现人的全面发展。这里的人既

① 《中国联合国合作立场文件》，《人民日报》2021年10月23日第6版。

是个体意义上的人，也是整体意义上的人，是个体与整体的辩证统一，是发展的普遍性与特殊性的辩证统一。在全球发展进程中，既不让任何一个人掉队，也不让任何一个国家和民族掉队，而是要实现所有人、所有国家和民族的共同发展。以人民为中心的发展观兼顾个人利益与集体利益、国家利益与全人类共同利益，实现了个体发展与整体发展的有机统一，个人全面发展与人类全面发展的有机统一。

全球发展倡议摒弃了抽象发展，使发展目标更加具体、更加现实、更具可操作性。一种发展理念、发展道路、发展模式、发展制度好不好，要看它的实践效果，要看人民群众是否满意。倡议提出，要在发展中保障和改善民生，保护和促进人权，不断增强民众的幸福感、获得感、安全感。这种评价发展价值的标准实现了客观效果与主观感受的有机结合，使发展带来的实惠看得见、摸得着，而不是一味地将抽象的所谓民主、自由等价值观视为发展的圭臬。

在人的全面发展的基础上，全球发展倡议坚持人与自然辩证统一的生态哲学，将人与自然和谐共生作为发展的终极价值。解决好人与自然和谐共生问题是全球发展的应有之义。全球发展倡议全面体现了人与自然的辩证关系，包含着丰富、深刻的生态哲学思想，为人类实现永续发展指明了方向。（本条执笔：徐秀军）

73. 全球数据安全倡议

2020 年 9 月，中国国务委员兼外交部长王毅在中国互联网治理论坛主办的“抓住数字机遇，共谋合作发展”国际研讨会高级别会议上发表题为《坚守多边主义　倡导公平正义　携手合作共赢》主旨讲话，提出《全球数据安全倡议》。

——背景

《全球数据安全倡议》的提出有其深刻的历史背景。近年来，互联网、大数据、云计算、人工智能、区块链等技术加速创新，日益融入经济社会发展各领域全过程；数字经济发展速度之快、辐射范围之广、影响程度之深前所未有，正在成为重组全球要素资源、重塑全球经济结构、改变全球竞争格局的关键力量。[①] 作为数字经济的关键要素，全球数据爆发增长，海量集聚，成为实现创新发展、重塑人们生活的重要力量，事关各国安全与经济社会发展。数据

① 习近平：《不断做强做优做大中国数字经济》，《求是》2022 年第 2 期。

被认为是数字时代重要的战略资源，也因而成为大国争夺的重要资源，然而，某些国家以供应链安全、数据安全为由，对华为等中方企业进行遏压，滥用国家安全威胁，事实上为全球数字经济发展设置了障碍。

——内容及进展

《全球数据安全倡议》的主要内容：积极维护全球供应链的开放、安全和稳定；反对利用信息技术破坏他国关键基础设施或窃取重要数据；采取措施防范制止利用信息技术侵害个人信息，反对滥用信息技术从事针对他国的大规模监控；要求企业尊重当地法律，不得强制要求本国企业将境外数据存储在境内；未经他国允许不得直接向企业或个人调取境外数据；企业不得在产品和服务中设置后门。王毅强调，全球数字治理应遵循秉持多边主义、兼顾安全发展、坚守公平正义三原则。为应对新问题新挑战，共同构建和平、安全、开放、合作、有序的网络空间，中国发起《全球数据安全倡议》，欢迎各方积极参与。希望这一倡议能为制定数字安全全球规则提供蓝本。中方将同各方携手努力，共同打造数字命运共同体。[①]

在这份倡议的推动下，2021 年 3 月，中国同阿拉伯国家联盟秘书处召开中阿数据安全视频会议，中阿双方共同发表《中阿数据安全合作倡议》，阿拉伯国家成为全球首个与中国共同发表数据安全倡议的地区。倡议指出，阿方欢迎中方提出《全球数据安全倡议》，支持秉持多边主义、兼顾安全发展、坚守公平正义的原则，共同应对数据安全风险挑战；作为数字技术的关键要素，全球数据爆发式增长、海量集聚，成为实现创新发展、重塑人们生活的重要力量，事关各国安全与经济社会发展；在全球分工合作日益密切的背景下，确保信息技术产品和服务的供应安全对于提升用户信心、保护数据安全、促进数字经济发展至关重要。倡议呼吁各国秉持发展和安全并重的原则，平衡处理技术进步、经济发展与保护国家安全和社会公共利益的关系。[②] 作为有重要影响力的地区性国际组织，阿拉伯国家集体主动支持并同中国共同发表倡议，充分证明这一倡议顺应时代潮流，符合国际社会共同愿望。该倡议的发表不仅是中阿命运与共的生动写照，也体现了中阿战略合作的高水平，同时也有利于推动双方数字合作取得更大成果，为全球数字治理注入了发展中国家的智慧和力量，有利于促进数字经济健康发展，推动全球共建网络空间命运共同体。[③]

---

① 《全球数据安全倡议》，2020 年 9 月 8 日，中华人民共和国外交部网站，https://www.fmprc.gov.cn/web/wjb_673085/zzjg_673183/jks_674633/fywj_674643/202009/t20200908_7668976.shtml。

② 《中阿数据安全合作倡议》，2021 年 3 月 29 日，中华人民共和国外交部网站，https://www.mfa.gov.cn/wjb_673085/zzjg_673183/jks_674633/fywj_674643/202103/t20210329_9176279.shtml。

③ 《中阿双方共同发表〈中阿数据安全合作倡议〉》，2021 年 3 月 30 日，外交部发言人办公室官方账号，https://baijiahao.baidu.com/s?id=1695648111442101195&wfr=spider&for=pc。

——意义

《全球数据安全倡议》发出之后，国际社会给予积极的评价。中国—东盟关系协调国菲律宾外长洛钦代表东盟表示，中国提出的《全球数据安全倡议》反映了各国共同关切，东盟各国高度重视。信息安全对包括东盟在内的各国未来发展至关重要，东盟愿同中方加强全球数字治理、网络安全合作。俄罗斯《移动电信》杂志总编辑、信息安全领域专家列昂季·布克施泰因接受新华社记者采访时说，中国提出这一倡议是正确的，对于其他国家来说具有吸引力，因为中方的主张妥当并且不限制任何一方的发展。英国广播公司在报道《全球数据安全倡议》时援引科技和通信领域律师卡罗琳·比格的话，说中国已经拥有一个非常强健的数据安全网络，中国提出的倡议是保护消费者和阻止数据滥用的一个“务实方式”。此外，多个国家的主流媒体对中国《全球数据安全倡议》进行了广泛报道，对中方希望同各方携手努力，共同构建网络空间命运共同体给予积极评价。《德国之声》发表文章指出，中国《全球数据安全倡议》提倡尊重他国主权、不侵害个人信息的数据安全原则，相比美国在所谓的“清洁网络”计划中明确排除中国的做法，中国是在倡议中提出了大方向的原则，并非专门针对美国。①

《全球数据安全倡议》是一项长期的开放合作进程，中方欢迎政府、国际组织、信息技术企业、技术社群、民间机构和公民个人等各主体秉持共商共建共享理念，各方在相互尊重的基础上，加强沟通交流，深化对话与合作，齐心协力促进数据安全，共同构建和平、安全、开放、合作、有序的网络空间命运共同体。（本条执笔：郎平）

74. 抗疫国际合作

——背景

2020 年 3 月，新冠肺炎疫情在全球多国各地暴发。疫情严重的国家不仅包括大量发展中国家，而且还有不少发达国家。绝大多数欧盟成员国的疫情严重程度超过了中国，世界的主要发达国家，包括美国、英国、德国、法国、意大利等国家的疫情也十分严重。这些国家的医疗系统逐渐面临饱和，医疗床位、医疗器械、卫生用品和医务人员出现严重急缺现象。如果疫情在医疗体系相对落后、人口密度大的发展中国家扩散，那么疫情将更加容易失去控制，大量的人会因疫情而失去生命，也会给这些国家带来无可挽回的巨大经济损失。

① 《综述：正确·务实·有吸引力——国际社会点赞中国〈全球数据安全倡议〉》，2020 年 9 月 10 日，新华网，http://www.xinhuanet.com/2020-09/10/c_1126479024.htm。

世界各地的疫情形势非常严峻，一些国家开始采取严格控制边境的政策，对人员流动和货物运输采取管控政策，国际货物贸易物流也因此受到严重干扰。一些以旅游业为主导产业的国家经济更是受到严重打击。很多国家的餐饮业、旅游业、交通运输业等受到重大冲击。由于社会卫生治理以及基础服务不足，不少国家确诊病例数存在严重漏检，出现大大低估疫情严重程度的情况。

——内容

新冠肺炎疫情在全球暴发之后，中国政府以公开、透明和负责任的态度主动联系疫情发生国家，积极开展抗击疫情的国际合作，获得很多国家和地区的高度赞赏和认同。中国认为公共卫生安全是人类面临的共同挑战，不分国界和种族，要互相提供帮助，共同应对这场史无前例的疫情。“积极开展抗疫国际合作”“维护地区和全球公共卫生安全”，这是中国国家主席习近平在带领中国全力战疫之时，与世界密集“对话”中使用的高频表述。习近平主席指出，“人类面临的所有全球性问题，任何一国想单打独斗都无法解决，必须开展全球行动、全球应对、全球合作”①，“同各国分享疫情防控有益经验，向应对疫情能力薄弱的国家和地区提供力所能及的帮助”。很多国家也希望能够学习和借鉴中国的抗疫经验和防控思路以及理念，共同击退来势汹汹的传染病。中国迅速开始积极推动包括病源查找、基因测序、有效药物查找、治疗方案推进、疫苗开发等多个方面的国际合作。

中国先后向老挝、蒙古国、巴基斯坦、伊朗等发展中国家和日本、韩国等邻国捐赠医疗救治药物和防护物资等，还派抗疫医疗专家组支援这些国家抗疫。中国积极组织专家与其他国家深入开展医疗技术交流，向他们提供防疫援助和技术支持，毫无保留地分享了中国的抗疫经验。中国政府还向世界卫生组织捐款2000万美元，用以支持世卫组织开展抗击新冠肺炎疫情的国际合作。

在谈到抗疫科技合作时，中国国家主席习近平特别指出，要加强“同有关国家特别是疫情高发国家在溯源、药物、疫苗、检测等方面的科研合作，共享科研数据和信息，共同研究提出应对策略”②。迄今为止，中国已经向全球180个国家和地区、十多个国际和地区组织提供了最新的新冠肺炎诊疗方案、防控方案等一整套技术资料，积极开展共享样本、共享数据、共享应对措施等。这些大批量援助物资大幅缓解了这些受援助国家的医疗和防护物资短缺问题，也为这些国家抗击疫情提供宝贵的经验与政策借鉴，起到十分重要的作用。参与

① 《习近平：让多边主义的火炬照亮人类前行之路》，2021年1月26日，新华每日电讯，http://www.xinhuanet.com/mrdx/2021-01/26/c_139699076.htm。

② 《习近平在二十国集团领导人特别峰会上的重要讲话（全文）》，2020年3月26日，中华人民共和国中央人民政府网站，http://www.gov.cn/xinwen/2020-03/26/content_5496106.htm。

抗疫援助的主体，不仅包括中国中央政府，也包括中国的很多地方政府、企业和民间组织。与国外疫情状况形成对比的是，中国国内疫情始终保持在可控范围之内，很多企业早已进入全面复工复产程序，国内复工率很早就超过 90%，中国成为全球范围内为数不多的疫情稳定区域。

作为"一带一路"倡议的发起国，中国用抗疫合作充实、丰富"一带一路"的内容，推动世界经济尽快恢复正轨。为了本国利益以及国际社会共同利益，中国积极推动国际抗疫合作，确保"一带一路"建设的顺利实施。在中国的积极努力与协调下，"一带一路"合作国家暂时停工的工程项目陆续复工，为各国战胜疫情、恢复经济提供了强大助力。截至 2021 年年底，中国已与 145 个国家、32 个国际组织签署 200 多份共建"一带一路"合作文件。

——抗疫国际合作的意义

第一，中国对全球公共卫生安全做出重要贡献。新冠肺炎疫情暴发后，中国第一时间与世界卫生组织与其他国家共享新冠病毒基因组信息，搭建相关病毒数据和治疗疾病的共享平台，同时也开展了疫苗研发国际合作。中国在临床信息和病例诊断方面快速分享后，欧洲呼吸学会将中国应对疫情的相关经验纳入研究方案中，并与中国加强抗疫合作，讨论开展对新冠病毒联合研究的可能性。中国与其他国家和国际组织的合作构成了点面交织的合作网络，有助于构筑全球抗疫防火墙，为全球公共卫生安全做出重要贡献。

第二，彰显人类命运共同体的中国方案体现了中国的大国担当。疫情之下，中国以实际行动向公共卫生体系滞后的广大发展中国家和地区提供人道主义援助，帮助这些国家更加有效地应对疫情。中国积极支持世界卫生组织在此次疫情中发挥全球抗疫的领导作用，加强与各种国际组织的联系，展现大国的责任担当和主动作为。

第三，"一带一路"成助力全球抗疫的希望之路。中国充分利用"一带一路"合作平台向相关国家提供了很多用于防控疫情的医疗物资和设备。全球疫情大流行后，国际航空和海运等运输通道被迫关闭或减运，中欧班列成为输送防疫物资的重要通道，为相关国家送去重要医疗物资。中国通过"一带一路"向相关国家提供重要医疗设备和药品，大幅提升了这些国家战胜疫情的信心，也为全球抗疫合作树立了典范。（本条执笔：李天国）

75. 数字贸易示范区

为了更好地把握当前数字经济的发展机遇，2021 年 10 月，中国商务部发布《"十四五"服务贸易发展规划》，明确提出建设数字贸易示范区。这是中国进一步构建制度型开放、促进数字贸易发展、主动对接高标准经贸规则的重要举措。

——背景

首先，全球数字贸易的快速发展，数字服务贸易的占比迅速提升，新冠肺炎疫情加速了这一进程。2010—2019 年，数字服务贸易、服务贸易、货物贸易的年平均增长率依次为 6.1%、5.0%、2.5%，2015 年数字服务贸易占服务贸易的比重首次超过 50%。[①] 数字疫情之下，由于远程办公和居家学习等生产生活的转变，一些新兴数字服务贸易出现爆发式增长。2019 年全球数字服务贸易出口规模达 31925.9 亿美元，逆势增长 3.75%，增速超过了同期的服务贸易和货物贸易，占服务贸易比重上升至 52%。[②] 2020 年全球数字服务贸易规模达 31675.9 亿美元，虽然同比下降了 1.8%，但在整个服务贸易中占比大幅提升至 63.6%，相比 2019 年提升了 11.8 个百分点，增幅超过过去 10 年的总和。[③] 数字贸易推动全球贸易向数字服务化方向发展，深刻地改变了世界经贸格局。与数字化紧密关联的部门，如 ICT 服务、金融服务、知识产权服务、保险服务、文娱服务等出口规模更大。但是，数字贸易统一的国际规则尚且没有形成。

其次，中国数字贸易重要性日益提升，对中国经济高质量发展起到了重要作用。中国商务部数据显示，2020 年中国可数字化交付的服务贸易规模达 2947.6 亿美元，占服务贸易总额的 44.5%，比“十三五”初期提升了 13.9 个百分点。[④] 中国数字贸易规模持续扩大，预计到 2025 年，可数字化的服务贸易进出口总额将超过 4000 亿美元，占服务贸易的比重将达到 50% 左右。“十四五”规划明确提出“加快服务贸易数字化进程”，首次将数字贸易列入服务贸易的发展规划。[⑤]

最后，中国在不断完善国内数字治理的法律法规同时，也在积极地融入全球数字经济治理。“十四五”规则纲要提出要促进发展与规范管理相统一，构建数字规则体系，营造开放、健康、安全的数字生态。中国已经立法通过了《数据安全法》《个人信息保护法》《数据出境安全评估办法》《互联网信息服务算法推荐管理规定》等。

---

① 中国信息通信研究院，《数字服务发展白皮书（2020）》，2020 年 12 月，第 13 页。

② 中国信息通信研究院，《数字服务发展白皮书（2020）》，2020 年 12 月，第 1 页。

③ 中国信息通信研究院，《全球数字治理白皮书》，2021 年 12 月，第 1 页。

④ 《发展数字贸易 促进经济增长——2021 年数字贸易发展趋势和前沿高峰论坛发言摘编》，2021 年 9 月 4 日，人民网，http://finance.people.com.cn/n1/2021/0904/c1004-32217263.html。

⑤ 《“十四五”服务贸易发展规划》，中华人民共和国商务部网站，2021 年 10 月 27 日，http://www.gov.cn/zhengce/2021-10/27/content_5645362.html。

同时，中国正在积极参与数字领域国际规则的制定。中国不断扩大数字领域对外开放，积极主动参与数据安全、数字货币、数字税等多双边合作和国际规则制定。中国提出了《全球数据安全倡议》，倡导讨论制定反映各方意愿、尊重各方利益的数字治理国际规则，积极营造开放、公平、公正、非歧视的数字发展环境。2021年10月30日，中国国家主席习近平在二十国集团领导人峰会第十六次峰会发表了主题为“团结行动，共创未来”的讲话，提出了中国决定申请加入《数字经济伙伴关系协定》。①

为了加快发展数字服务出口，构建国际竞争新优势，中国商务部已联合中央网信办、工业和信息化部启动了国家数字服务出口基地建设，2020年中关村软件园等12个园区被认定为首批国家数字服务出口基地，为数字贸易发展和数字领域制度型开放提供了重要载体和“试验田”。② 建立数字贸易示范区，是数字服务出口基地的升级与拓展，是中国进一步加速对外开放、主动对接高标准经贸规则的重要举措。

——进展

2021年9月，中国国家主席习近平在中国国际服务贸易交易会全球服务贸易峰会上发表视频致辞，他指出中国“将加强服务领域规则建设，支持北京等地开展国际高水平自由贸易协定规则对接先行先试，打造数字贸易示范区”。③

2021年10月，中国商务部发布的《“十四五”服务贸易发展规划》指出：大力发展数字贸易，打造数字贸易示范区，促进科技、制度双创新。这一规划为数字贸易示范区的建设指出了明确路径：依托国家数字服务出口基地，打造数字贸易示范区。在数字服务市场准入、国际规制对接、跨境数据流动、数据规范化采集和分级分类监管等方面先行先试，开展压力测试，培育科技、制度双创新的数字贸易集聚区。

发展数字贸易已成为中国不少省市着力推进的重点内容。2021年10月，北京市商务局等部门印发《北京市关于促进数字贸易高质量发展的若干措施》（以下简称《措施》），提出打造“数字贸易示范区”的目标。《措施》指出，到2025年，北京市数字贸易进出口规模将达到1500亿美元，占全市进出口总额的比重超过25%，其中，数字服务贸易占全市服务贸易的比重达75%以上。至2025年，基本建成与国际高标准经贸规则相衔接的数字贸易发展体系，打造具有国内示范作用和全球辐射效应的数字贸易示范区。建设的重点措施包括

① 《习近平在二十国集团领导人第十六次峰会第一阶段会议上的讲话（全文）》，2021年10月30日，中华人民共和国中央人民政府网，http://www.gov.cn/xinwen/2021-10130/content_5647892.htm。

② 中华人民共和国商务部：《中国服务贸易发展报告2020》，2021年9月，第7页。

③ 《习近平在2021年中国国际服务贸易交易会全球服务贸易峰会上的致辞（全文）》，2021年9月2日，新华网，http://www.news.cn/politics/leaders/2021-09/02/c_1127822209.htm。

探索跨境数据流动、提高数字贸易便利度、提高数字产业核心竞争力等。[①] 2021年5月6日，上海市商务委员会印发《全面推进上海数字商务高质量发展实施意见》（以下简称《意见》），提出“打造数字贸易发展示范区”。《意见》指出，以虹桥商务区全球数字贸易港、临港新片区“信息飞鱼”全球数字经济创新岛为两翼，积极承担国家试点任务，提升浦东数字内容示范引领区、静安数字应用和技术示范区、长宁数字服务发展示范区等数字贸易承载区能级。[②] 2022年3月，南京市公布《数字贸易发展行动方案（2022—2025年）》，明确了“打造具有标杆示范效应的数字贸易示范区”的目标。

——意义

首先，建立数字贸易示范区，有助于不断地扩大开放，加速实现中国经济的高质量发展。数字服务贸易的开放有助于带动经济增长、扩大就业，提高产业附加值。利用数字化手段赋能传统产业，有助于节能降耗，创造新业态，提高产业的国际竞争力，营造新的发展优势，最终实现贸易强国和高质量发展。

其次，建立数字贸易示范区是中国主动对接国际规则的重要举措，有助于中国加入CPTPP和《数字经济伙伴关系协定》（DEPA）等高水平区域贸易协定，积极参与全球数字规则治理。数字贸易示范区尤其需要在数据跨境流动制度，包括重点领域数据分级分类标准和重要数据目录、数据出境安全评估等领域，进行压力测试，为未来中国参与全球数字贸易谈判争取主动、创造有利的条件。

最后，建立数字贸易示范区，有助于支持中国城市经济发展的功能升级，提升北京、上海等国际化大都市的地位，丰富自由贸易区、自由贸易港以及社会主义现代化建设引领区的内涵，进一步提升对外开放水平。（本条执笔：张琳）

76. 鲁班工坊

——背景

2016年6月20日，中国国家主席习近平在华沙出席丝路国际论坛时提出，智力先行，强化智库的支撑引领作用。[③] 2016年6月22日，中国国家主席

① 《关于印发〈北京市关于促进数字贸易高质量发展的若干措施〉的通知》，2021年10月14日，北京市商务局网站，http://sw.beijing.gov.cn/zwxx/zcfg/gfxwj/202110/t20211013_2511610.html。

② 《市商务委关于印发〈全面推进上海数字商务高质量发展实施意见〉的通知》，2021年5月21日，上海市商务委员会网站，https://sww.sh.gov.cn/zwgkgfqtzcwj/20210512/411032a1a59a41978cab3e9589cf7a57.html。

③ 《习近平同波兰总统杜达共同出席丝路国际论坛暨中波地方与经贸合作论坛开幕式》，2016年6月21日，新华网，http://www.xinhuanet.com/world/2016-06/21/c_1119079294.htm。

习近平在乌兹别克斯坦最高会议立法院发表演讲时明确提出，中方倡议成立“一带一路”职业技术合作联盟，培养培训各类专业人才，携手打造智力丝绸之路。[①] 共建“一带一路”合作国家不同程度地面临着人才短缺的问题，因此，各方培养专业技术人才是使“一带一路”发挥更大效果的重要手段，也是“一带一路”的重要目标。秉承习近平主席的思想理念，天津市率先做出行动和示范，鲁班工坊应运而生。

鲁班是中国春秋时期的工匠，因其发明了各种工具而扬名海内外。因此，天津市以鲁班的“大国工匠”形象为依托，在泰国、印度、印尼等国家相继设立鲁班工坊，将天津作为国家现代职业教育改革创新示范区的优秀职业技术和职业文化，采用学历教育与职业培训的方式走出国门，与世界分享，搭建起天津职业教育与世界沟通的桥梁。

鲁班工坊在“走出去”的过程中，在国际上收获了很多正面的评价。例如，印尼总统佐科·维多多到印尼鲁班工坊所在学校考察，并对鲁班工坊给予高度评价，目前印尼鲁班工坊已被印尼文化与教育部指定为国际化人才培养基地。[②]

——内容与进展

鲁班工坊作为一个教育品牌，工程实践创新项目教学模式（EPIP）是鲁班工坊的核心内容，是天津在借鉴发达国家经验的基础上创建的教学模式。该教学模式分为四部分，分别是工程（Engineering）、实践（Practice）、创新（Innovation）、项目（Project），取这四个英文单词的首字母，就是“EPIP”。在工程技术创新的逻辑路径中，人们总是先了解学习先前的工程项目，然后进行工程实践，在实践中观察、发现问题，最后应用技术技能创新性解决工程实践问题。因此，鲁班工坊的教学模式得到了国内外的一致好评。

EPIP 的教育理念是 2010 年天津的吕景全教授率先提出的，这为天津以后发展鲁班工坊提供了一个很好的指引，打下了牢固的理论基础。EPIP 的目标是以学生的自主探究和动手制造为核心，培养学生科学探究能力和问题解决能力，强调在学生掌握理论基础上培养他们的设计能力、合作能力、动手实践能力、问题解决能力和创新能力。鼓励学生有创造性思维、批判性思维和实践精神，激发创新创造的激情。培养学生终身学习的意愿与能力，让他们能够适应未来的变化，不断丰富自己的能力结构，以形成系统解决一切问题的能力。

① 《习近平在乌兹别克斯坦最高会议立法院的演讲（全文）》，2016 年 6 月 23 日，新华网，http://www.xinhuanet.com/world/2016-06/23/c_1119094900.htm。

② 《海上丝绸之路首创地印尼鲁班工坊顺利通过验收评估》，2021 年 12 月 20 日，央广网，http://www.cnr.cn/tj/tjyw/20211220/t20211220_525692558.shtml。

EPIP 四个部分的定位分别是以实际工程项目为导引、以实践应用为导向、以创新能力培养为目标、以项目实践为统领，形成“四位一体”全方位、无死角的培养模式。这种培养模式具有八个显著的特点，分别是实践案例的“真度”、技术应用的“深度”、创新空间的“广度”、教学资源的“厚度”、软硬结合的“密度”、仿真形式的“效度”、学习过程的“乐度”、人才培养的“适度”。

EPIP 的形成与发展是适应了新时代发展的产物。进入 21 世纪以来，互联网技术的迅猛发展使人与人能够进行更加充分的沟通，物联网技术拉近了人与物的距离，人工智能技术赋予了机器更多的智慧，智能制造工业 4.0 迫使人们要更快更好地制造高精尖设备。这些技术的研究、应用都离不开专业化的人才。而职业教育恰好能够培养很多这种专业的人才，能够为 21 世纪社会的发展提供充足的专业人才储备。因此，EPIP 的培养模式与职业教育能够完美结合。

为了更好地探索“中、高、本、硕”贯通的 EPIP 国际职教人才培养模式，使理论与实践相结合，中国多次举办相关项目。例如，自从 2010 年在中国天津吕景泉教授启动 EPIP 工程实践创新项目以来，2012—2013 年在上海连续两届成功举办工程实践创新项目大赛暨全国工程实践创新项目研讨会，2012—2014 年连续三届举办“启诚·能力源”EPIP 国际挑战赛，2012—2017 年连续举办六届 EPIP 国际论坛，2014—2017 年连续举办四届天津市高职高专院校学生技能大赛“机电技术工程实践创新”赛项，2019 年 5 月 8 日，由天津市教委主办的“启诚杯”第四届中国 EPIP Micromouse 国际邀请赛暨 2020 年第 34 届 APEC 电脑鼠国际大赛中国区选拔赛在天津开赛。①

天津市的鲁班工坊计划得到了中央有关部门的大力支持。自从 2016 年首个鲁班工坊在泰国建立以来，中国陆续在共建“一带一路”合作国家展开有关合作，推动中国优秀职业教育成果“走出去”，希望为各国的职业教育搭建更大的舞台，培养更多的职业人才。到 2019 年 5 月，天津已在泰国、英国、吉布提等国家先后开设了 8 家鲁班工坊②。在 2018 年 9 月举行的中非合作论坛北京峰会开幕式上，中国国家主席习近平表示，中国决定同非洲加强发展经验交流，将在非洲设立 10 个鲁班工坊，向非洲青年提供职业技能培训③。继 2018 年提出在非洲建设 10 个鲁班工坊后，在 2021 年，中国提出将用 3 年时间在上

① 部分内容参考《“鲁班工坊”：中国职教走向世界》，《中国教育报》2018 年 5 月 11 日第 1 版。

② 《鲁班工坊出国，中国职教开始反哺世界》，2019 年 5 月 10 日，新华社每日电讯，http://m.xinhuanet.com/tj/2019-05/10/c_1124475988.htm。

③ 《鲁班工坊，从这里走向世界》，2018 年 10 月 11 日，环球网，https://m.huanqiu.com/article/9CaKrnKdvNB。

合组织国家建设10个鲁班工坊[①]。鲁班工坊在一些国家陆续开设，推动中国工匠精神"走出去"的同时，也带动了产品和技术的"走出去"，为中国与更多其他国家的合作提供了良好的示范。

——意义

首先，"一带一路"倡议的顺利推进离不开人才的培养，因此习近平主席在多次国际会议上提出要打造"智力丝绸之路"的倡议。天津市积极响应号召，打造的鲁班工坊这一职业教育品牌，就如同职业教育领域中的"孔子学院"，能够为中国和其他沿线国家的发展提供更多的人才储备。其次，可以形成中国与国际合作与交流的新窗口和新平台，在"一带一路"的建设过程中，借此契机加以推广，可以让世界更加了解中国，也可以让中国更多的融入世界。再次，除了文化软实力方面，鲁班工坊对中国与其他国家之间技术的交流和产品的互换也有不可忽视的作用，这种产学研一体的教育模式，对企业竞争力的提升大有裨益，将有力地推动中国企业产品和服务的转型升级，提高中国企业的国际竞争力，促进中国企业与当地企业的共同发展和进步。最后，长期以来被忽视和带有偏见的职业教育的缺点和困境在如今的社会发展中越来越多地被指出，鲁班工坊这样探索现代化职业教育的尝试一旦有了骄人的成绩，很有可能会改变中国职业教育的现有格局和困境。（本条执笔：孙静波、谢来辉）

77. 孔子学院

孔子学院是经中国国际中文教育基金会授权，中外合作方本着相互尊重、友好协商、平等互利原则设立的非营利教育机构，旨在促进中文国际传播，加深世界人民对中国语言文化的了解，增进中外教育人文交流。[②] 孔子学院开展的一些项目和活动，是"一带一路"人文合作的重要内容。

——背景与历程

随着中国综合国力显著增强、国际地位明显提高、在国际上的影响力大为提升，世界各国了解中国、与中国加强合作的愿望越来越强烈，对汉语学习的需求不断增长，出现"汉语热"现象。在此背景下，中国教育部和国家对外汉语教学领导小组在2002年开始酝酿借鉴各国推广本民族语言的经验，在海外设立语言推广机构，推动汉语教学，为世界各国人民学习汉语和了解中国提供便利。[③]

---

① 《鲁班工坊让天津优秀职教成果走向世界》，2022年3月8日，新华网，http://tj.news.cn/2022-03/08/c_1128449382.htm。

② 本辞条相关信息除明确注明来源之外，主要来自孔子学院官方网站（www.ci.cn/）。

③ 《【盘点】孔子学院十年间开办475所　200多所待申》，2015年1月15日，人民网，http://world.people.com.cn/n/2015/0115/c1002-26391960.html。

2004 年 3 月，时任中国国务委员陈至立将中国设在海外的语言推广机构正式定名为孔子学院。从 2004 年 6 月起，中国开始与国外机构合作在海外设立孔子学院。乌兹别克斯坦塔什干国立东方学院孔子学院、美国马里兰大学孔子学院、肯尼亚内罗毕大学孔子学院签署合作协议，分别成为亚洲、美洲、非洲第一所签约成立的孔子学院。2004 年 11 月，韩国首尔孔子学院正式挂牌，成为全球第一所启动运行的孔子学院。2005 年 3 月，比利时布鲁塞尔孔子学院、澳大利亚西澳大学孔子学院签署合作协议，成为欧洲、大洋洲第一所签约成立的孔子学院。2006 年 7 月，第一届全球孔子学院大会召开，36 个国家或地区的代表共聚北京参加大会。① 截至 2022 年 3 月，全球范围内共有 153 个国家或地区设立了 584 所孔子学院。②

——发展概况

孔子学院的业务范围包括：（1）开展中文教学和相关研究；（2）开展以中文为主要媒介的其他相关学科或领域的教学和研究；（3）开展中文教师培养培训；（4）开发中文教学资源；（5）举办中外语言文化交流活动；（6）开展与中国语言文化等相关的考试和认证；（7）开展中国教育、文化、经济等领域研究和咨询服务；（8）开展其他符合孔子学院宗旨的活动。

孔子学院合作生态以孔子学院为中心，由基金会、中外方合作机构和广大外部合作伙伴共同打造，服务孔子学院学员和全球中文学习者，所有参与方致力构建范围广泛、连接紧密、互惠互利的全球伙伴网络和命运共同体。

中国国际中文教育基金会是孔子学院和孔子课堂品牌的统筹管理和运营方，原则上不直接参与孔子学院具体管理事务，主要负责向中外社会各界募集资金支持全球孔子学院发展，制定孔子学院整体发展和品牌传播规划，制定品牌标准和指南，审核授权设立孔子学院和孔子课堂，统筹协调通过孔子学院自我评估、孔子学院间交叉评估和第三方评估等方式帮助孔子学院提升办学质量。

中外方合作机构是建设孔子学院的主体，承担本机构所举办孔子学院的日常运行和管理工作，根据《孔子学院章程》和总体规划，结合孔子学院所在地的实际情况，制定具体发展规划，建立保障孔子学院可持续高质量发展的工作机制和各项规章制度，为孔子学院运行提供必要的软硬件条件，共同筹措经费保障日常运转和发展。

外部合作伙伴是孔子学院生态圈不可或缺的支撑力量，包括积极支持孔子学院发展的中外企业、社会组织等。孔子学院既需要这些伙伴的支持，通过他

① 《首届全球孔子学院大会在京召开》，《国际汉语教学动态与研究》2006 年第 2 期。

② 孔子学院官网（https://www.ci.cn/#/site/GlobalConfucius/）。

们的参与为孔子学院未来发展奠定更加坚实的基础，扩大孔子学院品牌的影响力，也通过自身所提供的服务为这些伙伴的发展创造更多的机遇，提供更广阔的空间和舞台。

——成效与意义

孔子学院是共建“一带一路”国际合作之中人文领域合作的重要内容。中国政府高度重视，将孔子学院的相关合作举措列入国家教育现代化及对外开放等领域的重要工作议程之中。例如，2019 年 2 月，中共中央、国务院印发了《中国教育现代化 2035》，中共中央办公厅、国务院办公厅印发了《加快推进教育现代化实施方案（2018—2022 年）》，提出开创教育对外开放新格局，推进共建“一带一路”教育行动，具体包括了“促进孔子学院和孔子课堂特色发展”①，“优化孔子学院区域布局，加强孔子学院能力建设，全面提高办学水平”② 等内容。

孔子学院在共建“一带一路”国际合作中发挥了重要作用。2019 年 4 月，中国国家主席习近平在第二届“一带一路”国际合作高峰论坛上指出，要积极架设不同文明互学互鉴的桥梁，深入开展各领域的人文合作，中方将持续举办青年学生“汉语桥”夏令营等活动。中国国家汉办/孔子学院总部举办共建“一带一路”国家青年学生“汉语桥”夏令营活动，被列入了第二届“一带一路”国际合作高峰论坛成果清单。③ 孔子学院多年来一直支持共建“一带一路”国家汉语教学发展及国家间的教育人文交流合作，所设立的包括“汉语桥”来华夏令营在内的多个项目受到各国青年学生的热烈欢迎，自 2007—2019 年已累计邀请了近 9000 名共建“一带一路”国家青少年到中国访问。新冠肺炎疫情暴发后，孔子学院创新“汉语桥”夏令营举办方式，通过互联网开展线上夏令营，继续为共建“一带一路”国家的青少年交流提供平台。（本条执笔：冯维江）

78. 全球疫苗合作行动倡议

——背景

新冠肺炎疫情在全球开始肆虐之后，新出现的奥密克戎等变异病毒对全球

---

① 《中共中央、国务院印发〈中国教育现代化 2035〉》，2019 年 2 月 23 日，中华人民共和国中央人民政府网站，http://www.gov.cn/xinwen/2019-02/23/content_5367987.htm。

② 《中共中央办公厅、国务院办公厅印发〈加快推进教育现代化实施方案（2018—2022 年）〉》，2019 年 2 月 23 日，中华人民共和国中央人民政府网站，http://www.gov.cn/xinwen/2019-02/23/content_5367988.htm。

③ 《第二届“一带一路”国际合作高峰论坛成果清单（全文）》，2019 年 4 月 28 日，新华网，http://www.xinhuanet.com/world/2019-04/28/c_1124425293.htm。

疫情带来了新的挑战。奥密克戎变异病毒比原始毒株和德尔塔变异病毒传染性更强，短时间内就成为世界很多国家的主导毒株。世界卫生组织将希望寄托于新冠肺炎疫苗，期待在2021年的第100天让所有国家都开始接种，但实际上这个目标并未实现。世界上仍有26个低收入国家或地区无法获取新冠肺炎疫苗。虽然发达经济体人口约占世界总人口的16%，但这些国家订购的新冠肺炎疫苗数量占世界新冠肺炎疫苗总数的49%。低收入经济体的人口约占世界总人口的9%，但他们能购买到的新冠肺炎疫苗仅占世界新冠肺炎疫苗总数的0.1%。[①] 世界卫生组织表示，少数富裕国家购买囤积了大部分的新冠肺炎疫苗，并为其低风险人群接种疫苗。其敦促这些国家重新考虑，改为向“新冠肺炎疫苗实施计划”捐赠疫苗。

本次全球疫情大流行暴露了新冠肺炎疫苗分配不公的问题。发达经济体与发展中国家之间的“免疫鸿沟”不断拉大，疫苗无法在短时间内构筑起全球免疫防线，大多数发展中国家时刻暴露在奥密克戎等变异病毒的风险之下。面对在全球肆虐的新冠肺炎病毒，任何国家都无法独善其身，共同合作是最有效的抵御策略。世界各国要加强防控、诊疗手段合作，提高应对重大突发公共卫生事件能力。

——内容

2021年10月30日，中国国家主席习近平出席二十国集团领导人第十六次峰会第一阶段会议时，正式提出全球疫苗合作行动倡议。该倡议主要包括六个方面的内容：一是加强疫苗科研合作，支持疫苗企业同发展中国家联合研发生产；二是坚持公平公正，加大向发展中国家提供疫苗力度，落实世界卫生组织提出的2022年全球接种目标；三是支持世界贸易组织就疫苗知识产权豁免早日作出决定，鼓励疫苗企业向发展中国家转让技术；四是加强跨境贸易合作，保障疫苗及原辅料贸易畅通；五是公平对待各种疫苗，以世界卫生组织疫苗紧急使用清单为依据推进疫苗互认；六是为全球疫苗合作特别是发展中国家获取疫苗提供金融支持。[②]

2021年8月，在中国国家主席习近平倡议下举办的新冠疫苗合作国际论坛中，中国与参加会议的国家达成全年超过15亿剂的合作意向。中国充分利用“一带一路”合作平台向相关国家提供了防控医疗物资和设施，包括口罩、防护服、护目镜、药品、重症监护设备、医疗检测设备等。2022年2月28日，中国与全球疫苗免疫联盟在瑞士日内瓦签署协议，向“新冠肺炎疫苗实施计

① 《世卫组织对疫苗在贫富间的极度失衡感到震惊》，2021年4月11日，央视网，http://m.news.cctv.com/2021/04/11/ARTIMmlEsxL4W4AOPrGzNzh0210411.shtml。

② 《习近平出席二十国集团领导人第十六次峰会第一阶段会议并发表重要讲话》，《人民日报》2021年10月31日第1版。

划"捐赠1亿美元，用于向发展中国家分配新冠疫苗。中国同16个国家开展疫苗联合生产，形成7亿剂的年产能。中国还同30个国家一道发起"一带一路"疫苗合作伙伴关系倡议，呼吁国际社会共同促进疫苗全球公平分配[①]。截至2022年3月29日，中国已经向120多个国家和国际组织提供超过22亿剂新冠疫苗[②]，其中向"新冠肺炎疫苗实施计划"提供超过2亿剂[③]。中国向世界各国提供的新冠肺炎疫苗成为很多低收入国家获得的第一批疫苗，为全球疫苗的公平分配带来积极作用。

习近平主席出席中非合作论坛第八届部长级会议开幕式时宣布，中国将再向非洲国家提供10亿剂新冠肺炎疫苗，其中6亿剂为无偿援助，[④] 帮助非洲国家实现非盟确定的2022年60%非洲人口接种新冠疫苗的目标[⑤]。当前，全球有60多个国家使用的疫苗是中国提供的疫苗。作为全球疫苗合作行动倡议的内容，中国支持联合国提出的今年年中实现70%的人口接种疫苗的目标，为世界疫情防控工作作出重要贡献。中国不仅向发展中国家无偿提供大量新冠肺炎疫苗，还积极拓展海外市场，共同生产新冠肺炎疫苗，帮助相关国家自主生产疫苗的能力，大幅增加全球疫苗供给。在全球疫苗合作行动倡议下，"中国疫苗、多国制造、服务全球"的生产网络已经在全球范围内初步形成。中国已在12个国家正式投产或进入试生产阶段，并与8个国家签署疫苗合作协议。

——意义

第一，全球疫苗合作行动倡议为全球共同抗击疫情作出重要贡献。中国向世界很多发展中国家提供医疗生物援助，并且积极开展国际疫情信息检测活动和医疗研发技术援助，大幅提升了这些国家的疫情应对能力。在中国的积极努力下，阿联酋、印度尼西亚、埃及、巴西等国成为拥有新冠肺炎疫苗生产能力的国家，不仅为这些国家抗疫起到重要作用，也为全球的疫情防控起到积极作用。

第二，全球疫苗合作行动倡议为全球疫苗公平分配作出重要贡献。让全球公平获得疫苗，这是缓解新冠肺炎疫情对世界经济与卫生安全影响的重要途

---

① 习近平：《团结行动　共创未来——在二十国集团领导人第十六次峰会第一阶段会议上的讲话》，《人民日报》2021年10月30日第2版。

② 《中国已向120多个国家和国际组织提供约22亿剂新冠疫苗》，2022年3月29日，央视网，http://news.youth.cn/gj/202203/t20220329_13568182.htm。

③ 《中国与全球疫苗免疫联盟签署"新冠疫苗实施计划"捐款协议》，《人民日报》2022年2月16日第3版。

④ 《习近平出席中非合作论坛第八届部长级会议开幕式并发表主旨演讲》，《人民日报海外版》2021年11月30日第1版。

⑤ 《同舟共济，继往开来，携手构建新时代中非命运共同体》，《人民日报》2021年11月30日第2版。

径。中国从东南亚到非洲大陆，从中东到南美洲，捐赠疫苗、合作研发、技术转让，通过实际举措来推动全球疫苗合作行动，促进了广大发展中国家接种疫苗的进程，为全球疫苗公平分配作出重要贡献。

第三，全球疫苗合作行动倡议体现了人类命运共同体理念。该倡议表明了国际抗疫的正确方向，推动了人类卫生健康共同体建设步伐。中国向很多国家提供疫苗，并且积极开展疫苗国际合作，不谋求任何政治目的，不附加任何政治条件，体现了人道主义精神和人类命运共同体理念，为全球其他国家做出重要表率。该倡议让更多民众相信，携手共同抗击疫情，人类必将在这场史无前例的大灾难中取得最终胜利。（本条执笔：李天国）

79. 全球金融安全网

全球金融安全网（GFSN）是由多层级融资安排构成的松散的国际网络，其主要功能是避免金融危机的发生以及减缓危机造成的冲击，旨在以双边、区域和全球多边的方式进行危机防范并对出现危机的国家提供金融救助。目前，这一网络由全球多边机制、区域金融安排以及国家之间签署的双边互换协议等多层次救助机制所构成。[①] 在实际运作中，各层级防护互相补充，又彼此独立，在过去多年间为全球金融稳定提供了保障。

——背景

2008 年美国次贷危机引发了国际金融危机，全球流动性出现严重短缺，多家大型金融机构倒闭，实体经济深受打击。为应对危机，二十国集团迅速行动，采取一系列合作措施。2010 年 11 月，二十国集团领导人首尔峰会发布《二十国集团领导人峰宣言》（简称《宣言》），首次提出全球金融安全网这一概念。《宣言》呼吁各国“建立一个更稳定、更具韧性的国际货币体系，包括强化全球金融安全网。”[②]

2013 年 9 月 5 日，中国国家主席习近平在俄罗斯圣彼得堡举行的二十国集团领导人第八次峰会第一阶段会议上作了题为《共同维护和发展开放型世界经济》的发言。他指出：“二十国集团是发达国家和发展中国家就国际经济事务进行充分协商的重要平台。我们要把二十国集团建设成稳定世界经济、构建国际金融安全网、改善全球经济治理的重要力量。”[③]

---

① 高海红：《提高全球金融安全网的有效性》，《人民日报》2018 年 4 月 20 日第 22 版。

② 《资料：二十国集团首尔峰会领导人宣言 2010 年 11 月 11 日至 12 日》，2016 年 8 月 16 日，人民网，http://world.people.com.cn/n1/2016/0816/c1002-28640390.html。

③ 《习近平在 G20 峰会第一阶段会议上的发言（全文）》，2013 年 9 月 6 日，中华人民共和国中央人民政府网站，http://www.gov.cn/ldhd/2013-09/06/content_2482284.htm。

——内容

全球金融安全网主要包括国际金融机构、中央银行和货币当局之间签署的双边货币互换安排、区域性金融安排和国家外汇储备这四个组成部分。①

全球金融机构在全球层面提供金融稳定保障。国际货币基金组织（IMF，简称基金组织）拥有 189 个成员国，是覆盖面最广、救助能力最强的国际多边救助机构。该机构是以成员国缴纳份额为法定基础，以份额确定投票权。基金组织拥有各类用途不同和期限不等的救助工具，在必要时对成员国提供金融支持。基金组织还对成员进行常规的经济监控，目的是监测各种可能的经济和金融风险，为成员国提供政策建议。

中央银行之间签署的双边货币互换安排是双边救助安排，具有准外汇储备的功能，且因灵活和快速启动的特点受到各国的青睐。美国联邦储备银行（简称美联储）于 2013 年与欧洲中央银行、日本中央银行、英格兰银行、加拿大中央银行和瑞士中央银行签署了无限期、无限额的美元流动性互换安排。中国人民银行（简称人民银行）于 2008 年 12 月与韩国中央银行签署了双边本币互换协议，成为首笔此类协议。② 截至 2021 年年底，人民银行已与世界 40 个国家和地区的货币当局签署了人民币互换协议。

区域金融安排是区域国家和经济体之间建立的救助安排，目前覆盖亚洲、拉美、欧洲和中东等区域。东盟 10 国、中国、日本和韩国之间建立的总额为 2400 亿美元的清迈倡议多边机制（CMIM）是亚洲地区唯一以流动性救助为目的的区域金融安排。在清迈倡议多边机制框架下，东盟 10 国、中国、日本和韩国宏观经济研究办公室（AMRO）作为国际金融机构，负责成员国的经济监测和政策对话。此外，欧洲稳定机制（ESM）、阿拉伯货币基金（AMF）、拉丁美洲储备基金（FLAR）以及欧亚稳定和发展基金（ESFD）等都执行区域金融安排功能。

外汇储备在危机救助中发挥自我保险的功能，在使用中有极强的自主性。然而一国的外汇储备规模有限，通常不足以应对大规模的资本外流和货币贬值。而且，各国外汇储备水平有很大的差异，外汇储备不足的国家往往需要双边货币互换安排或基金组织等其他来源进行救助。

——作用

2020 年新冠肺炎疫情暴发后基金组织迅速采取行动。从 2020 年 3 月至

---

① Gallagher, Kevin P., Haihong Gao, William N. Kring, José Antonio Ocampo and Ulrich Volz, “Safety First: Expanding the Global Financial Safety Net in Response to COVID - 19,” *Global Policy*, Volume 12, Issue 1, 2021, pp. 140 - 148.

② 《中国人民银行与韩国银行同意建立货币互换安排》，2008 年 12 月 12 日，中华人民共和国中央人民政府网站，http://www.pbc.gov.cn/huobizhengceersi/214481/214483/214485/2827019/index.html。

2022 年 3 月，基金组织通过各种紧急和常规工具为 90 个成员国提供了总额达 1705.7029 亿美元的流动性救助。基金组织还通过巨灾遏制和救济信托基金（CCRT）为 31 个低收入成员国提供了总额为 9.6529 亿美元的资金支持。经过艰难磋商，基金组织最终于 2021 年 6 月通过了总额达 6500 亿美元新的特别提款权（SDR）分配额度，用于满足成员国因疫情产生的融资需求。

为缓解美元融资市场危机，美联储于 2020 年 3 月启动了与其他 5 家发达国家中央银行之间建立的美元流动性互换安排。美联储随后又与澳大利亚、巴西、丹麦、韩国、墨西哥、新西兰、新加坡和瑞士的中央银行和货币当局签署了有一定期限、有限额度的美元流动性互换安排。上述措施的实施有效避免了美元流动性危机的发生。

2021 年 6 月，土耳其中央银行启动了 2019 年与人民银行签署的总额 120 元人民币的双边本币互换协议。早在 2014 年 10 月，阿根廷中央银行申请启用其与人民银行签署的双边本币互换协议并获得中方核准。①

区域金融安排的使用程度具有很大的差异。欧洲稳定基金在 2009 年始发的欧元危机中所发挥的稳定功能显著；而清迈倡议多边机制自建立以来从未启用。这一差异主要是因为区域金融安排具有非同质性特点，在协议条款、资金筹措、贷款用途以及使用条件等方面有很大的不同。

尽管全球金融安全网作用显著，但是考虑低收入国家、新兴市场和发展中国家不断增加的需求，现有的资金来源供给仍有不小的缺口。此外，债务问题、气候变化和可持续发展等新的挑战需要纳入国际金融安全网范畴。为切实保障国际金融稳定，全球金融安全网亟待进一步完善。（本条执笔：高海红）

---

① 《阿根廷央行启动中阿双边货币互换协议》，2014 年 10 月 31 日，中华人民共和国中央人民政府网站，http://www.gov.cn/xinwen/2014-10/31/content_2773432.htm。

八　双边合作新进展

80. 中欧全面投资协定

——谈判进程

《中欧双边投资协定》（BIT）又称《中欧全面投资协定》（中欧 CAI），以构建中欧双边投资制度安排为目标。

《中欧全面投资协定》谈判自 2013 年正式启动，历时 7 年共计 35 轮谈判，于 2020 年 12 月 30 日签订协议；但协议生效需经 27 个欧盟成员国和欧洲议会批准。2021 年年初，因中欧双方互相制裁引起的中欧关系紧张影响到投资协定，3 月 23 日制裁事件后，欧洲议会取消了一场中欧全面投资协定的审议会，暂停了批准中欧全面投资协定的进程。

《中欧全面投资协定》第 1 轮谈判于 2014 年 1 月 21 日举行，对谈判安排、谈判可能涉及的议题、投资保护、市场准入等问题展开初步探讨。2014 年又进行了 2 轮谈判，双方就投资协定的概念性问题交换意见。2015 年共进行了 5 轮谈判，开始进行正式文本谈判。2016 年进行了 4 次谈判，围绕文本内容，努力推进谈判取得积极进展。2017 年进行了 4 轮谈判，就透明度、国内规则、特殊手段等问题深入探讨，并在前 14 次讨论基础上就不歧视原则、改善监管环境以保护投资者必要性以及制定劳工和环境标准达成一致。2018 年进行了 3 轮谈判，双方就投资自由化和市场准入清单展开讨论，并于 2018 年年中交换彼此双方市场准入清单。2019 年进行了 5 轮谈判，围绕文本和清单出价存在的分歧展开进一步磋商。进入 2020 年后，谈判的步伐明显加快，2020 年进行了 10 轮谈判，对相关规则方面的文本议题以及清单出价进行最后修正，在公平竞争议题上取得突破，围绕可持续发展及市场准入负面清单等议题进行最后磋商，最终协定于 2020 年 12 月 30 日签订。

《中欧全面投资协定》展现了中方推进高水平对外开放的决心和信心，将为中欧相互投资提供更大的市场准入、更高水平的营商环境、更有力的制度保障和更光明的合作前景。

——核心内容

《中欧全面投资协定》有助于平衡中欧之间的贸易和投资关系并深化市场开放，主要包括市场准入、公平竞争、可持续发展、争端解决机制四方面核心内容。

市场准入承诺主要有两个部分：一是制造业准入承诺，欧盟对华投资的一半以上来自制造业，这是中国首次承诺与贸易伙伴在这一领域深化市场准入，涉及汽车（传统和新能源汽车），运输和医疗设备的生产以及化学药品的生产。二是服务准入承诺，主要涉及金融服务、国际海事服务、环境、建筑和计算机服务方面的重要承诺，航空运输服务、云服务和私人卫生服务也将进一步开放。

公平竞争相关承诺主要有五个部分：一是国有企业规则，中国确保市场中的国有企业仅基于商业考虑做出决定；确保国有企业在从欧洲公司购买商品或服务或向其出售商品或服务时不歧视欧盟企业；加强国有企业对欧盟投资者不利影响方面的信息分享和磋商。二是补贴相关透明度规则，旨在加强补贴（特别是服务领域补贴）的透明度，承诺共享信息并就可能对欧盟投资利益产生负面影响的具体补贴进行磋商。三是强制性技术转让相关规则，明确禁止强迫技术转让的投资要求；不得干涉技术许可的合同自由；保护商业秘密。四是标准制定、审批和透明度规则，旨在确保欧盟公司平等参与标准制定，增强审批的可预测性，推进监管和行政措施的透明度规则，增强法律确定性。五是可持续发展、有效落实和争端解决，承诺尊重国际劳工组织的核心原则，并有效执行已批准的国际劳工组织公约；涉及承诺批准国际劳工组织关于强迫劳动的基本公约；承诺有效执行《巴黎协定》；通过独立的专家组和社会参与，以透明的方式解决分歧。

可持续发展相关承诺主要有三个部分：一是资金自由转移，即原则上允许与外资相关的资金和资本自由进出境，但需要遵守反洗钱、反欺诈等国内法律。二是人员自由流动，即原则上允许与外资相关的重要人员入境，但需要遵守与移民、安全等相关的国内法律。三是不得限制董事高管国籍，即政府不得要求董事会的成员或公司的高级管理人员具有某种特定的国籍。

争端解决机制相关承诺：《中欧全面投资协定》建立了协议的执行和争端协调机制，并设有独立专家团来监管落地情况，最终确保相互投资得到保护，国家对企业的补贴保持透明，双方市场准入条件得以改善，投行竞争监管程序更加公平透明，形成更高层次互利共赢的经济开放水平。

——意义及前景

中欧在全球政治和经济版图中的重要地位，决定了双方如期完成投资协定谈判具有特殊的国际政治和经济意义。对中国而言，《中欧全面投资协定》对中国构建新发展格局起到积极作用。具体表现为：第一，构建更加开放包容的市场，形成更为有效的全面开放格局。第二，推动相关领域的技术革新，形成规模经济。第三，对市场监管、国企改革等重要问题形成改革的需求，以开放促进改革。第四，构建合作共赢的国际关系。对欧盟国家来说，《中欧全面投资协定》是进入中国市场、拥抱中国未来发展机遇的绝佳机会。具体表现为：第一，构建中欧双方可持续发展的投资关系，平衡双方的投资和贸易关系。第二，欧盟国家企业的投资业务更具确定性和可预测性。第三，增强了中欧的政治互信，减轻了欧盟国家的"美国冲击"。

《中欧全面投资协定》受欧盟的开放式战略自主、中欧意识形态差异以及中欧投资协定背后存在"美国因素"等影响，导致短期内不能批准生效。但是中欧投资协定的签署符合中欧双方共同的利益。一方面，协定的签署向全球展现了中国的制度性开放承诺和创新社会治理的良好形象，有利于中国的深化改革和高水平开放；另一方面，能够帮助欧盟解决英国脱欧后造成的经济贸易问题，让欧洲在贸易方面能够更加灵活和自由。值得注意的是，欧洲议会对中欧协定批准暂停的决议并不代表欧盟议会是否批准的最终立场，因此不应被过度解读为《中欧全面投资协定》的终结。《中欧全面投资协定》对中欧和全球经济发展具有重要意义和价值，相信中欧双方将会继续合作尽快完成批准生效程序，让谈判成果互惠互利中欧双方。（本条执笔：刘作奎、张希颖、吴佳钧）

81. 中欧地理标志协定

中欧地理标志协定是《中华人民共和国政府与欧洲联盟地理标志保护与合作协定》的简称，该协定于 2021 年 3 月 1 日正式生效，是中国对外商签的第一个全面、高水平的地理标志双边协定。在第二届"一带一路"国际合作高峰论坛上，中国提出将更大力度加强知识产权保护国际合作。中欧地理标志协定的签订，有力推进了"一带一路"知识产权合作。

——概念阐述

地理标志（Geographical Indications）作为重要的法律术语，是构成现代知识产权制度体系的核心组成要件，受世界贸易组织《与贸易有关的知识产权协定》（简称，TRIPs 协议）所管辖，与商标、专利、著作权、商业秘密等保护个体智力成果的知识产权一样，同属于 TRIPs 协议中所确定的七大类知识产权之一。相比于其他类型的知识产权概念，地理标志作为独立的知识产权被纳入法律保护的时间相对较短。地理标志是一种标识，表明受标识保护的产品具有特定地理来源，并因该来源而拥有相对应的某些品质、声誉或其他特征。根据1994年通过的TRIPs协议第22条规定：“就本协定而言，‘地理标志’指识别一货物来源于一成员领土或该领土内一地区或地方的标识，该货物的特定质量、声誉或其他特性主要归因于其地理来源。”该标识通常针对地方传统特色产品提供法律保护，主要体现为对传统集体智慧成果的确认和维护。中国作为世界四大文明古国之一，拥有丰富多样的区域文化和众多别具特色的地方产品。因而，承认并签署与地理标志有关的国际条约对我国而言具有重要的经济意义和人文社会效益。

——主体内容

中欧地理标志协定于2011年开始谈判，经过22轮正式谈判和上百轮非正式磋商，历时8年结束。2019年11月6日，中国国家主席习近平同来华进行国事访问的法国总统马克龙举行会谈。会谈后，在两国领导人的共同见证下，中国商务部部长钟山与欧盟农业委员霍根共同签署了《关于结束中华人民共和国政府与欧洲联盟地理标志保护与合作协定谈判的联合声明》。2020年7月20日，欧盟理事会作出决定，授权正式签署中欧地理标志协定。9月14日，中欧地理标志协定正式签署。该协定是欧盟与中国之间签署的第一份意义重大的双边贸易协定，将确保来自欧盟和中国的各100个地理标志在对方市场上得到保护，从而确保双方相互尊重对方的优良农业传统。协定生效四年后，协定范围将扩大，以涵盖双方额外的175个地理标志名称。2021年1月底，中欧双方完成各自内部立法程序并相互通知。2021年3月1日，该协定正式生效。

《协定》文本包括14项条款并7个附录，对地理标志设定了高规格的保护规则。在作为附录的互认清单中，中欧双方分别纳入275项具有地区特色的地理标志产品，包括酒类、茶叶、农产品、食品等。《协定》为中欧双方的地理标志产品提供相应法律保护，旨在有效阻止仿冒产品进入彼此市场。根据《协定》第5条，我国地理标志产品进入欧盟市场时有权使用欧盟的官方标志，并得到欧盟市场当地法律法规的保护。其中，自2021年3月1日起，符合《协定》第2条第2款和第3款规定的中欧双方地理标志产品（共200个）开始受到法律保护。符合第3条第1款规定的地理标志产品（共350个，中欧双方各175个）将于《协定》生效后第一个四年期内开始实施保护（即2025年3月1日之前）。同时，中欧双方约定在《协定》生效后的两年内审查扩大本协定保护范围的进展，且此后每两年审查一次。

此外，针对地理标志的确立，中欧双方在《协定》附录一中列出了各自司法体系中的相关法律并加以认定，明确了与地理标志有关的注册和保护程序的基本要素必须与TRIPs协议第22条第1款相符，且不应有损双方此前根据有关国民待遇的 TRIPs 协议第 3 条所作出的承诺。《协定》还对地理标志的新增、保护范围、使用权、与商标的关系以及实施保护的原则作出了具体规定。根据《协定》，中欧双方成立联合委员会监督本协定的实施并加强双方就地理标志的合作与对话。

——意义

从法律层面上看，中欧之间就地理标志签署的《协定》进一步完善了业已存在的旨在保护产品原产地权益的国际条约体系，是继《保护工业产权巴黎公约》《制止商品产地虚假或欺骗性标记马德里协定》《保护原产地名称及国际注册里斯本协定》《原产地名称和地理标志里斯本协定日内瓦文本》以及 TRIPs 协议之后又一重要的国际条约，进一步推进了地理标志保护的国际化程度。

从经济层面上看，《协定》签署之后，中国的安吉白茶、赣南脐橙、潜江小龙虾、五常大米、盘锦大米和安丘大姜等名特优产品在欧洲更加深入人心，四川的宜宾芽菜从上海起运直抵德国，湖南的安化黑茶也大量销往英国等地。同时，得到认证保障的爱尔兰威士忌、法国香槟、慕尼黑啤酒、意大利熏火腿也让中国消费者有了更多机会领略欧洲正宗饮食文化的独特魅力。《协定》的签署，不仅提供了更多知识产权方面的保护，也为中欧各自产品在彼此市场打响了知名度，给中欧经贸合作进一步深化注入了强大动能。被收录在中欧地理标志协定中的酒类、茶叶、农产品、食品等产品，逐渐为中欧两地的众多消费者所熟知，收获了更多赞誉和订单，在中欧市场大放异彩。

从中欧多领域合作角度看，首先《协定》涉及的中欧地理标志产品以农产品为主。当前，农业可持续发展是中欧双方共同努力的目标。《协定》的签署也为中欧在农业领域的合作提供了新的契机，中欧双方农业部长和委员就相关话题进行了友好深入的交流，为有效落实中欧地理标志协定，进一步对接未来合作打下了扎实基础。其次，《协定》有力地促进了中欧双方经贸交流。一方面，《协定》促进了中欧双方对各类地理标志产品的保护。该《协定》的生效和落实对双方各自相关行业都是重大利好，既有利于欧洲知名产品在中国市场的推广，也使欧洲人更容易接触到正宗中国商品。另一方面，中欧在农产品和食品贸易领域蕴含庞大合作潜力。《协定》生效之后，欧盟各界也越来越认可《协定》的价值。2020 年，中欧贸易额达 6495 亿美元，中国首次成为欧盟第一大贸易伙伴。对于欧盟的食品和饮料行业而言，中国作为欧盟地理标志产品第二大出口目的地，是一个颇具诱惑力的巨大出口市场。据统计，欧盟地理标志产品年出口总额超过 200 亿美元，占欧盟食品和饮料出口总额的 15% 以上。在欧盟境内，约有 1600 个非欧盟地理标志受到法律保护。

总体而言，《协定》为中欧经贸合作在后疫情时代的发展注入了新动能。尽管新冠肺炎疫情对全球供应链造成了严重冲击，国际贸易持续萎靡，但是中欧双方农产品贸易却始终保持了高速增长态势。根据预估数据，2020 年，贸易额可能将超过 300 亿美元，同比增长 16% 以上。其中，《协定》的签署和落实发挥了重要的推动和示范作用，进一步激活了中欧之间跨境贸易与运输，使中欧经贸关系展现出前所未有的强劲韧性和活力，实现了中欧两大市场之间的互联互通，为世界经济注入了更多正能量。《协定》为中欧双方高品质的地理标志产品进入彼此市场提供了全方位保护，推广了彼此富有鲜明文化特征的名特优产品，为中欧人民追求美好生活提供了更多选项。（本条执笔：刘韡昊、冯维江）

82. 中欧绿色合作

——背景

2020 年 9 月 14 日，中国国家主席习近平同欧盟轮值主席国德国总理默克尔、欧洲理事会主席米歇尔、欧盟委员会主席冯德莱恩共同举行会晤，会晤以视频方式举行。中欧决定建立中欧环境与气候高层对话和数字领域高层对话，打造中欧绿色合作伙伴、数字合作伙伴关系。①

在当今世界的发展中，中欧双方在绿色领域互补性强，合作前景广阔。在绿色成为世界发展潮流之际，中欧决定打造绿色合作伙伴，以促进中欧全面战略伙伴关系的健康发展，这一决定顺应了百年未有之大变局并有利于人类战胜面临的共同挑战。中欧双方都有合作应对挑战、促进人与自然和谐共生的重要共识，以及以绿色可持续方式帮助经济走出困境的共同目标。以中欧环境与气候高层对话为引领，打造中欧绿色合作伙伴关系将是落实这些共识以及实现这些目标的重要途径。种种因素都表明，中欧绿色合作有良好的基础。在后疫情时代，欧盟和中国为实现共同的碳中和目标，坚持绿色复苏，建立绿色合作伙伴关系，也将有利于构建人类命运共同体。

——进展

从 20 世纪 90 年代开始，中欧就环境与气候方面开始合作，这是最早纳入双方政府合作的领域之一，是中欧绿色合作的开端。在过去的几十年中，中欧在该领域中展开了广泛而深入的合作，取得了重大的成果，对全球环境治理和应对气候变化起到了良好的推动作用，对建立一个更加生态环保的地球意义重

① 《习近平同德国欧盟领导人共同举行会晤》，《人民日报》2020 年 9 月 15 日第 1 版。

大。中欧绿色合作的进展主要分为以下几个部分：

第一，生态环境保护方面。生态环境保护作为中欧绿色合作的重要组成部分，对于全球各国的绿色发展都有重要的协同作用。因此，中欧开展了“基于自然的解决方案”，期待它能发挥协同作用和促进效果，为全球环境作出贡献。中欧在“欧盟第七框架计划”和“地平线 2020 计划”中进行科技创新的同时，启动了数个城镇化项目，双方在 2018—2020 年的合作重点即是关注基于自然的城市生态系统处理方案。① “基于自然的解决方案”对全球气候治理具有巨大的潜力和协同效益，是今后中欧乃至全球气候治理合作需要进一步强化的领域，中欧双方都有意愿在该领域进行更深入的合作。

第二，生物多样性方面。长期以来，生物多样性面临极大的威胁和挑战。生物多样性不是一个单一的问题，该问题的解决对气候变化、全球变暖等棘手环境问题的解决都会有一定的积极作用。为了保护生物多样性，许多国家都采取了相应的举措，并加强国际合作，提升生物多样性治理能力。中欧已经在 2005—2011 年开展了“中欧生物多样性项目”，对生物多样性保护在地方层面的主流化产生了积极的影响。2021 年 10 月 12 日，习近平主席以视频方式出席在昆明举行的《生物多样性公约》第十五次缔约方大会领导人峰会，并发表主旨讲话，② 多位欧洲领导人以视频方式出席峰会，与会代表普遍认为，中国领导人提出行动精准“路线图”，为世界树立了很好的榜样。除了与欧盟进行协商合作，中国与欧盟成员国也在保护生物多样性方面作出积极努力。例如，对于中法两国来说，生物多样性保护是《中法 2018—2020 环境合作行动计划》中的三大重点领域之一，且在 2019 年中法两国领导人发布了《中法生物多样性保护和气候变化北京倡议》，呼吁利用“基于自然的解决方案”协调一致地解决生物多样性丧失、减缓和适应气候变化以及土地和生态系统退化的问题。③

第三，绿色金融方面。在 2017 年联合国气候变化大会上，中欧联合发布了绿色金融报告，对中欧市场的绿色定义标准进行对比，给市场参与者提供更多信息，以促进双方气候方面的合作。2019 年 4 月，第二十一次中国—欧盟领导人会晤联合声明提出了加强绿色金融合作的主张，以引导民间资本流向更具环境可持续性的经济。④ 同时，中欧都在进行制定可持续投资标准的工作。2021 年 11 月 4 日，中欧共同发起的可持续金融国际平台（IPSF）在联合国气

① 傅聪：《后疫情时代中欧绿色伙伴关系》，《中国社会科学报》2020 年 11 月 12 日。

② 《习近平出席〈生物多样性公约〉第十五次缔约方大会领导人峰会并发表主旨讲话》，《人民日报》2021 年 10 月 13 日第 1 版。

③ 傅聪：《后疫情时代中欧绿色伙伴关系》，《中国社会科学报》2020 年 11 月 12 日。

④ 《第二十一次中国—欧盟领导人会晤联合声明（全文）》，2019 年 4 月 9 日，新华网，http://www.xinhuanet.com/world/2019-04/09/c_1124345605.htm。

候变化大会（COP26）期间召开 IPSF 年会，发布了中国人民银行与欧盟委员会相关部门共同牵头完成的《可持续金融共同分类目录报告——减缓气候变化》。《共同分类目录》包括了中欧绿色与可持续金融目录所共同认可的、对减缓气候变化有显著贡献的经济活动清单，目前版本覆盖了能源、制造、建筑、交通、固废和林业六大领域的主要经济活动。

第四，城市建设方面。中欧长期的绿色合作推动了中欧更多机制间的合作，对于《巴黎协定》的达成和生效起到关键性的推动作用。2013 年 11 月，中欧城镇化伙伴关系论坛期间举行了城市化分论坛，标志中欧正式启动了智慧城市的合作。其中，中欧双方各选定了 15 个城市，并成立了专家团进行研究，一年后就形成了《中欧智慧城市比较报告》等，成效显著①。绿色城市在 2018 年有了进一步的发展，中欧双方形成了《中欧绿色智慧城市宁波共识》，强调以人为本进行城市建设。②

——意义

作为世界的重要经济体，中欧在生态环境领域开展务实有效的合作，有助于推动双方实现各自的可持续发展目标。同时，中欧致力于在绿色领域加强合作，有助于探索全球环境问题的解决方案，维护和践行多边主义，推动构建人类命运共同体。（本条执笔：谢来辉、孙静波）

83. 日欧可持续互联互通和高质量基础设施伙伴关系协定

一、签署背景

2019 年 9 月，欧盟在布鲁塞尔召开欧洲互联互通论坛，时任日本首相安倍晋三出席并发表主旨演讲，提出日本和欧盟在运输、通信、电力、数据、太空技术等领域共同构建“全方位、可信赖的自由互联互通”，推广“高质量基础设施”项目及相关国际规则。会上，双方签署《日欧可持续互联互通和高质量基础设施伙伴关系协定》（简称《日欧互联互通协定》）。这是继 2018 年 7 月签署的《日欧经济伙伴关系协定》（日欧 EPA）和《日欧战略伙伴关系协定》（日欧 SPA）之后，日本和欧盟之间的又一项重要合作协定。该协定的签署反映出当下双方战略诉求的交汇：欧盟期望利用亚洲经济及地缘影响力的崛起，

① 《工信部召开中欧绿色智慧城市合作试点交流会议》，2014 年 4 月 28 日，央广网，http://china.cnr.cn/ygxw/201404/t20140428_515389452.shtml。

② 《中欧绿色和智慧城市峰会召开　发布“宁波共识”》，2018 年 9 月 8 日，人民网，http://industry.people.com.cn/n1/2018/0908/c413883-30280855.html。

强化介入该地区以保持国际地位；日本则打算在中美战略博弈深化下，借助欧盟“第三方”力量拓展战略空间。与日欧 EPA 和日欧 SPA 不同，日欧互联互通协定并不具有法律约束力，相关合作将基于已有对话或合作框架进行，并由日欧 SPA 联合委员会负责对协定进展进行定期审查和总结。

二、主体内容

《日欧互联互通协定》旨在“创造开放、透明、包容和公平竞争的环境，促进经济、财政、金融、社会等各领域高水准的可持续性”。为此，日本和欧盟拟在西巴尔干、东欧、中亚、印度洋—太平洋地区以及非洲等地，积极开展双边和多边合作，使双方在互联互通和高质量基础设施方面具有协同效应和互补性。双方重点在以下领域进行合作：

第一，国际合作。日本和欧盟拟在全球推进“基于共享价值观的国际规则”，并在国际组织与多边机制等平台上开展广泛合作，包括七国集团、二十国集团、经合组织、世界银行、国际货币基金组织、欧洲复兴开发银行和亚洲开发银行等。双方致力于将日欧 EPA 打造成为 21 世纪自由、开放、公平和基于规则的贸易和投资高标准规则典范，并促进技术革新的政策协调。

第二，民间合作和民间投资。日本和欧盟拟通过共同的项目为可持续互联互通提供资金支持，引导民间部门参与，激发民间投资。为此，作为《日欧互联互通协定》下双方合作的一环，日本国际协力机构和欧洲投资银行签署合作备忘录，旨在加强两个机构间的紧密合作，以适应发展中国家民间部门的资金需求。同时，对日本国际协力银行、日本出口与投资保险公司和欧洲投资银行之间已签署的合作安排和备忘录等，也将积极推进。

第三，数字领域合作。日本和欧盟拟在数字互联互通方面加强合作，在发展中国家推广数据基础设施建设，并构建政策和监管机制等，以此作为发展中国家包容性增长和可持续发展的强大推动力。双方将进一步阐述、推广和实施 G20 大阪峰会上日本倡导的 DFFT（可信赖的数据自由流通）概念，增强数据安全和隐私保护方面的可信赖性。同时，日本和欧盟还将在电子商务、数字贸易等国际规则制定方面以及人工智能、云、量子计算和区块链等创新政策制定方面加强合作。

第四，交通和能源领域合作。日本和欧盟拟加强交通运输监管机制方面的深入合作和协同发展，促进交通走廊的相互连接和运输系统的安全保障，从而强化交通运输领域的可持续互联互通。同时，双方将继续在氢能和燃料电池、电力以及液化天然气等领域开展合作，并推动可持续性能源基础设施投资，加强区域和全球能源市场转型和能源创新，促进低碳能源系统的发展。

第五，人员交流和教育科研领域合作。日本和欧盟将致力于扩大高等教育机构和研究机构之间的国际人文交流，并根据第一届日欧教育、文化和体育政策对话发表的联合声明以及日欧科技合作联合委员会的安排，启动日欧联合硕士项目。

三、后续实施情况

在《日欧互联互通协定》的框架下，日本和欧盟继续展开各层级、各机构间的交流与合作。例如，日欧产业合作中心举办第三方市场合作研讨会，探讨日欧在东南亚、拉丁美洲、非洲等第三方市场合作的可行性，以促进互联互通相关合作项目的落地实施；日本国土交通省和欧盟委员会运输总局召开日欧运输高层会议，提出日欧将在可持续、智能运输领域加强合作；日本国际协力银行与欧洲投资银行签署业务合作协定，重点推进双方在环境、气候变化领域的合作，以强化日本与欧盟在上述领域的全球主导作用。

2021 年 2 月，第七届日欧开发政策对话召开，双方进一步强调互联互通的重要性，并总结日本和欧盟在可持续互联互通和基础设施建设方面可以发挥协同效应和互补性的具体项目和重点方向。

在亚洲，日本和欧盟作为湄公河委员会的发展伙伴，为湄公河下游国家提供资金，支持湄公河流域的水资源管理和可持续发展；为东盟灾害管理人道主义援助协调中心提供资金，帮助东盟区域应急响应和评估小组强化能力建设，在灾害管理领域为东盟提供支持；帮助阿富汗和塔吉克斯坦两国改善边境管理，在瓦罕走廊的一个边境点，由欧盟负责在阿富汗一边、日本负责在塔吉克斯坦一边提供资金进行边境设施的建设和完善。

在非洲，日本和欧盟均为莫桑比克纳卡拉走廊和布基纳法索—尼日尔走廊的道路建设和改修提供支持，其中楠普拉—坎巴公路修复项目由日本和欧盟共同出资；日本和欧盟还为“亚非增长走廊”的多个项目提供资金，以增强亚非地区互联互通，例如，促进阿比让—拉各斯高速公路开发建设、增进地区市场融合、提升海关管理水平等；支持连接乌干达、肯尼亚和卢旺达的北部走廊开发，例如，在乌干达，日本通过改善其首都坎帕拉的输电网来提高首都圈的输电和配电能力，而欧盟则参与布贾加利水电站开发以及输电线路的修建。

在海洋领域，日本和欧盟均在印度洋—太平洋地区开展海洋资源管理、海洋垃圾管理、可持续能源等相关项目，日本计划向欧盟设立的海事技术合作中心派遣港口管理、维护人员及政策顾问；日本和欧盟支持西印度洋、非洲之角以及南亚和东南亚国家加强海警力量建设，其中，日本向该地区一些国家提供巡逻艇和技术培训，欧盟则通过海事协调和信息共享平台以及区域海事安全计划等机制，加强全球和区域海事安全协调和信息交流，强化欧盟作为全球海事安全提供者的作用。

四、未来发展方向

2021 年 6 月，日本政府发布修订版《基础设施系统海外发展战略 2025》，提出要大幅提高日本海外基础设施项目的数量和金额，促进地区繁荣和互联互通；9 月，欧盟发布印太地区合作战略文件，表明欧盟将加强与印太地区的战略接触，推进贸易、投资和互联互通；12 月，欧盟宣布启动“全球门户”计划，将在 2021—2027 年间筹集 3000 亿欧元资金，投入全球基础设施建设。2021 年 12 月 17 日，日本首相岸田文雄与欧盟委员会主席冯德莱恩举行电话会谈时表示，日本和欧盟将基于《日欧互联互通协定》，为实现“自由开放的印太”而加强合作。可见，日本和欧盟均有明显的共同利益诉求并在加快战略进程，今后双方在互联互通和基础设施建设方面的合作将进一步强化。具体而言，在合作区域上，双方将以印太地区为重点，并辐射全球；在合作方式上，双方既强调在各自项目上发挥协同效应，也将积极打造共同项目；在合作领域上，双方既注重国际规则和市场监管等规则和政策制定方面的合作，也会推进具体基建项目的合作，并加强碳中和、数字化、供应链、安全保障等方面的合作。（本条执笔：刘作奎、李清如）

84. 中非合作论坛新进展

——新一届会议召开

从 2000 年 10 月“中非合作论坛——北京 2000 年部长级会议”在北京召开以来，中非合作论坛已经运作 21 年。截至 2021 年年底，论坛已举行八届部长级会议。中非合作论坛机制已经成为推动中非关系不断深化，应对全球性发展问题日益重要的国际合作平台。在中非合作论坛引领下，中非高层互动日益频繁，政治互信持续深化。

2021 年 11 月 29 日至 30 日，中非合作论坛第八届部长级会议在论坛非方共同主席国塞内加尔首都达喀尔举行。会议主题为“深化中非伙伴合作，促进可持续发展，构建新时代中非命运共同体”。非洲 53 个国家的外长或代表以及经贸、财政部长等出席会议。会议提出，双方长期友好合作的关键在于中非双方缔造了历久弥坚的中非友好合作精神，即真诚友好、平等相待，互利共赢、共同发展，主持公道、捍卫正义，顺应时势、开放包容。

——习近平主席开幕式演讲首提“九项工程”合作项目

2021 年 11 月 29 日，习近平主席出席中非合作论坛第八届部长级会议开幕式并发表主旨演讲，他肯定了过去 3 年中非在各种发展挑战背景下所取得的合作成就，并针对会前中非共同制订的《中非合作 2035 年愿景》，提出作为愿景首个三年规划，中国将同非洲国家密切配合，共同实施“九项工程”。[①]

一是卫生健康工程。为实现非盟确定的2022年60%非洲人口接种新冠疫苗的目标，习近平主席宣布，中国将再向非方提供10亿剂疫苗，其中6亿剂为无偿援助，4亿剂以中方企业与有关非洲国家联合生产等方式提供。中国还将为非洲国家援助实施10个医疗卫生项目，向非洲派遣1500名医疗队员和公共卫生专家。

二是减贫惠农工程。中国将为非洲援助实施10个减贫和农业项目，向非洲派遣500名农业专家，在华设立一批中非现代农业技术交流示范和培训联合中心，鼓励中国机构和企业在非洲建设中非农业发展与减贫示范村，支持在非中国企业社会责任联盟发起“百企千村”活动。

三是贸易促进工程。中国将为非洲农产品输华建立“绿色通道”，加快推动检疫准入程序，进一步扩大同中国建交的最不发达国家输华零关税待遇的产品范围，力争未来3年从非洲进口总额达到3000亿美元。中国将提供100亿美元贸易融资额度，用于支持非洲出口，在华建设中非经贸深度合作先行区和“一带一路”中非合作产业园。中国将为非洲援助实施10个设施联通项目，同非洲大陆自由贸易区秘书处成立中非经济合作专家组，继续支持非洲大陆自由贸易区建设。

四是投资驱动工程。中国未来3年将推动企业对非洲投资总额不少于100亿美元，设立“中非民间投资促进平台”。中国将为非洲援助实施10个工业化和就业促进项目，向非洲金融机构提供100亿美元授信额度，重点扶持非洲中小企业发展，设立中非跨境人民币中心。中国将免除非洲最不发达国家截至2021年年底到期未还的政府间无息贷款债务。中国愿从国际货币基金组织增发的特别提款权中拿出100亿美元，转借给非洲国家。

五是数字创新工程。中国将为非洲援助实施10个数字经济项目，建设中非卫星遥感应用合作中心，支持建设中非联合实验室、伙伴研究所、科技创新合作基地。中国将同非洲国家携手拓展“丝路电商”合作，举办非洲好物网购节和旅游电商推广活动，实施非洲“百店千品上平台”行动。

六是绿色发展工程。中国将为非洲援助实施10个绿色环保和应对气候变化项目，支持“非洲绿色长城”建设，在非洲建设低碳示范区和适应气候变化示范区。

七是能力建设工程。中国将为非洲援助新建或升级10所学校，邀请1万名非洲高端人才参加研修研讨活动。实施“未来非洲－中非职业教育合作计

---

① 习近平：《同舟共济，继往开来，携手构建新时代中非命运共同体——在中非合作论坛第八届部长级会议开幕式上的主旨演讲》，《人民日报》2021年11月30日第2版。

划"，开展"非洲留学生就业直通车"活动。中国将继续同非洲国家合作设立"鲁班工坊"，鼓励在非中国企业为当地提供不少于80万个就业岗位。

八是人文交流工程。中国愿支持所有非洲建交国成为中国公民组团出境旅游目的地国。在华举办非洲电影节，在非洲举办中国电影节。举办中非青年服务论坛和中非妇女论坛。

九是和平安全工程。中国将为非洲援助实施10个和平安全领域项目，继续落实对非盟军事援助，支持非洲国家自主维护地区安全和反恐努力，开展中非维和部队联合训练、现场培训、轻小武器管控合作。

——会议文件成果

本次会议是中非合作论坛启动以来达成成果最多的一次。会议回顾了中非合作论坛北京峰会以来中非关系发展和中非团结抗疫成果，审议了北京峰会"八大行动"落实情况，通过了《中非合作论坛第八届部长级会议达喀尔宣言》《中非合作论坛—达喀尔行动计划（2022—2024）》《中非应对气候变化合作宣言》和《中非合作2035年愿景》。

《中非合作论坛第八届部长级会议达喀尔宣言》指出，要弘扬真正的多边主义，坚定维护以联合国为核心的国际体系和以国际法为基础的国际秩序，坚定维护中非双方主权、安全和发展利益，维护发展中国家共同利益。增加包括非洲国家在内的广大发展中国家在国际舞台的代表性和发言权，共同构建相互尊重、公平正义、合作共赢的新型国际关系。

《中非合作论坛—达喀尔行动计划（2022—2024）》① 指出，中国将同非洲国家密切配合，共同实施卫生健康、减贫惠农、贸易促进、投资驱动、数字创新、绿色发展、能力建设、人文交流、和平安全"九项工程"，为非洲疫后经济复苏和实现可持续发展作出贡献。

《中非应对气候变化合作宣言》② 指出，气候变化已成为中国和非洲自然生态环境和社会经济发展重大挑战，双方决定建立新时代中非应对气候变化战略合作伙伴关系。中方承诺，将支持非洲有关应对气候变化的倡议，如非洲农业适应倡议、非洲适应倡议等。中国将进一步扩大在光伏、风能等可再生能源，节能技术，高新技术产业，绿色低碳产业等低排放项目的对非投资规模，不再新建境外煤电项目，助力非洲国家优化能源结构，推动产业结构升级，建设优化城市规划和垃圾管理办法的智慧城市，实现绿色、低碳、高质量发展。

---

① 《中非合作论坛—达喀尔行动计划（2022—2024）》，2021年12月2日，中国外交部网站，https://www.fmprc.gov.cn/web/wjdt_674879/wjbxw_674885/202112/t20211202_10461174.shtml。

② 《中非应对气候变化合作宣言（全文）》，2021年12月2日，新华网，http://www.news.cn/2021-12/02/c_1128121935.htm。

《中非合作 2035 年愿景》[①] 是中非双方首次共同制订的中长期务实合作规划。该愿景充分对接新形势下中非各自发展战略，确定了未来 15 年中非合作的总体框架，描绘了 2035 年中非各领域的合作前景。在当前发展条件下，实现转型增长日益受到重视，中非提出未来要实现农业合作全产业链延伸、产能合作深化拓展、科技创新合作提供发展新动力、蓝色经济合作成为新增长点、数字合作驱动非洲加速转型。在绿色发展和可持续发展方面，提出中非应对气候变化合作全面推进、能源合作向清洁、低碳转型等发展方向。该目标也是《中非应对气候变化宣言》的未来合作预期。《中非合作 2035 年愿景》指出，到 2035 年，中国成为非洲发展议程的重要伙伴，中非结为更紧密的共建“一带一路”伙伴，中非合作的顶层设计和机制措施更加丰富完善。（本条执笔：杨宝荣）

85. 中非跨境人民币中心

——背景

主权货币合作是推动中非“一带一路”融资相通的重要表现。一方面，融资相通将有助于解决包括非洲国家在内的众多发展中国家融资难的问题。另一方面，从国际经济表现看，中国同非洲国家的主权货币合作，对于降低长期存在的少数国家主导国际流通货币并因自身货币、经济政策调整给相关国家带来财政、金融、产业风险具有重大积极作用。在非洲地区，长期的资本严重短缺和资源开发“有增长无发展”很大程度上同主权国货币国际合作地位脆弱密切相关。由此，通过“一带一路”货币合作，不仅可以有效降低非洲国家普遍面临的外资短缺困境，还有助于便利项目合作。而中非跨境人民币中心能很好地扮演这一角色。

——主体内容

中非跨境人民币中心是开展跨境人民币同外币结算的交易平台，是“一带一路”资金融通的重要举措。根据 2019 年 4 月中国“推进‘一带一路’建设工作领导小组办公室”发布的《共建“一带一路”倡议：进展、贡献与展望》报告：中国先后与 20 多个沿线国家建立了双边本币互换安排，与 7 个沿线国家建立了人民币清算安排，与 35 个沿线国家的金融监管当局签署了合作文件。人民币国际支付、投资、交易、储备功能稳步提高，人民币跨境支付系统（CIPS）业务范围已覆盖近 40 个沿线国家和地区。人民币在非洲经济体的使用

① 中国商务部：《中非合作 2035 年愿景》，2021 年 12 月 8 日，中华人民共和国商务部网站，http://xyf.mofcom.gov.cn/article/lt/202112/20211203226116.shtml。

量也在增加，与 2016 年第一季度相比，2019 年同期到中国所有货币的支付总额增加了 27.76%，其中用以支付的人民币比例增幅高达 123.01%，[①] 远超其他国家，并且有 14 个非洲国家表示要将人民币列为外储货币。

2021 年 11 月 29 日，习近平主席以视频方式出席中非合作论坛第八届部长级会议开幕式并发表题为"同舟共济，继往开来，携手构建新时代中非命运共同体"的主旨演讲，他指出，中国将"为非洲援助实施 10 个工业化和就业促进项目，向非洲金融机构提供 100 亿美元授信额度，设立中非跨境人民币中心"[②]。会上通过的《中非合作论坛—达喀尔行动计划（2022—2024）》提出，"中方将设立中非跨境人民币中心，欢迎非洲国家及金融机构来华发行人民币债券。"[③]

——作用

中非跨境人民币中心的设立将助推中非共建更加紧密的命运共同体。2021 年 11 月，中国发布的《新时代的中非合作》白皮书显示，金融合作是未来中非合作的重要领域。白皮书指出，"中非金融机构积极开发对方市场，双方央行积极扩大本币结算和互换安排，推动中非金融便利化水平稳步提高。截至 2021 年 10 月，人民币跨境支付系统（CIPS）有 42 家非洲地区间接参与者，覆盖 19 个非洲国家。中国央行先后与南非、摩洛哥、埃及和尼日利亚央行签署了本币互换协议，金额总计 730 亿元人民币。中国已同埃及、南非、尼日利亚等 7 个非洲国家签署了金融监管合作谅解备忘录，为双方金融合作行稳致远打牢基础。中国加入非洲开发银行、东南非贸易与开发银行和西非开发银行等多边开发金融机构。中国已累计向非洲开发银行下的非洲开发基金承诺捐资 9.96 亿美元"[④]。（本条执笔：杨宝荣）

86. "丝路电商"

——背景

随着数字经济的发展，全球经济已经进入智能融合新时代。传统产业与网络技术以及数字技术相结合后，不断衍生出新经济业态，而电子商务是数字经

① 何青、于吉双、涂永红：《人民币与新兴市场货币的联动分析》，《金融评论》2019 年第 5 期。

② 《习近平出席中非合作论坛第八届部长级会议开幕式并发表主旨演讲》，《人民日报》2021 年 11 月 30 日第 1 版。

③ 中国外交部：《中非合作论坛—达喀尔行动计划（2022—2024）》，2021 年 12 月 2 日，中国外交部网站，https://www.fmprc.gov.cn/web/wjbzhd/202112/t20211202_10461174.shtml。

④ 国务院新闻办公室：《新时代的中非合作》，2021 年 11 月 26 日，中华人民共和国中央人民政府网站，http://www.gov.cn/zhengce/2021-11/26/content_5653540.htm。

济最具代表性的表现形式之一。

第一，中国与“一带一路”沿线国家加快经贸合作，为发展“丝路电商”提供了重要交易基础。2021 年，中国对“一带一路”沿线国家进出口总值 11.6 万亿元，增长 23.6%，较同期中国外贸整体增速高出 2.2 个百分点。2013—2021 年，中国与“一带一路”沿线国家之间的贸易额占中国外贸总值的比重从 25% 提升至 29.7%。

第二，跨境电商规模不断扩大，为“丝路电商”建设奠定基础。近几年，中国与“一带一路”沿线国家之间的跨境电商发展速度非常快，一批海外仓建成并投入运营。2021 年，第一个海外仓供需对接的海外智慧物流平台“海外仓服务在线”正式上线，新平台的建立有效推动了“一带一路”的跨境电商活动。

第三，国际投资合作持续深化，为“丝路电商”建设创造便利条件。2021 年，中国企业对“一带一路”沿线的 57 个国家非金融类直接投资 1309.7 亿元人民币，同比增长 6.7%，占同期总额的 17.9%，较上年同期上升 1.7 个百分点。[①] 与此同时，“一带一路”沿线国家企业对中国的投资也在稳步提升。2021 年，“一带一路”沿线国家企业对中国直接投资首次超百亿美元，达到 112.5 亿美元。中国企业在“一带一路”沿线国家承包工程完成营业额达到 5785.7 亿元，占对外承包工程总额的 57.9%。中国贸促会研究院发布的《中国企业对外投资现状及意向调查报告（2021 年版）》显示，“一带一路”沿线国家已经成为中国企业对外投资优选区域。其中，79.5% 的受访企业优先选择“一带一路”沿线国家，25.5% 的企业选择北美，20.4% 的企业选择欧洲。[②]

——内容

“丝路电商”是指中国与“一带一路”沿线国家之间发展的跨境电子商务方面的合作。2016 年年底，中国商务部与智利外交部共同签署《中华人民共和国商务部和智利外交部关于电子商务领域合作的谅解备忘录》，[③] 这是第一个双边电子商务合作的谅解备忘录，标志着“丝路电商”的诞生。在接下来的 6 年里，中国与“一带一路”沿线国家加强在电子商务领域的合作，逐步建立了“一带一路”的电商合作机制。电子商务是共建“一带一路”的重要内容，“丝路电商”已成为中国与“一带一路”沿线国家开展经贸合作的新途径。从 2016 年至今，中国与“一带一路”沿线国家不断加强经贸政策协调，对接国家

① 《2021 年我对“一带一路”沿线国家投资合作情况》，2022 年 1 月 24 日，中华人民共和国商务部网站，http://fec.mofcom.gov.cn/article/fwydyl/tjsj/202201/20220103239004.shtml。

② 《报告称“一带一路”沿线成中企对外投资优选区域》，2022 年 3 月 31 日，新华丝路，https://www.imsilkroad.com/news/p/480240.html。

③ 《中国商务部与智利外交部签署关于电子商务领域合作的谅解备忘录》，2016 年 11 月 25 日，商务部网站，http://www.mofcom.gov.cn/article/ae/ai/201611/20161101910175.shtml。

经济建设规划，深化商业信息互通与交流，“丝路电商”建设已经取得了丰硕的成果。

首先，共同打造合作亮点。在“丝路电商”合作框架下，中国通过举办工作组会议、政企对话会议等方式，与伙伴国加强国家经济政策交流，促进地方对接和企业合作。中国商务部在北京、上海、广州、哈尔滨、成都、厦门等城市举办了多场“丝路电商”政府企业对话会，帮助中国企业更多地了解“丝路电商”相关政策，更好地参与“丝路电商”活动。

其次，建立多层次合作机制。中国与“一带一路”沿线国家建立多层次的“丝路电商”国家合作机制，帮助沿线国家拓展中国市场，丰富国内消费供给，也鼓励电商企业拓展合作模式，提升电商合作水平，共同培育经贸合作新的增长点。疫情暴发后，中国政府积极利用采购渠道和物流网络，为相关国家提供抗疫物资，为企业复工复产和开展跨境电商业务做好服务保障。中国分别与意大利、哥伦比亚、乌兹别克斯坦等 5 个国家建立了双边电子商务合作机制，“丝路电商”伙伴国已经扩大到 22 个。

再次，开展创新能力建设。中国与“一带一路”沿线国家共同创办“丝路电商”云上大讲堂，组织专家为中外政府官员和电子商务人士直播授课，内容涵盖政策法规、创新实践和实操技能等内容。“丝路电商”云上大讲堂已举办 27 场，在线精品课程观看人次超过了 10 万。[①]

——意义

“丝路电商”是推动“一带一路”建设的重要发展方向，也是助推“一带一路”建设向全局化和规范化发展的重要内容。

第一，“丝路电商”推动了中国与“一带一路”沿线国家之间的贸易与投资活动。其不仅促进了“一带一路”相关国家电子商务领域的物流基础设施建设，大幅降低了贸易成本，还激发了中国与“一带一路”沿线国家之间的贸易合作潜能，提升了经济增长空间。尤其是在新冠肺炎疫情冲击和世界经济下行双重压力下，“丝路电商”使中国与“一带一路”沿线国家之间的经贸联系不断扩大，贸易和投资水平不断提升，对促进“一带一路”沿线国家经济复苏和发展起到重要作用。

第二，“丝路电商”推动了“一带一路”商业模式创新。通过“丝路电商”，中国与“一带一路”沿线国家加强了在物流、支付、数字等方面的创新活动，建立了多种交易平台，极大丰富了“一带一路”建设内容，进一步升级和拓宽了产业合作领域，带动了中国与“一带一路”沿线国家的经济

① 《商务部召开例行新闻发布会（2021 年 2 月 4 日）》，2021 年 2 月 4 日，商务部网站，http://www.mofcom.gov.cn/xwfbh/20210204.shtml。

发展。

第三，“丝路电商”推动了“一带一路”的贸易网络化和数字化，使得“一带一路”建设向“数字丝绸之路”和“创新丝绸之路”等方向发展。“丝路电商”进一步激发了中国与“一带一路”沿线国家企业的创新活力，释放了数字经济的发展红利，开拓出互利共赢的合作新模式，为全球经济复苏增添了新动能。（本条执笔：李天国）

87. 非洲绿色长城

——背景

非洲绿色长城是非洲提出的旨在促进生态保护和可持续发展的方案。非洲建造绿色长城的梦想可以追溯到20世纪70年代，当时横跨撒哈拉沙漠南缘的萨赫勒地区大片肥沃的土地开始严重退化，引起相关国家关注。20世纪80年代，布基纳法索提出了重新绿化萨赫勒某些地区的想法。直到2005年，前塞内加尔总统阿布杜拉耶·瓦德和时任尼日尔总统奥卢塞贡·奥巴桑乔正式启动该倡议。2007年1月，非盟国家元首和政府首脑会议正式提出并实施非洲绿色长城倡议，计划种植一条西起塞内加尔，东至吉布提，中途横跨非洲毛里塔尼亚、马里、尼日利亚、尼日尔、乍得、苏丹、布基纳法索、埃塞俄比亚和厄立特里亚的长7775千米、宽15千米的防护林带。一旦建成，非洲绿色长城将成为地球上最大的生物结构，是大堡礁（The Great Barrier Reef）的三倍大。

——目标及实施情况

非洲绿色长城的总体目标是通过可持续土地管理和可持续森林管理，加强和保护自然资源，共同抗击荒漠化；通过各种渠道和平台促进当地社区的经济发展，消除贫困，保障食品安全，稳定人口数量，加强应对干旱的能力和复原力，最终发展绿色经济。[①] 项目计划到2030年恢复萨赫勒沙漠地带周边1亿公顷土地，封存2.5亿吨碳，创造1000万个就业机会。项目的大部分资金由世界银行、非盟、欧盟等提供。截至目前，项目已恢复近1800万公顷的退化土地，并在相关国家创造了350000个就业机会。[②] 为推动项目实施，相关国家建立了泛非绿色长城机构（PAAGGW，Pan Africa Agency for the Great Green Wall），全面负责协调有关非洲绿色长城的实施工作，PAAGGW总部位于毛里

---

① 尤源、任红晶、周娜、王永东：《泛非绿色长城倡议及其农牧林发展》，《世界林业研究》2019年第5期。

② United Nations Convention to Combat Desertification（UNCCD），“Green Wall Accelerator”，https://www.unccd.int/our-work/ggwi/great-green-wall-accelerator#.

塔尼亚首都努瓦克肖特。目前，参与绿色长城的非洲国家超过20个。①

——国际合作

非洲绿色长城正获得越来越多国际融资支持。2021年1月11日，在第四届“一个星球”峰会上，法国总统马克龙和其他国家领导人宣布启动“绿色长城加速行动”（the Great Green Wall Accelerator），并承诺提供143亿美元的新融资。该行动旨在促进参与倡议的捐助者和利益相关者之间的合作，帮助所有参与者更好地协调、监控和衡量其行动的影响。

——中国对非洲绿色长城行动的支持

中非合作论坛一贯将应对气候变化作为中非合作的重要内容。在中非合作论坛下，中国多年来对非给予了资金、技术和项目支持。针对非洲提出的非洲绿色长城计划，中国提出愿意建设性参与，中非双方已在该领域签署了合作备忘录，建立了泛非“绿色长城”研究中心，就“绿色长城”区域的自然条件、荒漠化危害因素、技术需求等开展研究。《中非合作论坛—达喀尔行动计划（2022—2024）》指出，中国将为非洲援助实施10个绿色环保和应对气候变化项目，支持“非洲绿色长城”建设。（本条执笔：杨宝荣）

88. 中国—东盟东部增长区

中国—东盟东部增长区是指中国同东盟内部次区域东部增长区之间的合作。东盟东部增长区（Brunei Darussalam-Indonesia-Malaysia-Philippines East ASEAN Growth Area，BIMP-EAGA）简称为“东增区”，又名“东盟东部增长三角”，成立于1994年，是东盟内部最大的次区域经济合作机制。2003年，中国领导人表示愿意帮助东增区发展并得到该区域国家的热烈回应。2005年，中国正式成为东增区的发展伙伴。② 2009年，中国与东增区达成经济合作框架协定，建立了高官会晤机制，双方合作进入实质性阶段。在“一带一路”背景下，中国—东盟东部增长区合作机制2018年由高官会议升级为部长级会议，合作进入快车道。③ 2020年起，双方合作朝着“走深走实”的方向进一步展开。④

① 包括布基纳法索、喀麦隆、乍得、吉布提、厄立特里亚、埃塞俄比亚、加纳、马里、毛里塔尼亚、尼日尔、尼日利亚、塞内加尔、苏丹、阿尔及利亚、贝宁、佛得角、埃及、冈比亚、利比亚、索马里、突尼斯。

② 《东盟东部增长区简况》，2008年5月5日，中华人民共和国商务部网站，http://my.mofcom.gov.cn/aarticle/fuxin/200805/20080505512502.html。

③ 《中国—东盟东部增长区合作机制升级并召开首次部长级会议》，2018年11月30日，中华人民共和国商务部网站，http://yzs.mofcom.gov.cn/article/cbw/201812/20181202816966.shtml。

④ 《习近平在第十七届中国—东盟博览会和中国—东盟商务与投资峰会开幕式上的致辞（全文）》，2020年11月27日，新华网，http://www.xinhuanet.com/2020-11/27/c_1126792459.html。

——背景

中国—东盟东部增长区是在“一带一路”背景下中国—东盟双边合作基础上建立的。中国与东盟不断深化的战略合作和稳固的双边关系为中国—东盟东部增长区合作奠定了制度基础和构架。从“全面对话伙伴”到“面向21世纪的睦邻互信伙伴关系”，再到“面向和平与繁荣的战略伙伴关系”，中国同东盟的关系不断深化。2010年，中国—东盟自贸区全面建成，超过90%的产品实行零关税；2014年，中国—东盟自贸区升级谈判启动；2020年，双方共同推动签署《区域全面经济伙伴关系协定》（RCEP），经贸合作连续跃上新台阶。目前，中国与东盟已互为最大规模的贸易伙伴、最具活力的合作伙伴和最富内涵的战略伙伴。中国与东盟大框架合作的深入，不仅给东盟内部次区域与中国合作创造了机会，而且在二者之间形成良性的互动。

“一带一路”给中国—东盟东部增长区带来新的发展机遇。“一带一路”是中国实行全方位对外开放的重大举措、推行互利共赢的重要平台，奉行的是共商共建共享原则。中国开放的大门永远不会关上，欢迎各国搭乘中国发展的“顺风车”。这些理念对于急需摆脱自身发展困境的东增区国家来说具有很大的吸引力。东增区在地理范围上涵盖文莱全境，印度尼西亚的东加里曼丹省、西加里曼丹省、中加里曼丹省、南加里曼丹省、北苏拉威西省、中苏拉威西省、东南苏拉威西省、马鲁古省及伊里安省，马来西亚的沙捞越州、沙巴州和纳闽联邦直辖区，菲律宾的棉兰老岛和巴拉旺省，总面积达156平方千米，当前人口约7300万。东增区的大部分区域属于较为偏远的欠发达地区，基础设施匮乏、管理和技术人员不足、劳动力素质不高、资金和金融服务缺乏，这些因素构成了当地经济发展的严重阻碍。通过合作，东增区国家可以引进所需的资金、技术并拓宽市场渠道，中国有更多的企业可以“走出去”到东增区投资。

——主体内容

与中国—东盟在合作中坚持灵活性和发展性的原则相一致，中国—东盟东部增长区在过去十几年的合作中创造性地采取了“项目先行”和适当淡化机制化与规范性、不强调固定实体机构或相关约束性章程等做法，从而取得了令人瞩目的合作成绩。①

在对外贸易方面，由于中国同东增区国家在资源禀赋和产业结构上存在较大的互补性，因此除个别年份外双方贸易额一直呈持续增长的态势，未来贸易发展空间较大。2003年，中国与东增区国家的进出口贸易总额约为401亿美

① 许立平、吴江世琦：《中国与东盟东部增长区的合作现状、挑战与应对》，《太平洋学报》2019年第12期。

元，2020年，双边进出口贸易总额约为2726亿美元，增长了约5.8倍。[①] 东增区国家在劳动密集产业、资源密集产业具有比较优势，而中国在资金、技术上具有比较优势，并拥有相对完备的工业体系和完善的配套设施。双方在贸易上是互补而非竞争的关系，这不但有利于促进双边贸易的增长，而且有利于在二者间形成产业链、价值链网络。

在对外直接投资方面，“一带一路”倡议提出后，中国企业对东增区国家的投资意愿不断上升，投资规模迅速扩大。2007年，中国对东增区国家直接投资存量和流量分别只有10亿美元和0.72亿美元，到2020年则分别达到285.38亿美元和37.19亿美元。[②]

在农业和能源方面，中国不但为东增区国家的初级产品提供了庞大的出口市场，而且通过合作提升了东增区初级产品的生产和深加工能力。例如，中国不但已成为文莱的重要水果出口市场，而且通过农业技术和渔业技术合作、共建农业园、海洋生物开发等促进了文莱的农业和渔业发展。能源是中国和东增区国家合作的重点，中国企业积极参与东增区国家的能源工程项目建设。东增区国家拥有丰富的自然资源，尤其在石油方面得天独厚，但缺乏能源勘探开发和利用技术。

中国在资金和能源开发技术上具有优势，其不断增长的油气需求一直是经济快速发展的瓶颈，因此双方的能源合作具有双赢效应。东增区国家可以解决能源开发上面临的资金与技术难题，改变能源产业的落后局面；中国可以实现能源来源的多元化，尤其是就近获得更多的能源供应，对大国能源安全具有重要意义。

在基础设施建设方面，双方合作一直备受中国和东增区国家的重视。在“一带一路”建设中，互联互通是重点，其中设施联通能够成为拉动经济的增长点并改善投资营商环境。东增区国家除文莱外，大部分属于偏远落后地区，交通、通信、供电、供水等基础设施薄弱，加之海洋和山脉阻隔，印度尼西亚和马来西亚的陆路交通也存在困难，这些对东增区国家而言是难以克服的发展障碍。根据《东盟东部增长区2025愿景》，第二代重点基础设施项目建设的成本预计高达210亿美元。中国“一带一路”倡议的提出和实施，为资金短缺的东增区基础设施建设提供了历史性的机遇。2014年以来，中国诸多企业积极参与中国—东盟东部增长区基础设施建设，涉及交通、网络通信、港口等大型基础设施项目，为促进经济社会生活文化上的融通作出巨大贡献。

---

① 根据联合国贸易数据库（UN Comtrade Database）有关数据计算。

② 根据《2020年度中国对外直接投资统计公报》有关数据计算，中华人民共和国商务部等编，中国商务出版社，2021年9月。

在人文交流方面，双方人员往来频繁，促进了旅游、研修培训和各种文化交流活动的繁荣。

当然，中国—东盟东部增长区在发展上也面临一些挑战和困难，主要包括贸易保护主义抬头对合作造成的冲击，东盟国家长期奉行的“大国平衡”战略可能会阻碍与中国关系的进一步深化，东增区合作机制的不完善和低效率，东增区在经济管理中的腐败问题，非传统安全中的恐怖主义、海盗和频繁发生的地震、海啸等自然灾害，传统安全中的东增区国家内部及与中国的领土争端等。

——意义

中国—东盟东部增长区的建立，不但能够促进东增区的发展，而且可以推动整个泛北部湾经济圈的发展，甚至辐射“南海经济圈”，为构建“泛南海经济圈”注入新动力。从面积和人口上看，东增区有可能成为中国同东盟次区域开展合作的样板。中国—东盟东部增长区还可以作为“一带一路”在东盟落实的具体抓手，以实现多层次推动中国——东盟自贸区向更高水平发展的目标。

面对合作中存在的困难和挑战，为了推动中国—东盟东部增长区的走深走实，在总结以往合作经验的同时，要注意针对东增区国家的发展战略和现实需求，努力推动“一带一路”同《东盟东部增长区 2025 愿景》和具体项目的对接，让“一带一路”真正惠及东增区国家经济社会生活的方方面面，赢得东增区国家人民的认同感。此外，还要继续推进同东增区国家之间的互联互通，除了在道路、网络等基础设施“硬联通”建设上发力外，还要重视贸易投资便利化、资格认证、政策沟通、机制协调和文化交流等“软联通”方面的建设。（本条执笔：刘均胜）

89. 中国—东盟信息港

2014 年 9 月，首届中国—东盟网络空间论坛在中国南宁举行，经中国倡议，中国与缅甸、印度尼西亚、马来西亚等东盟 10 国达成了共建中国—东盟信息港的倡议，以促进区域内的多边发展与合作。2015 年 9 月，在中国—东盟博览会期间正式启动中国—东盟信息港建设。2015 年、2016 年、2018 年和 2020 年分别举办四届中国—东盟信息港论坛。

——目标

中国—东盟信息港的总体建设目标是形成以中国广西为核心，面向东盟、服务中国西南、中南的国际通信网络体系和网络枢纽。其建设囊括了 5 大平台：基础建设平台、技术合作平台、经贸服务平台、信息共享平台、人文交流平台，对于建设面向东盟、服务西南中南的国际通信大通道，形成区域性国际大数据资源应用服务枢纽和数字经济开发合作集聚区，打造面向东盟的新一代信息技术创新与应用示范高地，促进人文交流与普惠服务区域合作等，都具有重要的意义。

——进展

2019 年 2 月，《中国—东盟信息港建设总体规划》获中国政府正式批复，中国—东盟信息港建设全面启动，逐步形成以广西为支点的中国和东盟信息枢纽。在基础设施方面，中国与东盟拥有十余条光缆连接，亚太直达国际海底光缆建成投入运营，中越、中缅跨境光缆系统完成扩容，全面开通使用；合作建设北斗地基增强系统，共同成立北斗产业示范园，共建数据中心。在技术合作方面，中国与东盟建立了一批双边技术转移中心，建成中国—东盟技术标准、东盟小语种辅助翻译等一批信息服务平台，联合开展技术创新、标准制定和技术合作等活动。①

2020 年 11 月，由国家互联网信息办公室、国家发展和改革委员会、工业和信息化部、广西壮族自治区人民政府联合主办的第四届中国—东盟信息港论坛在南宁举行。论坛以“数联东盟　智创未来”为主题，汇聚中国和老挝、越南、马来西亚等东盟国家的政府官员、知名专家学者、企业精英，围绕数字经济发展和智能互联、数据互通、合作互利开展交流研讨，为中国—东盟信息港建设建言献策，助力中国与东盟国家携手共筑“数字丝绸之路”。

截至 2020 年年底，中国—东盟信息港建设取得了瞩目的成绩。在基础设施建设方面，新增与边境、内陆中心省份的省际骨干直连链路数 33 条，省际出口总带宽已达 2491 万兆，建成 3 个面向东盟的北斗导航应用示范与产业化工程；在信息共享方面，引入 900 多家大数据应用服务企业和十余家国际性云服务运营商；在技术合作方面，大力促进中国—东盟年技术交易，中国—东盟技术转移网络覆盖企业成员 2400 家，合建 2 个特色国际合作科技示范园；在人文交流方面，正在积极推动与东盟国家开展远程诊疗试点。②

2021 年 4 月，中国—东盟信息港建设指挥部办公室发布《中国—东盟信息港 2021 年工作要点》。该要点明确了中国—东盟信息港重点建设项目、投产运营项目、重点储备项目 3 类项目，共 190 个。其中，重点建设项目包括建成运营南宁国家级互联网骨干直联点、5G 试商用网建设和应用示范等 115 个；重

① 《中国—东盟信息港建设将获高质量、高标准推进》，2018 年 9 月 12 日，新华网，http://www.xinhuanet.com/politics/2018－09/12/c_1123421103.htm。

② 《中国—东盟信息港》，中国—东盟信息港网站，http://dmxxg.gxzf.gov.cn/gyxxg/jbgk/。

点储备项目包括推动区域性互联网国际出入口落地广西、海上丝绸之路空间信息综合应用示范等42个；投产运营项目包括推进面向东盟国家的北斗技术应用、国际互联网数据专用通道优化等33个。在数字经济方面：中国—东盟信息港将推进中国—东盟数字贸易中心建设，加快中国—东盟跨境金融服务中心建设，推进金融信息服务平台建设，推进“壮美广西·金融云”建设。此外，中国—东盟信息港还将积极推进数字人民币在广西开展试点工作。在交流合作领域：举办中国—东盟“数字丝绸之路”合作峰会和第三届中国—东盟人工智能峰会、举办中国—东盟数创大赛，支持区内高校与东盟国家开展交流合作，开展国际科学技术合作，进一步加强数字经济合作，推动建立数字互联互通合作机制。①

——意义

中国—东盟信息港建设的全面启动，既是中国和东盟双方抓住信息技术快速发展的历史机遇、共享数字经济红利的双赢举措，也是中国—东盟建设命运共同体、推进21世纪海上丝绸之路进程的重要支柱。六年来，中国—东盟信息港建设的合作内容及方式在实践中不断丰富发展，不仅会成为亚太区域一体化提质增效的重要工具与信息枢纽，而且也将成为“数字丝绸之路”和网络空间命运共同体建设的典范。（本条执笔：郎平）

90. 澜湄合作

“澜沧江—湄公河合作”是首个由澜沧江—湄公河流域六国共同创建的新型次区域合作机制，是中国—东盟合作的重要组成部分，是共商共建“一带一路”的重要平台。2022年澜湄合作机制建立六周年，澜湄合作的内容不断丰富，涵盖了经济发展、公共卫生、农业合作、国际减贫、水资源、数字经济、绿色发展和教育合作等多个领域。未来，澜湄合作还将致力于“金色五年”的新发展，共建澜湄国家命运共同体。

——背景

澜沧江—湄公河流域横跨中国（云南和广西）、缅甸、老挝、泰国、柬埔寨、越南六国，中国境内是澜沧江流域，境外是东南亚最大的河流湄公河，一条河连接起中国和东南亚、南亚地区，地理位置十分重要。区域内蕴藏着丰富的水资源、生物资源和矿产资源，经济潜能和开发前景巨大。

在澜湄合作机制建立之前，湄公河流域的合作显示出较强的活力，区域一

① 广西壮族自治区大数据发展局：《中国—东盟信息港2021年工作要点发布》，2021年4月25日，中国—东盟信息港网站，http://dmxxg.gxzf.gov.cn/zwgk/ndbg/t8657769.shtml。

体化合作快速发展。1992 年，亚投行（ADB）提出倡议，六国举行部长级会议，发起了大湄公河次区域经济合作（Great Mekong Subregional Economic Cooperation，GMS）机制，推进次区域经济合作。经过二十多年的发展，湄公河流域经济增长乏力、中国与下游五国综合实力发生变化、安全和战略环境日益复杂，已经成为制约次区域合作深化的因素。①

贯穿六国的湄公河成为沿岸国家安全、经济和战略关注的重点。湄公河对中国淡水资源的供应和城市发展至关重要。下游国家对中国在上游建设大坝和引水设施存有疑虑，各种担忧阻碍了彼此间的互信。而受美国和日本主导的 GMS 机制主要以经济为合作领域，并没有将水资源管理列入合作框架。② 在此背景下，如何推进水资源跨境治理、保障水资源开发安全、增进政治互信，成为澜湄机制诞生的重要驱动力。

中国—东盟自由贸易区合作进一步加强，为中国在更宽领域、更深层次参与澜湄地区的次区域合作提供了发展机遇。2010 年，中国—东盟自由贸易区正式生效。澜湄次区域合作是中国—东盟自由贸易区建设的五个重点合作领域之一。进一步提高经济合作水平，拓展合作的广度和深度，加速合作进程，是澜湄地区合作发展面临的必然要求。中国在 2010 年超过日本成为世界第二大经济体和亚洲第一大经济体。作为地区内大国，中国有责任也有能力为澜湄次区域合作提供公共产品。建立一个“澜湄六国共同主导、涵盖领域广泛、合作水平和层次高”的新型次区域合作机制，有助于促进以澜沧江—湄公河为主轴的次区域发展。

2014 年 11 月，国务院总理李克强在第 17 次中国—东盟领导人会议上提出建立澜沧江—湄公河合作（简称“澜湄合作”）机制。创建澜湄合作机制，有利于发挥澜湄六国地缘相近、人文相亲、经济互补性强的优势，激发各国的内在发展潜力，也将为亚洲发展和民生改善注入新的活力。

——进展

2016 年 3 月 23 日，澜湄合作首次领导人会议在海南三亚举行，发表了《三亚宣言》和《澜湄国家产能合作联合声明》，正式启动澜湄合作机制。③ 2022 年，澜湄合作启动六周年。六年来，澜湄合作迅速发展壮大，合作领域不断拓宽，参与部门日益增多，内生动力持续增强，已成为最具活力和发展潜力的次区域合作机制，为各国发展注入了“源头活水”，为构建人类命运共同

① 卢光盛、金珍：《“澜湄合作机制”建设：原因、困难与路径》，《战略决策研究》2016 年第 3 期。

② 邢伟：《水资源治理与澜湄命运共同体建设》，《太平洋学报》2016 年第 6 期。

③ 《澜沧江—湄公河合作（Lancang-Mekong Cooperation）》，澜湄河合作网站，http://www.lmcchina.org/2015 - 11/12/content_41447215.html。

体树立了典范。①

澜湄合作机制不断完善。截至2022年3月，澜湄合作已成功举办三次领导人会议、六次外长会议等高级别会议，还举办了六次高官会和数次外交工作组会。六国外交部于2017年陆续成立澜湄合作国内秘书处或协调机构。2018年第二次领导人会议上，李克强总理倡议建立六国秘书处或协调机构联络机制，适时成立国际秘书处，并根据需要提升部分优先领域联合工作组级别。

澜湄合作框架不断完善。澜湄六国确定了政治安全、经济和可持续发展、社会人文三大支柱，以及互联互通、产能、跨境经济、水资源、农业和减贫五个优先合作方向，为全面长期合作奠定了坚实基础。这一机制框架简称“3＋5合作框架”。② 2018年1月，《澜湄合作五年行动计划（2018—2022）》与《金边宣言》发布，在巩固原有框架基础上积极拓宽合作领域，形成“3＋5＋X”合作新架构。③ 目前，澜湄合作机制下设立六个优先领域联合工作组，并根据《五年行动计划》陆续完成各优先领域规划，如《澜湄水资源合作五年行动计划（2018—2022）》《澜湄环境合作战略（2018—2022）》《澜湄农业合作三年计划（2020—2022）》等，“澜湄跨境经济合作五年发展计划”“澜湄国家产能合作三年行动计划”“澜湄国家互联互通合作规划”也正抓紧制定。④

澜湄合作成果不断丰富。澜沧江—湄公河合作第三次领导人会议通过的《万象宣言》提出，要促进贸易、投资、电力互联互通、工业、科技、创新、基础设施、交通设施、民航、公路和铁路连接、旅游和人文交流。⑤ 澜湄合作专项基金在教育、卫生、妇女、减贫等领域支持了500多个接地气、惠民生的项目。中方贷款支持六国开展了互联互通、机场电站、产业园区等40多个大型基建和产能合作项目。双方在水资源合作、合作抗疫、数字经济等方面也取了巨大的进展。

中国与澜湄国家关系日益密切。2020年，中国与湄公河五国贸易额逆势增长至3229亿美元，农产品贸易额达240亿美元，双双实现了约12%的同比增长；2021年，中国与湄公河国家贸易额达3980亿美元，同比增长23%。中国已成为越南、柬埔寨、缅甸、泰国的最大贸易伙伴，老挝的第二大贸易伙伴，

① 《外交部发言人：澜湄合作六周年为各国发展注入了“源头活水”》，2022年3月25日，外交部网站，http://news.cri.cn/20220323/500ae673-225c-ae7b-b692-4069ad47da70.html。

② 《澜沧江—湄公河合作（Lancang-Mekong Cooperation）》，2015年11月12日，澜湄河合作网站，http://www.lmcchina.org/2015-11/12/content_41447215.html。

③ 《澜湄合作五年行动计划》，2018年1月11日，中华人民共和国中央人民政府网站，http://www.gov.cn/xinwen/2018-01/11/content_5255417.htm。

④ 马捷：《澜湄合作五年：进展、挑战与深化路径》，《国际问题研究》2021年第4期。

⑤ 《澜沧江—湄公河合作第三次领导人会议万象宣言》，2020年8月25日，澜湄河合作网站，http://www.lmcchina.org/n3/2020/0907/c416223-9757635.html。

越南也成长为中国第四大贸易伙伴。中国企业积极参与柬埔寨西哈努克港经济特区、泰国罗勇工业园区等建设，带动纺织、电子、农业等合作更加深入。中国企业还在柬埔寨、老挝共建农业合作示范区，打造水稻、橡胶、果蔬、畜产品生产加工和物流集散基地。

——意义

澜湄合作是独具特色的次区域合作机制，具有多重的意义。

第一，澜湄合作是促进次区域合作和南南合作的新典范。澜湄合作是世界上首个率先响应联合国发展峰会通过的《2015 年后发展议程》的具体行动。澜湄合作在推进跨境经济合作、水资源合作以及教育、文化、青年、妇女等人文交流方面，具有得天独厚的优势，合作更扎实、更具体、更接地气、更顺民意。

第二，澜湄合作为打造澜湄国家命运共同体提供了重要平台。六国共商、共建、共享，在机制中地位平等，秉持协商一致、平等互利等原则，澜湄各国利益交融、命运与共。中国已同多个湄公河国家签署或正在商谈共建“一带一路”合作文件，以加强同各国的发展战略对接，共同促进地区的稳定与发展。

第三，澜湄合作机制是现有合作机制的有益补充，具有开放包容性。澜湄合作三大重点领域与东盟共同体建设三大支柱完全契合，与其他次区域合作机制相互补充、相互促进，澜湄合作将有力推动东盟共同体建设，促进区域一体化进程，为中国—东盟合作增添了新的内涵。（本条执笔：张琳）

九　多边合作新进展

91. 联合国第二十六次气候变化缔约方大会

——背景

2021 年 8 月 9 日，政府间气候变化专门委员会（IPCC）正式发布 IPCC 第六次评估报告第一工作组报告。报告提出，人类活动的影响使大气、海洋、冰冻圈和生物圈发生了广泛而迅速的变化；目前全球地表平均温度较工业化前高出约 1℃，预计在未来 20 年全球温度上升将达到或超过 1.5℃。在人类活动引发的气候变化对地球造成的影响日益显现的背景下，《联合国气候变化框架公约》第二十六次缔约方大会（COP26）于 2021 年 10 月 31 日至 11 月 13 日在英国格拉斯哥举行。

受新冠肺炎疫情的影响，这次大会是继 2019 年马德里气候大会（COP25）后举行的第一次正式缔约方大会，是《巴黎协定》进入实施阶段后召开的首次缔约方大会，是美国拜登政府上台后重返《巴黎协定》后参与的第一次谈判会议，也是迄今为止规模最大的一届缔约方会议。

——主体内容

本届大会最主要的成果是最终完成《巴黎协定》实施细则的谈判，签署了《格拉斯哥气候公约》。缔约方代表完成了对《巴黎协定》中市场机制、透明度和国家自主贡献共同时间框架等议题的遗留问题的谈判，尤其是就与碳市场第 6 条相关的基本规范达成一致，从而使得《巴黎协定》可以全面运作。同时，减排、适应和融资都在所有缔约方支持的复杂而微妙的平衡中得到加强，形成了一揽子协议。[①]《格拉斯哥气候公约》在减排、适应、融资和协作等四

① UN Climate Change, "COP26 Reaches Consensus on Key Actions to Address Climate Change," November 13, 2021, https://newsroom.unfccc.int/news/cop26 – reaches-consensus-on-key-actions-to-address-climate-change.

个目标都取得了进展。①

第一，减排。在此次大会上，印度、泰国、尼泊尔、尼日利亚和越南等作出了新的净零承诺，使得净零承诺已覆盖超过 90% 的全球经济和大约 90% 的全球排放，153 个国家提出了新的国家自主贡献（NDC）或宣布新长期战略。各缔约方就《巴黎协定》规则手册达成最终共识，都同意在 2022 年重新审视并加强制定 2030 年充满雄心的排放目标。另外，此次缔约方大会首次就“逐步减少”（phase down）煤电达成了一致立场。本届大会保留了减少煤炭和化石燃料补贴等具有争议的建议。

第二，适应。在此次大会上，各国就《格拉斯哥—沙姆沙伊赫全球适应目标工作方案》达成一致。本届大会还启动了国际适应性研究联盟（the Adaption Research Alliance，ARA），帮助发展中国家应对气候变化所带来的问题。气候融资提供方作出了具体承诺以增加对适应的支持，包括承诺到 2025 年将适应资金在 2019 年的基础上增加一倍，这是全球首次就适应的具体融资目标达成一致。在此次会议上，各国也宣布了新的伙伴关系，获得资金的渠道将因此获得改善。本届大会还建立了一个全新的“损失和损害问题格拉斯哥对话”融资安排。这些议题的通过都有助于减少脆弱性、加强韧性，提高人类和地球适应气候变化影响的能力。

第三，融资。对发展中国家来说，发达国家提供的气候资金十分重要。因此，英国将发达国家每年筹集 1000 亿美元气候融资的承诺置于其主席国工作的核心位置。缔约方还首次同意在《联合国气候变化框架公约》下提交一份关于实现 1000 亿美元目标进展的报告，确保发展中国家拥有发言权。

融资方面也获得了新的国际支持。在此次大会上，95% 的最大的发达国家气候融资提供方作出了新的前瞻性承诺，这为最晚于 2023 年实现 1000 亿美元的目标带来了重大进展，并且在 2025 年前这笔资金将继续保持上升趋势。同时，在此次大会上，34 个国家和 5 个公共金融机构承诺，在 2022 年年底前结束对未减排的国际化石燃料能源的直接公共支持，将数以万亿计的资金与全球净零的目标协调一致。发达国家还承诺大幅增加对最不发达国家基金重要基金的供资。

第四，协作。在此次大会上，各缔约方解决了一些在之前的会议上无法达成一致的分歧，就《巴黎协定》规则手册达成了最终共识，在“增强透明度框架”（排放和支持的共同报告方法）、国际碳市场的新机制和标准以及减排目标的共同时间框架等议题上达成了共识。同时，占全球 GDP 超过 70% 的 40

① “Cop26 Outcomes”，https://ukcop26.org/the-conference/cop26-outcomes/.

多个国家支持《格拉斯哥突破议程》（Glasgow Breakthroughs），各国承诺在10年内，通过政府和企业共同努力，加快开发部署实现《巴黎协定》目标所需的清洁技术和可持续解决方案，以更快、更低成本、更轻松的方式向清洁经济过渡。

这次大会还发布了《格拉斯哥领导人关于森林和土地利用的宣言》《全球森林金融承诺》《全球煤炭向清洁能源转型声明》《关于加速向100%零排放汽车和货车过渡的COP26宣言》等，成立了国际可持续发展标准委员会（ISSB）、适应研究联盟（ARA）等一系列新的组织机构。

此外，大会期间中国和美国共同发布的《中美关于在21世纪20年代强化气候行动的格拉斯哥联合宣言》也为本届大会注入了重要动力，成为大会的重要亮点。

——意义

在新冠肺炎疫情给全球发展蒙上阴影、气候变化挑战日益严峻的背景下，格拉斯哥气候大会极大地提升了各国对气候变化的关注力度与参与力度，使全球气候治理的水平提升到新的高度。

此次大会通过了《格拉斯哥气候公约》，就《巴黎协定》规则手册的最终细则达成共识。相关成果标志着全球气候治理由此转入以《巴黎协定》履约为主的实施进程。这对于维护多边主义、聚焦《巴黎协定》落实具有重要意义，开启了全球应对气候变化的新征程。不过，本届大会虽在各个目标和多个方面上都取得一定进展，但还有遗憾和不足。《格拉斯哥气候公约》是向前迈出的一步，但脱碳努力不足以将全球气温上升限制在2°C以内。[①] 另外，此次大会对于发展中国家长期关切的气候变化造成的“损失与损害”进行补偿等问题上仍然没有很好的回应。另外，虽然各缔约方在此次大会期间作出了承诺，必须共同努力以兑现承诺。（本条执笔：谢来辉、只霄北）

92. 第十五次《生物多样性公约》缔约方大会

——背景

《生物多样性公约》（Convention on Biological Diversity，简称《公约》）是一项保护地球生物资源的国际性公约。1992年6月1日，该《公约》在肯尼亚首都内罗毕由联合国环境规划署发起的政府间谈判委员会第七次会议通过，并在巴西里约热内卢举行的联合国环境与发展大会上由签约国签署。《公约》

① Ehsan Masood and Jeff Tollefson, “‘COP26 hasn't solved the problem’: scientists react to UN climate deal,” *Nature*, Vol. 599, 2021, pp. 355-356, https://www.nature.com/articles/d41586-021-03431-4.

于 1993 年 12 月 29 日正式生效。《公约》秘书处位于加拿大蒙特利尔。联合国《生物多样性公约》缔约国大会是全球履行该公约的最高决策机构，一切有关履行《生物多样性公约》的重大决定都要经过缔约国大会的通过。自 1994 年起，每两年数千名来自不同国家的代表齐聚缔约方大会，讨论如何保护生物多样性。

2016 年 12 月，《公约》缔约方大会决定，《生物多样性公约》第十五次缔约方大会于 2020 年在中国昆明召开。但是由于新冠肺炎疫情影响，大会推迟至 2021 年 10 月 11—15 日和 2022 年上半年分两阶段在昆明召开，第一阶段会议将以线上线下相结合的方式召开，第二阶段将以线下会议方式召开。[①]

——主体内容

《生物多样性公约》缔约方大会第十五次会议第一阶段会议两次改期，整个大会最终决定分两次召开，时间分别为 2021 年 10 月 11—15 日和 2022 年 4 月 25 日至 5 月 8 日。根据联合国环境规划署的通报，COP15 第一阶段会议的临时议程共分为七项。[②] 第一项是组织事项，包括会议开幕、组织事项、关于缔约方大会第十五届会议代表的全权证书的报告、未决问题、缔约方大会今后会议的时间和地点。第二项是闭会期间会议和区域筹备会议的报告。第三项是《生物多样性公约》的行政管理和信托基金的预算。第四项是审查执行情况，主要审查执行《生物多样性公约》和《2011—2020 年生物多样性战略计划》以及实现“爱知生物多样性”目标的进展情况。第五项是整个会议的重点，主要讨论“2020 年后全球生物多样性框架”及其相关事项和加强执行的机制。具体内容包括“2020 年后全球生物多样性框架”的建立、加强纳入第 8（j）条和相关条款、遗传资源数字序列信息、资源调动和财务机制、能力建设、科技合作、知识管理和传播、规划、监测、报告和审查机制、与其他公约和国际组织的合作、将生物多样性纳入部门和跨部门主流、审查《公约》及其议定书下各进程的成效、缔约方大会多年期工作方案。第六项是其他技术问题，包括保护区和其他有效地区保护措施、海洋和沿海生物多样性、外来入侵物种、可持续野生动物管理、生物多样性和气候变化、生物多样性和农业、生物多样性和健康、自然和文化、合成生物学。最后一项包括其他事项的讨论、通过会议报告以及会议闭幕。

COP15 的主题是“生态文明：共建地球生命共同体”，主要倡导生物多样性保护、生态文明建设、人与自然和谐共生三个方面，完美契合了《生物多样

① 《〈生物多样性公约〉缔约方大会第十五次会议将分两阶段召开》，2021 年 9 月 23 日，中国新闻网，https://www.chinanews.com.cn/gn/2021/09-23/9571791.shtml。

② 2020 年联合国生物多样性大会网站，https://news.cop15-china.com.cn/api-content/cms/homepagezh。

性公约》长久以来的三个目标：保护生物多样性、可持续利用其组成部分以及公平合理分享利用遗传资源而产生的惠益。2021 年 10 月 13 日，联合国《生物多样性公约》第十五次缔约方大会第一阶段会议通过了《昆明宣言》，这是一个政治性的宣言，是此次大会第一阶段会议的主要成果。

《昆明宣言》可以分为两个部分，第一部分是回顾、认识与强调。① 回顾了与“人与自然和谐共生”的 2050 年生物多样性愿景的关联、《联合国 2030 年可持续发展议程》、2020 年 9 月召开的主题为“采取生物多样性紧急行动，促进可持续发展”的联合国生物多样性峰会。认识到要实现《生物多样性公约》的各项目标和 2050 年生物多样性愿景，必须在环境、社会和经济维度全面实现该议程；认识到过去十年在《2011—2020 年生物多样性战略计划》下取得了一定进展，但不足以实现“爱知生物多样性”目标；认识到生物多样性的持续丧失危及可持续发展目标和其他国际目标的实现；认识到人类社会面临的各种危机以及这些危机具有许多共同的潜在变化因素；认识到生物多样性丧失的主要驱动因素；认识到土著人民、地方社区、妇女、儿童对于保护生物多样性的作用和突出贡献。强调生物多样性及其提供的生态系统功能和服务对人类的重要作用；强调需要在所有经济部门和全社会采取紧急和综合行动以实现转型变革；强调需要采取组合措施来遏制和扭转生物多样性丧失。并重申了《关于将保护和可持续利用生物多样性纳入主流以促进福祉的坎昆宣言》和《关于为人类和地球投资生物多样性的沙姆沙伊赫宣言》。

第二部分是各方代表承诺②。各方代表在《昆明宣言》中通过了 17 条承诺，大致内容如下：（1）确保制定、通过和实施一个有效的“2020 年后全球生物多样性框架”，进而全面实现“人与自然和谐共生”的 2050 年愿景；（2）《卡塔赫纳生物安全议定书》的制定、通过与实施；（3）将保护和可持续利用生物多样性纳入或“主流化”到决策之中；（4）实施国家生物多样性保护战略与行动计划；（5）加强和建立有效的保护地体系；（6）加强生物多样性的可持续利用以满足人们的需求；（7）积极完善全球环境法律框架，加强国家层面执法力度；（8）确保公平公正地分享由利用遗传资源及其相关传统知识所产生的惠益；（9）推进相关生物技术的发展；（10）增加生态系统方法的运用；（11）减少人类活动对海洋的负面影响；（12）确保生物多样性保护不受新冠肺炎疫情的影响；（13）与其他部门合作，调动更多资源支持生物多样性

① 《2020 年联合国生物多样性大会（第一阶段）高级别会议昆明宣言　生态文明：共建地球生命共同体》，2021 年 10 月 14 日，新华网，http://www.nwes.cn/2021－10/4/c－112795474a.htm。

② 《2020 年联合国生物多样性大会（第一阶段）高级别会议昆明宣言　生态文明：共建地球生命共同体》，2021 年 10 月 14 日，新华网，http://www.nwes.cn/2021－10/4/c－112795474a.htm。

保护；（14）为发展中国家实施“2020 年后全球生物多样性框架”增加支持；（15）使各利益相关方能够充分和有效地参与；（16）开发关于生物多样性宣传、教育和提高公众意识的工具；（17）增加与现有多边环境协定、《2030 年可持续发展议程》及相关国际和多边进程的合作与协调行动。

——意义

此次大会再一次向世界各国强调了生物多样性所面临的严峻形势，倡导推进全球生态文明建设，强调人与其他生物是地球生命共同体，强调尊重自然、顺应自然和保护自然，努力达成《公约》提出的到 2050 年实现生物多样性可持续利用和惠益分享，实现“人与自然和谐共生”的美好愿景。此次大会凝聚了各方对于生物多样性的共识和意愿，加强了各方的交流与合作，在“爱知生物多样性”目标失败的背景下，这次大会是一个重要机遇，很有可能成为一个转折点，为全球生物多样性保护探索出新的路径。（本条执笔：孙静波　谢来辉）

93.《联合国气候变化框架公约》

——概念阐述与形成过程

作为全球性的公共产品，气候变化被视为人类历史上最严重的市场失灵。气候变化的全球性威胁使人们深刻地认识到，人类的生存和发展不是一个无止境的自由选择的过程，它受全球有限的环境资源、有限的能源资源的约束，这一约束必然影响各国发展道路和发展模式的选择。这一共识不仅反映在政府间气候变化专门委员会（IPCC）的五次气候变化评估报告之中，也体现在《联合国气候变化框架公约》（简称《公约》）及其缔约方会议所达成的《京都议定书》和《巴黎协定》中。

《联合国气候变化框架公约》是一项旨在解决气候变化问题的政府间条约，也是世界上最重要的气候变化多边协议。1988 年，联合国世界气象组织和环境规划署联合建立政府间气候变化委员会（IPCC），召集全球相关领域的科学家对全球气候变化进行评估，于 1990 年发布了第一次全球气候变化评估报告，指出全球变暖是不争事实，且与人类活动密切相关，成为国际社会认知和应对气候变化的重要科学依据。1990 年，第二次世界气候大会呼吁建立一个气候变化框架条约。本次会议由 137 个国家加上欧洲共同体进行部长级谈判，主办方为世界气象组织、联合国环境署和其他国际组织。1990 年，第 45 届联合国大会启动《公约》的谈判进程，1992 年，《公约》在里约地球峰会上获得通过，随后得到 190 多个缔约方的批准，于 1994 年 3 月 21 日正式生效。自 1995 年起，《公约》缔约方每年召开缔约方会议（Conferences of the Parties，COP），评估应对气候变化的进展与成效。中国于 1992 年 11 月经全国人大批准加入《公约》。

——主要内容

《公约》确立了应对气候变化的最终目标。《公约》第 2 条规定："本公约以及缔约方会议可能通过的任何法律文书的最终目标是：将大气温室气体的浓度稳定在防止气候系统受到危险的人为干扰的水平上。这一水平应当在足以使生态系统能够可持续进行的时间范围内实现。"

为实现上述目标，《公约》确立了五个基本原则：一是遵循"共同但有区别的责任原则、公平原则和各自能力原则，由发达国家缔约方率先应对气候变化的不利影响；二是充分考虑发展中国家缔约方的具体需要和国情；三是各缔约方应当采取预防措施，预测、防止或尽量减少引起气候变化的原因并缓解其不利影响；四是尊重各缔约方的可持续发展权；五是各缔约方应加强国际合作，促进发展中国家缔约方的可持续经济增长和发展。

《公约》承认，发展中国家有消除贫困、发展经济的优先需要，明确了经济和社会发展以及消除贫困是发展中国家压倒一切的优先任务。《公约》规定，发达国家要承担向发展中国家提供资金和技术的义务。

《公约》还要求缔约方作出诸多旨在解决气候变化问题的承诺，包括定期提交专项报告，披露缔约方的温室气体排放信息，并说明为实施《公约》所执行的计划及具体措施。

——重要意义和进展

为促进《公约》的实施，缔约方自 1995 年起每年召开缔约方会议评估各方履行条约义务的进展情况，并考虑采取进一步行动应对气候变化威胁。

1995 年，《联合国气候变化框架公约》第一次缔约方大会（COP1）授权讨论制定《京都议定书》，于 1997 年 12 月第三次缔约方大会（COP3）上签署，并于 2005 年 2 月生效。《京都议定书》首次引入排放贸易（ET）、联合履约（JI）和清洁发展机制（CDM）三种排放交易机制，对发达国家和经济转型国家（即附件一国家）设定了具有法律约束力的温室气体减排目标（主要经济发达国家承诺 2008—2012 年温室气体排放在 1990 年基础上平均减少 5.2%），从而使得全球温室气体减排行动真正开始付诸实施。温室气体减排问题从此成为国际气候外交的核心议题，成为经济发达国家和发展中国家对话的重要内容。为进一步加强国际社会合作应对气候变化，2013 年起，联合国气候变化大会在"德班平台"上开启新一轮的谈判，目的是到 2015 年达到一个新的、有法律约束力的法律文本（或是条约、法律文件和结果），对 2020 年后应对气候变化国际机制作出安排。2015 年 12 月，《公约》第 21 次缔约方大会通过《巴黎协定》，提出了将全球平均气温上升控制在低于 2℃之内，并努力限制在 1.5℃之内的目标。大会还一并就国家自主贡献、减缓、适应、资金、技术、能力建设、透明度、全球盘点、遵约等方面作出了全面平衡的安排。2016 年 11 月，《巴黎协定》正式生效。2021 年 11 月，《联合国气候变化框架公约》第二十六次缔约方大会（COP26）在英国格拉斯哥闭幕。大会达成《巴黎协定》实施细则一揽子决议，开启国际社会全面落实《巴黎协定》的新征程。

总的来说，《公约》确立了国际社会普遍认可的低碳发展原则，奠定了应对气候变化国际合作的法律基础，是具有权威性、普遍性、全面性的国际框架，为全球的气候行动提供了方向和原则指引。从《京都议定书》到《巴黎协定》，国际气候谈判和治理机制的变迁都始终围绕公约规定的原则和框架不断进行调整或者变革。（本条执笔：田慧芳）

94.《中美应对气候危机联合声明》

——概念阐述与形成过程

气候变化是中美两国共同面临的威胁和挑战。中美为应对气候变化开展了富有成效的合作，包括积极落实能源和环境十年合作框架、将能源与气候合作列为中美战略与经济对话中的重要合作领域、专门成立中美气候变化工作组推动两国的气候合作等。2014 年 11 月，中美双方发布《中美气候变化联合声明》，强调了中美加强气候变化双边合作的重要性，为推动《巴黎协定》的达成发挥了建设性作用。然而，特朗普就任美国总统之后宣布美国退出《巴黎协定》，对全球应对气候变化的资金、技术、产业合作造成了负面影响，不仅导致《巴黎协定》进程受挫，也使得中美气候合作受到巨大影响。2021 年，拜登政府上任后第一时间宣布重返《巴黎协定》，并密集签署多项与气候相关行政命令，还邀请包括中国在内的 40 位国家和国际组织领导人参加了 2021 年 4 月 22 日在世界地球日上召开的“领导人气候峰会”。拜登在气候问题上的积极表态，有助于中美恢复气候变化领域合作，并以此为润滑剂，在一定程度上缓解两国紧张关系。

为推动峰会的顺利进行，2021 年 4 月 15—16 日，美国总统气候问题特使约翰·克里（John Kerry）专程赴上海与中国气候变化事务特使解振华进行了会谈，致力于推动中美两国在紧迫的气候变化问题上的合作与共识。《中美应对气候危机联合声明》（简称《声明》）即是此次中美会晤的重要成果。

——主要内容

《中美应对气候危机联合声明》共包含 6 条内容，其中第 1、2、3、6 条主要阐述了双方在应对气候变化方面的立场与共识。

第1条强调，面对气候危机，中美双方既要强化各自行动，还要加强在《联合国气候变化框架公约》和《巴黎协定》等多边进程中的合作。在第2条中，中美双方表达了与其他缔约方携手推动《巴黎协定》落实的坚定态度，承诺将继续作出努力，在《巴黎协定》框架下强化行动，并合作识别和应对相关挑战与机遇，以实现《巴黎协定》规定的将全球平均气温上升控制在低于2℃之内，并努力限制在1.5℃之内的目标。在第3条中，中美双方表示积极支持2021年4月召开的“领导人气候峰会”，强调双方认同“领导人气候峰会”的目标，即在格拉斯哥联合国气候公约第26次缔约方大会（COP26）前提高包括减缓、适应和支持的全球气候雄心。

第4—5条对中美双方具体气候行动进行了阐述。其中第4条明确了中美双方在近期内可能采取的三项气候行动：一是在COP26之前，制定各自旨在实现碳中和/温室气体净零排放的长期战略；二是采取适当行动，尽可能扩大国际投融资支持发展中国家从高碳化石能源向绿色、低碳和可再生能源转型；三是分别执行蒙特利尔议定书基加利修正案中所体现的逐步削减氢氟碳化物生产和消费的措施。第5条则规划了中美双方在未来10年气候合作的重点领域，一是工业和电力领域脱碳的政策、措施与技术，包括通过循环经济、储能和电网可靠性、碳捕集利用和封存、绿色氢能；二是增加部署可再生能源；三是绿色和气候韧性农业；四是节能建筑；五是绿色低碳交通；六是关于甲烷等非二氧化碳温室气体排放合作；七是国际航空和航海活动排放合作；八是其他近期政策和措施，包括减少煤、油、气排放。

在第6条中，双方再次强调支持2021年COP26就推动《巴黎协定》细则取得进展，还表达了对中国承办的2021年《生物多样性公约》第十五次缔约方大会（COP15）的支持。

——意义及影响

应对气候变化是当今世界亟待解决的一大难题，加强在该领域的合作有助于中美两国改善并重塑双边关系。美国于2021年4月22日召集的“领导人气候峰会”是拜登政府上台后首个重要的主场气候外交，对于美国重返国际气候治理进程具有十分重要的意义。《声明》重启中美气候变化对话合作渠道，清晰表达了中美双方对“领导人气候峰会”和COP26的支持态度，向国际社会传递了积极的信号：尽管中美两国在多个方面关系紧张，但双方都希望为应对全球挑战而共同努力，特别是在气候变化领域，中美面临共同的危机，也拥有广泛共同利益和合作空间。

《声明》强调气候危机的“严峻性”与“紧迫性”，提出中美将通过两种路径应对危机：一是以联合国气候大会COP26为平台加强各国在全球气候问题上的协商与谈判，这是两国促进国际市场合作和规则建设的基础；二是通过双边协商，提升各自的气候雄心，并挖掘双方实现碳中和的合作潜力。中美在应对气候变化方面的行动和共识体现了负责任大国的战略担当，不仅有利于推动全球气候治理议程，还将为两国乃至世界的整体福祉作出更大贡献。

《声明》的发布为中美未来 10 年的气候合作指明了方向。美国重新加入《巴黎协定》，必然将在全球气候变化、新能源发展等方面采取更积极的措施。中国也明确作出 2060 年左右实现碳中和的承诺。事实上，近年来，中国已经在环境气候领域采取了一系列有力行动，包括积极发展绿色低碳产业、提升绿色技术、支持绿色金融及气候投融资等，取得了积极的成效。中美两国各自积累了丰富的经验、拥有各自的比较优势，如果双方能够克服困难，超越现状，取长补短，必将帮助彼此更好地实现气候目标并造福全人类。（本条执笔：田慧芳）

95.《全面与进步跨太平洋伙伴关系协定》

——背景

2002 年 10 月，智利、新西兰和新加坡三国领导人在亚太经合组织（APEC）领导人非正式会议期间宣布正式启动“太平洋三国更紧密经济伙伴协定”谈判。在 2004 年第二轮谈判中，文莱成为观察员，后于 2005 年 4 月第五轮谈判中成为正式谈判方。2005 年 7 月，四国签署了“跨太平洋战略经济伙伴关系协定”（Trans-Pacific Strategic Economic Partnership，TPSEP）。2006 年 5 月，该协定正式生效。

2008 年 2 月，美国明确表示加入 TPSEP 投资和金融服务业谈判的意向。9 月，时任美国贸易谈判代表苏珊·施瓦布表示，美国将考虑于 2009 年开始参与 TPSEP 框架下的自由贸易谈判。11 月，澳大利亚和秘鲁正式承诺加入 TPP 谈判。2009 年 3 月，TPSEP 的四个初始成员国同意接受越南以“联结成员”的身份加入 TPP 谈判。11 月，时任美国总统奥巴马在日本进行国事访问期间宣布，美国将以 TPSEP 为基础在更大范围内开展更高水平的贸易自由化谈判。TPSEP 由此更名为《跨太平洋伙伴关系协定》（TPP）。

2010 年 3 月，由新西兰、新加坡、智利、文莱、美国、澳大利亚、秘鲁和越南八国参加的 TPP 首轮谈判在澳大利亚墨尔本举行。在 TPP 的谈判进程中，马来西亚、墨西哥、加拿大和日本陆续加入谈判，从而使参加 TPP 谈判的成员国扩大为 12 个。2015 年 10 月 5 日，12 个成员国结束谈判，达成 TPP 贸易协定。2016 年 2 月 4 日，12 个成员国在新西兰奥克兰正式签署协定。2017 年 1

月 23 日，时任美国总统特朗普在白宫签署行政命令，正式宣布美国退出 TPP。

2017 年 11 月，除美国外的其他 11 个成员国宣布将在 TPP 基础上签署新的自由贸易协定，并命名为《全面与进步跨太平洋伙伴关系协定》（Comprehensive Progressive Trans-Pacific Partnership，CPTPP）。2018 年 3 月 8 日，参与 CPTPP 谈判的 11 国代表在智利首都圣地亚哥举行协定签字仪式。12 月 30 日，《全面与进步跨太平洋伙伴关系协定》正式生效。

——主体内容

在内容上，除序言和附件外，CPTPP 总共包括 30 章，分别是初始条款和一般定义、货物的国民待遇和市场准入、原产地规则和原产地程序、纺织品和服装、海关管理和贸易便利化、贸易救济、卫生与植物卫生措施、技术性贸易壁垒、投资、跨境服务贸易、金融服务、商务人员临时入境、电信、电子商务、政府采购、竞争政策、国有企业和指定垄断、知识产权、劳工、环境、合作与能力建设、竞争力和商务便利化、发展、中小企业、监管一致性、透明度和反腐败、管理和机构条款、争端解决、例外和总则以及最终条款。

序言明确了 CPTPP 的目标，主要包括致力于维护开放市场，增加世界贸易，为不同收入水平和经济背景的人民创造新的经济机会；促进缔约方之间进一步加强区域经济一体化；为加快区域贸易自由化和投资增加机会等。CPTPP 重申促进企业社会责任、文化认同和多样性、环境保护和保育、性别平等、土著权利、劳工权利、包容性贸易、可持续发展和传统知识的重要性，以及保留其为保障公共利益进行监管的权利的重要性。

相对 TPP，CPTPP 所进行的修改主要包括三个方面：一是放宽了协定生效条件。CPTPP 的生效条件是至少六个成员国或者是超过 50% 的成员国批准，而 TPP 则要求至少占到成员国经济总量的 85% 的六个成员国批准。二是特定条款暂停。CPTPP 设定了 22 条暂停条款，涉及海关监管与贸易便利化、投资、服务贸易中的跨境交付、政府采购、知识产权、透明度与反腐败等一般条款以及金融服务、电信服务、邮政服务和环境服务等特定部门条款。三是修改和增加了附件。例如，CPTPP 修改了对文莱、马来西亚协定生效日期措辞，附加了越南的单边保证函、加拿大有关汽车标准承诺的单边保证函和有关汽车原产地规则承诺的单边保证函等，并以此解决了相关成员国的担忧和分歧。

——意义

CPTPP 是当前亚太地区乃至全球最重要的经贸协定之一。CPTPP 构建了新的国际贸易规则，并在货物和服务贸易领域推动了更加开放的区域一体化进程。相比 TPP，尽管 CPTPP 的自由化要求有所降低，但仍在货物贸易、服务贸易以及投资领域覆盖了绝大多数产品和产业部门，因而在推动国际贸易投资规则的升级上具有引领作用。因此，CPTPP 仍不失为一项高标准的、全面的自由贸易协议，对构建新的国际贸易规则具有重要意义。

首先，CPTPP 拥有较高的市场准入水平。在市场准入方面，CPTPP 延续了 TPP 对关税的规定，并致力于将实现零关税目标。CPTPP 实施一年内，绝大部分成员零关税的比重将达到 80% 以上，其中澳大利亚、新西兰、文莱、加拿大、智利、新加坡等成员的零关税将达到 90% 以上。过渡期之后，大部分成员的零关税将达到 98% 以上。可见，其关税减让力度高于传统的自由贸易协定。此外，CPTPP 将实行更加严格的原产地规则。

其次，CPTPP 拥有较大的竞争政策范围。CPTPP 的竞争政策既包括反垄断法律与措施等方面的规定，也包括对国有企业的竞争规范。CPTPP 要求各成员国制定反垄断的法律并采取相应的措施，确保在获得信贷以及其他形式的政府资助上不存在不公平的竞争优势。这些条款使 CPTPP 超出了一般贸易协定所涵盖的边界措施，并涉及边界内政策的干预。

最后，CPTPP 拥有较高的劳工和环境标准。劳工标准和环境标准是 CPTPP 的重要内容。在劳工标准上，CPTPP 维护国际劳工组织 1998 年通过的《关于工作中基本原则和权利宣言后续措施》，将"劳工条款"适用于出口加工区和自由贸易区，并对外贸企业支付工人的最低工资进行规定。在环境标准上，尽管搁置了 TPP 的野生动物保护条款，CPTPP 仍坚持已签署的多边环境协议（MEAs）中的承诺，保护自然资源。

可见，CPTPP 深化了传统贸易协定所涵盖的内容，并将贸易问题与劳工、环境、竞争政策等新问题挂钩，开辟了贸易领域的新规则，拥有了比其他自由贸易协定更高的门槛。正因如此，中国于 2021 年 9 月 16 日正式提出申请加入 CPTPP。（本条执笔：徐秀军）

96.《数字经济伙伴关系协定》

——背景

随着数字技术引领的"第四次工业革命"日益蓬勃发展，大数据、云计算、物联网、增强现实技术、5G、区块链和人工智能等重点技术取得了长足进步。这些技术相互支撑，形成一套集数字存储、传输、分析和计算等功能在内的综合性数字技术体系。通过实现人、机器和资源的智能互联，数字技术同先进制造技术相结合，推动了新型生产方式和商业模式的发展，为实现资源更高效的配置、经济更可持续的发展提供了巨大潜力。数字技术的广泛应用在推动全球经济增长的同时，也造成了许多新的全球性问题。传统的全球治理机制难以适应数字经济发展的新需求，而新的数字经济治理规则尚未建立或不完善，治理赤字有增无减。

为应对数字经济带来的挑战、规范数字经济发展，近年来国际社会作出了不懈努力。首先，全球主要经济体都提出了自己的治理主张。美国倡导数据自由流动、反对服务器和数据本土化，欧盟强调隐私、视听产品例外、知识产权和消费者保护，中国强调数字主权等。这些主张均在推动数字经济治理方面发挥了重要作用，但彼此之间也存在难以调和的差异和分歧。其次，在区域层面，《全面与进步跨太平洋伙伴关系协定》《美墨加协定》《区域全球经济伙伴关系协定》等一些新的区域自由贸易谈判也非常关注电子商务、数据跨境流动、本地存储等方面的议题，但涉及的领域仍很有限。再次，世界贸易组织（WTO）也在推动数字贸易的国际规则制定。2019 年，包括中国在内的 76 个 WTO 成员发表电子商务联合声明，启动了与贸易有关的电子商务谈判，但并未取得实质性进展。

在此背景下，新加坡、智利、新西兰提出建立有关数字经济活动和交流的单独规则安排的倡议，并就建立相关规范的数字贸易协定等问题展开谈判。2020 年 6 月 12 日，三国在线上签署《数字经济伙伴关系协定》（Digital Economy Partnership Agreement，DEPA）。2021 年 1 月，DEPA 在新加坡和新西兰生效。2021 年 8 月，DEPA 获得智利议会批准正式生效。2021 年 11 月 1 日，中方向 DEPA 保存方新西兰正式提出申请加入这一协定。

——主要内容

《数字经济伙伴关系协定》致力于推动电子商务便利化、数据转移自由化和个人信息安全化。DEPA 共包括 16 章，分别是：初始条款和一般定义、商业和贸易便利化、数字产品待遇和相关问题、数据问题、更广泛的信任环境、商业和消费者信任、数字身份、新兴趋势和技术、创新和数字经济、中小企业合作、数字包容性、联合委员会和联络点、透明度、争端解决、例外以及最终条款。其中，争端解决还包括争端解决范围、调停机制和仲裁机制三个附件。

在商业和贸易便利化的相关规定中，DEPA 涉及无纸贸易、国内电子交易框架、物流、电子发票、快运货物、电子支付等。DEPA 要求各成员国将贸易管理文件的电子版本按照与纸质单证具有同等法律效力予以接受，避免对电子交易施加任何不必要的监管负担，保证在其管辖范围内实施与电子发票相关的措施旨在支持跨境交互操作性，及时公开各自有关监管批准、许可要求、程序和技术标准等有关电子支付的法规，考虑相关支付系统的国际公认支付标准，以增强支付系统之间的可交互操作性。

在数字产品待遇和相关问题的相关规定中，DEPA 将数字产品界定提供商业销售或传播目的而生产的、可以电子方式传输的计算机程序、文本、视频、图像、录音或数字编码的其他产品。DEPA 要求各成员国确认其与数字产品非歧视待遇相关的承诺水平，并给予在其他成员领土内创造、生产、出版、签约、代理或首次以商业化条件提供的数字产品的待遇，或给予作者、表演者、生产者、开发者或所有者为其他成员的人的数字产品的待遇，不得低于其给予其他同类数字产品的待遇。

在数据问题的相关规定中，DEPA 涉及个人信息保护、通过电子方式进行跨境传输信息、计算设施的位置等。DEPA 要求各成员国采用或维持为电子商务和数字贸易用户的个人信息提供保护的法律框架，在保护电子商务用户不受其管辖范围内发生的违反个人信息保护行为的影响方面采取非歧视做法，允许通过电子方式跨境传输信息等。

在新兴趋势和技术的相关规定中，DEPA 就金融科技、人工智能、政府采购、竞争政策等领域合作进行了规定。DEPA 要求各成员国促进金融科技部门中的企业间合作，促进商业或金融部门金融科技解决方案的制定，鼓励在符合各自法律法规的情况下开展金融科技部门中的创业或创业人才合作；促进采用支持可信、安全和负责任使用人工智能技术的道德规范的治理框架（人工智能治理框架），并在采用这一框架时考虑包括可解释性、透明度、公平性和以人为本的价值观在内的国际公原则或指导方针。

意义

作为全球首个专门针对数字经济合作的区域协定，DEPA 的签订与实施掀开了全球数字经济治理的新篇章。

一方面，DEPA 将促进成员国之间的数字贸易合作。DEPA 加强了成员国之间的数字经济政策协调，并为破除数字经济中与贸易有关的壁垒、加强数字经济监管建立了相应规则，有力保障了数字经济与贸易的有序运行。同时，DEPA 成员国还致力于通过数字经济合作促进企业社会责任、文化认同和多样性、环境保护、性别平等、包容性贸易、可持续发展和传统知识以及维护其原住民族权利、劳工权利和为公共利益而进行监管的权利。

另一方面，DEPA 推动了全球数字贸易规则的发展。目前，虽然，全球主要数字经济大国均未加入这一协定，DEPA 成员国的数字经济总量较少，但其涵盖了数字经济的主要领域和主要问题，尤其是对金融科技和人工智能等新兴领域也设定了相应规则，为构建更加全面的全球数字贸易规则奠定了重要基础。在吸纳新成员后，DEPA 的影响力将大幅提升，并将深刻影响全球数字贸易规则的未来走向。（本条执笔：徐秀军）

97.《2030年前碳达峰行动方案》

——概念阐述与形成过程

近年来，中国高度重视应对气候变化，积极实施应对气候变化的国家战略。迄今为止，中国已在全球气候治理的舞台上作出三次郑重的承诺。第一次是在2009年哥本哈根联合国气候变化会议上，中国承诺，到2020年单位GDP的碳排放量将比2005年下降40%—45%，非化石能源占一次能源消费比重达到15%左右等。这些目标在2019年已经全部提前实现。第二次是在2015年第二十一届联合国气候变化大会前，中国提交《强化应对气候变化行动——中国国家自主贡献》，提出在2030年左右实现碳达峰并争取尽早达峰；单位GDP的碳排放比2005年下降60%—65%，非化石能源占一次能源消费比重达到20%左右。第三次是2020年9月习近平主席出席第七十五届联合国大会时强调，努力争取2060年前实现碳中和。这三次承诺时间上相互连接，形成中国到本世纪中叶温室气体减排的完整路线图。

碳达峰碳中和是两个环环相扣、密切相关的目标，碳达峰是实现碳中和必须经历的阶段。为进一步落实中国的碳达峰碳中和承诺，在2021年第二十六届联合国气候变化大会（COP26）前，中国于10月24日发布《关于完整准确全面贯彻新发展理念做好碳达峰碳中和工作的意见》，于10月26日发布《2030年前碳达峰行动方案》（简称《方案》），围绕贯彻落实中国关于碳达峰碳中和的重大战略决策，对推进碳达峰工作作出总体部署。

——主要内容

《方案》提出，到2025年，中国非化石能源消费比重达到20%左右，单位国内生产总值能源消耗比2020年下降13.5%，单位国内生产总值二氧化碳排放比2020年下降18%，为实现碳达峰奠定坚实基础。到2030年，非化石能源消费比重达到25%左右，单位国内生产总值二氧化碳排放比2005年下降65%以上，顺利实现2030年前碳达峰目标。

该《方案》细化部署了中国“碳达峰十大行动”：一是能源绿色低碳转型行动，包括：推进煤炭消费替代和转型升级；大力发展新能源，全面推进风电、太阳能发电大规模开发和高质量发展；因地制宜开放水电；积极安全有序发展核电；合理调控油气消费；加快建设新型电力系统等。二是节能降碳增效行动，包括全面提升节能管理能力，实施节能降碳重点工程，推进重点用能设备节能增效，加强新型基础设施节能降碳等。三是工业领域碳达峰行动，包括推动工业绿色低碳发展，推动钢铁、有色金属、建材、石化化工行业的碳达峰，坚决遏制"两高"项目盲目发展等。四是城乡建设碳达峰行动，包括推进城乡建设绿色低碳转型，加快提升建筑能效，优化建筑用能结构，推进农村建设和用能低碳转型等。五是交通运输绿色低碳行动，包括推动运输工具装备低碳转型，积极扩大电力、氢能、天然气、先进生物液体燃料等新能源、清洁能源在交通运输领域应用，构建绿色高效交通运输体系，加快绿色交通基础设施建设等。六是循环经济助力降碳行动，包括推进产业园区循环化发展，加强大宗固废综合利用，健全资源循环利用体系，大力推进生活垃圾减量化资源化等。七是绿色低碳科技创新行动，包括完善创新体制机制，加强创新能力建设和人才培养，强化应用基础研究，加快先进适用技术研发和推广应用等。八是碳汇能力巩固提升行动，包括巩固生态系统固碳作用，提升生态系统碳汇能力，加强生态系统碳汇基础支撑，推进农业农村减排固碳等。九是绿色低碳全民行动，包括加强生态文明宣传教育，推广绿色低碳生活方式，引导企业履行社会责任，强化领导干部的培训等。十是各地区梯次有序推进碳达峰行动。包括科学合理确定有序达峰目标，因地制宜推进绿色低碳发展，上下联动制定地方达峰方案，组织开展碳达峰试点建设等。

该《方案》还对政策保障和组织实施作出部署。政策保障任务包括建立统一规范的碳排放统计核算体系，健全法律法规标准，完善经济政策，建立健全市场化机制等；组织实施方面，要求加强统筹协调，强化责任落实，严格监督考核，逐步建立系统完善的碳达峰碳中和综合评价考核制度，对碳达峰工作成效突出的地区、单位和个人按规定给予表彰奖励，对未完成目标任务的地区、部门依规依法实行通报批评和约谈问责。

——意义

应对气候变化作为全人类共同面对的重大挑战，一方面需要集中大量的资金、技术、人才等资源，另一方面还需要协调各区域、各领域、各行业所面对的不同情况、不同禀赋，实现统筹兼顾。重点部门和行业是碳排放的主要来源，推动这些行业和领域碳排放达峰并进入下行区间，是逐步推动中国碳排放达峰的主要抓手。《方案》部署的十大行动，致力于有力有序有效推动碳达峰工作，加快实现中国生产生活方式绿色变革，将中国经济社会发展建立在资源高效利用和绿色低碳发展的基础之上。

中国许多地区的能源结构长期以煤炭、石油等高碳能源为主，高碳锁定效应是部分地区实现碳达峰的重要障碍。在前期对碳达峰碳中和工作的探索推进中，中国部分地区还出现了超出发展阶段的盲目、运动式"减碳"行为。《方案》坚持"总体部署、分类施策，系统推进、重点突破，双轮驱动、两手发力，稳妥有序、安全降碳"的工作原则，提出了"上下联动制定地方达峰方案”的策略，并强调以保障国家能源安全和经济发展为底线，推动能源低碳转型平稳过渡，为碳达峰碳中和行动提供了稳妥有序、循序渐进的路径和方向。

实现碳中和离不开国际合作。《方案》强调，国际合作将重点围绕深度参与全球气候治理，开展经贸、技术和金融合作，推进绿色“一带一路”建设展开。这是中国生态文明建设与绿色发展理念在国际合作框架中的延伸。推动绿色“一带一路”建设，将提高沿线国家绿色治理能力，为各国加强环境保护和治理力度、建设美丽地球家园提供了重要机遇。（本条执笔：田慧芳）

98. 重建更好世界（B3W）

重建更好世界（Build Back Better World，B3W）计划是美国拜登政府于2021年6月联合七国集团主导提出的一个雄心勃勃的全球基建方案。该计划以特朗普政府的“蓝点网络”（Blue Dot Network）基建计划和“重建更好未来”（Build Back Better）美国国内基建计划为基础。

——背景和意图

美西方提出B3W计划的主要战略意图是抢占基建特别是新兴基建的主导权，抗衡“一带一路”倡议日益增强的影响力，扭转在基建投融资领域的被动局面。体现在：

第一，抢占基建特别是新兴基建的主导权，试图扭转在基建投融资领域地位不断下降的窘境。新能源、5G通信、数字经济、卫生健康和环保等新兴基础设施已成为全球经济发展的前沿领域，决定着一国经济发展的方向和前景。多年来，美西方基建投资意愿低迷，国内基础设施严重老化，在全球基建投融资领域的地位日渐下降。而中国在国内通过发展开发性金融和扩大基础设施投资有力地驱动了经济持续较快增长，在国际上主导设立了亚洲基础设施投资银行，深入推进“一带一路”基础设施建设，在全球基础设施投融资领域的影响力日益上升。

第二，提供所谓绿色、透明、善治和高标准的替代“一带一路”倡议的基建方案，组团抗衡中国日益上升的影响力。B3W计划强调与“志同道合”的发展中国家进行合作，搞俱乐部式组团合作对抗，一方面抹黑“一带一路”项目缺乏透明度、破坏当地生态环境、加重所在国政府的债务负担、产生“债务陷阱”；另一方面吹嘘其项目具有“民主价值观和高标准、善治和透明、公平的伙伴关系、绿色和清洁、安全可靠”等优点，不会产生不可持续的债务。

第三，聚焦气候、数字经济、新能源和卫生健康等新兴基础设施领域，借助海外基建方案强化对发展中国家的技术和设备输出，以掌控其经济命脉，获取地缘政治经济利益。信息通信网络（5G）、清洁能源、数字经济、区块链、卫生健康等新兴软性基础设施将成为引领 21 世纪科技进步和经济繁荣的前沿产业。B3W 计划是美国国内版“重建更好未来”基建计划的对外延伸，可以消化美国增加投资所产生的过剩基建产能，扩大美国的就业，促进美国经济增长。

——内容和原则

B3W 计划是一个所谓由主要民主国家领导的价值观驱动、高标准和透明的基础设施伙伴关系倡议。该计划指出，七国集团和“志同道合”的伙伴（like-minded partners）到 2035 年将努力帮助中低收入国家缩小 40 万亿美元的基础设施建设资金缺口，资金主要来源于私人部门、开发性金融机构和双多边财政资金，计划主要聚焦气候、健康和卫生安全、现代化数字技术、性别公平和平等四个重点领域，并覆盖全球范围内低收入和中等收入国家。B3W 计划制定了六项指导原则。

一是价值观驱动。在财务、环境和社会方面以透明和可持续的方式进行基础设施建设将为受援国带来更好结果，承诺为受援国提供一个积极的愿景和一个可持续、透明的融资来源，以满足其基础设施投资需求。

二是善治和高标准。高标准在促进政府提高应对气候变化、重建经济、引导稀缺资金和促进就业等复杂问题的能力上扮演着越来越重要的角色。基础设施项目应向受援国的社区居民提供他们所期望和应得的长期福利。基建投资行为将以高标准为指导，如，更新后的“蓝点网络”计划所提倡的涉及环境和气候、劳工和社会保障、透明度、融资、建设、反腐败等领域的高标准。

三是气候友好。基建投资必须以符合实现《巴黎协定》目标的方式进行。

四是强大的战略伙伴关系。与受益者合作开发的基础设施将会产生更为持久和良好的发展效应。在基础设施的开发建设过程中，将当地社区作为一个真正的合作伙伴，充分考虑其需求，并与其协商。七国集团将与其他国家一起建立一个工作组协调投资行为。

五是通过开发性金融动员私人资本。鉴于现有的融资规模和融资方式不足以解决中低收入国家巨大的基础设施缺口，将扩大可用的开发性融资工具，支持和孵化更多的私人资本进入基础设施领域，以满足其基础设施的融资需求。私营部门基础设施投资的责任感和市场导向，加上公共资金的高标准和透明度，对于基建项目长期保持有效性和可持续性至关重要。

六是增强多边公共财政的影响。多边开发银行和国际金融机构在项目的规划、实施、社会和环境保障等方面制定了严格的标准。B3W 计划将会采用这些标准和保障措施，以帮助确保纳税人的资金得到合理有效的使用，并与国际金融机构合作，充分利用其孵化能力，以动员更多的私人和公共资金进入基建领域。①

——对“一带一路”倡议的影响

鉴于美西方国家强烈的排他性政治意图和替代性动机，B3W 计划将对“一带一路”倡议的推进构成困扰与破坏。体现在：一是为削弱中国在基建领域的影响力，美西方国家的政客和媒体持续抹黑“一带一路”倡议，如不透明、腐败、破坏生态环境和加重债务负担等，这会对中国海外基建的声誉造成消极影响；二是对于一些具有重要战略价值的基建项目，如港口、电网、管道等，美西方国家可能会直接介入向受援国政府施加压力，阻止中资企业获得基建工程合同；三是随着中国基建科技水平的稳步提升，在新能源、通信、数字经济和环保等高科技基础设施领域，B3W 计划与中国“一带一路”倡议的竞争将日益激烈，不排除美国要挟受援国二选一，如禁止采用华为、中兴通讯等公司的技术和设备。

不过，在全球基建投资缺口巨大、聚焦领域存在差异、筹资难度增加、“一带一路”基建拥有多年运作经验的情形下，B3W 计划难以对“一带一路”倡议产生实质性负面冲击。而且，鉴于中西双方相关企业存在较强的互补性和较大的定位差异，二者在基建项目的建设、投融资和运营上均具有一定合作空间。（本条执笔：王永中）

99.“全球门户”倡议

“全球门户”（Global Gateway）倡议是 2021 年欧盟提出的互联互通倡议，其主要目的在于推动欧盟加入全球互联互通竞争，服务于其“战略自主”和经济增长目标。

——背景

当前，全球基础设施建设的投资缺口每年高达 1.3 万亿欧元，亟须增加投资。基础设施建设不仅对于世界可持续发展至关重要，也是全球应对气候变化、保护环境、维护全球卫生安全和提升经济竞争力的重要组成部分。在欧盟看来，“民主国家”必须证明其应对当前全球挑战的能力。“民主国家”有能力帮助改善民众生活，而投资发展基础设施，以促进可持续繁荣、创造就业等正是方式之一。

2021 年 7 月，欧盟通过了《全球联通欧洲》文件，提出了互联互通战略

① US White House, “Fact Sheet: President Biden and G7 Leaders Launch Build Back Better World (B3W) Partnership,” June 12, 2021.

的基本框架和实施措施。文件提出要确保欧盟互联互通行动的知名度，并为之设计品牌名称。9 月，欧盟委员会主席冯德莱恩发表“盟情咨文”演讲，首次提出“全球门户”倡议的概念，从而为欧盟的互联互通计划正式命名。12 月，欧盟发布《全球门户》通讯文件，全面阐述了“全球门户”倡议提出的背景、原则和实施方式等。

——主体内容

欧盟的“全球门户”倡议坚持六项主要原则。

第一，民主价值观和高标准。欧盟提出，“全球门户”倡议将为合作伙伴国家提供基于价值观的选择。这意味着要遵守法律，维护人权、社会和工人权利的高标准，尊重国际规则、标准和知识产权规范，选择对当地民众、环境和经济可持续的投资以及防止项目造成不可持续的债务。

第二，良治和透明度。欧盟认为，服务于民众的项目需要有透明度、问责和财政可持续性。受项目影响最大的群体，如当地社区、商业部门等必须在项目咨询过程中有足够的话语权，并将民间社会纳入进来。项目还应确保各类群体特别是弱势群体有能力平等地获取项目的服务和收益。

第三，平等伙伴关系。欧盟指出，“全球门户”项目将在与伙伴国家的密切合作和协商中进行设计、开发和实施。基础设施项目开发将基于其为当地经济和社区创造的需求和机会以及欧盟自身的战略利益。这意味着与其他国家发展平等的伙伴关系，并确保项目规划考虑到受援国可持续管理和维护基础设施的能力。

第四，绿色和清洁。欧盟强调，“全球门户”是一项气候中性战略，旨在加快可持续发展和复苏、创造包容性增长和就业机会以及向清洁和更循环的全球经济过渡。根据欧盟的阐述，其将重点投资开发清洁的、气候韧性的、与实现净零排放途径相一致的基础设施。项目将遵守“欧洲绿色新政”的“无害化”（do no harm）承诺，并充分应用环境影响评估和战略环境评估工具。

第五，以安全为中心。欧盟认为，安全的基础设施是全球经济和供应链弹性的基础。“全球门户”项目将投资基础设施以弥补漏洞，提供可信赖的互联互通，并进行能力建设以应对自然或人为挑战以及物理、网络或混合威胁等。欧盟强调，这些基础设施将确保公民免受公共当局和私人企业的无根据的监控。

第六，促进私营部门投资。欧洲世界领先的产业、私营部门的知识和投资能力赋予其独特的全球竞争优势，“全球门户”必须充分利用这一优势，才能成为对伙伴国家具有吸引力的替代者。“全球门户”将整合利用欧盟及其成员国的金融机构和多边公共财政的资源，并利用这些公共资源聚集私人资本。

欧盟将重点投资五大领域。

一是数字。欧盟提出将与伙伴国家合作部署数字网络和基础设施，从而为数据交换、高性能计算、人工智能和地球观测等提供基础。欧盟将优先考虑服务欠缺的国家和地区，旨在消除全球数字鸿沟，加强它们内部以及欧洲与世界之间安全和可信的数字连接。欧盟5G网络安全工具箱将指导对数字基础设施的投资。欧盟提供数字经济的一揽子计划，将基础设施投资与国家层面的援助相结合，以保护个人数据、网络安全和隐私权、值得信赖的人工智能以及确保公平和开放的数字市场。

二是气候和能源。欧盟强调，投资能源部门不仅对保持和提升经济竞争力至关重要，也是实现控制温室气体排放目标的重要路径。欧盟提出，将与伙伴国家合作以帮助其实现能源转型，同时使欧盟的清洁能源供应多样化。欧盟将支持区域能源一体化，以海上风电场等互联互通和联合项目为基础，促进能源效率、可再生能源和公正转型。欧盟还将与有潜力发展可再生氢能源的伙伴国家合作投资基础设施，以发展可持续和韧性的原材料价值链。

三是交通。欧盟表示，“全球门户”倡议将促进全球基础设施投资，以在铁路、公路等所有运输方式中创建可持续、智能、韧性、包容和安全的运输网络。欧盟将实施交通基础设施项目，促进伙伴国家的可持续发展，减少温室气体排放，并使其供应链多样化。

四是卫生。欧盟强调，新冠肺炎疫情暴露了医疗保健系统的弱点和药品供应链的脆弱性。“全球门户”将优先考虑供应链的安全和本地制造业的发展。欧盟将致力于通过增强全世界的能力来预防未来的突发卫生事件，包括在第三国建立制造能力。“全球门户”还将促进对当地药品和医疗技术生产的可持续基础设施和监管环境的投资，这将有助于整合当前分散的市场，促进医疗保健领域的研究和创新。

五是教育和研究。欧盟将从终身学习的角度投资包括数字教育在内的优质教育，并关注女孩和妇女以及其他入学率较低的弱势群体。欧盟将协助伙伴国家转变其教育体系，解决各级教学、培训和学习方面的不足，促进高等教育机构之间的人员流动和合作。

根据计划，欧盟将在2021—2027年投入3000亿欧元用于“全球门户”倡议项目。具体资金来源包括：一是欧洲可持续发展基金+（European Fund for Sustainable Development plus）预计将投资1350亿欧元，包括与欧洲投资银行的一项新倡议，该倡议可能带来250亿欧元的额外投资；二是根据其他欧盟对外援助计划拨款高达180亿欧元；三是欧洲金融和发展融资机构计划投资1450亿欧元；四是欧盟将与成员国更好地协调，以加强其在多边开发银行董事会中的战略作用，以支持“全球门户”项目。

——影响

欧盟多年来对中国的“一带一路”倡议持有怀疑和批评的看法，在互联互通的政治和经济意义日益得到广泛关注的情况下，欧盟通过“全球门户”倡议，一方面能够以互联互通为抓手，参与全球地缘政治竞争，对冲“一带一路”的影响力；另一方面，可以分割全球“互联互通”市场蛋糕，推动自身经济转型和发展。欧盟提出“全球门户”倡议，将进一步激化全球互联互通市场竞争，其强调“价值观”和“意识形态”的做法，也不利于各国特别是欧盟和中国之间的合作，将会对全球互联互通的推进产生负面影响。（本条执笔：张超）

100. “全球联通欧洲”计划

“全球联通欧洲”计划（Globally Connected Europe）是 2021 年 7 月欧盟提出的一项互联互通实施计划。

——背景

2021 年 7 月 12 日，欧盟外交与安全事务高级代表博雷利与各成员国外交部长举行会议，通过了名为《一个全球联通的欧洲》（A Globally Connected Europe）的结论性文件。该文件以 2018 年 9 月欧盟发布的《连接欧洲和亚洲——对欧盟战略的设想》政策文件为基础，体现了欧盟推进互联互通战略的新构想。

新冠肺炎疫情进一步暴露了互联互通对经济增长和安全的重要性，欧盟认识到可持续互联互通和优质基础设施投资可以对经济和社会产生变革性影响。在欧盟领导人看来，互联互通将提高欧盟的竞争力，促进价值链的多元化，减少对关键原材料等的战略依赖。因此，欧盟将互联互通作为推动其疫后经济复苏和推行“绿色新政”的重要方式。此外，在地缘政治思维的指引下，欧盟领导人将互联互通提升到事关经济、外交、安全和价值观利益的高度上来。博雷利明确提出，通过“全球联通欧洲”计划，欧盟已经将互联互通作为对外政策的中心。

——主体内容

欧盟的“全球联通欧洲”计划主要包含两方面的内容。第一，视野、原则和目标。欧盟宣称，“全球联通欧洲”以人权和基于规则的国际秩序为支撑，坚持“可持续”“全面”和“基于规则”的原则，不仅关注经济基础设施投资，也重视规则和标准框架等的制定。为实施这一计划，欧盟强调构建公平的竞争环境和有利于私人投资的环境，为此需要有可预测的国际规范、标准和健全的监管框架。欧盟注意到，其他经济体也提出了自己的互联互通计划，强调所有此类行动都应采用国际高标准。欧盟重视伙伴关系的作用，并特别强调与日本、印度、东盟伙伴关系的重要性。欧盟计划与“志同道合”的国家和地区，特别是美国建立进一步的伙伴关系，表示欢迎七国集团对美国“重建更好世界”（Build Back Better World）倡议的讨论。

第二，实施。欧盟“全球联通欧洲”计划的实施手段主要有七：一是要求欧盟委员会和外交与安全事务高级代表2022年春之前提出一份关于全球互联互通战略的通讯文件。二是要求欧盟委员会和外交与安全事务高级代表加强与成员国和欧盟商业、金融、发展机构的协作。三是2022年3月前提出并实施一系列具有重大影响力和知名度的项目和行动。具体措施包括：进一步参与国际合作伙伴的政策制定和监管活动；盘点2018年以来开展的互联互通项目；提出新的项目计划。四是提出融资方案，刺激可持续的互联互通投资。具体措施包括：盘点已有的相关金融工具；推进可持续金融和出口信贷方面的工作；利用贷款、担保等公共融资工具吸纳民间资本；促进私人投资方以及全球、欧洲和国家层面金融机构的联合融资。五是动员企业资助和实施项目。具体措施包括：启动“商业咨询小组”作为欧盟层面参与方协商和协调的平台；与国家层面的贸易促进组织密切协调，为欧盟企业提供有关互联互通项目的信息；促进公平的竞争环境、公平的市场和政府采购准入以及欧盟企业在第三国的直接投资机会。六是确保欧盟互联互通行动的知名度。具体措施包括：为参与方采取的行动制定统一的宣传方式（包括设计品牌名称和标志，提高在公众以及相关国际机构和论坛中的知名度）；定期举办“欧罗巴互联互通论坛”。七是要求确保所有利益攸关方进行有效合作与协调，以确保有效和迅速地实施欧盟互联互通议程；要求欧盟委员会和高级代表在这方面与相关行为体建立密切合作。

——新特点与发展方向

“全球联通欧洲”计划的提出展现了欧盟推进互联互通的决心，为其下一步开展相关工作提供了指引。2018年，欧盟推出连接欧亚的构想后，普遍不被外界看好。尽管面临诸多困难，但欧盟在三年之后依然坚持推进互联互通，并提出了新的思路和措施。2021年9月，欧盟委员会主席冯德莱恩提出“全球门户”倡议的理念，12月，欧盟发布了名为《全球门户》的通讯文件，正式推出了欧盟的互联互通倡议。欧盟的“全球联通欧洲”文件与2018年的《连接欧洲和亚洲——对欧盟战略的设想》文件存在诸多相同点，例如，都强调人权、规则和重视私人投资和多边融资机制的作用等，但也有一些新的特点。

第一，总体基调从开放转向封闭。2018 年，欧盟发表的文件强调“合作”和“伙伴关系”。欧盟表示，希望在合作和互利共赢的精神下开展互联互通，为此需要推进“开放”和“包容”的伙伴关系。在具体措施上，欧盟表示，将通过技术援助等方式向亚洲国家提供支持，帮助这些国家提高规划能力，更好地制定和实施互联互通项目、政策和监管制度。在“全球联通欧洲”文件中，尽管欧盟也提到了“合作”和“伙伴关系”，但在性质上已经发生变化。欧盟将合作和构建伙伴关系的重点聚焦在所谓的“志同道合”国家上，并重点提到了美国、日本和印度。博雷利在谈到这一点时声称，欧盟并不是根据政治关系选择合作伙伴，强调欧盟互联互通的全球性，但“志同道合”一词早已被赋予了浓厚的价值观色彩。欧盟使用这一词语本身就体现了其“小圈子”的思维方式。

第二，注重同其他倡议的对接。在 2018 年的文件中，欧盟强调与其他倡议和政策的对接，但主要体现在具体领域上，例如，在交通领域支持“全欧交通网络”与亚洲交通网的连接。在“全球联通欧洲”文件中，欧盟还特别提到了 2021 年 6 月美国提出的“重建更好世界”计划。根据美国的阐释，“重建更好世界”计划是一个由主要“民主国家”领导的以价值观为驱动的、高标准和透明的基础设施合作伙伴计划。尽管“全球联通欧洲”和“重建更好世界”计划可能在重点实施领域和推进方式上有所不同，但在强调价值观、发挥所谓民主国家作用、重视私人投资、依靠多边机构等方面存在高度一致性，体现了欧盟和美国在互联互通原则上的共识。

第三，对中国的合作态度更加消极。欧盟在 2018 年的文件中，总体上将中国视为一个合作对象来对待。当时欧盟提出，应与中国加强在各自基础设施和发展倡议上的合作，推动落实市场准入和公平竞争原则。欧盟理事会也强调，欧盟应扩大对话并在欧亚互联互通方面与所有合作伙伴加强协同，特别是中国和日本。与这种态度相反，“全球联通欧洲”文件不仅没有提到与中国合作，反而突出强调了其与美国以及中国周边国家和地区如日本、印度和东盟的合作关系，体现了以中国为对手的意图。有欧盟外交官承认，尽管文件中没有提及中国，但当中“写满了中国”。德国外长马斯直言：“我们看到中国运用经济和财政手段在世界各地扩大其政治影响力。光抱怨没有用，我们必须拿出替代选项来。”而“全球联通欧洲”计划正是欧盟针对“一带一路”倡议提出“替代选项”的一次尝试。（本条执笔：张超）

101．二十国集团缓债倡议

二十国集团缓债倡议是“暂缓最贫困国家债务偿付的倡议”（Debt Service Suspension Initiative，DSSI）的简称。该倡议是二十国集团财长和央行行长会议通过的旨在帮助为应对新冠肺炎疫情和经济危机而大量借贷的国家的倡议。根据该倡议，双边官方债权人在一个有限的时期内，暂时中止提出暂停偿债要求的最贫穷的国家的偿债。作为一种暂时缓解 DSSI 受益国融资限制的方式，这样可以释放出稀缺的资金，使其能够转而用于缓解疫情大流行对 DSSI 受益国的人民和经济的影响。① 中国全面落实二十国集团缓债倡议，是二十国集团成员中缓债金额最大的国家，为包括“一带一路”部分参与国在内的 DSSI 受益国应对疫情冲击提供了有力支持。

——背景

新冠肺炎疫情大流行对世界上最贫穷的国家造成了重大打击，在 2020 年造成经济衰退，世界银行估计有超过 1 亿人陷入极端贫困。2020 年 3 月，世界银行和国际货币基金组织（IMF）就最不发达国家的债务减免问题向二十国集团发表了联合声明。声明指出，新冠肺炎疫情大流行可能会对国际开发协会（IDA）受助国产生严重的经济和社会后果，这些国家拥有世界上四分之一的人口和世界上三分之二的赤贫人口。声明呼吁所有官方双边债权人暂停向寻求豁免的 IDA 受助国要求偿债，这将有助于 IDA 国家应对与新冠肺炎疫情相关的大量流动性需求，并为评估危机影响和每个国家的融资需求留出时间。

2020 年 4 月，二十国集团财长和央行行长会议批准了“暂缓最贫困国家债务偿付的倡议”，在净现值中性（NPV-neutral）的基础上，暂缓最贫困国家 2020 年 5 月 1 日至年底到期的主权债务本息偿付，以帮助其释放更多财政资源，用于应对疫情冲击和恢复经济社会发展。10 月 14 日，二十国集团财长和央行行长们再次一致同意将缓债期限延至 2021 年 6 月 30 日，并将在 2021 年 4 月确定是否需要再延期 6 个月。11 月 13 日，二十国集团财长和央行行长特别视频会议核准了二十国集团《缓债倡议后续债务处理共同框架》，并就 G20“暂缓最贫困国家债务偿付倡议”相关问题进行了讨论。② 该共同框架旨在激励私人债权人的参与，并通过集体行动提高债务减免的规模。该共同框架在债

① IMF，“The G20 Debt Service Suspension Initiative（DSSI），” https://www.imf.org/en/About/FAQ/sovereign-debt#s2q1.

② 《中国积极推进缓债倡议落实》，2020 年 11 月 26 日，财政部网站，http://sd.mof.gov.cn/zt/dcyj/202011/t20201126_3630662.htm。

务国自愿请求的基础上提供债务处理。截至 2022 年 3 月，只有三个国家（即乍得、埃塞俄比亚和赞比亚）提出了申请，但尚未得到减免。二十国集团缓债倡议及共同框架也得到巴黎俱乐部①的支持。从 2020 年 5 月 1 日至 2021 年 12 月 31 日，巴黎俱乐部债权人暂停了与巴黎俱乐部签署协议的 42 个低收入国家的约 46 亿美元债务偿还。②

2021 年 4 月，二十国集团财长和央行行长会议同意延长暂缓最贫困国家债务偿付倡议。会议公报指出，考虑到与疫情相关的大量流动性需求，二十国集团同意将最贫困国家债务暂缓偿付期再延长 6 个月至 2021 年年底，这将使得受益国家可调动更多资源应对疫情和经济困境，并适时转向更多结构性手段来解决债务脆弱性问题。同时，二十国集团欢迎根据具体情况继续落实《缓债倡议后续债务处理共同框架》。

——内容及效果

DSSI 的受益国范围包括两类，一类是对国际货币基金组织和世界银行有偿债能力的国际开发协会（IDA）受助国，另一类是对国际货币基金组织和世界银行有偿债能力的联合国最不发达国家（UNLDC）。这些国家需要向债权人提出暂停偿债的正式请求，并且还需已经和 IMF 之间存在融资安排，或者需要向 IMF 申请融资（包括紧急融资）。这意味着，即使是那些因为债务不可持续而无法获得 IMF 融资的国家也可以从 DSSI 中受益。

DSSI 的受益国还需要作出系列承诺。第一，利用缓债所创造的财政空间来增加社会、卫生或经济支出以应对危机，世界银行和 IMF 等国际金融机构为此会建立一个监测系统。第二，披露所有公共部门的财政承诺（债务），尊重商业敏感信息。相关国际金融机构将酌情提供技术援助以实现这一目标。第三，在暂停偿债期间不签订新的非减让性债务安排，但本倡议下的协议或符合国际货币基金组织债务限额政策或世界银行集团关于非减让性借款政策所商定的限额除外。③

2020 年的 DSSI 提供了一个净现值中性的偿债重新安排，有一年的宽限期和四年的到期日。对于 2021 年暂停的偿债，总偿还期为 6 年，包括一年的宽

① 巴黎俱乐部成立于1956 年，是一个由官方债权人组成的非正式团体，其作用是为借款国遇到的支付困难寻找协调和可持续的解决方案。成员包括澳大利亚、奥地利、比利时、巴西、加拿大、丹麦、芬兰、法国、德国、爱尔兰、以色列、意大利、日本、荷兰、挪威、韩国、俄罗斯、西班牙、瑞典、瑞士、英国和美国。

② “The PARIS Club has fully and successfully implemented The DSSI and its extensions,” *Paris Club* November 3, 2021, https://clubdeparis. org/en/communications/press-release/the-paris-club-has-fully-and-successfully-implemented-the-dssi-and-its.

③ Communiqué, “Virtual meeting of the G20 finance ministers and central bank governors Riyadh,” *Saudi Arabia*, April 15, 2020, http://www. g20. utoronto. ca/2020/2020-g20-finance-0415. html#a2.

限期。截至 2022 年 2 月，DSSI 为 73 个符合条件的国家中的 48 个国家提供了暂停对官方双边债权人的偿债付款，价值 129 亿美元。[1] 总体来看，最不发达国家对 DSSI 的参与低于预期，因为具备 DSSI 受益国资格的国家担心被债权人拒之于未来的贷款之外。

——意义

中国作为二十国集团成员和相关国家债权人，高度重视缓债倡议落实工作。中国国家主席习近平在多个国际场合郑重承诺，中方将同二十国集团成员一道落实缓债倡议。习近平主席在 2020 年 6 月 17 日中非团结抗疫特别峰会上率先呼吁“G20 在落实当前缓债倡议基础上，进一步延长对包括非洲国家在内的相关国家缓债期限”。这体现了中国主动承担国际责任、推动国际抗疫合作的大国担当，对于推动各方就缓债倡议延期达成共识发挥了重要引领作用。中国还从解决最贫困国家实际困难、支持全球抗疫的需要出发，坚持“共同行动、公平负担、个案处理、多边共识”的多边债务处理原则，推动各方最终形成了较为平衡和可操作的后续债务处理方案。作为 DSSI 的参与者之一，中国已经推迟了 57 亿美元的付款（其中，中国国际发展合作署和中国进出口银行暂停债务约 13.53 亿美元，国家开发银行自愿暂停债务 7.48 亿美元）。DSSI 为部分“一带一路”参与国提供了应对疫情冲击、恢复经济社会发展的更大财政空间。例如，使用 DSSI 获益较多的国家巴基斯坦（仅 2021 年就可能节省约 52 亿美元）、安哥拉（2021 年可能节省约 29 亿美元）和肯尼亚（2021 年可能节省约 12 亿美元），都是重要的“一带一路”参与国。[2]（本条执笔：冯维江）

102. 三海倡议

——概念阐述与主体内容

“三海倡议”又名波罗的海、亚德里亚海、黑海（BABS）倡议，是由波兰和克罗地亚于 2016 年联合发起的区域合作机制。成员国包含奥地利、保加利亚、克罗地亚、捷克、爱沙尼亚、匈牙利、拉脱维亚、立陶宛、波兰、罗马尼亚、斯洛伐克和斯洛文尼亚等 12 国。倡议旨在加强地区国家间贸易、基础设施、能源和政治合作，将重点发展南北能源走廊、东南欧和黑海之间的能源基础设施联通计划，积极实现“三海”地区能源供应的多样化，并不断向替代能

① The World Bank, “Debt Service Suspension Initiative: Q&As,” March 10, 2022, https://www.worldbank.org/en/topic/debt/brief/debt-service-suspension-initiative-qas.

② Yue, Mengdi and Nedopil, Christoph, “China's Role in Public External Debt in DSSI Countries and the Belt and Road Initiative (BRI) in 2020,” *Green Finance & Development Center*, FISF Fudan University, Shanghai; DOI: 10.13140/RG.2.2.33997.72169.

源过渡。参与该倡议的成员国总人口占欧盟总人口的 22%，GDP 占到欧盟的 10%。每年一届的“三海倡议”峰会至今已举办六届，第七届峰会将在拉脱维亚举行。2021 年，保加利亚担任“三海倡议”轮值主席国。

根据美国地质调查局公布的数据，波罗的海石油资源主要分布于立陶宛、拉脱维亚、爱沙尼亚、波兰、俄罗斯、瑞典等国，可开采石油总量达 16 亿桶，该地区还拥有规模可观的页岩气资源。目前，黑海地区拥有 6 个独立油气田，探明储量高达 3200 亿立方米。其中，罗马尼亚、保加利亚等“三海倡议”国家是黑海地区的重要能源出口国，能源储备量和地缘优势凸显。亚得里亚海沿线天然气储量十分丰富，2017 年东部海域曾勘探出大量天然气储备能源，预计可开采量达到 1.4 万亿立方英尺。由此可见，“三海”地区资源拥有量十分巨大，但尚未实现区域共享，其倡导的与中东欧地区资源整合的机制构建也尚未完成。能源保有量与能源开采能力、能源地缘优势与能源基础设施落后之间的矛盾日益突出。

“三海倡议”的提出动因。“三海”地区国家长期处于大国博弈夹缝之中，且在欧盟范围内边缘化地位明显，同传统西方发达国家存在较大发展差距。强烈的地缘政治焦虑、融入欧洲一体化受挫和经济发展缺乏可持续性促使“三海”地区国家想方设法推动本区域合作，希望通过抱团取暖的方式提升域内国家在地缘博弈中的战略主动性，寻求区域发展新机遇。“三海倡议”的提出正是“三海”地区对欧洲历史与现状反思的结果，从现实问题出发，能源安全不仅是欧洲经济增长的保证，也是“三海”地区实现可持续发展需要克服的短板。

——战略目标

“三海倡议”的战略目标。第一，提高地区互联互通水平。作为俄欧战略缓冲区，“三海”地区国家受历史因素影响，经济发展较西欧国家相对滞后，基础设施连接不畅，区域融合与经济增长受到了阻碍。“三海倡议”将实现中东欧地区能源、交通和数字领域南北连接、基础设施现代化为目标，在力求为该区域打通合作“筋脉”、放大协同优势的同时，也意图为其摆脱对俄能源依赖、强化能源安全建立机制平台。第二，寻求新的地缘战略平衡。东西强邻的区位特点使得“三海”地区国家具有显著的地缘政治焦虑感，而拉紧域内国家联系将稳固并扩大其地区战略影响，从而在地缘博弈中寻求更为有利的战略平衡点。有限的国家实力导致多数“三海”地区国家在历史上饱受俄德挤压，即使步入 21 世纪，俄格战争、乌克兰危机等相继爆发加深了该地区的恐俄心态。“三海倡议”通过强化欧盟东侧国家的凝聚力，既提高了该地区在欧盟内部的影响力，又增强其对俄防御的一致性，加之美国出于地缘利益目的的支持，使之成为该地区国家重塑自身战略地位、提升与大国“议价”能力的重要“砝码”。第三，区域大国施展地缘政治抱负。作为“三海倡议”的主要设计者与推动者，波兰一直怀有大国“野心”。历史上，波兰曾提出在波兰、波罗的海国家、白俄罗斯及乌克兰之间建立联邦体，但此愿景从未实现。“三海倡议”所涉范围与之前联邦体设想基本吻合，是新时期波兰政治旧愿的再现，其地缘政治意图不言而喻。同时，美波防务合作的升级也为波兰施展大国“抱负”给予了安全保障，巩固了波兰的区域领导地位，助力由波兰推动的“三海倡议”成为国际政治的新极点。

——对“一带一路”的影响

虽然“三海倡议”的重点目标在于突出该地区国家发展的主体性，并且倡议本身更多的聚焦于经济发展议题，但由于其涵盖地缘范围的敏感性和多方利益交汇的复杂性，这一倡议势必加剧了多个利益相关方的地缘政治与经济博弈，进而给“一带一路”在该地区的推进带来新的挑战。

第一，使“一带一路”抵制情绪升温。中美两国的竞争场域已经从全球层面延伸到了地区层级。“三海”地区是北约东翼的安全屏障，对美国有“天然”的依附倾向。美国高层频频访问中东欧多国，以信息安全为由胁迫“三海”国家选边站队，陆续提出“清洁网络”和“蓝点网络”计划等，旨在将中国排挤出中东欧，巩固美国在“三海”地区的主导地位。美国总统拜登作为坚定的跨大西洋主义者，不仅企图构建“联欧抗中”的对华统一阵线，并且提出了“重建更好世界”（Build Back Better World，“B3W”）计划，通过“满足”“三海”地区基建需求，进一步弱化该地区国家对美排斥的情绪，部分成员国甚至开始追随美国“步调”，反华情绪上升。可以发现，波罗的海三国和罗马尼亚对华战略的转变，还有捷克、斯洛文尼亚等国的政策摇摆，均与美国的拉拢行为相关，这都将给“一带一路”建设带来阻力。

第二，抬高“一带一路”合作壁垒。“三海倡议”对于提升欧盟连通性具有积极作用，因此得到了欧盟的关注。虽然“一带一路”建设与欧盟的欧亚互联互通战略在“三海”地区存在一致的优先发展方向，但“三海”国家作为欧盟成员国，基建标准及与之相关的环保标准等都必须遵循欧盟规则，这与“一带一路”建设的“一国一策、灵活对待”态度有所冲突。同时，欧盟自视中东欧地区为其“后院”，对于强化其内部统一十分关注。“一带一路”在该地区的推进必然使欧盟戒备心态上升，通过对中国基建项目调查、指责中国“债务陷阱外交”，欧盟对“一带一路”频频设卡，部分基建项目也因此搁浅。

第三，增强“一带一路”沿线不确定性。世界主要大国均加大了对“三海”地区的关注和投入力度，而大国博弈在中东欧国家的持续加剧也为“三海倡议”提供了“要价”空间，从而给“一带一路”在该地区的推进与发展带来了额外成本。在“一带一路”倡议和中国—中东欧国家合作提出之前，“三海”国家的外部资金来源主要是欧盟凝聚基金。中国和美国资金的流入无疑为该地区国家选择合作伙伴提供了更多的可替代方案。特别是近年来，中国企业在“三海”地区基建项目失败案例频现，究其原因虽然不乏域外大国施加的政治压力，但基于市场竞争出现的投标“让利”行为也为中国企业后续的施工造成了不利影响。作为以小国为主体的合作机制，“三海倡议”为该地区国家创造了更多回旋获利的机会，而基于利益权衡的“摇摆不定”也将成为该地区部分国家的“常态”，增加了“一带一路”建设的不确定性。

——发展前景

第一，将为中东欧地区带来新机遇。创新经济是“三海”国家面临的新机遇，它将以新经济为重点，助力各国生态系统、新业务的发展和区域集群的创建。中东欧将对大规模战略性投资更具吸引力，已在能源、交通和数字化领域开展三项投资。该地区间合作潜力巨大，将有利于获取公众支持，发展友好关系，提供创新模式，促进智能发展。

第二，将进一步促进东西欧之间合作。“三海倡议”特别是共同推进与“绿色欧洲”建设密切关联的合作项目，有利于加强欧洲南北之间的关系，深化西欧和东欧之间的友好合作，促进欧盟的团结、协作与和平发展。“民主国家”证明它们可以为人民服务，以透明的方式投资基础设施建设，主动根除腐败，共同努力加强主权，促进能源安全。该地区居民能够实现公平竞争和繁荣，有利于促进世界的和平安全，杜绝任何国家通过网络攻击破坏他国。

第三，将试图解决交通与数字化难题。“三海倡议”通过设立投资开放基金试图解决交通和数字化面临的问题。绿色技术和数字化是经济发展的关键赛道，疫情更使人们意识到潜在风险的危害。“三海倡议”正是“三海”国家在特殊环境下发展交通与数字经济、扩大对外贸易的有力工具。“三海倡议”未来能否具有可持续性，很大程度取决于足额投资资金是否到位。当前，“三海基金”已开始重点支持三类项目，未来还将继续筹集资金，通过不断寻求私人投资，扩大其对交通领域和数字经济的支持力度，使之成为该地区经济社会发展的新引擎。（本条执笔：赵永超）

主要参考文献

《习近平谈治国理政》第 1 卷，外文出版社 2018 年版。
《习近平谈治国理政》第 2 卷，外文出版社 2017 年版。
《习近平谈治国理政》第 3 卷，外文出版社 2020 年版。
习近平:《共建创新包容的开放型世界经济——在首届中国国际进口博览会开幕式上的主旨演讲》，人民出版社 2018 年版。
习近平:《坚定信心　共克时艰　共建更加美好的世界》，人民出版社 2021 年版。
习近平:《决胜全面建成小康社会　夺取新时代中国特色社会主义伟大胜利——在中国共产党第十九次全国代表大会上的报告》，人民出版社 2017 年版。
习近平:《开放共创繁荣　创新引领未来——在博鳌亚洲论坛 2018 年年会开幕式上的主旨演讲》，人民出版社 2018 年版。
习近平:《论坚持全面依法治国》，中央文献出版社 2020 年版。
习近平:《命运与共　共建家园——在中国—东盟建立对话关系 30 周年纪念峰会上的讲话》，人民出版社 2021 年版。
习近平:《齐心开创共建“一带一路”美好未来：在第二届“一带一路”国际合作高峰论坛开幕式上的主旨演讲》，人民出版社 2019 年版。
习近平:《深化文明交流互鉴　共建亚洲命运共同体——在亚洲文明对话大会开幕式上的主旨演讲》，人民出版社 2019 年版。
习近平:《同舟共济克时艰，命运与共创未来——在博鳌亚洲论坛 2021 年年会开幕式上的视频主旨演讲》，人民出版社 2021 年版。
习近平:《携手推进“一带一路”建设——在“一带一路”国际合作高峰论坛开幕式上的演讲》，人民出版社 2017 年版。
习近平:《在经济社会领域专家座谈会上的讲话》，人民出版社 2020 年版。
习近平:《在庆祝中国共产党成立 100 周年大会上的讲话》，人民出版社 2021 年版。

习近平：《在中国科学院第十九次院士大会、中国工程院第十四次院士大会上的讲话》，人民出版社 2018 年版。

《中华人民共和国国民经济和社会发展第十四个五年规划和 2035 年远景目标纲要》，人民出版社 2021 年版。

［美］兹比格纽·布热津斯基：《大棋局——美国的首要地位及其地缘战略》，中国国际问题研究所译，上海人民出版社 1998 年版。

习近平：《把握新发展阶段，贯彻新发展理念，构建新发展格局》，《求是》2021 年第 9 期。

习近平：《不断做强做优做大中国数字经济》，《求是》2022 年第 2 期。

习近平：《扎实推动共同富裕》，《求是》2021 年第 20 期。

习近平：《正确认识和把握中长期经济社会发展重大问题》，《求是》2021 年第 2 期。

《首届全球孔子学院大会在京召开》，《国际汉语教学动态与研究》2006 年第 2 期。

丁国伟、马中杰、王禹尧：《河钢塞尔维亚钢厂高炉煤气双蓄热加热炉的技术特点》，《轧钢》2018 年第 6 期。

何青、于吉双、涂永红：《人民币与新兴市场货币的联动分析》，《金融评论》2019 年第 5 期。

蒋小红：《中企在中东欧国家贸易和投资面临的欧盟法风险及应对——基于对塞尔维亚、匈牙利和波兰的考察》，《欧洲法律评论》2020 年第 5 期。

李国学、东艳：《国际生产方式变革、国际经济规则重塑与制度型开放高地建设》，《学海》2020 年第 5 期。

李向阳：《“一带一路”的高质量发展与机制化建设》，《世界经济与政治》2020 年第 5 期。

卢光盛、金珍：《“澜湄合作机制”建设：原因、困难与路径》，《战略决策研究》2016 年第 3 期。

马捷：《澜湄合作五年：进展、挑战与深化路径》，《国际问题研究》2021 年第 4 期。

尚艳丽、殷冬青：《伊拉克石油工业现状与发展趋势》，《国际石油经济》2010 年第 5 期。

邵剑华、王兴艳：《河钢集团转型升级的经验与做法》，《冶金经济与管理》2018 年第 1 期。

王海燕：《中国与中亚国家共建数字丝绸之路：基础、挑战与路径》，《国际问题研究》2020 年第 2 期。
魏清源：《高质量发展的“河钢自信”》，《冶金企业文化》2019 年第 4 期。
邢伟：《水资源治理与澜湄命运共同体建设》，《太平洋学报》2016 年第 6 期。
许立平、吴江世琦：《中国与东盟东部增长区的合作现状、挑战与应对》，《太平洋学报》2019 年第 12 期。
尤源、任红晶、周娜、王永东：《泛非绿色长城倡议及其农牧林发展》，《世界林业研究》2019 年第 5 期。
翟伟峰、李萌雨、左跃荣：《中国制造业跨国公司的海外“本土化”策略——基于河钢塞尔维亚公司的案例研究》，《石家庄学院学报》2021 年第 2 期。
张耀军、宋佳芸：《数字“一带一路”的挑战与应对》，《深圳大学学报（人文社会科学版）》2017 年第 5 期。
赵建文：《儒家自由思想：〈世界人权宣言〉与中华传统文化的汇通》，《人权》2020 年第 1 期。

《“四个全面”战略布局：新的历史条件下治国理政总方略》，《光明日报》2021 年 4 月 22 日。
《“一带一路”，风景这边独好（庆祝中国共产党成立 100 周年 · 中共的世界情怀）》，《人民日报（海外版）》2021 年 6 月 26 日。
《不忘初心　砥砺前行　开启上海合作组织发展新征程》，《人民日报》2021 年 9 月 18 日。
《从团结合作中汇聚力量》，《人民日报》2021 年 9 月 19 日。
《关于新形势下党内政治生活的若干准则》，《光明日报》2016 年 11 月 3 日。
《国际社会高度评价中国共产党以人民为中心的发展思想》，《人民日报》2022 年 3 月 17 日。
《和音：促进民心相通　构建人文共同体》，《人民日报》2020 年 11 月 14 日。
《弘扬“上海精神”　深化团结协作　构建更加紧密的命运共同体》，《人民日报》2020 年 11 月 11 日。
《加快建设世界一流企业　加强基础学科人才培养》，《光明日报》2022 年 3 月 1 日。
《加强抗疫合作构建卫生健康共同体》，《人民日报》2020 年 11 月 11 日。
《敏锐把握世界科技创新发展趋势　切实把创新驱动发展战略实施好》，《光明日报》2013 年 10 月 2 日。
《凝心聚力　继往开来　携手共谱合作新篇章》，《人民日报》2021 年 2 月 10 日。

《沈跃跃在第三届上合组织妇女论坛开幕式致辞》，《人民日报》2021 年 6 月 11 日。
《审时度势精心谋划　超前布局力争主动　实施国家大数据战略加快建设数字中国》，《人民日报》2017 年 12 月 10 日。
《同舟共济　继往开来　携手构建新时代中非命运共同体》，《人民日报》2021 年 11 月 30 日。
《统筹推进疫情防控和经济社会发展工作　奋力实现今年经济社会发展目标任务》，《人民日报》2020 年 4 月 2 日。
《维护和平稳定　构建安全共同体》，《人民日报》2020 年 11 月 12 日。
《习近平出席〈生物多样性公约〉第十五次缔约方大会领导人峰会并发表主旨讲话》，《人民日报》2021 年 10 月 13 日。
《习近平出席并主持中国—东盟建立对话关系 30 周年纪念峰会》，《光明日报》2021 年 11 月 23 日。
《习近平出席二十国集团领导人第十六次峰会第一阶段会议并发表重要讲话》，《人民日报》2021 年 10 月 31 日。
《习近平出席上海合作组织成员国元首理事会第二十一次会议并发表重要讲话》，《人民日报》2021 年 9 月 18 日。
《习近平出席中非合作论坛第八届部长级会议开幕式并发表主旨演讲》，《人民日报》2021 年 11 月 30 日。
《习近平继续出席二十国集团领导人第十六次峰会》，《光明日报》2021 年 11 月 1 日。
《习近平同德国欧盟领导人共同举行会晤》，《人民日报》2020 年 9 月 15 日。
《习近平向法国总统马克龙致慰问电》，《光明日报》2020 年 3 月 22 日。
《携手创造亚太命运共同体美好未来》，《人民日报》2020 年 11 月 22 日。
《携手建设更为紧密的中国—东盟命运共同体》，《人民日报》2021 年 7 月 22 日。
《以高标准可持续惠民生为目标　继续推动共建“一带一路”高质量发展》，《光明日报》2021 年 11 月 20 日。
《扎实做好“六稳”工作落实“六保”任务 奋力谱写陕西新时代追赶超越新篇章》，《光明日报》2020 年 4 月 24 日。
《中共中央关于党的百年奋斗重大成就和历史经验的决议》，《光明日报》2031 年 11 月 17 日。
《中共中央关于坚持和完善中国特色社会主义制度　推进国家治理体系和治理能力现代化若干重大问题的决定》，《光明日报》2019 年 11 月 6 日。

《中共中央关于全面深化改革若干重大问题的决定》，《人民日报》2013 年 11 月 16 日。

《中共中央关于全面推进依法治国若干重大问题的决定》，《光明日报》2014 年 10 月 29 日。

《中共中央关于深化党和国家机构改革的决定》，《光明日报》2018 年 3 月 5 日。

《中共中央政治局常务委员会召开会议》，《人民日报》2020 年 5 月 15 日。

《中国—东盟建立对话关系 30 周年纪念峰会联合声明——面向和平、安全、繁荣和可持续发展的全面战略伙伴关系》，《人民日报》2021 年 11 月 23 日。

《中国联合国合作立场文件》，《光明日报》2021 年 10 月 23 日。

《中国已与 147 个国家、32 个国际组织签署 200 多份共建“一带一路”合作文件》，《人民日报》2022 年 1 月 19 日。

《中国与全球疫苗免疫联盟签署“新冠疫苗实施计划”捐款协议》，《人民日报》2022 年 2 月 16 日。

《中央有关部门贯彻实施党的十九大〈报告〉重要改革举措分工方案》，2018 年 1 月 23 日。

《走进中埃苏伊士经贸合作区》，《光明日报》2013 年 4 月 29 日。

陈爱祖、惠红旗：《促进创新链与产业链精准对接》，《河北日报》2018 年 7 月 18 日。

陈颐：《阿布扎比哈利法工业区期待中国投资》，《经济日报》2011 年 10 月 16 日。

傅聪：《后疫情时代中欧绿色伙伴关系》，《中国社会科学报》2020 年 11 月 12 日。

韩正：《打造更高水平战略伙伴关系　迈向更为紧密的中国—东盟命运共同体》，《光明日报》2018 年 9 月 13 日。

李克强：《简政放权　放管结合　优化服务　深化行政体制改革　切实转变政府职能——在全国推进简政放权放管结合职能转变工作电视电话会议上的讲话》，《人民日报》2015 年 5 月 15 日。

李克强：《在第十七次中国—东盟（10＋1）领导人会议上的讲话》，《光明日报》2014 年 11 月 15 日。

李克强：《在开放融通中共创共享繁荣——在“新加坡讲座”和“通商中国”的演讲》，《光明日报》2018 年 11 月 16 日。

联合国贸易和发展会议：《2021 年数字经济报告：跨境数据流动与发展（概述）》，2021 年，第 1 页。

林跃勤：《加强“一带一路”建设在国际治理中的作用》，《光明日报》2022 年 1 月 6 日。

刘志强：《加快形成绿色低碳运输方式》，《人民日报》2022 年 1 月 14 日。

刘志强、陆娅楠：《“一带一路”交通互联互通稳步推进》，《人民日报》2021 年 12 月 3 日。

陆娅楠：《中欧班列累计开行超 5 万列》，《人民日报》2022 年 1 月 30 日。

任平：《能源的饭碗必须端在自己手里——论推动新时代中国能源高质量发展》，《人民日报》2022 年 1 月 7 日。

石中玉、内马尼亚：《塞尔维亚“中企污染致癌”真相调查》，《新华每日电讯》2022 年 1 月 8 日。

史丹、许明、李晓华：《推动产业链与创新链深度融合》，《经济日报》2021 年 12 月 1 日。

宋晓华：《青岛中车四方打造中国高铁“金名片”》，《人民日报（海外版）》2021 年 1 月 28 日。

苏长和：《充分认识当今世界格局新变化》，《人民日报》2017 年 1 月 3 日。

孙海鹰：《打造系统创新链促进科技与产业深度融合》，《科技日报》2022 年 2 月 14 日。

王毅：《砥砺前行二十载，继往开来谱新篇——纪念上海合作组织成立 20 周年》，《人民日报》2021 年 9 月 16 日。

中国信息通信研究院：《全球数字治理白皮书》，2021 年 12 月。

中国信息通信研究院：《数字服务发展白皮书（2020）》，2020 年 12 月。

中国信息通信研究院：《数字服务发展白皮书（2020）》，2020 年 12 月。

中国信息通信研究院：《全球数字经济白皮书——疫情冲击下的复苏新曙光（2021 年）》，2021 年。

中国信息通信研究院：《全球数字经济白皮书——疫情冲击下的复苏新曙光（2021 年）》，2021 年。

中华人民共和国商务部：《对外投资合作国别（地区）指南：阿联酋》，2021 年。

中华人民共和国商务部：《对外投资合作国别（地区）指南：埃及》，2021 年。

中华人民共和国商务部：《中国服务贸易发展报告 2020》，2021 年 9 月。